EINE BEWEGTE ZEIT

150 Jahre
Priesterausbildung
im Seminar
am Bismarckplatz

(Hrsg.) Martin Priller
Matthias Effhauser
Klaus Unterburger

EINE BEWEGTE ZEIT

150 Jahre
Priesterausbildung
im Seminar
am Bismarckplatz

SCHNELL + STEINER

INHALT

VORWORT — 9

WEIL DIE KIRCHE SIE BRAUCHT — 11

Theologische Standortbestimmung für Priester des 21. Jahrhunderts — 11
Bischof Dr. Rudolf Voderholzer, Bischof von Regensburg

»DAS SEMINAR IST DOCH IM STANDE, VIEL UEBLES — 30
ZU VERHÜTEN« (IGNATIUS VON SENESTREY)

Priesterideal, Erziehungsmethoden und Lebensformen im — 31
Regensburger Priesterseminar im Wandel der Zeit
(Prof. Dr. Klaus Unterburger, Professor am Lehrstuhl für Kirchengeschichte des
Mittelalters und der Neuzeit an der Ludwig-Maximilians-Universität München)

GESCHICHTE UND GESCHICHTEN — 76

IMPRESSIONEN AUS VERSCHIEDENEN GENERATIONEN

Die fünfziger Jahre im Klerikalseminar — 77
(Studienrat i. R. Michael Bauer, Weihejahrgang 1956)

Strenge Regeln — weites Herz — 83
(Kanonikus Prälat Helmut Huber, Weihejahrgang 1964)

»Revolutionäre« 68er-Jahre. Erinnerungen an meine Zeit im — 89
Priesterseminar von 1965 bis 1971
(Pfarrer i. R. Claus Peter Chrt, Weihejahrgang 1971)

»Eine heikle Frage«. Erinnerungen an meine Zeit im — 95
Regensburger Priesterseminar in den Jahren von 1968 bis 1974
(Msgr. BGR Wolfgang Riedl, Weihejahrgang 1974)

(Ent)Spannende Jahre — Anmerkungen zur Seminarzeit
von 1976 bis 1982 — 99
(Domvikar Msgr. Dr. Werner Schrüfer, Weihejahrgang 1982)

»Ich habe mich verändert ...« — 106
(Pfarrer Dr. Christoph Seidl, Weihejahrgang 1992)

Um die Jahrtausendwende — 111
(Pfarrer Michael Hoch, Weihejahrgang 2004)

Eine ver-rückte Zeit – meine Seminarzeit — 115
(Pfarrer Franz Pfeffer, Weihejahrgang 2011)

Ein Gespräch unter Kaplänen — 120
(Kaplan Matthias Strätz / Kaplan Bastian Neumann, Weihejahrgang 2021)

REFLEXIONEN EINES AUSBILDERS — 125

Persönlicher Rückblick auf meine 26 Jahre als Spiritual im Priesterseminar Regensburg
(Weihbischof Dr. Josef Graf, Spiritual im Priesterseminar)

DIE MALLERSDORFER SCHWESTERN — 131

Die guten Geister im Priesterseminar St. Wolfgang
(Schwester Cäcilie Beer, Archivarin im Kloster Mallersdorf)

DAS PRIESTERSEMINAR ALS »PAPSTRESIDENZ«: STREIFLICHTER ZWEIER BESUCHE — 139

Das Priesterseminar Regensburg – eine Residenz für Papst Benedikt XVI. bei seinem Besuch im Jahr 2006 — 141
(Superior Prälat Gottfried Dachauer, Kloster Mallersdorf, Regens im Priesterseminar von 2001–2006)

Erinnerungen an einen Abschiedsbesuch im Juni 2020: »Ich gehe nach Regensburg, schnellstmöglich!« — 148
(Spiritual Matthias Effhauser, Spiritual im Priesterseminar seit 2015)

DAS SEMINAR IN KRISENZEITEN — 151

Die Zeit des Ersten Weltkriegs im Spiegel chronikalischer Aufzeichnungen des damaligen Regens Dr. Johann Baptist Höcht — 152
(Dr. Tobias Appl, Bezirksheimatpfleger der Oberpfalz)

Das Priesterseminar als städtisches Hilfskrankenhaus von 1940–1946 — 162
(Dr. Tobias Appl, Bezirksheimatpfleger der Oberpfalz)

Corona und Lockdown: Von Fledermäusen und Essen to go — 176
(Subregens Christoph Leuchtner, Subregens im Priesterseminar seit 2018)

Es gibt kein Zurück! Der Aufbruch in die digitale Welt — 183
(Präfekt Gerhard Pöpperl, Präfekt im Priesterseminar seit 2012)

GEMEINSCHAFT FEIERN — 188

Liturgische Räume im Priesterseminar St. Wolfgang: Orte »regelmäßigen geistlichen Tuns« — 189
(Spiritual Matthias Effhauser, Spiritual im Priesterseminar seit 2015)

»Bedenke, was du tust, ahme nach, was du vollziehst, und stelle dein Leben unter das Geheimnis des Kreuzes.« Die Priesterseminarkapelle St. Wolfgang in Regensburg und eine wichtige liturgietheologische Aussage ihrer künstlerischen Gestaltung — 200
(Dr. Joachim Werz, Leiter der Forschungsstelle »Ordensgeschichte der Frühen Neuzeit«)

BEGEGNUNG IN BILDERN – PASTORALER DIALOG AUF AUGENHÖHE — 212

Begegnung in Bildern – Pastoraler Dialog auf Augenhöhe — 213
(Dr. Maria Baumann, Leiterin der Abteilung Kunst und Denkmalpflege, Museumsleiterin und Diözesankonservatorin)

EIN STREIFZUG DURCH DAS SEMINAR IN BILDERN — 220

- Einblicke und Ausblicke — 221
- Gern gesehene Gäste — 268
- Feierstimmung(en) — 270
- Seminar-Räume — 278
- Hausgemeinschaft — 282
- Blickfang — 283

STUDIUM UND AUSBILDUNG — 292

Theologie in Regensburg an Lyzeum, Philosophisch-Theologischer Hochschule und Universität — 293
(Prof. Dr. Klaus Unterburger, Professor am Lehrstuhl für Kirchengeschichte des Mittelalters und der Neuzeit an der Ludwig-Maximilians-Universität München)

50 Jahre Bischöfliches Collegium/Studium Rudolphinum – der kleine Bruder — 310
(Prof. Dr. Christoph Binninger, Direktor des Studium Rudolphinum)

Das Institut Papst Benedikt XVI.   314
Ein Ort der Wissenschaft und der Begegnung im ehemaligen
Schottenkloster
(Dr. Christian Schaller, stellvertretender Direktor des Institut Papst Benedikt XVI.)

DIE KOOPERATION IN DER PRIESTERBILDUNG ZWISCHEN DEN DIÖZESEN REGENSBURG UND PASSAU. PERSÖNLICHE ERINNERUNGEN UND ERFAHRUNGEN   319

Die Kooperation in der Priesterbildung zwischen den   320
Diözesen Regensburg und Passau. Persönliche Erinnerungen
und Erfahrungen
(Domkapitular Dr. Anton Spreitzer, Passau, Subregens im
Priesterseminar von 2007–2015)

VON HAUS AUS IN BEWEGUNG   332

Gegenwart und Zukunft der Priesterausbildung in Regensburg   333
(Regens Martin Priller, Regens im Priesterseminar seit 2006)

Streiflichter auf das wahre Leben im Regensburger
Priesterseminar in den 20er Jahren des 21. Jahrhunderts   344

Ortsverzeichnis   346

Personenverzeichnis   347

VORWORT

Seit 1872 ist die Priesterausbildung des Bistums Regensburg im Seminar am Bismarckplatz fest verankert. Nach dem – durchaus forciert herbeigeführten – Weggang der Schottenmönche und zehnjähriger Bautätigkeit konnte das Priesterseminar St. Wolfgang die Räumlichkeiten des ehemaligen Schottenstiftes St. Jakob am westlichen Rand der Regensburger Altstadt beziehen und erhielt damit nach wechselhafter Geschichte einen angemessenen und bestens geeigneten Standort, an dem sich nun, im Jahr 2022, auch bereits wieder seit 150 Jahren Geschichte und Geschichten angehäuft haben. Eine bewegte Zeit!

Eine so markante Zeitspanne lädt zum Innehalten und zur Umschau ein: Was ist das für ein Haus? Wie sieht es hier aus? Was spielt sich hier ab? Wie war das früher? Wie ist das heute? Wie kann es künftig sein? Was ist geblieben? Was hat sich verändert? Aus den Tiefen der Vergangenheit lässt sich manches ans Licht holen, was kaum mehr jemand wusste. Was gegenwärtig ist, wird von vielen Außenstehenden als »verborgen hinter hohen Mauern« wahrgenommen und darf sich ruhig einmal einer interessierten Öffentlichkeit zeigen. Wie es weitergehen wird mit dem Priesterberuf und der Priesterausbildung, beschäftigt die Kirche dieser Tage ohnehin.

Der vorliegende Band möchte einen Beitrag dazu leisten, innezuhalten und sich umzusehen. Es geht gleichermaßen um den Blick zurück, den Blick nach vorne, den Blick nach innen, den Blick auf das Wesentliche. Bischof Dr. Rudolf Voderholzer eröffnet den Reigen der Beiträge mit grundsätzlichen theologischen Ausführungen über die Notwendigkeit des sakramentalen Priestertums. Klaus Unterburger legt als Historiker eine Gesamtdarstellung der Geschichte des Regensburger Priesterseminars seit seiner Gründung Mitte des 17. Jahrhunderts vor. Es folgen Erinnerungen verschiedener Priestergenerationen an ihre Zeit im Seminar seit den 50er Jahren bis heute. Die Perspektive des Ausbilders könnte niemand besser wiedergeben als Weihbischof Dr. Graf, der über ein Vierteljahrhundert als Spiritual im Priesterseminar tätig war. Es gibt Einblicke in das Haus in Bildern und Berichten, die liturgischen Räume werden theologisch und künstlerisch erschlossen, die im Haus angesiedelten Institute stellen sich vor, die Mallersdorfer Schwestern kommen zu Wort. Das Priesterseminar war immer wieder Gastgeber für prominente Gäste. Neben vielen Bischöfen und Kardinälen war zwei Mal Papst Benedikt XVI. hier: bei seinem Pastoralbesuch im Jahr 2006 und noch einmal als Emeritus im Jahr 2020. Das Seminar am Bismarckplatz hatte in den 150 Jahren aber auch Krisenzeiten zu bewältigen, die beiden Weltkriege vor allem. Auch die Corona-Jahre waren und sind eine echte Krise. Die Geschehnisse in diesem Haus sind immer auch ein Spiegelbild der geschichtlichen Veränderungen in Gesellschaft und Kirche.

Geschichte ist voller Leben. Dieses Haus ist es auch, nach wie vor.

Machen Sie sich selbst ein Bild.

Die Herausgeber

Bischof Dr. Rudolf Voderholzer, Bischof von Regensburg (Foto: Bistum Regensburg)

Während ein Priesterseminar sich immer wieder neu der Frage stellen muss, wie man künftige Priester für die Anforderungen ihrer Zeit gut ausbildet, wird aktuell diskutiert, ob es das geweihte Amt überhaupt braucht oder warum es für die Kirche von Bedeutung ist.

Bischof Dr. Rudolf Voderholzer gibt in seinem Beitrag eine Antwort auf diese für die Kirche konstitutive Frage.

WEIL DIE KIRCHE SIE BRAUCHT

Theologische Standortbestimmung für Priester des 21. Jahrhunderts

Das Jubiläum »150 Jahre Priesterseminar Regensburg« fällt in eine Zeit heftiger Debatten um das sakramentale Priestertum in der Kirche Deutschlands. Dass dem Weihesakrament die theologische und historische Fundierung bestritten wird, ist prinzipiell nichts Neues. Zu den zentralen Thesen Martin Luthers gehört die Aussage: »Dieses Sakrament kennt die Kirche Christi nicht.«[1] Neu ist, dass das sakramentale Priestertum mittlerweile auch in katholisch-kirchlichen Kreisen infragegestellt wird.

Aktuelle Infragestellung des Weiheamtes

So wurde bei der Vollversammlung des Synodalen Weges im Herbst 2021 mit der Mehrheit von 95 zu 94 Stimmen beschlossen,[2] dass im Synodalforum II »Priesterliche Existenz« nicht nur das »Wie« der Ausgestaltung des Priesterlichen Dienstes (im Blick vor allem auf die Lebensform der Ehelosigkeit um des Himmelreiches willen), sondern auch das »Ob«, also die Frage nach der grundsätzlichen Legitimität des Ordo im Gefüge der katholischen Ekklesiologie diskutiert werden müsse. Problematischer noch als die knappe Mehrheit für die Annahme der Fragestellung ist freilich die Tatsache, dass sie vom Präsidium überhaupt zur Abstimmung zugelassen wurde. Beim sakramentalen Priesteramt geht es um ein Wesenselement der katholischen Kirchenverfassung und des katholischen Sakramentenverständnisses, das die Grundlage auch der Synodal-Versammlung ist und von ihr nicht zur Disposition zu stellen ist.

Um noch an ein weiteres Beispiel zu erinnern: In einem Textentwurf für das Synodalforum III »Frauen in Diensten und Ämtern der Kirche« war Anfang September 2020 kurzzeitig die Behauptung zu lesen: »Jesus hat Jüngerinnen und Jünger, weiht niemanden.« Abgesehen davon, dass die These auf die widersprüchliche Aussage hinausläuft, Jesus habe kein amtliches Priestertum gewollt, aber mit Sicherheit Frauen für das Priestertum vorgesehen, offenbart

---

[1] Martin Luther, Von der babylonischen Gefangenschaft der Kirche (1520), Ed. Kurt Aland, Bd. 2, 227. Zur fundierten Auseinandersetzung damit: Gerhard Kardinal Müller, Das sakramentale Priestertum auf dem Prüfstand der reformatorischen Kritik, in: Ders., »Ihr sollt ein Segen sein«. 12 Briefe über das Priestertum, Freiburg 2018, 63–91.

[2] Der Synodale Weg, Abstimmungsprotokoll zu TOP 4.1: Synodalforum II – Grundtext – Erste Lesung, Zweite Synodalversammlung vom 30.09. bis 02.10.2021 in Frankfurt am Main, Seite 6, online auf: https://www.synodalerweg.de/fileadmin/Synodalerweg/Dokumente_Reden_Beitraege/2021-10-01_SVII_TOP4_1_Abstimmungsprotokoll-alle.pdf [15.06.2022].

eine solche Aussage ein erschreckend niedriges theologisches Argumentationsniveau. Die Formulierung in der genannten Vorlage durfte nicht unwidersprochen stehenbleiben. Als Mitglied des Synodalforums III kritisierte ich umgehend in einem offenen Brief diese Aussage: »›*Jesus hat Jüngerinnen und Jünger, weiht niemanden.*‹ Was soll eine solche Aussage? Genauso gut müsste man auf dieser Ebene dann sagen: ›*Jesus tauft auch niemanden, er firmt niemanden, geht auch sonntags nicht zur Messe, usw.*‹ Dass die Sakramente der Zeit der nachösterlichen Kirche zugehören, wird verschleiert. Dass es in der Theologie aber eine sehr differenzierte Reflexion auf die Frage der Einsetzung der Sakramente gibt, wird ignoriert.«[3] Die Textpassage wurde auf den Protest hin modifiziert. Auch das Präsidium des Synodalen Weges distanzierte sich von der Formulierung. Sie ist gleichwohl signifikant für ein weit verbreitetes ungeschichtliches Denken in Bezug auf die Einsetzung der Sakramente.

So hat der emeritierte Neutestamentler Martin Ebner (zuletzt Lehrstuhlinhaber in Bonn) neuerdings die liberalprotestantischen Thesen von einem rein charismatischen und antihierarchischen Ursprung der Kirche bekräftigt.[4] Bezeichnend ist sein rein soziologisch formuliertes Anliegen: »Wenn die Abschaffung der katholischen Ständegesellschaft nicht gelingt, rennen wir immer gegen eine Mauer, wenn wir Demokratisierung einfordern.«[5] Diese Zielformulierung wird dann mit der Behauptung zu begründen versucht: »Das Christentum braucht nicht nur keine Priester. Es gibt sogar vom Neuen Testament her eine klare Absage gegen die Vorstellung, Priester könnten die Vermittlung zwischen Gott und Mensch durch die Ausführung bestimmter Riten leisten.«[6]

Angesichts solcher Thesen ist eine neue Selbstvergewisserung aus den Quellen von Schrift und Tradition notwendig. Wer soll sich zu seiner Berufung zum priesterlichen Dienst bekennen und ihr folgen, wenn selbst innerkirchlich das sakramentale Dienstamt nicht nur als unnötig, sondern sogar als Widerspruch zum Stiftungswillen Jesu betrachtet wird?

---

3 Rudolf VODERHOLZER, Offener Brief. Protest gegen den Textvorschlag des Synodalforums III für die Regionenkonferenzen des Synodalen Weges am 4. September 2020, in: https://bistum-regensburg.de/news/offener-brief-protest-gegen-den-textvorschlag-des-synodalforums-iii-fuer-die-regionenkonferenzen-des-synodalen-weges-am-4-september-2020-7611 [15.06.2022], vgl. Bischof Voderholzer protestiert gegen Textentwurf zum Synodalen Weg. Offener Brief des Regensburger Oberhirten zum Frauenforum, katholisch.de vom 2.9.2020, online auf: https://www.katholisch.de/artikel/26746-bischof-voderholzer-protestiert-gegen-textentwurf-zum-synodalen-weg [30.08.2022].
4 Martin EBNER, »Jesus wollte keine Priester«. Interview von Michael Schrom, in: Publik Forum, Heft 5, 2022, 33, vgl. Ders., Braucht das Christentum Priester? Eine Vergewisserung aus dem Neuen Testament, 2 Teile, vom 21./22.01.2022, online auf: https://www.feinschwarz.net/braucht-das-christentum-priester-eine-vergewisserung-aus-dem-neuen-testament-teil-1/ und -teil-2/ [06.09.2022], Ders., Braucht die Katholische Kirche Priester? Eine Vergewisserung aus dem Neuen Testament, Würzburg 2022 war zum Zeitpunkt der Abgabe dieses Beitrages leider noch nicht ausgeliefert. Völlig unbegreiflich ist, warum die kirchensteuerfinanzierte Münchner Kirchenzeitung den Thesen eine breite Öffentlichkeit zu verschaffen versucht, vgl. Klaus Schlaug, »Jesus war nicht der erste Priester«. Martin Ebner über das Priestertum, 02.09.2022, online auf: https://www.mk-online.de/meldung/jesus-war-nicht-der-erste-priester/ [16.09.2022].
5 EBNER, »Jesus wollte keine Priester«, 33.
6 EBNER, »Jesus wollte keine Priester«, 33.

Priesterweihe 2017 – Bischof Rudolf mit Weihekandidat Dr. Peter Stier

Hermeneutische Vorüberlegung

Dabei gilt es vorab zu beachten, dass sich vorgängig zu den Einzelfragen gegenwärtig in der Theologie zwei grundsätzliche Richtungen zeigen, die Karl-Heinz Menke mit »Libertarismus« auf der einen und »Kompatibilismus« auf der anderen Seite benennt.[7] Auf der Basis eines libertarischen Freiheitsverständnisses, das nur gelten lässt, was das autonome Subjekt konstituiert und einsieht, ist jede Bindung an Offenbarung, Tradition oder Dogmen als der freiheitlichen Würde des Menschen widersprechend abzulehnen. Ohne weitere Begründung werden dann die traditionellen, auch die biblischen Fundierungen als theologisch »substanzlos«[8] beiseitegetan. Für die theologische Erkenntnislehre bedeutet dies eine revolutionäre Umstrukturierung. An die Stelle der wichtigsten theologischen Bezugsgrößen (»loci theologici«) treten die »Zeichen der Zeit« und die so genannte »Lebenswirklichkeit«. Sogar die Rede von Wahrheit wird vor diesem Hintergrund sinnlos. Es gibt nur noch mehr oder weniger subjektiv einleuchtende Gründe.[9] Dem steht gegenüber der »Kompatibilismus«. Er setzt ein Freiheitsverständnis voraus, das mit der Bindung an eine vorgegebene Wirklichkeit und Wahrheit nicht nur »vereinbar« (»kompatibel«) ist, sondern davon ausgeht, dass der Mensch in dem Maße frei ist, in dem er der sich zeigenden Wahrheit der Wirklichkeit und letztlich der geoffenbarten Wahrheit Gottes entspricht.

Gerade auf der Ebene einer Theologie der Sakramente, die in der vielfach kontingenten geschichtlichen Vermittlung der Heilsgegenwart Gottes gründen, verunmöglicht ein libertarisches Freiheits- und Wirklichkeitsverständnis von vornherein jede Verständigung über die traditionelle Praxis und Lehre der Kirche.

Die folgenden Überlegungen basieren auf den Voraussetzungen eines kompatibilistischen Freiheits- und Wahrheitsverständnisses: Nicht eine philosophisch subjektive Weltdeutung veranschaulicht sich nachträglich in historischen Stoffen, sondern im raum-zeitlich definierten, d. h. historischen Geschehen ereignet sich Selbstmitteilung Gottes, die freilich erst zur Offenbarung wird, indem sie durch ein empfangendes Subjekt (der apostolischen Kirche!) im Glauben angenommen, zutreffend interpretiert und bezeugt wird. Das *depositum fidei* ist in erster Linie den Bischöfen als Nachfolgern der Apostel zur Reinerhaltung, vertieften Aneignung und aktualisierenden Bezeugung anvertraut (vgl. LG 20).[10]

---

7 Vgl. Karl-Heinz MENKE, Das libertarische Verständnis von Glauben und Offenbarung. Saskia Wendels Plädoyer für ein undogmatisches Christentum, in: FKTh 38 (2022) 116–134.
8 Vgl. Björn ODENDAHL, Die neue katholische Unsitte der Offenen Briefe, in: https://www.katholisch.de/artikel/40768-die-neue-katholische-unsitte-der-offenen-briefe?utm_source=Standpunkt&utm_medium=Feed&utm_campaign=RSS [4. 9. 2022]
9 Deshalb ist, wie Menke selbst einräumt, die in einer seiner früheren Publikation formulierte Alternative »Macht die Wahrheit frei« oder »die Freiheit wahr« unzureichend, denn von einem Anspruch auf »Wahrheit« kann unter den Voraussetzungen eines libertarischen Freiheitsverständnisses gar nicht mehr die Rede sein. Vgl. Karl-Heinz MENKE, Macht die Wahrheit frei oder die Freiheit wahr? Eine Streitschrift, Regensburg 2017.
10 Vgl. Christoph OHLY, Wozu braucht es in der Kirche das geweihte Amt?, in: Ders., Sven Leo Conrad, Rainer Hangler (Hg.), Aktuelle Herausforderungen des kirchlichen Weiheamtes (= RaSt 19), Regensburg 2020, 124–134.

Die »Neuheit des Christlichen«: Christus selbst ist der wahre Hohepriester

Die Thesen Ebners sind auch auf Seiten von exegetischen Fachkollegen nicht unwidersprochen geblieben. Marius Reiser hat der Argumentation Ebners attestiert, »ganz unhistorisch«[11] zu sein.

Entscheidend ist die hermeneutische Grundfrage nach dem biblischen Ursprungsgeschehen, das einer kirchengeschichtlichen Entfaltung zugrundeliegt. Ebner setzt bei seiner Kritik voraus, dass sich das katholische Priesterverständnis aus einer sekundären Angleichung an heidnisch-sazerdotale Institutionen ergeben habe. Dass er dabei behauptet, das deutsche Wort »Priester« habe mit dem neutestamentlich bezeugten Amt des Presbyters nichts zu tun, ist erstaunlich. Tatsache ist: Das vom altfranzösischen »prestre« (prêtre) ins Deutsche als Lehnwort übernommene »Priester« kommt etymologisch von Presbyter (griechisch presbyteros) her und gerade nicht von »hiereus« oder »sacerdos«.[12] Vom Kollegium der Presbyter bezeugt nun aber der Jakobusbrief: »Ist einer unter euch krank, dann rufe er die Ältesten [im Original: Presbyter] der Gemeinde zu sich; sie sollen Gebete über ihn sprechen und ihn im Namen des Herrn mit Öl salben. Das gläubige Gebet wird den Kranken retten und der Herr wird ihn aufrichten; und wenn er Sünden begangen hat, werden sie ihm vergeben« (Jak 5,14–15). Es ist dies die klassische neutestamentliche Belegstelle für das Sakrament der Krankensalbung.

Welches nun ist die »Idee«, um mit John Henry Newman zu sprechen,[13] die der Entwicklung des sakramentalen Dienstamtes zugrundeliegt, die sich noch in neutestamentlicher Zeit zu entfalten beginnt und bereits in frühnachneutestamentlicher Zeit zum dreigestuften Dienstamt von Episkopus, Presbytern und Diakonen führt?[14]

Das katholische Priester-Verständnis kann nur sachgemäß aus der Mitte des Glaubens heraus erschlossen werden. Es partizipiert an der Neuheit des Christlichen, und diese Neuheit ist Jesus Christus selbst. Jesus von Nazaret trat auf mit dem Anspruch, das Reich Gottes anzusagen. Das im Markusevangelium vorangestellte Summarium fasst seine Botschaft zusammen: »Die

---

[11] Marius REISER, Braucht das Christentum Priester? Eine Stellungnahme zu Martin Ebners Artikel vom 13. Juni 2022, online auf: https://www.kath.net/news/78634 [06.09.2022]:: »Im letzten Absatz seines Aufsatzes spricht Ebner von ›diesen wissenschaftlichen Erkenntnissen der Exegese‹. Bei seinen ›Erkenntnissen‹ handelt es sich jedoch lediglich um eigenwillige Deutungen von Textbefunden, die alles andere als einen Konsens ›der Exegese‹ spiegeln.«

[12] Vgl. Gerhard Ludwig MÜLLER (Hg.), Der Empfänger des Weihesakraments. Quellen zur Lehre und Praxis der Kirche, nur Männern das Weihesakrament zu spenden, Würzburg 1999, 26, Anm. 6: »Der Bischof (als summus sacerdos) und später auch der Presbyter (als sacerdos secundi gradus) wird seit dem 2. Jh. auch hiereus/sacerdos genannt, um sein Handeln im Namen Christi des Propheten und Hohenpriesters auszudrücken. Mit dem heidnischen sacerdos (= sacrum dans) hat der christliche Priester nur soviel gemein, daß es um das Geben des Heiligen geht. Da aber der Inhalt des Heiligen und die Weise der Vermittlung des Menschen zu Gott aufgrund der Selbstmitteilung Gottes in Inkarnation, Kreuz und Auferstehung Christi, des eschatologischen Bundesmittlers, vom paganen Verständnis grundlegend verschieden ist, besteht auch ein Wesensunterschied zwischen dem sacerdotium der christlichen Bischöfe und Presbyter und den heidnischen sacerdotes im Tempeldienst.«

[13] Vgl. Rudolf VODERHOLZER, Verstehen braucht Zeit. John Henry Newman, seine Theorie der Dogmenentwicklung und aktuelle Fragestellungen, in: Peter Becker, Marianne Schlosser, Paul Bernhard Wodrazka (Hg.), John Henry Newman. Welt Gottes und Wahrheit des Menschen, Freiburg 2022 (im Druck).

[14] So schon bei Ignatius von Antiochien bezeugt.

Zeit ist erfüllt, das Reich Gottes ist nahe. Kehrt um und glaubt an das Evangelium« (Mk 1,15). Das Reich Gottes ist dabei nicht etwas von ihm Verschiedenes, sondern ist an seine Person geknüpft. Gemäß dem Lukasevangelium antwortet Jesus denen, die ihn angesichts seiner Soteriopraxis auf die Probe stellen wollen: »Wenn ich aber die Dämonen durch den Finger Gottes [in der Parellelüberlieferung bei Mt 12,28 »im Geist Gottes«] austreibe, dann ist das Reich Gottes schon zu euch gekommen« (Lk 11,20). Jesus ist das Reich Gottes in Person, die »autobasileia«, wie Origenes im frühen dritten Jahrhundert genial formuliert.[15]

Als die personale Vergegenwärtigung des Reiches Gottes ist Jesus Christus auch dessen Mittler und insofern Priester, auch wenn er religionssoziologisch »Laie« war: »Einer ist Gott, Einer auch Mittler zwischen Gott und den Menschen: der Mensch Christus Jesus« bekennt der 1. Timotheusbrief (2,5). Der Hebräerbrief schließlich legt das soteriologische Wirken Jesu in den kultischen Kategorien der Schrift aus. Christus ist Hoherpriester nach der »ewigen« Ordnung des Melchisedech, des Abbildes (Hebr 7,3) des Sohnes Gottes, nicht nach der zeitlich begrenzten Ordnung des Priesters Aaron. Die Priorität Abrahams gegenüber Mose bei Paulus hat im Hebräerbrief auf kultischer Ebene eine gewisse Parallele in der Priorität des Melchisedech, dem in Abraham letztlich auch Levi den Zehnten entrichtet hat (Hebr 7,7–10). Christus, Priester und makellose Opfergabe zugleich, hat durch seine Lebenshingabe (»sein Blut«) »ein für allemal« (Hebr 7,27) die Versöhnung bewirkt, und ist so zum Mittler eines neuen und ewigen Bundes geworden. Alle Opfer des Alten Bundes sind unterfangen und überboten, der erste Bund abgelöst (Hebr 8,7.13). Mit kultischer Terminologie wird kultische Denkweise aufgehoben und ins Christologische transformiert.[16]

Im Priestertum Jesu Christi sind alle Priestertümer der Religionsgeschichte »aufgehoben« in einem dreifachen Sinn, auf eine höhere Ebene gehoben, abgeschafft und eingeborgen: »eingeborgen«, weil der Gedanke der Mittlerschaft in einzigartiger Weise präsent ist; in eine höhere Ebene gesetzt, weil nun endgültig wirksam; »abgeschafft«, weil es fortan kein anderes Priestertum im Volk Gottes mehr gibt als das Seine bzw. das in seinem Namen und in seiner Repräsentanz ausgeübte. Das Römische Messbuch fasst dies (in der bisherigen deutschen Übersetzung) im Gabengebet zum 16. Sonntag im Jahreskreis mit den Worten zusammen: »Herr, du hast die vielen Opfer, die dir je von Menschen dargebracht werden, in dem einen Opfer des neuen Bundes vollendet …«

---

15 Origenes, In Ev. Mt 14,7. Vgl. Joseph Ratzinger, Jesus von Nazareth. Von der Taufe im Jordan bis zur Verklärung [2007], in: JRGS 6, 129–413, hier: 176: »Jesus selbst ist das ›Reich‹; das Reich ist nicht eine Sache, nicht ein Herrschaftsraum wie weltliche Reiche. Es ist Person: *Er* ist es. Das Wort »Reich Gottes« wäre so selber eine verhüllte Christologie: Auf das Ungeheure, dass in ihm Gott selber da ist unter den Menschen, dass er Gottes Gegenwart ist, führt er die Menschen hin durch die Weise, wie er vom ›Reich Gottes‹ redet.«

16 An der Frage, wie die Einheit der Heilsgeschichte, wie sie in der Spannungseinheit von Altem und Neuem Testament bezeugt wird, auch im Verständnis des Priestertums seinen Niederschlag findet, hat sich im Anschluss an Joseph Ratzinger jüngst eine heftige Debatte zwischen Ludger Schwienhorst-Schönberger und Christoph Dohmen entzündet, auf die zumindest kurz eingegangen werden soll (s. u. bei Anm. 28 ff.).

Die Berufung der Apostel und die Konstitution des Zwölfer-Kreises

Der Gottmensch ist auch ganz Mitmensch und will nichts alleine tun.[17] Unmittelbar nach dem summarischen Bericht von der Reich-Gottes-Verkündigung Jesu schildert Markus die Berufung der ersten Jünger am See Genesareth (Mk 1,14–20). Die Berufungserzählung folgt einem alttestamentlich geprägten Schema, lässt aber das spezifisch Jesuanische hinreichend deutlich werden. Die Initiative geht von Jesus aus. Nicht die Jünger wählen sich ihren Lehrer (wie im zeitgenössischen Rabbinat üblich), sondern Jesus ruft vollmächtig in seine Nachfolge (vgl. auch Joh 15,16: »Nicht ihr habt mich erwählt, sondern ich habe euch erwählt«). Die Berufung zweier Brüderpaare weist hin auf die von Jesus neu gestiftete Gemeinschaft. Das Menschenfischerwort ist – mit seiner positiven Aussage – analogielos und vermutlich eine spontane Wortschöpfung Jesu »angesichts der beruflichen Tätigkeit«.[18] Zum richtigen Verständnis hat Joseph Ratzinger auf die Deutung des heiligen Hieronymus verwiesen: »Wenn der Fisch aus dem Wasser gezogen wird, bedeutet es für ihn, dass er sein Lebenselement verliert. Er kann nicht mehr atmen und geht zugrunde. Aber für uns Menschen geschieht in der Taufe, in der Christwerdung, das Gegenteil: Bislang sind wir eingeschlossen in die salzigen Wasser der Welt. Wir können das Licht, Gottes Licht, nicht sehen. Wir können die Weite der Welt nicht sehen. Unser Gesicht ist vom Dunkel des Wassers umschlossen, nach unten gekehrt, und unser Leben ist in die Todeswelt des Salzwassers versenkt. Aber wenn wir in der Taufe herausgezogen werden, dann fangen wir an, das Licht zu sehen, und dann beginnen wir, wirklich zu leben.«[19] Die Doppelberufung der beiden Brüderpaare kündigt die Zeugenfunktion an. Im Wort »ekkaleesen« (er rief sie, Mk 1,20) ist das Wort für Kirche, ekklesia, enthalten. Reich-Gottes-Verkündigung und Kirche gehören zusammen. Erst in der Annahme der Botschaft vom mit Jesus anbrechenden und in ihm gegenwärtigen Reich Gottes kommt die Offenbarung zu ihrem Ziel. Mit der Berufung des Levi (Mk 2,14) erreicht Jesus die Zahl der für einen jüdischen Rabbi maximalen Größe. »Als dann Jesus von fünf zu zwölf Jüngern übergeht (vgl. Lk 9,1–6), wird die Neuheit seiner Sendung klar: Er ist nicht ein Rabbiner unter vielen, sondern er ist gekommen, das endzeitliche Israel zusammenzuführen, das durch die Zahl Zwölf, die Zahl der Stämme Israels, symbolisiert wird.«[20] Aus der Vielzahl der Jünger wählt er zwölf aus und »erschafft« sie (Mk 3,14)

---

17 Vgl. Hans Urs von Balthasar, Licht des Wortes. Skizzen zu allen Sonntagslesungen, Freiburg ³2001, 34 f. (zu Mt 4,12–23).
18 Vgl. Joachim Gnilka, Jesus von Nazaret. Botschaft und Geschichte (= HThKNT Suppl. 3), Freiburg 1990, 169.
19 Joseph Ratzinger, Der Dienst des Zeugen. »Es ist der Herr« (Joh 21,1–19), in: JRGS 12, 498–505, hier: 500 f. An anderer Stelle führt Joseph Ratzinger zur selben Stelle aus: »Die Vorstellung des Fangens, das die Haupttätigkeit des Fischers beschreibt, ist höchst missverständlich; sie muss von innen her umgedeutet werden. Es geht weder um Überlisten noch um Gefangensetzen; es geht gerade umgekehrt darum, aus der Knechtschaft des Gewohnten in die Freiheit der Wahrheit zu führen und die Menschen für diesen schwierigen Ausstieg und Aufstieg zu gewinnen« (Wie sollte heute ein Bischof sein. Gedanken aus Anlass eines Jubiläums, in: JRGS 12, 311–321, hier: 313).
20 Benedikt XVI., Christus und seine Kirche. Das Fundament der Apostel, Augsburg 2007, 48.

als die Stammväter des neuen Gottesvolkes.²¹

Schon vorösterlich werden die Zwölf, je zu zweit, ausgesandt mit der Vollmacht, »die unreinen Geister auszutreiben«. Sie tragen den Umkehrruf Jesu weiter, »trieben viele Dämonen aus und salbten viele Kranke mit Öl und heilten sie« (Mk 6,7.13).

Transformation des vorösterlichen Jüngerkreises

Durch das Pascha-Mysterium Jesu Christi wird auch die Berufung der Zwölf transformiert. Sie werden nun zu umfassenden Zeugen für Tod und Auferstehung Jesu. Zentrale Bedeutung kommt hier dem Letzten Abendmahl zu, bei dem Jesus die Zwölf und niemand anders um sich versammelt. Ihnen gilt der Wiederholungsbefehl »Tut dies zu meinem Gedächtnis«. Was die beiden neutestamentlichen Stränge der Abendmahlsüberlieferung (Synoptiker einerseits und Johannes andererseits) eint, ist der Kontext des Pascha-Festes. Diese Besonderheit des Letzten Abendmahles unterscheidet es radikal von den anderen Mählern, insbesondere auch den Sündermählern Jesu.²² Beim Letzten Abendmahl kommt es entscheidend auf die Sinngebung des gebrochenen *Brotes* – im Kontext des Pascha-Festes eben des *ungesäuerten* Brotes und des erhobenen Kelches mit *Wein* an. Jesu Tun steht im Horizont des Gottesglaubens Israels, der Feier des Bundesschlusses Gottes mit seinem Volk und im Horizont der Feier der Gegenwart Gottes als des Retters und Befreiers seines Volkes. Und in diesem Horizont und unter diesem Vorzeichen deutet Jesus seinen bevorstehenden Tod als die Besiegelung des Neuen und Ewigen Bundes.²³ Den Zwölfen als den Stammvätern des Neuen Israel wird aufgetragen, in der Wiederholung der Zeichenhandlungen, in denen Jesus sein Kreuzesopfer unblutig vorwegnimmt, seinen Tod und seine Auferstehung gegenwärtig zu halten (vgl. 1 Kor 11,24 f.; Lk 22,19 par.). Der Neue und Ewige Bund wird schließlich auch die Grenzen Israels überschreiten. Vor seiner Himmelfahrt sendet der auferstandene Herr die Elf aus bis an die Grenzen der Erde (Mt 28,16–20; Mk 16,15; vgl. Joh 20,21).

---

21 Vgl. Karl-Heinz MENKE, Das sakramentale Amt in der Kirche, in: Christoph OHLY, Sven Leo CONRAD, Rainer HANGLER (Hg.), Aktuelle Herausforderungen des kirchlichen Weiheamtes (= RaSt 19), Regensburg 2020, 85–108, hier: 91.
22 In der Rückführung von Eucharistie/Abendmahl (so die schon irreführende durchgängige Gleichsetzung der beiden Größen) unterschiedslos auf das Letzte Abendmahl und die Sündermähler Jesu besteht eine der grundlegenden Schwächen der Studie »Gemeinsam am Tisch des Herrn« des ÖAK (Ökumenischer Arbeitskreis evangelischer und katholischer Theologen), vorgestellt am 11. September 2019, als Buch herausgegeben von Volker LEPPIN und Dorothea SATTLER, Freiburg/Göttingen 2021.
23 »Die Gastmähler mit den Sündern sind allesamt keine Mähler im Horizont von Pessach/Seder, an dem Jesus die Eucharistie ›gestiftet‹ hat. [...] Die Deutung seines Lebens und Todes geschieht nur an diesem letzten Mahl vor dem Tod. Jesus hat dort eine ganz bewusste Auswahl für dieses bedeutende Mahl getroffen und nicht die natürliche Familie, sondern den Jüngerkreis mit sich genommen« (Achim BUCKENMAIER, Gemeinsam am Tisch des Herrn – nur dort? Ekklesiologische Anmerkungen zum Votum des Ökumenischen Arbeitskreises evangelischer und katholischer Theologen, in: IKaZ 50 [2021] 187–199, hier: 195). Ebd.: »Das Thema Eucharistie vornehmlich auf dem Hintergrund der Gastmähler zu diskutieren und die Abendmahlstradition in ihrer Bedeutung für die kirchliche Eucharistie faktisch als eine neben andere zu stellen, ist exegetisch unsauber.« Vgl. zu GTH aktuell: Markus GRAULICH (Hg.), Alles gleich gültig? Theologische Differenzierungen zum Votum »Gemeinsam am Tisch des Herrn«, Freiburg 2022.

Noch vor der endzeitlichen Ausgießung des Heiligen Geistes am Pfingstfest wird der Zwölferkreis vervollständigt. Das »Amt« (Apg 1,20 »episkope«, also das Bischofsamt) des Judas wird durch Losentscheid dem Matthias übertragen.

Zum Apostolat der Zwölf kommt das Apostolat des Paulus, der zunächst als heftiger Gegner der Jesus-Jünger auftritt, durch eine persönliche Berufung durch den Auferstandenen zum leidenschaftlichen Verkünder von Tod und Auferstehung Jesu Christi und zum Heidenmissionar wird. Ausgerechnet vom Apostel Paulus haben wir in der Apostelgeschichte den einzigen neutestamentlichen Beleg für die Leitung der Eucharistiefeier durch den Apostel (Apg 20,7–12). Paulus ist es auch, der seinen apostolischen Dienst selbst in kultischen Kategorien deuten kann, wenn er im Römerbrief abschließend zu dessen Intention sagt, er habe diesen Brief geschrieben, »damit ich als Diener Christi Jesu für die Heiden wirke und das Evangelium Gottes wie ein Priester verwalte« (Röm 15,16). Und im Zweiten Korintherbrief beschreibt er in Anknüpfung und Überbietung des alttestamentlichen Botenrechts seine Sendung von Christus her mit dem Gedanken der Repräsentation: »Wir sind also Gesandte an Christi statt und Gott ist es, der durch uns mahnt. Wir bitten an Christi statt: Lasst euch mit Gott versöhnen« (2 Kor 5,20).

Die Sakramente der Kirche, und insbesondere auch das Weihesakrament, gründen in der gesamten Dynamik des Wirkens Jesu, von der vorösterlichen Sammlung und Sendung Jesu bis hin zur geistgewirkten Praxis der jungen Kirche im Licht des heilbringenden Kreuzestodes und der Begegnung mit dem auferstandenen Herrn.

Die neutestamentliche Briefliteratur und die Apostelgeschichte bezeugen die Entfaltung des Apostelamtes hin zum dreigestuften Dienstamt in der Nachfolge der Apostel. Dabei zeichnen sich zwei Verfassungsstrukturen ab. Einmal die presbyterale Verfassung[24], vor allem in den judenchristlichen Gemeinden (vgl. Jakobusbrief; Erster Petrusbrief), zum anderen, in den paulinisch-heidenchristlichen Gemeinden, die Ämter der Episkopen und Diakone (vgl. vor allem Phil 1,1 und dann die Pastoralbriefe). Der Erste Timotheusbrief beinhaltet bereits sowohl einen Bischofs- (1 Tim 3,1–7) als auch einen Diakonenspiegel (1 Tim 3,8–13). Als Zeichen der Amtsübertragung ist die Handauflegung mit Geistübertragung und Gnadenvermittlung bezeugt. So schreibt der Autor des Zweiten Timotheusbriefes: »Entfache die Gnade (charisma) Gottes wieder, die Dir durch die Auflegung meiner Hände zuteilgeworden ist« (2 Tim 1,6; vgl. 1 Tim 1,18; 4,14; Apg 6,6; 14,23).

Die Briefe des Apostels Paulus gewähren zudem einen authentischen Einblick in ein »Apostolat im Vollzug«: Unermüdliche Verkündigung des Evangeliums, wobei der Schwerpunkt bei der Verkündigung Jesu als des Gekreuzigten liegt. Die ihm allein von der Gnade Christi geschenkte Einsicht, dass der Kreuzestod Jesu nicht Beweis seines Verfluchtseins (gemäß Dtn 21,23), sondern Ausdruck der unbegreiflichen Liebe Gottes ist, ebnete Paulus den Weg vom

---

[24] Die Begrifflichkeit ist noch nicht einheitlich. Der Hebräerbrief spricht vom »Vorsteher«: Hebr 13,17.24.

Pharisäer strenger Observanz zum Apostel. Bei seinen Missionsreisen gründet er in Kleinasien und in Griechenland Gemeinden, für die er mit großem Gespür für die Gnadengaben und bewundernswertem Kommunikationsgeschick Verantwortliche gewinnt und befähigt. Allerdings gibt Hans Urs von Balthasar zu bedenken: »Bei Paulus gibt es, entgegen dem heute zuweilen Behaupteten, keine Spur von kirchlichem Demokratismus.«[25] Sein pastoraler Charme geht einher mit äußerster Strenge, wenn es um die Reinheit des Glaubens geht (vgl. sein Anathema gegenüber denen, die ein »anderes Evangelium« verkünden: Gal 1,9). Die (in seinem Geist verfassten) Pastoralbriefe bezeugen seine Sorge um die Weitergabe des Apostelamtes auf seine Schüler Timotheus und Titus.

Ignatius von Antiochien

Noch vor der Redaktion der letzten neutestamentlichen Schriften bezeugen die Briefe des Ignatius von Antiochien (gest. vor 117) die in den Kirchen des Ostens kontinuierlich festgehaltene und für die katholische Kirche im Zweiten Vatikanischen Konzil bekräftigte Ämterstruktur. Vier der sieben Briefe des Ignatius setzen den Monepiskopat (= ein Bischof pro Stadt, nicht ein Kollegium) sowie die volle Entfaltung des dreigestuften Amtes mit (einem) Bischof, Presbyter-Kollegium und Diakonen voraus.[26] Es zeigt sich somit, dass sich in einem sehr frühen Stadium und noch in neutestamentlicher Zeit eine Verschmelzung von *judenchristlich-presbyterialer* (vgl. Jak 5,14; 1 Petr 5,1 u.ö.) und *heidenchristlicher* Kirchenverfassung (mit Episkopen und Diakonen; vgl. Phil 1,1) vollzogen hat hin zum dreigestuften Dienstamt Bischof, Presbyter, Diakon.

Zur Transformation des Zwölfer-Kreises in die Säulen der nachösterlichen Gemeinschaft der Auferstehungszeugen und der neutestamentlichen Kirche als neues Volk Gottes[27] kommt, darauf hat erst jüngst der emeritierte Papst Benedikt XVI. hingewiesen, auch die notwendige christologische Transformation der alttestamentlichen Priestertheologie.[28] Analog zur

---

[25] Hans Urs von Balthasar, Paulus ringt mit seiner Gemeinde. Die Pastoral der Korintherbriefe (= Kriterien 83), Einsiedeln/Trier 1988, 23.
[26] IgnTrall 2,1–3; IgnPhil 7,1; IgnEph 20,2 (ohne Diakone); IgnSmyrn 8,1.
[27] Gerhard Ludwig Müller spricht von der »ekklesiologischen Ursynthese«: »Wie der Glaube an Jesus den Christus aus der Erfahrung der Identität des vorösterlichen Jesus und des auferweckten Christus entspringt, so kann die Kirche als Mysterium dadurch erkannt werden, dass der auferstandene Herr den realen Zusammenhang zwischen der vorösterlichen Jüngergemeinde und der nachösterlichen Glaubensgemeinschaft selbst stiftet« (Katholische Dogmatik. Für Studium und Praxis der Theologie, Freiburg 1995, 585).
[28] Schon in seinem 1996 erstmals veröffentlichten Kommentar zu »Presbyterorum ordinis« unter dem Titel »Dienst und Leben der Priester« (JRGS 7, 897–915) gab Kardinal Ratzinger zu bedenken: »Was bedeutet vom Neuen Testament her das Priestertum der Kirche? Gibt es das überhaupt? Trifft der Vorwurf der Reformatoren zu, dass die Kirche die Neuheit des Christlichen verraten und den Presbyter, die christliche Wende zurücknehmend, wieder zum Sazerdoten gemacht hat? Hätte sie nicht streng bei der Funktion des Ältesten bleiben müssen, ohne Sakralisierung und Sakramentalisierung? Wenn man auf diese Frage sachgemäß antworten will, reichen bloß terminologische Untersuchungen über die anfängliche Verschiedenheit und die später eintretende Verschmelzung der Begriffe Presbyter und Hiereus (Sacerdos) nicht aus. Man muss tiefer gehen; die ganze Problematik des Verhältnisses von Altem und Neuem Testament steht zur Debatte. Ist das Neue Testament wesentlich Bruch mit dem Alten oder wesentlich Erfüllung, in der alles verwandelnd aufgenommen und gerade im Erneuern bewahrt ist? Steht Gnade gegen Gesetz, oder gibt es einen inneren Zusammenhang beider?« (ebd. 913).

»Aufhebung« (im genannten dreifachen Sinne) der biblischen Hohepriestertheologie in der Reflexion auf das erlösende Paschamysterium Christi erfährt auch die Theologie des apostolischen Dienstamtes und des christlichen Kultes im Lichte einer christologischen *relecture* des Alten Testaments eine notwendige Vertiefung. Anders als die reformatorische Kritik und in ihrer Spur auch Martin Ebner, die von einem radikalen Bruch zwischen Altem und Neuen Testament ausgehen, die Verkündigung Jesu auf die (noch dazu missverstandenen) kultkritischen Aussagen reduzieren und in ihren radikal-dialektischen Positionen fast antijüdische Züge offenbaren, plädiert der emeritierte Papst ganz im Sinne der Neuentdeckung des Israelhorizontes des Neuen Testamentes und der Kirche für eine positive Wertung auch des christlichen Kultes: »Im Kreuz Christi ist die prophetische Kultkritik ein für alle Mal an ihrem Ziel angekommen. Zugleich aber ist der neue Kult begründet. Die in der Eucharistie immerfort gegenwärtige Liebe Christi ist der neue Akt der Anbetung. Dementsprechend sind die priesterlichen Ämter Israels ›aufgehoben‹ in den Dienst der Liebe hinein, die zugleich immer Anbetung Gottes bedeutet. Diese neue Einheit von Liebe und Kult, von Kultkritik und Verherrlichung Gottes im Dienst der Liebe ist freilich ein unerhörter Auftrag an die Kirche, der in jeder Generation neu bestanden werden muss«[29]. Nur angedeutet kann hier werden, wie Benedikt dann in zwei Textauslegungen den Überschritt vom Alten zum Neuen Testament und somit deren innere Einheit exemplarisch aufzeigt: 1. Ps 16,5 diente in der Liturgie vor dem Konzil zur Aufnahme in den Klerus: »Ja, mein Erbe gefällt mir.« Um welches Erbe (Klerus) handelt es sich? Während alle Stämme Israels bei der Landnahme ein Stück des verheißenen Landes zugeteilt bekamen, blieben die Leviten landlos und ohne irdische Existenzgrundlage: Der Levit »lebt von Gott und für Gott allein. […] Diese alttestamentliche Figur ist bei den Priestern der Kirche in einer neuen und tieferen Weise verwirklicht: Sie sollen allein von Gott und für ihn leben. Was das konkret heißt, ist vor allem beim heiligen Paulus genau zu lesen. Er lebt von dem, was ihm die Menschen fortan geben, weil er ihnen das Wort Gottes schenkt, das unser wahres Brot, unser wirkliches Leben ist«[30]. 2. Das Wort aus dem Zweiten Hochgebet des Missale Romanum »Wir danken dir, dass du uns berufen hast, vor dir zu stehen und dir zu dienen« bezieht sich nicht, wie hin und wieder behauptet, auf eine Festlegung der äußeren Körperhaltung (im Unterschied zum Knien der Gläubigen), sondern als Zitat von Dtn 10,8 und 18,5–8 belegt es die Kontinuität und Diskontinuität von altem und neuem Priestertum. Dieses ist nun nicht mehr »Verwaltung der Tempelopfer, sondern Einbeziehung der Menschheit in die weltumspannende Liebe Jesu Christi: Kult und Kultkritik, liturgische Opfer und Dienst der Liebe am anderen sind eins geworden. So ist in diesem Satz nicht von irgendwelchen äußeren Haltungen die Rede, sondern als innerster Punkt der Einheit von Altem und Neuen Testa-

---

[29] BENEDIKT XVI., Das katholische Priestertum, in: Robert Sarah, Aus der Tiefe des Herzens. Priestertum. Zölibat und die Krise der katholischen Kirche, Kißlegg 2020, 25–56.

[30] BENEDIKT XVI., Das katholische Priestertum, 43 f.

ment beschreibt er das Wesen des Priestertums überhaupt, das seinerseits nicht eine bestimmte Klasse von Menschen meint, sondern letzten Endes auf unser aller Stehen vor Gott hinführt.«[31] Der Wiener Alttestamentler Ludger Schwienhorst-Schönberger dankt Benedikt XVI. für die Zurückweisung »markionitischer Tendenzen«[32] in der Kirche, nennt dies sogar ein »Werk der Barmherzigkeit«[33] und hält im Blick auf die Gegenwartstheologie grundsätzlich fest: »Große Teile des Alten Testaments werden ausgeblendet und mit Stillschweigen übergangen. Dazu gehören vor allem der Tempel, der Kult sowie die damit verbundene Stiftung des Priestertums. Eine christliche Theologie, die diese Traditionen nicht zu integrieren weiß oder gar als vorchristlich oder typisch jüdisch verwirft und die Jesus als einen Propheten versteht, der den alttestamentlichen Tempelkult und dessen Personal radikal verworfen habe, muss sich die vorwurfsvolle Frage gefallen lassen, wie es denn mit dem ›Jüdischen im Christentum‹ tatsächlich bestellt ist, wenn es um die konkrete religiöse Praxis geht.«[34] Christoph Dohmen hingegen äußert sich kritisch, indem er Schwienhorst-Schönberger eine Verabsolutierung der Kulttheologie unterstellt.[35] Bemerkenswert ist, dass Dohmen einräumt, gegen die »christologische Interpretation alttestamentlicher Texte« sei nichts zu sagen. Wenn er diese christologische Hermeneutik freilich exklusiv den Kirchenvätern zuschreibt, unterschlägt er, dass sich das Neue Testament selbst als christologisch interpretierte »Schrift« (= heutiges Altes Testament) versteht. Die Predigt der Kirchenväter ist, nach einem Wort Paul Claudels, nichts anderes als die »Auswortung« der Lektion von Emmaus.[36] Gemäß dem Lukasevangelisten hält der auferstandene Herr am Abend des Ostertages ein alttestamentliches Kolleg über sich selbst (Lk 24,27).[37] Der »allegorische« Sinn ist eben nicht einfach einer von vielen möglichen Interpretationsweisen im Rahmen einer bunten Vielfalt, sondern der Glaubenssinn, der sich im Licht des Glaubens an den gekreuzigt-auferstandenen Herrn als der wahre Sinn der Schrift erweist.[38]

Wenn Dohmen schließlich behauptet, die Hermeneutik Benedikts widerspreche dem Zweiten Vatikanischen Konzil, so kann man nur sagen: Das Gegenteil ist der Fall! Dei Verbum 12 fordert die Synthese von historisch-kritischer Exegese und traditioneller Schriftauslegung.[39]

---

31 BENEDIKT XVI., Das katholische Priestertum, 46.
32 Ludger SCHWIENHORST-SCHÖNBERGER, Der verleugnete Tempel, in: HerKorr 74 (3/2020) 46–49, hier: 49.
33 SCHWIENHORST-SCHÖNBERGER, Der verleugnete Tempel, 49.
34 SCHWIENHORST-SCHÖNBERGER, Der verleugnete Tempel, 46.
35 Christoph DOHMEN, Mehr als Kult und Tempel. Eine Antwort auf Ludger Schwienhorst-Schönberger, in: HerKorr 74 (5/2020) 49–50.
36 »Des foules immenses se pressaient autour d'Origène et de ses émules dont les homélies ne sont qu'une paraphrase de la leçon d'Emmaüs.« (Paul CLAUDEL, L'Écriture Sainte. Allocutions aux étudiants des Sciences Politiques, in: La Vie Intellectuelle, mai 1948, 6–14, hier: 6f.; dt. in: Ich liebe das Wort, Recklinghausen 1955, 53 f.).
37 Vgl. Hans HÜBNER, Hebräerbrief, Evangelien und Offenbarung. Epilegomena (= Biblische Theologie des Neuen Testaments, Bd. III), Göttingen 1995, 142.
38 Vgl. Rudolf VODERHOLZER, Die Einheit der Schrift und ihr geistiger Sinn, Freiburg 1998, 460.
39 DV 12. Vgl. Rudolf VODERHOLZER, Offenbarung, Schrift und Kirche. Eine relecture von »Dei Verbum« im Licht vorbereitender und rezipierender Texte Joseph Ratzingers, in: Ders. Offenbarung, Tradition und Schriftauslegung. Bausteine zu einer christlichen Bibelhermeneutik, Regensburg 2013, 82–102; vgl. Helmut HOPING, Ewige Wahrheiten, gibt es das noch? Vom heutigen Riss zwischen Offenbarung, Überlieferung und Glaube, in:

Das Zweite Vatikanische Konzil

Es muss hier jetzt nicht die gesamte Dogmengeschichte nachgezeichnet werden.[40] Bekanntlich trat im Westen zum Ausgang der Antike der Diakonat als eigenständig ausgeübte Weihestufe in den Hintergrund, bis im Zweiten Vatikanischen Konzil der Ständige Diakonat wiederbelebt wurde. Im Zusammenhang einer Engführung der priesterlichen Funktionen auf die Konsekrationsvollmacht in der Eucharistie trat im Mittelalter eine gewisse Unsicherheit in Bezug auf die Sakramentalität der Bischofsweihe zutage. Schon das Konzil von Trient aber legt in aller Klarheit die altkirchliche Lehre vor, wenn es im Blick auf die Weihe von »einem« Sakrament spricht (unum ex septem: DH 1766) und die drei Weihestufen Bischof, Presbyter und Diakon unterscheidet.[41]

Die Bekräftigung der biblisch begründeten, altkirchlich entfalteten und auch in den Kirchen des Ostens bewahrten Lehre vom dreigestuften Dienstamt in Entfaltung des apostolischen Dienstes gehört zu den zentralen Elementen der Lehrverkündigung des Zweiten Vatikanischen Konzils.

Das Konzil hat die Lehre vom Sakrament des Ordo – ganz in der altkirchlichen Tradition – klar vom Bischofsamt her konzipiert. Der Bischof ist Träger der Vollgestalt des hierarchischen Priestertums, der Presbyter hat daran Anteil.

Als Wesensmoment des priesterlichen Wirkens von Bischof und Presbyter erklärt das Konzil das »agere in persona Christi capitis ecclesiae«, das Handeln in der Person Christi, des Hauptes der Kirche (PO 2; vgl. LG 10; SC 7).[42] In der Gleichgestaltung mit Christus liegen letztlich auch die Angemessenheit der Ehelosigkeit um des Himmelreiches willen (vgl. Mt 19,12) und auch die Zuordnung zum männlichen Geschlecht begründet.[43]

Dass es dabei nicht nur isoliert um die Vergegenwärtigung des Mannseins Jesu als solchen geht, sondern um die in der Geschlechterpolarität gründende Relationalität von Mann und Frau, bezogen auf das Verhältnis von Christus und Kirche, hat Gerhard Ludwig Müller unterstrichen.[44]

Christoph Binninger u.a. (Hg.), »Was Er Euch sagt, das tut!« Kritische Beleuchtung des Synodalen Weges, Regensburg 2021, 21–24.
40 Dies ist in nach wie vor gültiger Weise geschehen in: Ludwig Ott, Das Weihesakrament (= HDG IV,5), Freiburg 1969. Vgl. auch Gerhard Ludwig Müller, Katholische Dogmatik. Für Studium und Praxis der Theologie, Freiburg 1995, 741–756.
41 Konzil von Trient, Die Lehre vom Weihesakrament, 23. Sitzung, 15. Juli 1563: DH 1763–1787.
42 Leo Scheffczyk, Die Christusrepräsentation als Wesensmoment des Priesteramtes, in: Ders., Schwerpunkte des Glaubens. Gesammelte Schriften zur Theologie, Einsiedeln 1977, 367–386.
43 In allen Zeiten der Kirchengeschichte wurde die Begrenzung auf das männliche Geschlecht diskutiert. Vgl. hierzu: Gerhard Ludwig Müller (Hg.), Der Empfänger des Weihesakraments. Quellen zur Lehre und Praxis der Kirche, nur Männern das Weihesakrament zu spenden, Würzburg 1999.

44 Gerhard Ludwig Müller, Priestertum und Diakonat. Der Empfänger des Weihesakramentes in schöpfungstheologischer und christologischer Perspektive, Freiburg 2000, 134 f.: »Da der Priester in seiner Person Christus repräsentiert, und zwar nicht in der bloß faktischen Eigenschaft des männlichen Geschlechts, sondern in der symbolischen Vergegenwärtigung dieser in der Polarität menschlicher Geschlechtlichkeit fundierten Relation Christi zur Kirche (Haupt-Leib, Bräutigam-Braut), die im Mannsein Jesu Christi, des fleischgewordenen Wortes und menschlichen Mittlers, gründet, bedarf es beim Priester nicht nur der Übertragung der Vollmacht. Er muß als die sakramentale Darstellung dieser heilsbegründenden Relationalität Christi zur Kirche und der ehelichen Einheit mit ihr Christus ähnlich sein.«; vgl. Rudolf Voderholzer, Christusrepräsentation und Priestertum der Frau, in: Jan-Heiner Tück, Magnus Striet (Hg.), Jesus Christus, Alpha und Omega. Festschrift für Helmut Hoping zum 65. Geburtstag, Freiburg 2021, 592–611.

Die Lehre von den drei Ämtern und der wesenhafte Unterschied

Ein weiteres Kennzeichen der Ordo-Texte des Zweiten Vatikanischen Konzils ist die Anwendung der ursprünglich christologischen Tria-munera-Lehre (Christus ist Priester, Prophet und Hirte) auf die Bestimmung des Bischofs- und Priesteramtes. Durch die Weihe werden dem Bischof und auch dem Presbyter die Ämter der Heiligung, der Lehre und der Leitung übertragen (LG 21 und 28). Im Laufe der Redaktionsarbeit an dem Schema »de ecclesia« wurde die Anwendung auf den Bischof nicht nur auf den Presbyter, sondern schließlich sogar auf das ganze Gottesvolk ausgeweitet, insofern »alle Getauften des priesterlichen, prophetischen und königlichen Amtes Christi auf ihre Weise teilhaftig« (LG 31) werden. Bereits im ersten Kapitel der Kirchenkonstitution war freilich klargestellt worden, dass sich das in Taufe und Firmung gründende gemeinsame Priestertum aller Gläubigen und das Priestertum des Dienstes, die beide je auf ihre Weise in den drei Ämtern verwirklicht werden, nicht nur dem Grade nach unterscheiden (»non gradu tantum«), sondern »dem Wesen« (»essentia«) nach. Das heißt, der Priester ist nicht etwas »Besseres«, sondern er hat eine andere Berufung, einen anderen Dienst.[45] Er ist dazu berufen und bestellt, innerhalb der Kirche das Gegenüber Christi, »des Hauptes der Kirche«, zu vergegenwärtigen. Diese Formulierung findet sich nur einmal im Konzil an dieser Stelle im zweiten Artikel des Priesterdekretes. »Sie kann innerhalb der Konzilstexte als die präziseste Bestimmung des amtspriesterlichen Propriums im Verhältnis zu den übrigen Getauften gelten, das alle drei Dimensionen der Sendung durchdringt.«[46] Der Kommentar von Aloys Grillmeier bringt es auf den Punkt: »Das Weihepriestertum ist nicht bloß als Steigerung oder Intensivierung von Würde und Sendung des gemeinsamen Priestertums zu verstehen, sondern stellt diesem gegenüber eine neue Art priesterlicher Würde und Vollmacht dar, sosehr auch letztere auf der ersten aufruht. [...] Der Amtspriester hat eine eigene Funktion im Ganzen des Christusvolkes, die eine besondere Teilnahme am Mittlertum Christi ist [...].«[47]

Bei der Durchführung des Themas in PO 46, wo die verschiedenen Bereiche des priesterlichen Dienstes anhand der drei Ämter Christi erläutert werden, wird auf die Einheit des Dienstes in allen drei Ausführungen abgehoben, so dass dadurch die Drei-Ämter-Schematik beinahe wieder aufgelöst wird, weil Leitung, Verkündigung und Heiligung, so könnte man sagen, als Dimensionen aneinander beschrieben und vorgestellt werden:[48] Leitung, nicht vom Schreibtisch aus, sondern Leitung durch Verkündigung und Heili-

---

[45] Vgl. Karl WALLNER OCist, Berufung schafft Verschiedenheit – und das ist gut so, in: Christoph BINNINGER u. a. (Hg.), »Was Er Euch sagt, das tut!« Kritische Beleuchtung des Synodalen Weges, Regensburg 2021, 235–237.
[46] MARSCHLER, Der priesterliche Dienst, 355.
[47] Aloys GRILLMEIER, Kommentar zu Lumen gentium, in: LThK², Erg.-Bd. I, Das Zweite Vatikanische Konzil, Freiburg 1966, 182.
[48] Vgl. Joseph RATZINGER, Zur Frage nach dem Sinn des priesterlichen Dienstes, in: JRGS 12 [2010], 350–386, hier: 367. MARSCHLER, Der priesterliche Dienst, 378, gibt zu bedenken, dass sogar statt von »tria munera« von einem »munus triplex« die Rede sein sollte.

gung; Verkündigung in Heiligung und Leitung und Heiligung durch Verkündigung und Leitung; Heiligung sowohl des Volkes, als auch seiner selbst. Die Heiligung des Priesters geschieht nicht durch von seinen ursprünglichen Aufgaben noch einmal unterschiedene aszetische Übungen, sondern in allererster Linie in der rechten geistlichen Vollbringung des Heiligungs-, Verkündigungs- und Leitungsdienstes und der jeweiligen Vorbereitung darauf.[49] Auch wenn damit das Verständnis des Priesters aus einer sazerdotalen, auf den Heiligungsdienst beschränkten Engführung herausgeholt ist, bleibt die Feier der Eucharistie als Quelle und Höhepunkt (LG 11) des kirchlichen Lebensvollzuges auch der Einheitspunkt des priesterlichen Dienstes, insofern die Eucharistie selbst noch einmal Dienst am Wort in einem umfassenden Sinne darstellt.

Mit der Lehre von den drei Munera, die die drei Ämter Christi aufgreifen, gelingt es dem Konzil nicht zuletzt, die Einheit von in der Weihe verliehener »sacra potestas« in der Christusrepräsentation und der dreifachen kirchlichen Sendung in den Diensten der Leitung, der Heiligung und der Lehre zu gewährleisten.

Diese Einheit wieder aufzulösen, ist Ziel von Bemühungen auch auf dem Synodalen Weg, Laien noch in viel stärkerem Maße in kirchliche Leitungspositionen zu bringen. Vordenker in diese Richtung ist der emeritierte Dortmunder Systematiker Thomas Ruster in seinem Buch »Balance of Powers« (2019). Die Leitidee von Ruster lautet: »Die bisher im Amt des Priesters vereinten Aufgaben des Lehrens, Heiligens und Leitens werden auf verschiedene Personen aufgeteilt. Es gibt nicht mehr nur den einen Priester, der für Verkündigung, Sakramentenspendung und die Leitung der Gemeinde zuständig ist, sondern diese Aufgaben werden durch verschiedene Personen ausgeübt.«[50] Der Vorschlag, der sich auf Presbyter und auf die Ebene der Pfarreien beschränkt, ist in mehrfacher Weise hochproblematisch.[51]

Die christologisch gegründete Einheit von sacra potestas und Jurisdiktionsvollmacht, an der dem Konzil sehr gelegen war, wird wieder aufgelöst. Der Schritt der Aufteilung käme einer Rückkehr in das Alte Testament gleich, in dem die drei Ämter von verschiedenen Personen ausgeübt wurden. Neutestamentlich werden alle drei Ämter typologisch auf Christus bezogen, in dessen Repräsentanz sie auch vom Priester der Kirche ausgeübt werden. Der Priester würde dann aber auf das Amt des »Kultbeauftragten der Gemeinde« reduziert. Nicht zuletzt würde sich das »Machtgefälle« zwischen Bischof und den Trägern der verschiedenen Ämter noch erhöhen. Gleichwohl meint Ruster, sich auf das Zweite Vatikanische Konzil berufen zu können. Dies basiert freilich auf einer Konzilshermeneutik, die in den Texten der Synode lediglich Anstöße für einen mutmaßlichen »Geist des Konzils«

---

[49] Vgl. Rudolf VODERHOLZER, Das Konzil und die Priester. Bemerkungen zum Dekret über Dienst und Leben der Priester »Presbyterorum ordinis«, in: Ders., Erneuerung der Kirche. Geistliche Impulse zu aktuellen Herausforderungen, Regensburg 2020, 48–70, hier: 57 f.

[50] Thomas RUSTER, Balance of Powers. Für eine neue Gestalt des priesterlichen Amtes, Regensburg 2019, 15.
[51] Zur Kritik siehe MARSCHLER, Der priesterliche Dienst, 371–382.

erkennen will, statt seinen Geist aus dem Buchstaben selbst zu erheben.[52] So ist der Kritik Thomas Marschlers zuzustimmen: »Es ist fraglos richtig, dass in diesen Dokumenten [des Zweiten Vatikanischen Konzils] unterschiedliche theologische Ansätze miteinander verbunden werden, ohne dass eine Synthese in jeder Hinsicht erreicht bzw. hinreichend entfaltet worden wäre. [...] Dies bedeutet aber nicht, dass die Konzilstexte in unserer Frage ein bloßes Nebeneinander kontradiktorischer Positionen böten, zwischen denen man nach Belieben auswählen oder deren unerwünschte Teile man einfachhin ausblenden könnte.«[53]

Professor Peter Neuner, mittlerweile emeritierter Dogmatiker in München, hat den Sinn des wesenhaften Unterschiedes zwischen dem gemeinsamen Priestertum aller Gläubigen und dem Priestertum des Dienstes anlässlich eines Priestertages in der Erzdiözese München und Freising 1998 sehr eingängig erschlossen: Das geistliche Dienstamt »steht in der Gemeinde, stammt aber nicht einfach von ihr, sondern ist ihr vorgegeben. Beides ist festzuhalten. Ohne dieses Gegenüber wäre das Volk nicht Volk Gottes. Es gehört zum Amt, daß es in einer Vollmacht spricht, die nicht einfachhin aus der Gemeinde stammt. Sicher ist das *Gegenüber* von einem *In*, von einer Communio umfangen, aber dieses Extra nos gehört zur Kirche, die eben nicht aus sich selbst, sondern von Christus her existiert. Der Amtsträger muß gegebenenfalls seiner Gemeinde auch Dinge sagen, die ihr nicht schmeicheln, die sie nicht gerne hört. Mit anderen Worten: Der Amtsträger handelt nicht allein als Vertreter der Gemeinde, sondern auch als Repräsentant Christi, in persona Christi. Das tun gewiß andere Christen auch, etwa Eltern gegenüber ihren Kindern. Aber der Amtsträger ist beauftragt, es öffentlich in seiner Gemeinde und seiner Gemeinde gegenüber zu tun. Die Sakramentalität enthebt das Amt dem dauernden Zustimmungswillen der Gemeinde. Ordination ist etwas anderes als die Übertragung einer Jurisdiktion, als die Investitur in eine Pfarrstelle. Letztere kann durch Dekret erfolgen, Ordination nicht.«[54]

Nach einer historischen und systematischen Vergewisserung der theologischen Grundlagen des Weihesakramentes sollen nun abschließend auch einige praktische Gesichtspunkte zur Sprache kommen.

Aktuelle Gesichtspunkte

Das Zweite Vatikanische Konzil hat die Lebensform der »Ehelosigkeit um des Himmelreiches willen« (Mt 19,12) als dem Priestertum »in vielfacher Hinsicht angemessen« bezeichnet. Auch die so genannte Amazonas-Synode (2019) hat nicht die von vielen erwartete »Lockerung« diesbezüglich gebracht. Doch die Debatte wird mit zunehmender Heftigkeit geführt.[55] Auch wenn wissenschaftlich nicht eindeutig

---

52 Vgl. Rudolf Voderholzer, »Der Geist des Konzils«. Überlegungen zur Konzilshermeneutik, in: TThZ 123 (2014) 169–186.
53 Marschler, der priesterliche Dienst, 375 f.
54 Peter Neuner, Priesterliche Identität. Das ordinierte Amt und die vielen Dienste. Vortrag, gehalten bei den Priestertagen der Erzdiözese München und Freising am 9.3.1998 in Freising, am 11.3.1998 in München und am 30.4.1998 in Rosenheim, ohne Ort 1998, 10.
55 Dass – mit Ausnahme des Missbrauchsthemas – seit Jahrhunderten dieselben Argumente ausgetauscht werden, zeigt ein Blick in die Geschichte, wie etwa die

festgestellt werden kann, dass zwischen Zölibat und sexuellem Kindesmissbrauch ein ursächlicher Zusammenhang besteht,[56] wird auf dem Synodalen Weg in Deutschland die Infragestellung des Zölibats als Element der Aufarbeitung des Missbrauchsskandals vorangetrieben.

Es kann hier auch nicht ansatzweise die ganze Debatte aufgerollt werden. Aber der Hinweis auf die biblische Grundlegung scheint nötig, weil immer wieder die Stimmigkeit einer Berufung auf den Zölibat als Lebensform Jesu und der Apostel bestritten wird, wie sie sowohl in der Ostkirche (in Bezug auf das Bischofsamt und ein vitales Mönchtum) als auch in der Westkirche für Bischöfe und Presbyter hochgeschätzt und zumindest als Charisma etwa in der ökumenischen Gemeinschaft von Taizé wiederentdeckt wird.[57] Eine bloß funktionale Begründung (größere Freiheit und bessere Verfügbarkeit) reicht freilich nicht hin. Mit dem Priesterdekret des Zweiten Vatikanischen Konzils ist die eschatologische Zeichenhaftigkeit zu unterstreichen, insofern in dem freiwilligen Verzicht auf die Erfüllung der größtmöglichen irdischen Liebe »ein lebendiges Zeichen der zukünftigen, schon jetzt in Glaube und Liebe anwesenden Welt« (PO 16) gesetzt wird. Dieses Zeichen wird umso mehr auch in der Gegenwart verstanden werden, als seine lebenspraktische Verwirklichung die beiden anderen evangelischen Räte der Armut und des Gehorsams miteinschließt. Der von Papst Benedikt XVI. bei seiner Pastoralreise 2011 nach Deutschland mehrfach ins Gespräch gebrachte Gedanke der »Entweltlichung« sollte auch im Blick auf die priesterliche Lebensform bedacht und umgesetzt werden.[58] Gefragt sind Formen ehrlicher, authentischer, nicht zur Schau gestellter, aber spirituell verankerter Armut, die sich beispielsweise in Gastfreundschaft, Zurückhaltung in Bezug auf weltliche Statussymbole, nicht übertriebenes Konsumverhalten, großzügiger Solidarität und in verschiedenen anderen Formen zeigen kann. Wo die Ehelosigkeit um des Himmelreiches willen sich nicht

---

Zölibatsdiskussion im 19. Jahrhundert, in die sich Johann Adam Möhler mit der Analyse einer 1828 bei der badischen Regierung eingereichten zölibatskritischen Denkschrift eingebracht hat: Johann Adam MÖHLER, Der ungeteilte Dienst, Salzburg: Anton Pustet 1938. Dazu: Margarete EIRICH, Johann Adam Möhlers ›Beleuchtung der Denkschrift‹. Auseinandersetzung mit einer kirchlichen Situation seiner Zeit (= Forum Fundamentaltheologie 7), Frankfurt 2016.
56 Am drastischsten hat sich der Berliner Kriminologe Hans Ludwig KRÖBER geäußert, der gegenüber der Monatszeitschrift Cicero geäußert hat: »Man wird, nebenbei bemerkt und rein statistisch gesehen, eher vom Küssen schwanger, als vom Zölibat pädophil.« (Constantin Magnis, »Man wird eher vom Küssen schwanger, als vom Zölibat pädophil, Interview mit Hans-Ludwig Kröber, in: Cicero online vom 31.03.2010, auf: http://www.cicero.de:80/97.php?item=4907 [über Webarchiv abgerufen 07.09.2022]«).
57 »Jesus hat ehelos gelebt, auf die Gründung einer eigenen Familie, auf Frau und Kinder verzichtet. Innerhalb des zeitgenössischen Judentums musste dieses Verhalten anstößig, schockierend wirken. Eine Familie zu gründen und Kinder zu zeugen, galt nahezu als Pflichtgebot. […] Der Verzicht auf Ehe und Familie erfolgt nicht um eines asketischen Ideals willen, auch nicht, um die Gottesherrschaft zu erlangen, sondern um ungeteilt und mit allen Kräften für die Basileia wirken zu können. Jesus schenkte seine Liebe gerade auch jenen, in die sich niemand verliebte« (GNILKA, Jesus von Nazaret, 178).
58 »Die Jünger, die mittellos und auf Hilfe angewiesen leben, sind gleichsam eine Erläuterung der von Jesus und ihnen verkündeten Gottesherrschaft. Sie bringt eine neue Ordnung, die nicht mehr die Ordnung von Besitz, Profit, Reichtum und Menschenverachtung sein soll. Ihr Lebensstil als Zeichen der Basileia konnte um so besser verstanden werden, wenn wir annehmen dürfen, dass sie, oder doch einige von ihnen, zuvor in wirtschaftlich geordneten Verhältnissen gelebt haben« (GNILKA, Jesus von Nazaret, 177).

mehr von einem bürgerlichen Junggesellentum unterscheidet, hat sie ihre Strahlkraft verloren.

Hinzukommt in Bezug auf die konkrete Verwirklichung der zölibatären Lebensform, die ja von ihren Ursprüngen her keineswegs die Lebensform von »Einzelkämpfern« oder »Eremiten« ist, die Herausforderung gemeinschaftlichen Lebens. Waren noch in der ersten Hälfte des 20. Jahrhunderts die Pfarrhäuser zumeist von einer Vielzahl von Personen bewohnt, so dass von selbst ein Gemeinschaftsleben gegeben war, ist heute der Einpersonenhaushalt fast schon die Regel. Hier braucht es viel geistliche Phantasie und Eigeninitiative, um die priesterliche Existenz glaubwürdig und erfüllend zu leben. Gefragt sind Mitbrüderlichkeit und Solidarität im Presbyterium, wobei diese Solidarität nicht nur auf die Priesterschaft des Bistums beschränkt, sondern darüber hinaus die weltweite Solidarität der Presbyter untereinander umfasst. Bei aller Notwendigkeit von Kontakten und Beziehungen zur Herkunftsfamilie, zu Freunden und Bekannten in und außerhalb der Pfarrei, braucht es doch den Zusammenhalt im Weihekurs, im Dekanat oder auf anderen Ebenen, ein gutes Miteinander, das nicht von vorneherein mit dem Verdacht des Standesdünkels oder einer Closed-Shop-Mentalität bedacht werden sollte. Dass bei der Weiheliturgie alle anwesenden Presbyter den Weihekandidaten die Hände auflegen, ist ein außerordentlich starkes Zeichen und gewinnt im jüngeren Klerus nach meiner Beobachtung zunehmend an Bedeutung. Gerade die junge Priestergeneration hat ein tiefes Gespür dafür, dass die priesterliche Existenz eben keine Einzelkämpferexistenz ist, sondern dass der Ruf in die Nachfolge Jesu Christi der Ruf in eine neue, auch verbindliche Gemeinschaft des Presbyteriums darstellt. Es ist nicht verwunderlich, dass gerade viele junge Seminaristen und Kapläne eine starke Sehnsucht nach einer Darstellung und Verwirklichung der Solidarität im Presbyterium artikulieren. Ordensgemeinschaften, in denen die priesterliche Existenz in Gemeinschaft gelebt wird, üben gegenwärtig eine besondere Attraktion aus. Natürlich muss man sich vor Idealisierungen und Romantisierungen hüten, aber der Grundgedanke ist vollkommen richtig und auch vom Zweiten Vatikanischen Konzil und vom Dekret über Dienst und Leben der Priester »Presbyterorum ordinis« nicht nur gedeckt, sondern ausdrücklich empfohlen: »Damit die Priester darüber hinaus im geistlichen Leben und für die Erweiterung ihrer Kenntnisse aneinander Hilfe haben, damit sie besser in ihrem Dienst zusammenarbeiten können und vor Gefahren geschützt sind, die vielleicht dem Einsamen drohen, soll das gemeinsame Leben oder eine Art der Lebensgemeinschaft unter ihnen gefördert werden. Die Formen können, je nach den persönlichen oder seelsorglichen Erfordernissen, verschieden sein. Beispielsweise ist ein Zusammenwohnen möglich, wo die Umstände es gestatten, oder ein gemeinsamer Tisch oder wenigstens ein häufiges und regelmäßiges Zusammenkommen« (PO 8).

So werden im Bistum Regensburg die Initiativen nach Verwirklichung einer »vita communis« von Priestern nach Kräften unterstützt, damit das Leben der Priester in den veränderten Bedingungen, v. a. den veränderten Lebensbedingungen in den Pfarrhäusern des 21. Jahrhunderts gelingen kann.

Ein weiterer Schritt in diese Richtung ist die Entwicklung eines Dualen Systems der Priesterausbildung, wie es die Bistümer Regensburg und Passau in den letzten Jahren entwickelt haben und seit dem Wintersemester 2021/22 praktizieren.[59] Ziel ist, einerseits die Studienzeiten während der Vorlesungszeit an der Universität von praktischen Elementen freizuhalten und so eine Konzentration auf die Lehrinhalte der theologischen Fächer zu ermöglichen, andererseits die praktische Ausbildung mit größerer Verbindlichkeit und Kontinuität zu versehen. Die Priesteramtskandidaten sind dabei für die Dauer ihrer gesamten Ausbildungszeit festen Praktikumspfarreien zugeordnet. Unter Anleitung eines erfahrenen Pfarrers und eingebunden in die jeweiligen Seelsorgeteams soll auf diese Weise begleitend vom Beginn des Studiums an auch der Praxisbezug gegeben sein. Die ersten Erfahrungen sind sehr ermutigend.

Braucht die Kirche Priester? Diese Frage hat es im Fall von Martin Ebner sogar bis zu einem Buchtitel gebracht. Die in Wien lehrende Theologin Marianne Schlosser hat in einer sehr originellen Weise ein fiktives Interview mit der hl. Katharina von Siena »geführt«, indem sie aktuelle Fragen, eben auch diese, aus Originaltexten der Kirchenlehrerin beantwortet. Hören wir zum Schluss die Antwort der heiligen Katharina:

»Du könntest jedem Gremiumsmitglied, auch jedem Bischof diese Frage stellen: Wozu er, persönlich, einen Priester braucht? Vielleicht würde dann doch wieder klar, dass auch die Gläubigen keine Verwaltungsfachleute oder Manager brauchen. Sondern das, was eben die sakramentale Weihe zum Priester bewirkt: zu geben, was Gott selbst auf diese Weise zu geben beschlossen hat – die persönlich vernehmbare Zusage der Vergebung für meine Sünden; die leibhafte Gegenwart Christi als Speise zum ewigen Leben ... Was für ein Wunder der Fürsorge und Liebe Christi zu uns armseligen Menschen! Da siehst du, was die Kirche ist: nicht nur eine Versammlung von Gläubigen (›corpo universale‹), sondern eine Art Sakrament (›corpo mistico‹), weil uns hier in den einzelnen Sakramenten der Herr selbst berührt und in sein Herz zieht (vgl. Dialog mit der göttlichen Vorsehung 24; Briefe 346).«[60]

---

[59] Christoph Paul HARTMANN, Wie Regensburger Seminaristen Priester der Zukunft werden sollen. Neues Ausbildungskonzept in der Oberpfälzer Diözese, katholisch.de vom 02.09.2022, online auf: https://www.katholisch.de/artikel/40766-wie-regensburger-seminaristen-priester-der-zukunft-werden-sollen [02.09.2022]; vgl. hierzu auch: Duale Priesterausbildung im Bistum Regensburg. Neue Wege in der Priesterausbildung, online auf: https://bistum-regensburg.de/news/duale-priesterausbildung-im-bistum-regensburg. [02.09.2022].

[60] Die Kirchenlehrerin KATHARINA VON SIENA zum Synodalen Weg. Ein Interview von Marianne Schlosser vom 7. September 2022, online auf: www.synodale-beitraege.de.

»DAS SEMINAR IST DOCH IM STANDE, VIEL UEBLES ZU VERHÜTEN«
(IGNATIUS VON SENESTREY)

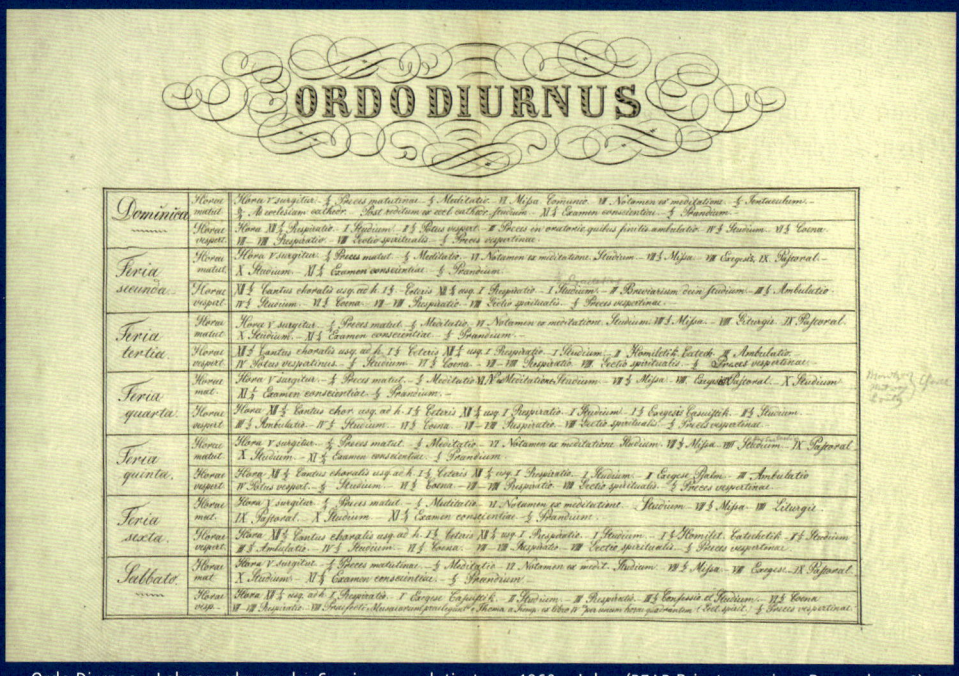

Ordo Diurnus – Lebensordnung des Seminars, undatiert, ca. 1860er Jahre (BZAR Priesterseminar Regensburg 9). Transkription siehe S. 75.

Der Beitrag beleuchtet nicht nur 150 Jahre Geschichte des Priesterseminars am Bismarckplatz, sondern auch die knapp zweieinhalb Jahrhunderte, welche die Institution bei ihrem Einzug in das ehemalige Schottenstift 1872 bereits hinter sich hatte.

Unter sich immer wieder ändernden Zeitumständen hat das Regensburger Priesterseminar in vielfacher Hinsicht »bewegte Zeiten« erlebt – und man kann nicht behaupten, mit dem Einzug in das neue und bisher endgültige Domizil wären Bewegung und Veränderung an ein Ende gekommen.

Priesterideal, Erziehungsmethoden und Lebensformen im Regensburger Priesterseminar im Wandel der Zeit

Prof. Dr. Klaus Unterburger, Professor am Lehrstuhl für Kirchengeschichte des Mittelalters und der Neuzeit an der Ludwig-Maximilians-Universität München

Am 27. Juni 1872 berichtet der Regierungspräsident der Oberpfalz, Max von Pracher (1819–1888), an Kultusminister Johann Freiherr von Lutz (1826–1890), dass »in diesem Augenblicke« das Regensburger Klerikalseminar in die umgebauten Räumlichkeiten des ehemaligen Schottenklosters umziehe.[1] Der Gegenstand dieser lapidaren Mitteilung vor 150 Jahren war das Ergebnis einer Neuausrichtung der Priesterausbildung im Bistum Regensburg, der Bischof Ignatius von Senestrey (1818–1906) seit seinem Amtsantritt 1858 oberste Priorität zumaß. Für deren Durchsetzung war er bereit, auch zweifelhafte Mittel zur Anwendung zu bringen.[2] Zehn Jahre vorher hatte er die Aufhebung des einzigen bayerischen Benediktinerklosters, das die Säkularisation zu Beginn des Jahrhunderts unbeschadet überdauert hatte, da in ihm schottische Benediktiner lebten und ein Seminar für die Ausbildung von schottischen Geistlichen betrieben, durchgesetzt:

Die bayerische Regierung hatte vorher lange den Verlust des beträchtlichen Stiftungsvermögens an das Ausland befürchtet und von der Aufhebung deshalb abgesehen.[3]

Natürlich lebten im 19. Jahrhundert nur mehr wenige Mönche im Kloster; zudem ermöglichte die Katholikenemanzipation 1829 auch die Priesterausbildung auf der britischen Insel für die aufgrund der irischen Zuwanderung wachsende Zahl von Katholiken, so dass die Fortexistenz des traditionsreichen Klosters unsicher blieb. Das Kloster geriet ins Fadenkreuz ganz unterschiedlicher Interessen: Die bayerischen Benediktiner hätten gerne ihrerseits das Kloster übernommen; die schottischen Bischöfe wollten ihre Interessen wahren, hätten aber lieber das Kloster zugunsten des Missionsseminars für Weltpriester aufgehoben, da Schottland unter einem starken Priestermangel litt; die Regensburger Mönche selbst kämpften für ihren Fortbe-

---

1 Karl HAUSBERGER, Das säkularisierte Regensburger Schottenkloster St. Jakob als Heimstätte des Priesterseminars seit 1872, in: BGBR 40 (2006), S. 261–284, hier S. 266.
2 Ebd., S. 264.

3 Ludwig HAMMERMAYER, Säkularisation durch Kurie und Staat. Quellen zur Aufhebung der schottischen Benediktinerabtei St. Jakob in Regensburg (1860–1862), in: Erwin GATZ (Hg.), Römische Kurie, Kirchliche Finanzen, Vatikanisches Archiv. Studien zu Ehren von Hermann Hoberg. I (= MHP 45), Rom 1979, S. 281–324.

Grabplatte von Bischof Ignatius von Senestrey im Altarraum der Schottenkirche St. Jakob

stand und die bayerische Regierung wollte schließlich, dass der Grundbesitz der bayerischen Kirche zugute käme.[4] Senestrey verfolgte seit seinem Amtsantritt das Ziel, das Kloster mit Erlaubnis der römischen Kurie zu säkularisieren und in seine bischöfliche Verfügungsgewalt zugunsten des Priesterseminars zu bekommen. Er nutzte dabei zunächst Vorwürfe gegen eine angeblich unzulängliche Finanzadministration von Seiten der Mönche. Begleitend verhandelte er mit den schottischen Bischöfen, denen er 125.000 Gulden Ablöse bot. Zielstrebig nutzte er den Umstand aus, dass Prior Anselm Robertson (1824–1900) in seine Heimat gefahren war, um neue Alumnen mitzubringen: Er verbot ihm unter Androhung schwerster kirchenrechtlicher Strafen, ins Kloster zurückzukehren, indem er verschiedene Anschuldigungen vorbrachte. Die Schottenabtei sollte als wirtschaftlich und personell nicht überlebensfähig dargestellt werden.[5] So blieb Robertson von den Verhandlungen ausgeschaltet, während er seinem Mitbruder Placidus Boyhme (1820–[nach 1862 verlieren sich seine Spuren]) für dessen Einwilligung wohl die Klosterflucht ermöglicht hat. In Rom gewann Senestrey den Rektor des dortigen schottischen Kollegs und Prokurator der schottischen Kirche an der Kurie, Dr. Alexander Grant (1810–1878),

---

4 Ders., Das Regensburger Schottenkloster des 19. Jahrhunderts im Spannungsfeld zwischen Großbritannien, Bayern und Rom. Erneuerung, Existenzkampf, Säkularisation, in: BGBR 5 (1971), S. 241–483, auch zum Folgenden.
5 Ebd., S. 383 f.

für seinen Plan, da dieser darauf abzielte, die Ablöse an die Bischöfe an sein schottisches Kolleg umzuleiten.[6] All dies führte zum Erfolg: Am 2. September 1862 hob der Papst mittels eines Breves das Kloster auf, das zunächst von Staat und Bistum verwaltet, dann aber 1866 allein unter bischöfliche Aufsicht gestellt wurde.

Das schon in der zeitgenössischen Presse als rücksichtslos bewertete Vorgehen des Regensburger Bischofs diente einem Kernanliegen seines Pontifikats: der Neuausrichtung der Priesterausbildung, bei der er »neuen Wein in neue Schläuche« gießen wollte; die vom Bischof selbst betriebene Aufhebung eines Klosters ermöglichte ihm die Umwidmung von dessen Besitz zur finanziellen Fundierung eines »totalen Seminars«[7], einer neuen Idee des 19. Jahrhunderts. Für den Bischof hatte die Umsetzung höchste Priorität: Er ließ sich zahlreiche Modelle von anderen Seminaren vorlegen[8] und durch Dombaumeister Franz Josef Denzinger (1821–1894) dann das Schottenkloster so radikal umbauen, dass nur wenige Teile des alten Kreuzgangs mit Bibliothek und Refektorium erhalten blieben.[9] Denzinger ist dann aber, nachdem er 1869 die Domtürme vollendet und dafür die Regensburger Ehrenbürgerwürde erhalten hat, schließlich – scheinbar auch hiervon

Bischof Ignatius von Senestrey (1818–1906), Epitaph in der Schottenkirche St. Jakob

entnervt – nach Frankfurt am Main übergesiedelt, wo er den 1867 niedergebrannten Kaiserdom St. Bartholomäus wieder aufbaute. Die Renovierung der Schottenkirche (1867–1874), der die alte Bemalung und die Innenausstattung weitgehend zum Opfer fiel, ließ der Bischof durch Domvikar Georg Dengler (1839–1896) durchführen, der auch den Hochaltar

---

6 Ebd., S. 411–418.
7 Erich GARHAMMER, Seminaridee und Klerusbildung bei Karl August Graf von Reisach. Eine pastoralgeschichtliche Studie zum Ultramontanismus des 19. Jahrhunderts (MKHS 5), Stuttgart u.a. 1990, S. 228 u.ö.
8 Vgl. den Akt BZAR, OA KI 23, Nr. 39; Harald SCHÄFER, Schottenseminar St. Jakob und Priesterseminar St. Wolfgang. Aus der Geschichte zweier Priesterbildungsstätten, ungedr. Diplomarbeit, Regensburg 1994, S. 35 f.
9 »Das ehemalige Schottenkloster St. Jakob hier soll für das Klerikal-Seminar adapirt werden. Ich ersuche Sie deßhalb, eine über den Umbau desselben zum bezeichneten Zwecke ein Project vorzulegen und zu diesem Behufe von einigen Seminar-Gebäuden, welche als besonders zweckmäßig bekannt sind, vorher Einsicht zu nehmen. Meine Stiftungsadministration ist angewiesen, Ihnen einen Vorschuß von 300 fl. verabfolgen zu lassen. Mit der Abgabe des Projectes sehe ich auch einer Kostenliquidation für Ihre Mühen u. Auslagen entgegen.« Senestrey an Denzinger, 31. März 1865, BZAR, OA Kl. 23.

entwarf. Die Ausmalung im Chor besorgte der Ellwanger Kirchenmaler Franz Xaver Kolb (1827–1889). In der nunmehrigen Seminarkirche St. Jakob und nicht im Dom wollte Senestrey auch bestattet werden.[10]

So bedeutsam die Idee des »totalen Seminars« für Senestrey war und so akzentuiert er versucht hat, diese auch umzusetzen, so klar ist aber auch, dass er nicht der Erfinder derselben war. Sie muss vielmehr in die Geschichte der Seminaridee des 19. Jahrhunderts besonders in Regensburg eingebettet werden, um Senestreys Zielsetzungen zu verstehen. Hierzu soll in einem ersten Teil auf die Ursprünge der Seminaridee eingegangen werden, die im Gefolge des Trienter Konzils entstanden ist. Es soll gezeigt werden, dass sich diese – anders als es Ultramontane wie Senestrey im 19. Jahrhundert glaubten – noch erheblich vom Seminar des 19. Jahrhunderts unterschied und eher eine subsidiäre Hilfe zur Ermöglichung des Studiums neben anderen war. In einem zweiten Teil soll auf die Transformation dieser tridentinischen Seminaridee – wiederum mit konkretem Bezug auf Regensburg – seit der Aufklärung und der Restauration des 19. Jahrhunderts eingegangen werden. Kontinuitäten und Unterschiede zur Seminaridee der Frühen Neuzeit sollen deutlich werden. In einem dritten Teil soll das Seminar Senestreys ab 1872 als Höhepunkt einer Entwicklung verstanden werden, bei der die immer umfassender, »totaler« werdende Idee des Priesterseminars am konsequentesten versucht wurde, umzusetzen. Schließlich setzte bald darauf ein Umschlag ein: So ist es naheliegend, die Weiterentwicklung der Idee des Priesterseminars im 20. Jahrhundert in einem vierten Teil als langsames Abrücken von Senestreys Konzeption zu deuten. Allmählich sollte das Seminar nicht nur gegen die moderne Welt wappnen, sondern verstärkt auf das Leben in und mit der modernen Welt vorbereiten und dies in einer modernisierten Kirche mit neuen Methoden und Leitbildern der Seelsorge. Natürlich bedeutete dies nicht einfach eine Rückkehr zum frühneuzeitlich-subsidiären Modell. Die Idee, die Organisation und die Funktion des Priesterseminars hat sich stark gewandelt und wandelt sich noch immer. Letztlich bedeutete der Weg zu Senestreys Seminarmodell einen Weg der defensiven Selbstmodernisierung, der im 20. Jahrhundert dann immer weniger gangbar wurde. Elemente hiervon wurden jedoch modifiziert beibehalten, während andere Aspekte des modernen Priesterseminars nun wieder zurückgenommen oder abgebaut wurden. Wenn der Umzug des Seminars 1872 Anlass von Jubiläumsfeierlichkeiten ist, dann ist dies jedenfalls mehr als ein zufällig gewähltes Datum in einer langen Geschichte der Priesterausbildung. Es handelt sich um einen symbolischen Höhe- und Umschlagspunkt. Dieser ist mit Bischof Senestrey eng verbunden: die ultramontane, totale Idee des Priesterseminars wurde in Regensburg besonders klar und kompromisslos verwirklicht.

---

[10] Klaus Unterburger, »Jede Neutralität war ihm zuwider«. Tod und nachfolgende Rezeption Bischof Senestreys von Regensburg, in: BGBR 52 (2018), S. 71–99; Richard Strobel, Schottenkirche St. Jakob Regensburg (Kunstführer 691), Regensburg [19]2014, S. 8, S. 24.

1. Die langwierige Gründungsphase eines »tridentinischen Priesterseminars« in Regensburg

a) Das ultramontane Geschichtsbild des 19. Jahrhunderts

Die Radikalisierung der Seminarkonzeption wurde dabei literarisch vorgedacht: 1835 erschien Augustin Theiners (1799–1860) »Geschichte der geistlichen Bildungsanstalten«. Als Quelle gab Theiner dabei Gespräche und Ideen des damaligen Rektors des Propagandakollegs in Rom, Karl August Graf von Reisach (1800–1869) an.[11] Theiner übernahm von der Tübinger Antrittsvorlesung Johann Adam Möhlers (1796–1838) *De seminariorum theologicorum origine et progressu* die Grundidee, nach der Seminare schon seit dem 4. Jahrhundert ein Gegengewicht gegen die Verweltlichung des Klerus sein mussten. Möhler plädierte dafür, dass der Geist des Mönchtums mit seiner Abwendung von der Welt die Priesterausbildung prägen müsse.[12] In Theiners Sicht war das Seminar im Mittelalter in Verfall geraten, dafür seien die Universitäten entstanden, die schuld an der Reformation und an allem Übel in der Kirche waren.[13] Erst das Konzil von Trient und die Jesuiten haben die Seminaridee wieder gegen die Universitäten propagiert.[14] Eine ähnliche antiuniversitäre Interpretation des Seminars hatte Reisach kurz vorher in seiner anonymen Schrift *Athanasius Sincerus Philalethes* entworfen: Die Klerusausbildung gehe nur die Kirche etwas an; der Staat müsse sich davon ganz zurückziehen. Sie gehöre deshalb auch nicht an staatliche Universitäten.[15] Gegen den verderblichen Einfluss der Welt und der Aufklärung müsse das Seminar eine Gegenwelt schaffen, allein kontrolliert vom Bischof und dieser wiederum vom Papst. Der restaurierte Jesuitenorden mit seiner antimodernen Ausrichtung konnte ein wichtiger Verbündeter für die Verwirklichung dieser Idee sein. Als Ort für diese Seminare als totale Institutionen, die die Seminaristen völlig von der Welt absondern und gegen diese immunisieren sollen, empfahl Theiner die Gebäude von säkularisierten Klöstern.[16]

So konstruiert und historisch fehlerhaft das hier gezeichnete Geschichtsbild gewesen ist, es hat doch Einfluss gewonnen: Als Reisach 1836 zum Bischof von Eichstätt ernannt wurde, nahm er nicht nur energisch die bislang gescheiterte Errichtung eines Priesterseminars in Aussicht; er verhinderte auch das Modell der übrigen bayerischen Diözesen, wo die Alumnen eine staatliche Universität oder ein staatliches Lyzeum besuchten. Die Statuten, die er für das 1843 errichtete Seminar erließ, zielten

---

11 Augustin Theiner, Geschichte der geistlichen Bildungsanstalten. Mit einem Vorworte, enthaltend: Acht Tage im Seminar zu St. Euseb in Rom, Mainz-Wien 1835, S. 367.
12 Joachim Köhler, Priesterbild und Priesterbildung bei Johann Adam Möhler (1796–1838). Ein Kommentar zu Möhlers kirchengeschichtlicher Antrittsvorlesung »De seminariorum theologicorum origine et progressu« aus dem Jahr 1829, in: Rudolf Reinhardt (Hg.), Tübinger Theologen und ihre Theologie (Contubernium 16), Tübingen 1977, S. 167–196.
13 Theiner, Geschichte (wie Anm. 11), S. 66–81.
14 Ebd., S. 81–85.
15 Athanasius Sincerus Philalethes, Was haben wir von den Reformatoren zu Offenburg, St. Gallen und anderen religiösen Stimmführern des katholischen Teutschlands unserer Tage zu halten? Ein zeitgemäßes Wort zur Beherzigung und Warnung für Katholiken und Nichtkatholiken, insbesondere aber für katholische Priester. Dargelegt in einem Gespräch eines Pfarrers mit seiner Gemeinde, Mainz 1835.
16 Theiner, Geschichte (wie Anm. 11), S. 385–389.

auf die völlige Absonderung von der Welt, auf die Widerlegung aller modern-aufgeklärten Einflüsse und auf den Bruch der Seminaristen mit allen natürlichen, als sündhaft interpretierten, Neigungen. Seit 1846 versuchte er als Erzbischof von München und Freising diese Konzeption auch andernorts zu befördern.[17]

b) Die Rezeption des Tridentinums und die ersten Seminarpläne in Regensburg

In der Forschung werden die Regensburger Priesterseminare vor der Aufklärung in der Regel als »mangelhaft« und »bloß provisorisch« bezeichnet; diese Seminargründungen seien im Grund fehlgeschlagen.[18] Dies ist bestimmt richtig, wenn man diese Institutionen an der Seminaridee des 19. Jahrhunderts misst. Damit verfehlt man aber ein Stück weit die sozial- und wirtschaftsgeschichtlichen Verhältnisse der Frühen Neuzeit und auch die tatsächliche Trienter Seminaridee.[19] Diese wurde vor dem Hintergrund eines zunehmenden Priestermangels Mitte des 16. Jahrhunderts formuliert, wie er an vielen Orten zu beobachten war. In der ersten Sitzungsperiode hatte das Konzil noch an die mittelalterliche Lösung angeknüpft, die Bischofs- und Stiftskirchen zu verpflichten, Lehrer der Hl. Schrift anzustellen, damit Anwärter auf das Priestertum auch für die Predigt und komplexere Seelsorgesituationen (jenseits der Persolvierung des Ritus) vorbereitet würden. Die Seminaridee war hingegen ursprünglich in England erwachsen, wo mit dem Verlust der Klöster in der Epoche der katholischen Restauration die Ausbildungsmöglichkeiten und damit ein hinreichender Nachwuchs fehlte. Die Eigenart der Seminaridee bestand weniger darin, dass Unterricht angeboten wurde, sondern dass Plätze für Unterkunft, Verpflegung und Studium in einem Haus geschaffen wurden, was somit auch den Mittellosen das Ergreifen des priesterlichen Standes möglich machte. Das Seminar war so als subsidiäre Ergänzung gedacht zu bereits bestehenden Kollegien an Universitäten oder zu anderen Ausbildungsmöglichkeiten. Es bot die Möglichkeit einer kostengünstigen Vorbereitung auf das Priestertum und sollte eine bischöfliche Institution sein. Universitätskollegien und ähnliche Institutionen sollten ergänzt, aber nicht ersetzt werden.[20]

Dies ist die notwendige Verstehensvoraussetzung für die nachtridentinischen Seminargründungen in Regensburg. In der Salzburger Kirchenprovinz gab es frühzeitig Versuche, die Trienter Bestimmungen in die Ortskirchen zu implementieren. Dem sollte vor alle die Salzburger Provinzialsynode von 1569 dienen. Sie kam vor allem auf Betreiben des damals noch als dominikanischer Reformkommissar beim Salzburger Erzbischof tätigen Feliciano Ninguarda (1524–1595) zustande, der später zum Nuntius im süddeutschen Raum ernannt werden sollte. Von deren 64 Konstitutio-

---

17 GARHAMMER, Seminaridee (wie Anm. 7), S. 114–189.
18 Vgl. Friedegund FREITAG, Max Prokop von Törring-Jettenbach als Fürstbischof von Regensburg und Freising (1788–1789) (Beiträge zur Geschichte des Bistums Regensburg 16), Regensburg 2006, S. 162.
19 Vgl. GARHAMMER, Seminaridee (wie Anm. 7), S. 20–25.

20 Klaus UNTERBURGER, Zwischen Universität und bischöflicher Kontrolle. Das Verhältnis des Herzoglichen Georgianums in München zum Episkopat und zur Rechtsform eines bischöflichen Priesterseminars im Laufe der Geschichte, in: MThZ 61 (2010), S. 291–316, hier S. 295 f.

nen behandelte die 60. die Seminarfrage: Die zahlreichen bisherigen Schulen an den Dom- und Stiftskirchen seien zu reformieren, da die mangelnde Aufsicht der Kandidaten dort bedinge, dass sie nur wenig Fortschritte in Sitten und Wissenschaften machen würden. So seien die Bischöfe bislang gezwungen, *vilissimos, et quovis rustico impertiores homines* ihre Seelsorgsstellen anzuvertrauen. Deshalb sollten an den Domkirchen neue Schulen geschaffen werden, wo unter der Leitung eines Rektors *litterae*, *mores* und *pietas* gelehrt und gelernt würden.[21] Diese Bestimmungen knüpften an das Trienter Seminardekret an, hielten aber vor allem die Finanzierung ein Stück weit offen. Deutlich ist, dass v.a. praktische seelsorgliche Kenntnisse und die *humaniora* vermittelt werden sollten, dazu »gute Sitten«. Es ist hier an sehr junge Kandidaten zu denken.

Wie auf den Beratungen der nächsten Provinzialsynode 1573 deutlich wurde, war die Finanzierung dann überall ein Problem.[22] Das kirchliche Vermögen war ja dezentral und zweckgebunden für bestimmte Ämter. Es konnte nicht einfach für das Seminar umgewidmet werden. Die Mittel der Bischöfe bzw. der Bischofskirchen reichten hier in keinem Fall aus, zumal über diese vielfach die Domkapitel mitbestimmen konnten, die sich angesichts der wechselnden Bischöfe als Kontinuitätsträger und damit als Anwälte nachhaltig konsolidierter Finanzen der Domkirchen und Hochstifte verstanden. So blieben den Bischöfen zur Finanzierung prinzipiell drei Möglichkeiten:

a) Eine Besteuerung des Klerus, die aber nicht nur im Klerus unbeliebt war, sondern auf den Widerstand der weltlichen Landesherren stieß; die meisten Pfarreien und Benefizien lagen ja nicht im bischöflichen Hochstift, sondern in anderen Territorien, etwa in Bayern oder in Österreich. Die weltlichen Landesherren wollten aber den Abfluss von Mitteln aus ihren Gebieten verhindern und verboten in der Regel deshalb solche Seminarabgaben.

b) Umwidmung von Mitteln und Pfründen, über die das Domkapitel mitentscheiden konnte. Damit erkaufte man sich freilich die Mitregierung der Kapitel, welche eigene Interessen verfolgten und oft grundsätzlich solche Neugründungen ablehnten.

c) Die Säkularisierung von Klöstern und anderen kirchlichen Einrichtungen und die Umwidmung von deren Stiftungsvermögen. Dieser Weg war kirchenrechtlich schwierig und bedurfte im Prinzip der päpstlichen Zustimmung, die eigentlich nur erteilt werden konnte, wenn Klöster ausgestorben waren bzw. der ursprüngliche Stifterwille nicht mehr erfüllt werden konnte. Für die Bischöfe war dies in der Regel kein gangbarer Weg, was dann die weltlichen Landesherren bzw. die adeligen Stifterfamilien über eine Neuverwendung entschieden, so dass der bischöfliche Einfluss begrenzt war.

Am Finanzierungsproblem scheiterte deshalb auch der erste Seminargründungsversuch in Regensburg, den Bischof David Kölderer von Burgstall (1567–1579) unter-

---

21 Gerhard B. WINKLER, Die nachtridentinischen Synoden im Reich. Salzburger Provinzialkonzilien 1569, 1573, 1576, Wien-Köln-Graz 1988, S. 230.

22 Ebd., S. 301 f.

nahm, der das Salzburger Provinzialdekret von 1569 umsetzen wollte.[23] Bereits auf der anschließenden Diözesansynode von 1569 zielte er auf eine Seminargründung ab; er versuchte, unterstützt von Ninguarda, 1574 einen Vertrag mit dem Domkapitel für den Unterhalt von 8–10 Alumnen zu schließen und sich dabei die alleinige Zuständigkeit zu sichern.[24] Eine tragfähige Einigung konnte jedoch nicht erreicht werden, auch nicht durch einen neuen Vertrag 1578, auch wenn der Bischof bereits Seminarregenten bestimmt hatte. Anders als auf dem Provinzialkonzil – wo man die verbesserte Ausbildung der eigenen Diözese stattdessen befördern wollte – beschlossen, schickte Kölderer drei Alumnen nach Rom, damit diese am *Collegium Germanicum* studierten.[25]

c) Die Seminarpläne des Nuntius und Diözesanadministrators Feliciano Ninguarda

Bereits in den letzten Jahren Kölderers kam es zu neuen Anstrengungen. Eine treibende Kraft war Feliciano Ninguarda, der 1574 als Apostolischer Kommissar die Bischofsstadt visitierte und im Anschluss daran erreichte, dass der Papst die Verwendung des Nachlasses des Kanonikers Laurentius Hochwart (1493–1570) und die Erträge einer unterdrückten Präbende für das Seminar billigte.[26] 1577 schloss der Bischof dann mit dem Kapitel eine Vereinbarung, nach der dieses jährlich 200 Gulden – wie schon lange versprochen – zu zahlen habe, dazu die halbe Pfründe des Scholasters beisteuern müsse und überdies für 12 Schüler den Betrag von 56 Gulden und 20 Kreuzer. Der Bischof wollte zudem auf eigene Kosten nochmals zehn Schüler ernähren.[27]

Als Ninguarda, nunmehr Apostolischer Nuntius, 1580 erneut nach Regensburg kam, musste er jedoch feststellen, dass die Seminarpläne noch immer nicht zur Ausführung gebracht worden waren.[28] Er ließ deshalb die 200 Gulden Zuzahlung des Kapitels für die Zukunft festschreiben und auch beschließen, die Schulden einzutreiben, die aus dem Hochwart'schen Erbe noch ausstanden.[29] Weitere Erbschaften für das Seminar kamen dazu. Trotzdem zog sich die Angelegenheit weiter in die Länge.[30] Einige bayerische Räte hätten die Hochwart'schen Ausstände lieber für Freiplätze an der Ingolstädter Universität

---

23 Peter Schmid, Bischof David Kölderer von Burgstall (1567–1579). Erste Regungen der Tridentinischen Kirchenreform im Bistum Regensburg, in: Winfried Becker/Werner Chrobak (Hg.), Staat, Kultus, Politik. Beiträge zur Geschichte Bayerns und des Katholizismus. Festschrift zum 65. Geburtstag von Dieter Albrecht, 1992, S. 61–69.
24 Ebd., S. 68.
25 Ebd., S. 68 f.
26 Karl Schellhass, Der Dominikaner Felician Ninguarda und die Gegenreformation in Süddeutschland und Österreich 1560–1583. Bd. 1: Felician Ninguarda als Apostolischer Kommissar 1560–1578 (Bibliothek des Deutschen Historischen Instituts in Rom 17), Regensburg 1930, S. 148.
27 Vgl. hierzu: *Circa negotium seminarii et scholae ec-*

clesiae cathedralis Ratisponensis, ASV, Misc., Arm. II, 103 fol. 99r-100r.
28 Vgl.: *De schola cathedralis ecclesiae et seminario*, ASV, Misc., Arm. II, 103 fol. 98v und 101rv.
29 Eine Aufstellung findet sich: *Extractus pecuniarum diversis mutuo daturum pertinentem ad testamentum quondam doctoris Laurentii Hochwart canonici et iuxta tenorem brevis apostolicae seminario applicandorum, quorum scripta authentica sunt in cancellaria ducali*, ASV, Misc. II, fol. 127r-128r.
30 Das Domkapitel hatte zu Beginn des Monats Mai 1581 dann an Ninguarda geschrieben, ihnen sei zu Ohren gekommen, der Nuntius wolle bald mit ihnen über das Seminar verhandeln. Sie baten, dieses nicht in ihren oder ihrer Kirche gehörenden Häusern einrichten zu wollen wegen Mangels an Platz und Mangels an

verwenden wollen. Überhaupt zielte die herzogliche Politik darauf, Ingolstadt als zentralen Ausbildungsort für das ganze Herzogtum zu stärken (auch ein Ordensseminar sollte doch nach den Vorstellungen von Herzog und Nuntius gegründet werden) und mit Kollegien auszustatten. Die Bitte an den Papst, dies finanziell zu unterstützen, wurde jedoch in Rom kategorisch abgelehnt. Es bestehe stattdessen die Möglichkeit, einige Kandidaten zum Studium nach Rom zu schicken.[31]

Ob aber der Klerus für das Diözesanseminar oder das Ingolstädter Seminar besteuert werden sollte, blieb zwischen Bischöfen und Herzog umstritten. Da die Seminargründung scheiterte, studierten die künftigen Priester vor allem an den Jesuitengymnasien, zumal 1588 das Damenstift St. Paul zugunsten eines Jesuitenkollegs auch in der überwiegend protestantischen Bischofsstadt Regensburg aufgehoben wurde; der Gymnasialbetrieb dort eröffnete 1589.[32] Das Regensburger Hochstift war überdies arm und hoch verschuldet.[33] Neben dem Jesuitenkolleg gab es die Domschule mit Schülern als Präbendisten, doch auch um deren Beaufsichtigung und Reform kam es zwischen Kapitel und Bischof immer wieder zu harten Auseinandersetzungen, so dass sich beide gegenseitig blockierten.[34] Als Priesterausbildungsstätte schien diese Institution jedoch unfruchtbar bzw. ungeeignet zu sein, 1655 wird vom Weihbischof – vielleicht etwas einseitig, da er die Notwendigkeit eines neuen Priesterseminars betonen wollte – erklärt, das *Seminarium St.i Petri* sei, was die Priesterberufungen angehe, *terra sterilis*.[35]

d) Die Situation zu Beginn des 17. Jahrhunderts und die Seminarpolitik Bischof Alberts IV. Törring

Man wird sich davor hüten müssen, den Negativschilderungen der Zustände vor der Errichtung des Seminars, die in der Regel von den Protagonisten des »Trienter Seminars« getätigt wurden, zu großen Glauben zu schenken. Treibende Kraft, in Konkurrenz zu den Diözesanbischöfen und diese beinahe ganz verdrängend, zur Fundation eines Seminars waren die bayerischen Herzöge, die im Reformationsjahrhundert ein Zentralseminar an ihrem Universitätsstandort Ingolstadt ansiedeln und Klerussteuern hierfür mit römischer Genehmigung erheben (und im Gegenzug die der Bischöfe verbieten) wollten.[36] Die bewilligten Klerusbesteuerungen und Gefälle vakanter Klöster wurden dabei

---

Lehrern. Das Seminar sollte besser außerhalb der Stadt eingerichtet werden. Ansonsten war man gerne zur Zahlung der übernommenen finanziellen Verpflichtungen bereit. Domkapitel von Regensburg an Ninguarda, Regensburg, 1581 V [1?], BayHStA, KÄA 1530, fol. 209r-210r Or.
31 Art. 10 der Zusammenfassung der Verhandlungen des herzoglichen Rates Dumm in Rom: *Summa Dummianiarum expeditionum in urbe*, BSB, Cgm. 2174, fol. 165r-166r.
32 Bernhard Duhr, Geschichte der Jesuiten in den Ländern deutscher Zunge. I: Geschichte der Jesuiten in den Ländern deutscher Zunge im XVI. Jahrhundert, Freiburg i. Br. 1907, S. 206–210; Wilhelm Gegenfurtner, Jesuiten in der Oberpfalz. Ihr Wirken und ihr Beitrag zur Rekatholisierung in den oberpfälzischen Landen (1621–1650), in: BGBR 11 (1977), S. 71–220, hier S. 117–120.
33 Tobias Appl, Wolfgang II. von Hausen (1600–1613). Ein Regensburger Reformbischof am Beginn des 17. Jahrhunderts, in: BGBR 36 (2002), S. 137–271, hier S. 187–191.
34 Ebd., S. 214–217.
35 Georg Schwaiger, Kardinal Franz Wilhelm von Wartenberg als Bischof von Regensburg (1649–1661) (MThS. Hist. Abt. 6), München 1954, S. 152.
36 Arno Seifert, Weltlicher Staat und Kirchenreform. Die Seminarpolitik Bayerns im 16. Jahrhundert (RST 115), Münster 1978, S. 11–53, S. 124 f., S. 213 f.

aber mit Vorrang zur Fundation der Jesuiten verwendet, so dass die Finanzierung schwierig blieb und stattdessen vorerst Stipendien für Studenten vergeben wurden. Das für das albertinische Seminar erbaute Neue Kolleg wurde freilich von den Jesuiten bezogen.[37] Indem das *Albertinum*, als das geplante gesamtbayerische Priesterseminar, nur als kleine Gruppe von Stipendiaten, die provisorisch zunächst im Alten Kolleg unter jesuitischer Leitung standen, eher dahinvegetierte, stellte sich die Frage, ob und wo das Seminarprojekt dennoch verwirklicht werden sollte.[38] 1576 wollte die bayerische Regierung in Rom die Gefälle von vier vakanten Klöstern erhalten und eine neue Dezimation des Klerus erreichen. Das *Albertinum* sollte nach dem Vorbild des Germanicums organisiert werden. Die Zahl der Stipendiaten war jedoch gering, so dass der Herzog und sein Umfeld zweifelten, ob sich der Aufwand lohne; die Bischöfe schickten kaum Seminaristen, dafür wurden zahlende weltliche Stipendiaten aufgenommen.[39] Da das *Georgianum* gemäß seinem Stiftungszweck eine Unabhängigkeit vom jesuitischen Bildungssystem haben musste, gingen die Pläne auf ein weiteres Seminar für die bayerischen Diözesen, das ganz den Jesuiten unterstellt werden sollte. Freilich waren dann Erweiterungen des Baus der Jesuiten dringlicher. Das Seminarprojekt wurde in den 1580er Jahren verschoben, lediglich die Zahl der Stipendienplätze erhöht.[40] Die Stipendiaten wurden 1585 in das jesuitische Konvikt des hl. Ignatius (von Antiochien) in einem angrenzenden neu erworbenen Haus als dortige Stipendiatenabteilung überführt.[41] Für die weniger begabten reichte die nunmehr rein gymnasiale Ausbildung, zunächst nur in München, später an anderen Standorten mit jesuitischen Gymnasien wie Landshut oder Amberg.

Da unter Wilhelm V. auch die Finanzen der Geistlichen Kammer in ein schweres Defizit gerieten, löste Maximilian diese auf und verfügte, dass alle weltlichen Konviktoren und Sängerknaben entlassen werden sollten.[42] Anstelle des niemals wirklich florierenden herzoglichen Alumnats trat im Jahr 1600 dann eine Stiftung des Regensburger Dompropsts, herzoglichen Rats und Prinzenerziehers (seit 1586) Quirinius Leoninus (1554–1623), der aus den Niederlanden stammte, das *Seminarium s.ti Hieronymi*. Es war für arme Studenten aus Oberdeutschland gedacht, die den geistlichen Dienst anstrebten. Die Stiftung bestand in einem Haus nahe dem Jesuitenkolleg und in einer Summe von 8.000 Gulden als Grundkapital. Leitung und Administration des Hauses wollte der Stifter bei den Jesuiten sehen.[43]

Neben diesem Ingolstädter Seminar, das armen Studenten aus den Diözesen freie Kost und Unterkunft bieten sollte, existierte in Regensburg weiterhin die Domschule.[44] Für arme Studenten stiftete überdies der Senior des Kollegiatstiftes St. Johann, Ambrosius Strauß, 2.000 Gulden für zwei Stipendien.[45] 1609 eröffneten

---

37 Ebd., S. 159 f.
38 Ebd., S. 162 f.
39 Ebd., S. 239–245.
40 Ebd., S. 246–260.
41 Ebd., S. 255.

42 Ebd., S. 284–304.
43 Ebd., S. 304–306.
44 Schwaiger, Wartenberg (wie Anm. 35), S. 152.
45 Seifert, Weltlicher Staat (wie Anm. 36), S. 305.

Regensburger Jesuiten – darauf aufbauend – das *Seminarium S.ti Ambrosii*.[46] Aufgrund von testamentarischen Verfügungen gab es für einige Theologiestudenten noch weitere gestiftete Stipendien.[47]

Einen neuen Versuch darüber hinaus ein bischöfliches Seminar entsprechend dem Trienter Dekret zu errichten, unternahm dann Bischof Albert IV. von Törring-Stein (1613–1649). Gleich zu Beginn seines Pontifikats erließ er das Mandat, dass zu den Hl. Weihen nur mehr zugelassen werde, wer mindestens »zway Jahr die casus conscientiae gehört«, also jene kasuistische Moral, die vor allem für die Abnahme der Beichte von Nöten war. Diese sollte künftig täglich einstündig im Jesuitenkolleg St. Paul gelesen werden.[48] 1631 machte Dr. Sebastian Denich (1595–1655, ab 1650 Weihbischof), ein Jahr, nachdem er zum Domdekan gewählt wurde[49], den Vorschlag, trotz der Kriegszeiten Geld für ein Seminar zurückzulegen; der Bischof griff dies insofern auf, als er plante, von allen Geistlichen ein *Seminaristicum* (abgestuft nach Vermögen) zu erheben. Ergänzt werden sollte dieses Kapital durch »das Vermögen unehelicher Kinder und auch« durch den »Zins von Meßstiftungen«.[50] Zunächst erhob der bayerische Kurfürst Widerspruch, 1637 gelang es Denich bei Verhandlungen in München beim Kurfürsten ein Zugeständnis zu erreichen.[51] Kurfürst Maximilian hätte es ebenso wie der Provinzial der Jesuiten aber lieber gesehen, wenn alle Seminaristen nach Ingolstadt gesendet würden.

e) Ripresa tridentina: Die Seminargründung durch Franz Wilhelm von Wartenberg

Um ein Gebäude für das Seminar zu erhalten, führte Bischof Albert IV. mit Erfolg Verhandlungen mit dem Salzburger Erzbischof um den Salzburger Hof südlich des Domes. Als Regens wollte er zunächst den Jesuitenprovinzial gewinnen; das Seminar sollte mit 12 Knaben seinen Betrieb aufnehmen. Doch verhinderten die Endphase des Kriegs und der Tod des Bischofs dann die nachhaltige Institutionalisierung.[52] Erst seinem Nachfolger, Franz Wilhelm von Wartenberg (1649–1661), gelang es, durch energisches Handeln das Seminar dauerhaft zu errichten. Gleich zu Beginn seiner Amtszeit hielt er eine Diözesansynode ab, auf der er die Errichtung desselben promulgierte und allen Kirchen der Diözese eine Seminarsteuer auferlegte.[53] Wartenberg, der seit 1628 bereits Bischof von Osnabrück war, erklärte im Vorfeld, vom Papst seien ihm drei Dinge für Regensburg auferlegt worden: Diözesansynode, Visitation und Errichtung eines Priesterseminars.[54] Wie sehr hinter all dem noch immer die Implementierung der Trienter Ideale stand, wird daran deutlich, dass der Bischof zum Abschluss der Synode alle Geistlichen, die teilgenommen hatten, zu

---

46 Schwaiger, Wartenberg (wie Anm. 35), S. 152.
47 Ebd.
48 Simon Federhofer, Albert von Törring. Fürstbischof von Regensburg (1613–1649). Studien zu einer Biographie, in: BGBR 3 (1969), S. 7–122, hier S. 109 f.
49 Ebd., S. 75; Karl Hausberger, Das Bistum Regensburg 1: Die Regensburger Bischöfe von 1649 bis 1817 (Germania Sacra III/13), Berlin/Boston 2017, S. 419–425.
50 Federhofer, Törring (wie Anm. 48), S. 110.
51 Schwaiger, Wartenberg (wie Anm. 35), S. 153.
52 Federhofer, Törring (wie Anm. 48), S. 110 f.; Schwaiger, Wartenberg (wie Anm. 35), S. 153.
53 Schwaiger, Wartenberg (wie Anm. 35), S. 109.
54 Ebd., S. 93.

einem feierlichen Essen einlud, bei der die Vita des hl. Carlo Borromeo (1538–1584), also des Musterbischofs der tridentinischen Reform, verlesen wurde.[55]

Erneut war dabei Denich, der inzwischen auch als Generalvikar fungierte, eine treibende Kraft; er hoffte, Kurfürst Maximilian I. dazu bewegen zu können, einer solchen Seminarsteuer zuzustimmen. Erfolg war dem zunächst nicht beschieden: Vielmehr warnte Maximilian wenige Tage vor der Synode den Bischof, angesichts der Verwüstungen des Landes durch den eben zu Ende gegangenen großen Krieg eine solche Kontribution aufzuerlegen. Wartenberg ließ sich dadurch aber nicht von seinen Plänen abbringen, die schon wegen des großen Priestermangels für das Land nötig seien. Das Seminar sollte 24 Alumnen mit Freiplätzen aufnehmen, dazu 10–12 Adelige Konviktoren, welche Kostgeld zahlen sollten. Im Schottenkloster St. Jakob in Regensburg plante er überdies ein Seminar für Ordensleute.[56] Auch unter Wartenberg wollte dabei das Domkapitel die Pläne nicht uneingeschränkt mittragen. Man solle zunächst mit nur 10–12 Alumnen beginnen; immerhin war man bereit, die Dompfarrei St. Ulrich mit den Benefiziatenstellen in Sallern, Burgweinting, Barbing und Winzer zur Finanzierung des Regens und der übrigen Geistlichen im Seminar zur Verfügung zu stellen. Dafür sollten diese dann auch die Pfarrei mit den Filialkirchen gottesdienstlich versorgen.[57]

Für die Leitung des Seminars suchte Wartenberg Geistliche aus dem Weltpriesterinstitut des Bartholomäus Holzhauser (1613–1658) zu gewinnen. Bei einer Reise im Auftrag seines bischöflichen Vetters, des Kurfürsten Ferdinand von Köln, nach Berchtesgaden hatte er Holzhauser kennengelernt, nachdem er bei der Inthronisation der neuen Äbtissin im Benediktinerinnenkloster Geisenfeld von diesem schon gehört hatte. In Verhandlungen mit dem Bischof sagte Holzhauser im September 1650 zu, zwei seiner Priester für die Leitung des wiedererrichteten Seminars zu stellen.[58] Holzhauser stammte aus dem schwäbischen Laugna und hatte bei den Jesuiten in Augsburg, Neuburg an der Donau und schließlich an der Universität in Ingolstadt studiert. In dieser Ingolstädter Zeit reifte sein Plan, eine Gemeinschaft von Welt- bzw. Seelsorgspriestern zu gründen, die in Gemeinschaft leben sollten. Damit sollte vor allem auch die Einhaltung des Zölibats garantiert werden; der Bischof von Chiemsee, Johann Christoph Graf von Liechtenstein-Kastelkorn (1624–1643), wies Holzhauser und drei Gefährten – wegen der Salzburger Neutralität im Dreißigjährigen Krieg gab es dort deutlich weniger Verwüstungen – das ehemalige Tittmoninger Kollegiatstift zu, wo die Gemeinschaft seit 1640 lebte. Zwei Jahre später wurde ihr auch die Tiroler Pfarrei St. Johann im Leukental übertragen, wo eine weitere Kommunität gegründet wurde. Doch mit dem Tod des Chiemseer Bischofs fehlte der jungen Institution ein mächtiger Fürsprecher. Immerhin war der bayerische Kurfürst bereit, diese zu unterstützen und in Rom für

---

55 Ebd., S. 105.
56 Ebd., S. 154 f.
57 Ebd., S. 156 f.

58 Michael Arneth, Seelsorge am Seelsorger. Bartholomäus Holzhauser 1613–1658. Leben und Werk, Trier 1993, S. 90 f.; ders., Bartholomäus Holzhauser und sein Weltpriesterinstitut, Würzburg 1959, S. 30.

eine Bestätigung zu werben. Da der Mainzer Erzbischof und Bischof von Würzburg und Worms Johann Philipp von Schönborn (1605–1673) die Gemeinschaft bei einem Kuraufenthalt in Gastein kennenlernte, berief er sie nach Würzburg und Mainz. Holzhauser wurde vom Domkapitel zum Pfarrer und Dekan im nahen, rheinhessischen Bingen ernannt, wo er mit seinen Mitbrüdern wirkte; er starb dort freilich bereits 1658.

Nach Regensburg wurden als enge Mitarbeiter Holzhausers Michael Rottmayer, Pfarrer von Erding, und Johannes Weißenrieder, Regens des Bartholomäerseminars in Ingolstadt, geschickt, die als Rektor und Ökonom des Seminars fungieren sollten. Während Wartenberg die Stadt Regensburg wieder verlassen hatte, erwies sich die Unterbringung des Seminars im Salzburger Hof als wenig erfreulich. Das Domkapitel verlangte von den beiden Institutionspriestern, alle pfarrlichen Pflichten der Dompfarrei St. Ulrich zu übernehmen. Die Seminaristen verpflichtete das Kapitel überdies zum täglichen Domdienst. Hingegen war es nicht bereit, das *Seminaristicum* zu entrichten. Unbefriedigt zog sich Rottmayer deshalb bald wieder auf seine Pfarrei nach Erding zurück; auch viele Alumnen verließen das Seminar, in dem Weißenrieder (bis Februar 1653) noch mit einem Rest ausharrte.[59] Wartenberg konnte bei seiner Rückkehr nach Regensburg im Herbst nur den Niedergang konstatieren und versuchte deshalb ab 1653 das Domkapitel als Mitregenten des Seminars loszuwerden; eine andere Form der Finanzierung musste gefunden werden. Hart ging er jetzt gegen Weihbischof und Generalvikar Denich vor, der abgesetzt wurde und nach Augsburg übersiedelte.[60] Um das Seminar unabhängig vom Domkapitel zu halten, bemühte er sich, die Gefälle des ehemaligen Klosters Pielenhofen in den rekatholisierten Pfalz-Neuburger Gebieten hierfür zu verwenden, scheiterte aber am Widerstand des Pfalz-Neuburger Herzogs, der schnell Zisterzienser aus Kaisheim dort ansiedelte und ein Subpriorat errichten ließ.[61]

Wartenberg legte in den Statuten 1653 die Anzahl der Seminaristen auf 40 fest und vertraute sie nunmehr den Jesuiten an; die Statuten orientierten sich am *Collegium Germanicum* in Rom.[62] Zur Finanzierung sollte doch wieder eine Seminarsteuer erhoben werden, deren Einzug vielerorts auf Probleme stieß. Immerhin lebten 1655 18 Alumnen im Seminar.[63] Als der Bischof im Mai 1655 wieder Regensburg verließ, stockten die Beiträge und das Domkapitel beanspruchte – zum Ärger des Bischofs – erneut die Leitung des Seminars für sich. Die Zahl der Seminaristen ging zurück und pendelte sich auf 12 ein.[64]

In den letzten Jahren Wartenbergs scheinen die Schwierigkeiten mit dem Domkapitel, die auch noch die Anfangsjahre unter jesuitischer Leitung geprägt hatten, in den Hintergrund getreten zu sein. Allerdings blieb es auch für lange Zeit nun bei der doch recht geringen Zahl an Seminaristen.[65] Seit 1674 konnte das Seminar den ehemaligen Augsburger Hof am St. Kassians-Platz beziehen. Wegen der Farbe der Kleidung

---

59 SCHWAIGER, Wartenberg (wie Anm. 35), S. 157–159.
60 ARNETH, Seelsorge (wie Anm. 58), S. 91.
61 SCHWAIGER, Wartenberg (wie Anm. 35), S. 159–162.
62 Ebd., S. 165 f.
63 Ebd., S. 166–168.
64 Ebd., S. 169 f.
65 Ebd., S. 170 f.

der Alumnen bekam es den Namen »blaues Seminar«.⁶⁶ Das Seminar St. Wolfgang blieb eine Ausbildungsmöglichkeit neben anderen für zukünftige Regensburger Priester. Einige Jahrzehnte später (im September 1717) nahm der tridentinisch-reformorientierte Weihbischof Gottfried Langwerth von Simmern (1669–1741) Anstoß an dem Leben dort: Nicht nur würden »ledige Weibspersohnen« die Alumnen dort bei Tisch bedienen, im Speisesaal würde überdies auch an die Öffentlichkeit Bier ausgeschenkt. Der Weihbischof zielte auf seinen Gegner, den Domdekan Johann Wolfgang von Neuhaus († 1728), dem er in einer Anklage an den Kurfürsten die Schuld gab.⁶⁷ Der Streit wurde am kurfürstlichen Hof betrieben, doch schaltete sich auch die Kurie ein, die für den Weihbischof Stellung bezog, was wiederum den Kurfürsten dazu brachte, beim Domdekan auf Abstellung zu drängen.⁶⁸ Der Weihbischof verschärfte einige Zeit später auch das Weiheexamen, das vorher vor allem prüfte, ob die kanonischen Erfordernisse beim Kandidaten für die Erteilung der Weihen vorliegen; die Weihen von Kandidaten, deren Wissen er für unzureichend hielt, lehnte er ab.⁶⁹

2. Seminar und Seminaridee seit der Aufklärung

Die frühneuzeitliche, subsidiäre Form des Seminars wurde seit dem späten 18. Jahrhundert immer mehr einer Reform unterzogen. Im Bistum Regensburg standen am Beginn dieses Prozesses zwei prominente Regenten, Schriftsteller und Gegner des Rationalismus der Aufklärung, der Ex-Jesuit Joseph Kugler (1736–1800) und Georg Michael Wittmann (1760–1833), von 1802 bis zu seinem Tod Regens im Seminar, also auch noch, als er 1821 Domkapitular und 1829 Weihbischof wurde und auch noch, als ihn 1832 der bayerische König zum Nachfolger Johann Michael Sailers (1751–1832) als Bischof von Regensburg ernannte. Wittmann war nicht nur Jahrzehnte lang – seit 1788 fungierte er bereits als Subregens – mit dem Priesterseminar und der Priestererziehung verbunden. Wie Kugler hat er sich auch theoretisch-schriftstellerisch mit dem Priesterbild und der Priesterausbildung beschäftigt und so seinen Idealen Einfluss und Verbreitung gesichert.

a) Pionier einer neuen Seminaridee: Joseph Kugler

Kugler war 1761 in den Jesuitenorden eingetreten und legte 1773 in Amberg Profess ab. Mit der Aufhebung desselben bewarb er sich um die Stadtpfarrei Pfreimd, die er von 1775 bis zu seinem Tod dann innehatte. Mit seinem Namen ist die Neugründung des Priesterseminars St. Wolfgang in Regensburg verbunden, dessen erster Regens er 1785 wurde. Diese (Neu-)Gründung war der Entschluss des Fürstbischofs Anton Ignaz von Fugger-Glött (1711/1769–1787).⁷⁰ Das bisher bestehende »Blaue Seminar« im Augsburger Hof gegenüber von St. Kassian

---

66 Josef AMMER, Die Sorge um den Priesternachwuchs im Bistum Regensburg im 19. Jahrhundert, in: BGBR 52 (2018), S. 163–208, hier S. 164 f.
67 Karl HAUSBERGER, Gottfried Langwerth von Simmern (1669–1741), Bistumsadministrator und Weihbischof zu Regensburg, BGBR 7 (1973), S. 180 f.
68 Ebd., S. 181–183.
69 SCHÄFER, Schottenseminar (wie Anm. 8), S. 56.
70 HAUSBERGER, Regensburger Bischöfe (wie Anm. 49), S. 278.

genügte nicht mehr demjenigen, was nunmehr dem Seminar als Aufgabe und Funktion zugeschrieben wurde. Nun wünschte man, dass (erstmals) alle Alumnen nach Empfang der niederen Weihen und der Tonsur eine gewisse Zeit im Seminar verbringen sollten (quantitative Ausweitung); zudem sollte diese Zeit, die man im Seminar zu verbringen hatte, auch ausgedehnt werden (qualitative Ausweitung, da stärkerer Einfluss auf den Einzelnen). Das war noch nicht die spätere allumfassende, »totale Institution«, aber die Extension des Seminars ging schon mit neuen Funktionszuschreibungen einher. Das frühneuzeitliche Seminar war etwas Subsidiäres gewesen, was Bedürftige unterstützen sollte (Verpflegung, Unterkunft und Studium). Nur ein kleiner Teil der künftigen Priester lebte bzw. studierte dort, während andere Zeugnisse und Kenntnisse von anderen Studienorten mitbrachten und dann ebenfalls ordiniert wurden. Das Aufnahmealter konnte ebenso unterschiedlich sein, wie die vorgesehene Aufenthaltsdauer.

Bischof Anton Ignaz hatte zunächst das Blaue Seminar aufstocken lassen, um 30 Plätze anstatt der bisherigen acht (und weiterer vier, die selber zahlen mussten) zu erhalten.[71] Da (wie in der Vormoderne üblich) alle kirchlichen Einnahmen ganz bestimmten Stiftungen zugewiesen waren, konnten diese nicht einfach für dieses Seminar umgewidmet werden. Der bayerische Kurfürstenstaat, auf dessen Territorium die meisten Seelsorgsstellen lagen, verbot aber eine Seminarsteuer. So blieb 1782 nur der Appell an freiwillige Spenden hierfür.

Für die Einrichtung des Seminars ließen er und das Konsistorium drei Gutachten einholen, eines davon von Kugler.[72] Die Ziele waren: A) Möglichst alle Weihekandidaten sollten eine Zeit lang im Seminar gelebt haben, so dass diese viel besser beurteilt und kontrolliert werden konnten. Diese Zeit sollte von drei Monaten auf möglichst ein ganzes Jahr erhöht werden. Obwohl an sich 32–36 Priester im Jahr geweiht werden müssten, sei eine Absenkung auf 26–28 wünschenswert, denn die unterpfarrliche Schicht der Supernumerarier trage oft nicht zum Ansehen des Klerus bei und verführe die Pfarrer selbst zum Müßiggang, indem sie Aufgaben, die die Pfarrer selbst erledigen könnten, auf diese abwälzten. B) Die Hebung der Seelsorge und die Vermittlung berufspraktischer Kenntnisse waren somit ein weiteres wichtiges Anliegen der Seminarneugründung. C) Hinzu kam, dass neben Studium und praktischen Kenntnissen nach Kugler auch Sammlung, Gebet und Aszese eingeübt werden sollten. Anders als das Konsistorium, das eher auf die praktische Schulung in der Endphase der Ausbildung nach dem Empfang der Tonsur zielte, bevorzugte er deshalb eine längere und damit früher ansetzende Zeit des Aufenthalts.[73] Für die priesterliche Betrachtung hatte er ein umfassendes Werk, *Spiritus ecclesiae*,[74] verfasst, als Anleitung für die Seelsorgtätigkeit (Predigt und Katechese; beispielhafte

---

71 Ebd., S. 279.
72 Josef GRÖTSCH, Joseph Kugler. Ein Lebens- und Charakterbild, Kallmünz 1959, S. 18–21.
73 Ebd., S. 23.

74 Joseph KUGLER, Spiritus Ecclesiae, sive principia practica vitae clericalis ex optimis authoribus collecta, Amberg 1787.

Lebensführung) eine Pastoraltheologie mit dem Titel *Principia practica*.⁷⁵

1786 fiel der Entschluss, Kugler das Regentenamt anzutragen, wozu er in seiner Pfarrei für eine Vertretung sorgen musste. Am 5. Januar 1787 trat er die neue Stelle an. Kugler sorgte dafür, dass das Seminar in das ehemalige Jesuitenkolleg St. Paul am 31. Oktober, dem Wolfgangstag, umzog, das mehr Platz und auch einen eigenen Garten bot, während der umgebaute Augsburger Hof zugunsten des Seminars vermietet wurde. Auf Drängen der Stadt Pfreimd verließ Kugler nach dem Umzug das Seminar wieder, um dort wieder als Pfarrer zu fungieren.

Inzwischen amtierte mit Max Prokop von Törring-Jettenbach (1787–1789) ein Bischof, der nicht nur Kuglers Meditationen allen Priestern zum Kauf empfahl, sondern auch die Diözesankonstitutionen für den Klerus drucken ließ; da er die praktischen Seelsorgskenntnisse stabilisieren und vereinheitlichen wollte, war Törring-Jettenbach an einer Reform und Vergrößerung des bisherigen Seminars interessiert und unterstützte die Umsiedlung in das ehemalige Jesuitenkolleg. Regens und Subregens sollten allein vom Bischof abhängig sein, um die Mitregierungsversuche des Domkapitels zu unterbinden.⁷⁶ Die Zahl der Alumnen nahm zu, ohne dass damit monopolisierend andere Orte bereits ausgeschlossen waren; das Seminar sollte von einer Seminarkommission beaufsichtigt werden, die freilich 1790 von Törring-Jettenbachs Nachfolger, Bischof Johann Konrad von Schroffenberg (1743–1790/1803), zugunsten des Konsistoriums wieder aufgelöst wurde.⁷⁷ Kuglers Nachfolger als Regens im Seminar wurde 1788 Dr. theol. Andreas Forster, sein Subregens Georg Michael Wittmann.⁷⁸ Die Zahl der Seminaristen scheint bis 1793 auf etwa 40 angewachsen, wenn man dem Bericht des Bischofs nach Rom Vertrauen schenken kann.⁷⁹

b) »Entreißung aus den Bindungen der Welt«: Die Ära von Regens Georg Michael Wittmann

Im Hintergrund stand das Ringen um das Priesterbild und die Theologenausbildung im Zeitalter der Aufklärung. Die Alumnen im Regensburger Seminar hatten an unterschiedlichen Orten ihre Studien absolviert, an der Universität in Landshut, an den Lyzeen in München, Amberg, Regensburg oder Dillingen oder andernorts. Von dort brachten sie auch unterschiedliche Voraussetzungen mit. Wittmann war mit diesem Zustand nicht zufrieden. Die Zersplitterung der Ausbildung auf viele verschieden Orte, verbunden mit der unterschiedlichen Ausrichtung der Studien und der spirituellen Formung, sah er als Nachteil. An manchen Orten wurden die Studenten kaum auf scholastische Disputationen vorbereitet; noch mehr war Wittmann mit der (in seinen Augen) mangelhaften Einübung ins

---

75 Ders., Principia Practica de vita exemplari: Praedicatione verbi, et administratione sacramentorum ivnioribvs clericis usui futura, Amberg 1788.
76 Hausberger, Regensburger Bischöfe (wie Anm. 49) S. 307–309; Freitag, Max Propkop (wie Anm. 18) S. 163–165.

77 Freitag, Max Propkop (wie Anm. 18), S. 165.
78 Hausberger, Regensburger Bischöfe (wie Anm. 49), S. 310.
79 Ebd., S. 348f.

Breviergebet und liturgische Handlungen unzufrieden.[80] Besonders den Einfluss von Landshut und München betrachtete er kritisch. Wittmann wollte solche Mängel in der anschließenden Seminarzeit ausgleichen. Alle Alumnen sollten deshalb mindestens 10 Monate im Seminar bleiben, damit sie von dort eine grundlegende Prägung für ihr späteres Wirken als Priester mitbekämen: »Im vorigen Zustande mußte man die Kandidaten zu Priestern weihen, ohne daß man sie näher gekennt, oder nur auf einige Zeit den Gefahren ihres jugendlichen Leichtsinnes entrissen hätte.« Man hatte nur die Zeugnisse ihrer Lehrer, die sich aber doch nur auf die Studien und das äußere Betragen, nicht aber auf deren inneres Leben bezogen. Wittmann wollte auch »ihr Essen und Trinken, ihr Spielen und Zürnen, ihre Munterkeit und Niedergeschlagenheit u. s. w.« prüfen.[81] Die Kandidaten mussten zehn Monate von den Bindungen und Verstrickungen mit der Welt entrissen und ihr Leben innerlich und äußerlich geordnet werden. Es müsse ein Gegengewicht gegen das Gift und den Unglauben der Aufklärung geschaffen werden, die seit rund 20 Jahren sich auch in Bayern immer mehr ausbreite.[82] Erster und wichtigster Grundsatz der Seminarausbildung war für Wittmann deshalb: »Entreissung aus dem täglichen Umgange mit verdorbenen oder weltlich gesinnten Menschen.«[83]

Die strenge Askese, Verkirchlichung und bürokratische Kontrolle in Wittmanns Seminar wurde von betroffenen Seminaristen als schwere Last empfunden. Diese beschwerten sich alle zusammen bei ihrem Diözesanbischof, Erzbischof Carl Theodor von Dalberg (1744–1817). Dieser ließ eine Visitation des Seminars durchführen, bei der er versicherte, dass jeder frei seine Meinung und seine Beschwernisse mitteilen dürfe, ohne dass er Sanktionen zu befürchten habe. Aus den Aussagen der Alumnen wird klar, dass die strenge Kontrolle (so wurden alle Briefe von der Seminarleitung geöffnet), das Begünstigen anonymer Denunziationen, die als willkürlich empfundene Zwangsaskese durch schlechte Kost, die Zerstückelung des Tages durch ständig neue Andachtsübungen, das enorme Pensum an Gebeten und Vorträgen, sogar an Sonntagen, auf Ablehnung stieß. Zwar wurde Regens Wittmann, der als unpraktisch und mystisch-versponnen galt, weniger kritisiert als Subregens Johann Nepomuk Ring, der faktisch die Kontrollaufsicht durchführte und das Frömmigkeitspensum mit künstlichen Einteilungen und einer schrägen Systematik unterrichtete. Doch auch bei Wittmann bemängelten Seminaristen eine »eisige Kälte«.[84] Zwar erbat Wittmann daraufhin, um das Verhältnis von Seminarvorstandschaft und Alumnen zu verbessern, einen weiteren Präfekten,

---

80 Georg SCHWAIGER, Die altbayerischen Bistümer Freising, Passau und Regensburg zwischen Säkularisation und Konkordat (1805—1817) (MThS. Hist. Abt. 13), München 1959, S. 319.
81 Georg Michael WITTMANN, Nachrichten vom Geistlichen Seminarium zu Regensburg, Nürnberg 1803, S. 39 f.
82 Ebd., S. 40–43.
83 Ebd., S. 44. – Zu Wittmanns Priesterideal siehe:

Georg SCHWAGER/Matthias WALDMANN (Hg.), Faszinierendes Priestertum. Eine Sammlung geistlicher Werke des Bischofs Georg Michael Wittmann, Heimbach/Eifel 2016. Darin v.a. Wittmanns Exerzitienvorträge, aber auch seine Abhandlung über den Nutzen des Breviergebets für Priester.
84 SCHWAIGER, Die altbayerischen Bistümer (wie Anm. 80), S. 311–318.

zumal er selbst ja gleichzeitig die Leitung der Dompfarrei St. Ulrich innehabe. Dass eine wirkliche Besserung nicht sofort eingetreten war, zeigte die Beschwerde der Seminaristen von 1806, dass Wittmann das Getränk zum Essen aus asketischem Eifer abgeschafft habe.[85]

Die Seminaridee Wittmanns war gegen die Aufklärung gerichtet und wollte ein Gegengewicht schaffen in Bezug auf strenge Kirchlichkeit und Gehorsam gegen Papst und Bischof, in Bezug auf asketische Übung und Abtötung und schließlich in Bezug auf Absonderung von der Welt, eigener Kleidung und einer bußfertigen Lebensweise im Kontrast zur Welt außerhalb des Seminars.[86] Zugleich war diese Seminarkonzeption aber ein Kind der Aufklärung: Uniformierung, schriftliche Ordnungen, strenges Reglement und Kontrolle und schriftliches Gutachten- und Aktenwesen sind Elemente der Generalseminare der Aufklärung, v.a. des Josephinismus, die hier übernommen, aber verkirchlicht und inhaltlich gegen die Aufklärung gewendet wurden.[87] Die Seminaridee des 19. Jahrhunderts wollte immunisieren und ein Gegengewicht schaffen gegen die moderne Welt, die als negativ bewertet wurde. Sie hat aber letztlich die »innere Struktur« der josephinischen Generalseminare übernommen.[88] Diesem verkirchlichten Generalseminar der Aufklärung sollte die Zukunft gehören.

Wittmann zielte bereits darauf, möglichst alle Alumnen möglichst lange spirituell und aszetisch prägen zu können.[89] Die finanziellen Möglichkeiten und die räumliche Enge bedingten jedoch, dass nur die Zeit von zehn Monaten im Seminar verlangt werden konnte. Dazu kamen widrige Umstände: Am 23. April 1809 ging im Gefolge des Beschusses im Krieg zwischen Frankreich und Österreich das Priesterseminar mit seiner Bibliothek in Flammen auf. Das Seminar war mit einem Schlag heimatlos geworden; die Mehrzahl der Alumnen konnte sich eine neue Unterkunft suchen, während Wittmann mit einer kleinen Zahl von Angestellten und Alumnen notgedrungen von Erzbischof Carl Theodor von Dalberg in einigen Zimmern seiner Residenz aufgenommen wurde. Wittmann schilderte die Zerstörung und die Nöte in einer kleinen Schrift, in der er v.a. beim Klerus um Spenden warb.[90]

Es folgten verschiedene Provisorien: Mit dem Übergang Regensburgs an Bayern 1810 wurde Dalbergs Palais Sitz der bayerischen Regierung, so dass man ausziehen musste. Für zwei Jahre konnte man ins ehemalige Kloster St. Emmeram einziehen, ehe dieses an die Fürsten von Thurn und Taxis fiel. Die Dompräbende (Domschule nahe Nieder-

---

85 Bittschrift der Alumnen an Erzbischof Dalberg, 13. Juni 1806, BZAR/OA Gen. 81.
86 Gutachten für Ordinariat 1823 nach: SCHÄFER, Schottenseminar (wie Anm. 8), S. 62.
87 Ernst POPP, Die josephischen Generalseminare. Kirche und Aufklärung, Magisterarbeit Wien 2011. https://core.ac.uk/download/pdf/11598431.pdf.
88 GARHAMMER, Seminaridee (wie Anm. 7), S. 228.
89 »Freylich hat dasselbe noch viele Bedürfnisse und Unvollkommenheiten. Z. B. es wäre sehr nöthig, daß die Seminaristen wenigstens zwey Jahre lang gebildet würden. Allein die Anzahl müßte dann verdoppelt, und bis auf wenigstens 80 vermehrt werden: hiezu aber reichen die Einkünfte bey weitem nicht.« WITTMANN, Nachrichten (wie Anm. 81), S. 38.
90 Georg Michael WITTMANN, Nachricht vom Brande des erzbischöflichen Seminariums zu Regensburg den 23.ten April 1809. An mehrere meiner Dioecesan-Mitbrüder, Regensburg 1809.

münster) wurde nun zugewiesen, bot aber viel zu wenig Platz. Dem Seminar gehörte das nahe von St. Kassian gelegene Gebäude des ehemaligen Augsburger Hofes, in dem einst das »Blaue Seminar« seine Niederlassung hatte, die man aber aus Platzgründen aufgegeben und vermietet hatte, bis 1817 an den Grafen Alexander von Westerholt (1763–1827). Diesen bewegte man zum Auszug, was nach dem Tod Dalbergs mit Unterstützung der Regierung erreicht wurde.[91] Damit war allerdings lediglich Platz für rund zwölf Seminaristen, wenn diese ein Jahr blieben.[92] Wittmanns Bemühungen, eine größere, für seine Seminarkonzeption geeignetere Unterkunft zu finden, hatten dann erst 1823 Erfolg, als am 3. September 1822 die letzte Äbtissin des säkularisierten ehemaligen Damenstifts Obermünster, Maria Josepha Felicitas Freiin von Neuenstein (1739–1822) verstarb. Der Einsatz von Johann Michael Sailer als neuer Generalvikar, Weihbischof und Bischofskoadjutor bei Verhandlungen in München erreichte, dass die Gebäude dem Seminar überlassen wurden. Allerdings musste man sich diese zunächst mit einer Emeritenanstalt für Geistliche im Altersruhestand und mit einer Korrektionsanstalt für Geistliche teilen. Am Wolfgangstag (31.10.) konnte das Seminar seine neuen Räume beziehen. Sailer rief mehrmals die Geistlichen auf, für das Seminar zu spenden.[93] Eine Dotation durch die Regierung blieb aus.

c) Die Ausdehnung der Formation durch das Seminar im 19. Jahrhundert

In der Seminaridee des 19. Jahrhunderts, wie sie Wittmann bereits entfaltet hatte, lag die Tendenz zur Ausweitung: Wenn es darum ging, alle Seminaristen gegenüber der Welt zu immunisieren und abzusondern und an einen geregelten und kontrollierten Tagesablauf und die Preisgabe des Eigenwillens zu gewöhnen, dann war klar, dass ein längerer Seminaraufenthalt fruchtbringender sein musste als der bisherige, nicht einmal ein volles Jahr dauernde. Bischof Franz Xaver Schwäbl erließ deshalb am 1. Februar 1839 ein »Sendschreiben über die Wohltätigkeitswerke des kathol. Clerus und die Bedürfnisse der Clericalbildung.«[94] 1839 kamen die Gelder insoweit zusammen, dass ein zweiter Kurs eröffnet werden konnte. Damit verschärfte sich das Raumproblem, da die vielen Alumnen nun im Seminar Obermünster zu wenig Platz hatten. Schwäbls Nachfolger, Bischof Valentin Riedel, erwarb deshalb das leerstehende ehemalige Benediktinerkloster Ensdorf im Jahr 1854 und verlegte das Emeritenhaus dorthin. 1856 wurde der zweite Seminarkurs ebenfalls dorthin ausgelagert. Um die Zahl des Priesternachwuchses zu steigern, der im gesamten 19. Jahrhundert immer wieder als zu gering betrachtet wurde[95], war es wichtig, begabten Knaben aus den ländlichen Gebieten die Möglichkeit, ein Gymnasium zu be-

---

91 BZAR/OA Gen Fach 78, Klerikalseminar Gebäude.
92 Anton DÖBERL, Regens Wittmann und das Klerikalseminar in Regensburg, in: Regensburger Sonntagsblatt 36 (1929) S. 8; Gerhard B. WINKLER, Bischof Georg Michael Wittmann (1760–1833). Bischof von Regensburg. Zwischen Revolution und Restauration, Regensburg 2005, S. 72–76, S. 149–155.

93 Vgl. Joseph LIPF, Oberhirtliche Verordnungen und allgemeine Erlasse für das Bisthum Regensburg, Regensburg 1852, S. 226, (1823, Nr. 18); dann auch Bischof Franz Xaver Schwäbl 1834, ebd., S. 234 (1834, Br. 34).
94 BZAR, OA Gen. Fach 77.
95 Vgl. AMMER, Sorge (wie Anm. 66).

suchen, zu eröffnen. Dem sollten die sog. »kleinen Seminare« dienen: Bereits 1844 konnte im 1830 wiedererrichteten Kloster Metten ein bischöfliches Knabenseminar, das als Internat nicht nur auf das Abitur, sondern auch auf das Priesterseminar vorbereiten sollte, eingerichtet werden. Regens war 1841–1855 Joseph Amberger (1816–1889), ein bedeutender Pastoraltheologe, der aber bereits für Verinnerlichung und Rigorismus stand, damit das Seminar gegen die Welt wappnen könne.[96]

Dass dann Ignatius von Senestrey der Priesterausbildung nach seinen Vorstellungen – Senestrey hatte durch die Fürsprache seines geistlichen Onkels die königliche Erlaubnis erhalten, im römischen *Collegium Germanicum* studieren zu können und wollte das dort Praktizierte möglichst ohne Abstriche auch außerhalb Roms verwirklicht sehen – oberste Priorität beimaß, wurde schon dadurch deutlich, dass er mit dem Münchener Nuntius bereits zwei Tage nach seiner Bischofsweihe im Regensburger Dom am 2. Mai 1858 eine Reise nach Metten zum dortigen bischöflichen Knabenseminar unternahm.[97] Offenbar gingen seine Überlegungen zunächst dahin, ob er nicht in seinem Bistum mit der Ausbildung am Lyzeum brechen und in Metten stattdessen ein rein kirchliches »tridentinisches« Seminar (nach der Idee Theiners bzw. Reisachs) errichten sollte.[98] Am 2. Juli rief er in einem Hirtenwort die Gläubigen seiner Diözese zu Spenden für das Knabenseminar in Metten auf.[99] Freilich kam es bald zu erheblichen Spannungen: Der Bischof betrachtete die Versuche der Wiedererrichtung der Bayerischen Benediktinerkongregation als Angriff auf seine bischöfliche Jurisdiktion; 1859 führte er eine Visitation des Klosters durch.[100] Auch die Versuche aus Metten und anderen bayerischen Benediktinerklöstern, die Regensburger Schottenabtei vor seinen Plänen zu retten, konnte er nur als störend empfinden.[101]

Senestreys Bemühen ging nun dahin, die theologische Ausbildung und die Aufenthaltsdauer im Priesterseminar zu verlängern. Im Jahr 1864 stellte er den entsprechenden Antrag an den König, der am 14. April desselben Jahres seine Genehmigung hierfür erteilte.[102] Damit umfasste der theologische Teil des Studiums ab dem Studienjahr 1865/66 nun drei Jahre Theologiestudium am Lyzeum und ein Jahr pastoralpraktische Ausbildung im Seminar. Im April 1867 folgte eine Seminarvisitation durch den Bischof, in deren Anschluss er

---

96 Lipf, Oberhirtliche Verordnungen (wie Anm. 93), S. 453–455, Nr. 279 (1844, Errichtung); S. 457 f., Nr. 283 (1844, Satzung); S. 556–558, Nr. 374 (1849, Beitragsforderung an den Klerus). Zu den Anfängen vgl. Karl Hausberger, Joseph Schlicht (1832–1917). Lebensweg, Werk und Wirkung des vielgepriesenen Schilderers niederbayerischen Bauerntums, in: BGBR 51 (2017), S. 129–202, hier S. 133–138. Zu Amberger: Werner Schrüfer, Joseph Amberger (1816–1889). Regens und Pastoraltheologe. Eine biographische Ergänzung, in: BGBR 39 (2005), S. 477–486.
97 Karl Hausberger, Lyzeum – Philosophisch-Theologische Hochschule – Klerikalseminar. Ein Streifzug durch die Geschichte der Priesterausbildungsstätten in Regensburg, in: BGBR 37 (2003), S. 55–79, hier S. 77.
98 Ebd., S. 77 f.
99 Vgl. das Hirtenwort im Oberhirtlichen Verordnungs-Blatt des Bistums Regensburg (1858), S. 49–55.
100 Michael Kaufmann, *Episcopus et custos?* Bischof Ignatius von Senestrey (1858–1906) und die Benediktinerabtei Metten, in: BGBR 43 (2009), S. 257–274, hier S. 260 f.
101 Ebd., S. 261 f.
102 Wilhelm Schenz, Das erste Jahrhundert des Lyzeum Albertinum Regensburg als Kgl. Bayer. Hochschule (1810 bis 1910), Regensburg 2010, S. 94 f.

nicht nur verordnete, dass jedes Eintrittsgesuch mit Lebenslauf und Zeugnissen ihm vorgelegt werden müsse, sondern auch, dass die Mindestaufenthaltsdauer im Seminar auf zwei Jahre (spätestens mit Beginn des dritten theologischen Kurses) erhöht werde.[103] Der philosophische Teil des Studiums sei überfrachtet, so dass sich der Regens um eine Reduzierung bemühen solle[104]. Die Tendenz ging auf Ausdehnung und umfassende Lebensformung im Seminar. 1908, nach dem Tod Senestreys, ordnete der Generalvikar an, dass Absolventen der Knabenseminare sofort und die übrigen spätestens nach dem Philosophicum ins Seminar einzutreten hatten.[105]

In die Zeit des Konzils fiel auch der Entschluss Senestreys, seine Seminaristen vom Herzoglichen Georgianum in München und vom Studium an der dortigen Universität abzuziehen. Im Hintergrund stand nicht nur das allgemeine Misstrauen des Bischofs gegen die Universitätstheologie und die Ausbildung an einer Universität. Das Georgianum wurde im 19. Jahrhundert von den (Erz-)Diözesen München-Freising, Passau, Augsburg, Regensburg und Speyer beschickt. Während in den vier erstgenannten Bistümern daneben Lyzeen und eigene Seminare bestanden, so dass de facto jeweils der begabtere Teil nach München an die Universität geschickt wurde, gab es in Speyer kein Lyzeum und kein Seminar, so dass das Georgianum letzteres faktisch ersetze. Seit den 1860er Jahren stieß die lange Zeit auch in kirchlich-konservativen Kreisen hochangesehene Münchener theologische Fakultät auf Misstrauen von Seiten der ultramontanen kirchlichen Rechten. Wichtigster Grund war die zunehmende Entfremdung des dortigen berühmten Kirchenhistorikers Ignaz von Döllinger (1799–1890) vom römischen Papsttum. Seine Odeonsvorträge von 1861, in denen er den Fortbestand von Papsttum und Kirche auch ohne päpstlichen Kirchenstaat für möglich und letztlich den Verzicht auf diesen für unumgehbar hielt, war der erste Stein des Anstoßes, den er zunehmend auf strengkirchlicher Seite erregte.[106] Es kam dann die Münchener Gelehrtenversammlung in St. Bonifaz von 1863 und Döllingers Eröffnungsrede dazu, bei der er Freiheit der theologischen Schulen jenseits des Bereichs des eigentlichen, geoffenbarten Dogmas forderte, da nur gestützt auf solche Freiheit theologischer Fortschritt möglich sei.[107] Diese These, dazu seine despektierlichen Äußerungen über die mittelalterliche Scholastik, die manche wieder aufleben lassen wollten, war Anlass der negativen Berichterstattung des Münchener Nuntius und in der Folge eines päpstlichen Breves an den Münchener Erz-

---

[103] Jedenfalls, wenn die Kandidaten nicht schon das bischöfliche Knabenseminar durchlaufen haben. »Die reguläre Aufnahme in das Klerikalseminar für jene Kandidaten, welche nicht aus dem b. Knabenseminar kommen, findet in Zukunft mit Beginn des III. theologischen Kurses statt, so daß jeder Kandidat wenigstes die beiden letzten Jahre seines Studiums im Seminar zubringen muß.« Verordnung des Bischofs nach der Seminarvisitation vom 12./13. April, 2. Mai 1867, OA Gen. 876.
[104] Ebd.
[105] Markus BRUNNER, Statuta seminariorum clericoum. Die Organisationsformen der bayerischen Priesterseminare in ihrer rechtsgeschichtlichen Entwicklung (MThS. Kan. Abt. 60), St. Ottilien 2005, S. 254.
[106] Franz Xaver BISCHOF, Theologie und Geschichte. Ignaz von Döllinger (1799–1890) in der zweiten Hälfte seines Lebens (MKHS 9), Stuttgart-Berlin-Köln 1997, S. 53–61.
[107] Franz Xaver BISCHOF/Georg ESSEN (Hg.), Theologie, kirchliches Lehramt und öffentliche Meinung. Die Münchener Gelehrtenversammlung von 1863 und ihre Folgen (MKHS. NF 1), Stuttgart 2015.

bischof mit dem Titel *Tuas libenter*, in dem erklärt wurde, die Theologie müsse nicht nur gegen die Dogmen des feierlichen Lehramts (*magisterium extraordinarium*) gehorsam sein, sondern auch gegenüber der alltäglichen Lehre der Päpste und ihrer kurialen Kongregationen (*magisterium ordinarium*).[108] Als weiterer Grund des Argwohns gegenüber einem Studium in München kam die philosophische Fakultät dazu, wo Vorlesungen von Professoren zu hören waren, deren Kirchlichkeit dem Bischof suspekt war. In besonderem Maße galt das für Jakob Frohschammer (1821–1893), der als Regensburger Priester an die philosophische Fakultät gewechselt war und die verengte Position an der Kurie unter Papst Pius IX. zu spüren bekam, da er philosophisch vertreten hatte, dass die Seele des Menschen durch die Eltern weitergegeben werde und es nicht jeweils zu einer Neuerschaffung derselben durch Gott kommen müsse.[109] Als er den Widerruf dieser Thesen verweigerte und sich auf die wissenschaftliche und philosophische Freiheit berief, wurde er suspendiert und exkommuniziert.[110] Bereits während des laufenden (9. März 1870) Vatikanischen Konzils, bei dem Senestrey als glühender Propagator der Lehre von der Unfehlbarkeit des Papstes hervortrat, während Döllinger als der Kristallisationspunkt der wissenschaftlichen Opposition gegen diese Lehre galt, entschloss sich der Bischof deshalb, das Studium in München allen seinen Seminaristen zu verbieten; sieben Alumnen mussten nach Regensburg zurückkehren.[111]

Zeichen des theologischen Gegenkurses gegen die deutsche Universitätstheologie war schließlich noch ein weiterer Schritt: Im Oktober 1865 berief der Bischof Jesuitenpatres nach Regensburg, zunächst zu einer Jesuitenmission, parallel zur Feier der Seligsprechung des Petrus Canisius (1521–1597); dann sollten sie – offiziell zur Seelsorgsaushilfe, in Wahrheit aber mit dem Ziel, sie in der Priesterausbildung einzusetzen – bleiben und in das ehemalige Schottenkloster St. Jakob ziehen. Zwei von ihnen waren im Seminar tätig.[112] Auch hier mag das Germanicum in Rom, das von Jesuiten geleitet wurde und dessen Seminaristen an der Jesuitenhochschule *Collegium Romanum* studierten, Vorbild gewesen sein. Ludwig I. und die bayerische Regierung hatten jedoch in Bayern die Wiederansiedlung des strikt restaurativen, aufklärungsfeindlichen Ordens bislang verhindert. So ist es nicht verwunderlich, dass in der liberalen Presse gegen Senestreys Pläne sofort eine empörte Polemik einsetzte. 1866 kam es zu einem regierungsamtlichen Verbot der Errichtung eines Jesuitenkonvikts und aller

---

108 Klaus Unterburger, Vom Lehramt der Theologen zum Lehramt der Päpste? Pius XI., die Apostolische Konstitution »Deus scientiarum Dominus« und die Reform der Universitätstheologie, Freiburg i. Br. 2010, S. 194–197.
109 Elke Pahud de Mortanges, Philosophie und Autorität. Der Fall Jakob Frohschammer vor der römischen Indexkongregation (1855–1864) (Römische Inquisition und Indexkongregation 4), Paderborn u.a. 2005.
110 Raimund Lachner, Jakob Frohschammer (1821–1893). Leben und Werk (Studien zur Theologie und Geschichte 5) St. Ottilien 1990, S. 42–64.
111 Andreas Schmid, Geschichte des Georgianums in München. Festschrift zum 400jährigen Jubiläum, Regensburg 1894, S. 310–312; Georg Schwaiger, Das Herzogliche Georgianum in Ingolstadt, Landshut, München 1494–1994, Regensburg 1994, S. 151, vgl. auch ebd. S. 170.
112 Klaus Schatz, Geschichte der deutschen Jesuiten (1814–1893). I: 1814–1872, Münster 2013, S. 192.

»einseitige[n] Verwendung von Jesuiten in der Seelsorge«. Die Patres sollten deshalb einzeln dezentral eine Wohnung nehmen.[113] Konnte der Bischof somit das Seminar selbst nicht gänzlich dem Orden anvertrauen, so versuchte er doch auf andere Weise, seinem Ideal möglichst nahe zu kommen. Ein wichtiges Kriterium bei der Bestellung der Seminarleitung und der Ausgestaltung der Seminarordnung musste es deshalb für ihn sein, sich am jesuitisch-römischen Modell zu orientieren und Jesuitenschüler oder Geistesverwandte als Regens, Subregens und Spiritual einzusetzen.

3. Senestreys Seminarkonzeption: Höhe- und Wendepunkt der Regensburger Seminargeschichte

Mit dem Bezug der Gebäude des säkularisierten, ehemaligen Schottenklosters hatte Senestrey die räumlichen Bedingungen geschaffen, seine Idee eines Priesterseminars, dem für ihn eine einzigartige Bedeutung zukam, vollumfänglich zu realisieren. In seinem streng hierarchischen Kirchenbild waren die Priester die entscheidenden Heilsmittler. Eine große Zahl zu weihen, die von Beginn an so erzogen wurden, dass sie spirituell im Übernatürlichen verankert waren, nicht vom Unglauben und dem praktischen Materialismus der modernen Welt berührt, asketisch geformt, theologisch rechtgläubig erzogen und bedingungslos ihrem Bischof und damit Rom gehorsam, war das Ziel. Damit sollte das Seminar a) exklusiv sein, also möglichst der einzige Ausbildungsort für seinen Klerus; b) extensiv das gesamte Studium umfassen und dabei aufruhend auf Knabenseminaren, die auf das Studium vorbereiteten; c) intensiv tiefgehend ein Einübungsort für Spiritualität und Askese sein, damit ein derartiger übernatürlicher Habitus geschaffen würde, der ein Leben lang als Panzer gegen die Versuchungen der Welt fungieren könnte. Schließlich musste für eine große Zahl der Seminaristen gesorgt werden, wozu außer dem Gebet um Berufungen vor allem die Knabenseminare, die dem Nachwuchs aus ländlichen Gebieten das Studium ermöglichen sollten, die wichtigsten Bausteine waren. Die Armen Franziskanerinnen (Mallersdorfer Schwestern) – die 1869 erfolgte Umsiedlung des Mutterhauses nach Mallersdorf hatte Senestrey aktiv betrieben – sollten dies als sein, d. h. als der Regensburger, Schwesternorden, unterstützen. Seit 1860 wirkten sie in Küche und Haushalt des Seminars.[114]

a) Die Leitung des neuen Priesterseminars

Entscheidend für die Pläne des Bischofs war natürlich die Seminarleitung. Das Jesuitengesetz aus dem Jahr 1872 verbot den Orden auf dem Gebiet des Deutschen Reichs; Pläne, den Jesuiten die Priesterausbildung zu übergeben, zerschlugen sich so. Die Regenten, denen er die Seminarleitung anvertraute, waren deshalb immer idealerweise selbst wie er im rö-

---

113 Ebd., S. 193 f.
114 Was die Schwestern als »besonders ehrenvolle« Aufgabe betrachteten. Ludwig SCHRANZ, Die Kongregation der Armen Franziskanerinnen von Mallersdorf (1855–1925), Regensburg 1925, S. 151 f.

mischen *Collegium Germanicum* von der Gesellschaft Jesu erzogen worden; Anton Seitz (1822–1897) stammte aus Bamberg und war einige Jahre nach Senestrey zum Studium nach Rom geschickt worden, von woher sich beide noch kannten.[115] Nach einigen Seelsorgsstationen wurde er 1853 Präfekt am Schullehrerseminar in Bamberg, ehe es Senestrey 1858 bei seinem Amtsantritt gelang, ihn als Professor für Moral und Pädagogik ans Regensburger Lyzeum berufen zu lassen.[116] 1864 ernannte ihn der Bischof zum Regens; er hatte ihn auch für das Domkapitel nominiert, was Seitz 1865 ausschlug. Die Regierung, die die Übernahme der Regentur durch den staatlichen Lyzealprofessor genehmigen musste, sprach diese Erlaubnis nur auf Zeit aus. Als das Seminar nach St. Jakob umzog, wurde diese nicht mehr verlängert, so dass Seitz auf die Regentenstelle verzichten musste. Als der Bischof sich beim König für seinen Regens verwandte, riet man bei der Regensburger Regierung dem Kultusministerium gegenüber entschieden davon ab: der in Rom promovierte Seitz sei nur deswegen zum Regens berufen worden, weil er »als der Befähigtste galt, die Erziehung und Heranbildung des Clerus im Sinne und nach den Intentionen des Herrn Bischofes von Regensburg zu leiten«; aus seiner Schule seien inzwischen jene jungen Kleriker hervorgegangen, »die sich vor allen ihren Vorgängern durch Ueberhebung und Vorliebe zur Agitation auszeichnen«.[117]

Seitz lehrte noch bis 1895 am Lyzeum: sein Nachfolger als Regens wurde erneut ein Germaniker, Bartholomäus Enders (1816–1894), den die Regierung ebenfalls der extremsten ultramontanen Richtung zurechnete.[118] Enders stammt aus Pfreimd; seine Mutter war eine Nichte Georg Michael Wittmanns. Nach dem Gymnasium in Regensburg konnte er zusammen mit Senestrey 1835–1842 in Rom am Germanicum studieren. Die Lyzealprofessur für Dogmatik in Amberg, auf die er sich nach kurzer Seelsorgstätigkeit in Regenstauf bewarb, wurde von der Regierung verweigert, da die römischen Studien den deutschen nicht gleichwertig seien.[119] Nachdem er auf einer Hauslehrerstelle in Regensburg das bayerische Staatskirchenrecht am Lyzeum nachholen konnte, war seine zweite Bewerbung nach Amberg erfolgreicher. 1851 erhielt er die dort erstrebte Dogmatikprofessur; bald kam auch Pädagogik als Unterrichtsfach noch hinzu. In den 1860er Jahren zeichnete sich die Aufhebung des Amberger Lyzeums ab. 1860 wurde ihm die Pfarrei Ensdorf übertragen, verbunden mit der Direktorenstelle für das dortigen Priesterhaus. Dort sollten Geistliche, die sich irgendwelcher Vergehen schuldig gemacht hatten, wieder zum rechten Weg finden. Trotz der Bedenken der Regierung ernannte ihn Bischof Senestrey zum 1. August 1873 als Regens des Priesterseminars in Regensburg. Er galt als »ernster stiller Mann«, der seine Urlaubstage in der Ein-

---

115 Schäfer, Schottenseminar (wie Anm. 8), S. 81.
116 Schenz, Jahrhundert (wie Anm. 102), S. 298.
117 Paul Mai, Ignatius von Senestrey, Ein umstrittener Bischof von Regensburg. Gedanken zu seinem 100. Todestag, in: VHVO 146 (2006), S. 145–154, hier S. 149.
118 »Die Regierung rechnete ihn zu den extremsten Ultramontanen und bedauerte deswegen diese Personalentscheidung des Bischofs tief.« Ebd.
119 Georg Blössner, Erinnerungen aus dem Regensburger Klerikal-Seminar St. Jakob 1879–1884, Regensburg 1934, S. 14 f.

siedelei Frauenbrünnl bei Bad Abbach verbrachte, der den Umgang mit Gästen mied und sich oft bis zum nächsten Morgen entzog. Das Seminar leitete er bis 1888.[120] Während seiner Zeit als Regens studierten zahlreiche Alumnen aus preußischen Diözesen oder aus dem Erzbistum Freiburg in Regensburg, da der Kulturkampf ihnen ein Studium in ihrer Heimat unmöglich machte.

Die Regenten hatten die Aufgabe, das Regensburger Seminar nach dem Vorbild des Römischen Germanicums zu leiten. Daneben unterrichteten sie Pastoraltheologie für den letzten, auf die pastorale Praxis vorbereitenden theologischen Kurs. Unterricht erteilten auch die Subregenten (in Liturgie) und mitunter (als Repetitoren) auch die Präfekten. Für die profilierte, gegen die deutsche Theologie gerichtete Ausrichtung des Regensburger Seminars unter Senestrey ist es charakteristisch, dass mit Michael Gloßner (1837–1909) und Ernst Commer (1847–1928) zwei führende Vertreter eines rigorosen Neuthomismus Anstellung fanden. Dieser grenzte sich bewusst vom Philosophischen Jahrbuch der Görres-Gesellschaft, das sich auch für die neuzeitliche Philosophie offen zeigte, und auch von den Jesuiten, denen man eine »molinistische Verfälschung« des Thomismus vorwarf, ab. Gloßner war nach seinem Studium in Eichstätt und einer kurzen Zeit in der Seelsorge an das Priesterseminar in Saratow an der Wolga als Dozent gewechselt.[121] 1877 wurde er als Subregens nach Regensburg berufen. Dort unterrichtete er Philosophie und sollte ein Gegenprogramm entwickeln, nachdem der Philosoph am Lyzeum Lorenz Kastner (1833–1919) sich zur Philosophie Martin Deutingers (1815–1864) bekannte und damit zur Senestrey verhassten Universität München und überhaupt zu einer positiven Rezeption der neuzeitlichen Philosophie. In seiner Regensburger Zeit hatte Gloßner das *Jahrbuch für spekulative Philosophie* gegründet, eine streng thomistisch orientierte Zeitschrift, die er bis zu seinem Tod prägte und die ab 1914 dann *Divus Thomas* heißen sollte.[122] In späteren Jahren war er auch über Bischofs Senestrey enttäuscht, der zu wenig Interesse zeige, dass er eine Professur in Regensburg erhalte und sich lieber mit »nicht zu hoch« vortragenden Pragmatikern zufrieden gebe.[123] Die zweite Persönlichkeit hinter diesem »Organ für die Schule des hl. Thomas« war Commer, der nach einem Jurastudium sich zum Studium der Theologie entschloss, dann aber von der Theologie seiner Gegenwart unbefriedigt sich einem strengen Thomismus zuwandte. Commer unterrichtete 1875/76 als Repetitor im Regensburger Seminar und wurde dann 1888 Professor für Fundamentaltheologie in Breslau und 1900 Professor für Dogmatik in Wien. Er gehörte zu den überzeugten Mitarbeitern und Denunzianten von Umberto Benignis (1862–1934) antimodernistischem Spionagenetzwerk *Sodalitium Pianum*.[124]

---

120 Ebd., S. 18f.
121 Ebd., S. 29–33.
122 Otto Weiss, Modernismus und Antimodernismus im Dominikanerorden. Zugleich ein Beitrag zum »Sodalitium Pianum« (Quellen und Studien zur neueren Theologiegeschichte 2), Regensburg 1998, S. 56–59.
123 Michael Gloßner an Ernst Commer, [ca. 14. November 1892], in: Michael Buschkühl (Hg.), Michael Glossner und die Theologie seiner Zeit. Briefwechsel Michael Glossner – Ernst Commer. Ausstellungskatalog und Dokumentation (Schriften der Universitätsbibliothek Eichstätt 19), Eichstätt 1992, S. 110–112, hier S. 111.
124 Weiss, Modernismus (wie Anm. 122), S. 53–110.

Die markanteste Reform des Regensburger Seminars unter Senestrey war aber die Einführung des Amtes eines Spirituals – ein Amt, das aus dem jesuitischen Ausbildungssystem übernommen wurde.[125] Tatsächlich entstammten die ersten Spirituale alle aus dem Jesuitenorden, den der Bischof in Regensburg wieder ansiedeln wollte.[126] Als das Jesuitengesetz dies unmöglich machte, berief er eine der kämpferischsten und zugleich schillerndsten Gestalten des extremen Ultramontanismus als Spiritual nach Regensburg, Joseph Mast (1818–1893). Dieser stammte aus Ellwangen und war nach seinem Theologiestudium in Tübingen (1836–1840) Vikar in Schwäbisch Gmünd und Mergentheim, dann Repetent am Rottenburger Priesterseminar geworden, wo er zum Subregens und ab 1848 zum Regens aufstieg. Dort zielte er darauf, den Klerus mittels Exerzitien und Andachtsübungen zu kirchlicher Gesinnung und zu einem Leben der Betrachtung, aber auch zu bedingungslosem Gehorsam zu erziehen.[127] Seit seiner Vikarszeit hatte er sich mit anderen (»Donzdorfer Fakultät«) immer mehr radikalisiert und wurde zum Gegner der Tübinger theologischen Fakultät und des dortigen Theologenkonvikts und zum Denunzianten bei der Münchener Nuntiatur. Immer mehr entwickelte er sich auch zum Gegner seines Bischofs Joseph Lipp (1795–1869, seit 1848 Bischof von Rottenburg), der ihn zum Regens ernannt hatte.

Ein Teil der Württemberger Ultramontanen trat nach der Revolution 1848 bei den Redemptoristen in Altötting ein, so Carl Erhard Schmöger (1819–1893), der Masts Beichtvater wurde.[128] Beide betrieben Kirchenpolitik, wobei Schmöger der Seelenführer der Stigmatisierten Louise Beck (1822–1879) wurde, die als Medium wiederum den himmlischen Willen jenen in der »höheren Leitung« darlegte, die sich ihr bedingungslos anvertrauten. Und dies taten führende bayerische Kleriker der ultramontanen Richtung, vor allem der Münchener Generalvikar Friedrich Windischmann (1811–1861), der auf diese Weise hoffte, durch himmlisches Eingreifen seine Schulden loswerden zu können, die er eingehen musste, da er wegen sexueller Verfehlungen von jungen Männern erpresst wurde.[129] Ein weiteres Kind der Mutter war der Münchener Erzbischof, dann ab 1855 Kurienkardinal Karl August von Reisach.[130] Mast agierte nicht nur gegen die Tübinger Professoren und zielte nach dem Vorbild Reisachs (in Eichstätt) auf ein rein tridentinisches Seminar, er beschuldigte auch seinen Bischof beim Nuntius schwer, der der Regierung der Diözese nicht mehr gewachsen sei und einen Koadjutor benötige. Als die Sache in die Presse kam und er vom Ordinariat zu einer eidesstattlichen Erklärung aufgefordert wurde, so dass Ausflüchte nicht mehr griffen, wurde er seines Amtes enthoben.[131] Trotz seiner auf bedingungslosen

---

125 Vgl. etwa das Protokoll der Freisinger Regentenkonferenz vom 26. März 1913, wo über die Einführung des in Regensburg längst eingeführten Amtes debattiert wurde, BZAR, Priesterseminar 263.
126 SCHÄFER, Schottenseminar (wie Anm. 8), S. 120 f.
127 August HAGEN, Joseph Mast, in: Ders., Gestalten aus dem Schwäbischen Katholizismus. II, Stuttgart 1950, S. 133–188, hier S. 148–154.

128 Otto WEISS, Die Redemptoristen in Bayern (1790–1909). Ein Beitrag zur Geschichte des Ultramontanismus (MThS. Hist. Abt. 22), St. Ottilien 1983, S. 451–524.
129 Ebd., S. 833–871.
130 Ebd., S. 847–858, S. 871–885.
131 Zum Ganzen: Hubert WOLF, Intrige und Mystizismus: Die Rottenburger Wirren, in: Andreas HOLZEM/Wolfgang ZIMMERMANN (Hg.), Geschichte der Diözese

Gehorsam zielenden Erziehungsgrundsätze weigerte er sich nun, die Pfarrei Stockheim zu übernehmen und wechselte zu Kardinal Reisach nach Rom, zu dem er längst einen intensiven Briefwechsel unterhalten und den er immer wieder mit Informationen aus der Diözese versorgt hatte.[132] Diesen begleitete er in seiner letzten Krankheit ins Redemptoristenkloster Contamine sur-Avre in Savoyen; da Reisach in den letzten Lebensjahren sich der »höheren Leitung« Louise Becks bzw. Schmögers skeptisch gegenüber gezeigt und auch in seinen letzten Tagen sich weigerte, als Gegenmittel gegen seine Krankheit sich ihr total anzuvertrauen und eine Erklärung für die Echtheit ihrer mystischen Phänomene abzugeben, fürchtete Mast um das Seelenheil des Kardinals, der seiner Meinung nach auf lange Zeit im Fegfeuer nun werde büßen müssen.[133]

Nach dem Tod des Kardinals fehlte Mast die Unterstützung, zumal er mit seinem Heimatbistum völlig zerfallen war. Dass er seine letzte Lebensphase nicht als Hausgeistlicher irgendwo verbringen musste, verdankte er nun Bischof Senestrey von Regensburg, der ihn als Spiritual ins Regensburger Seminar holte. Senestrey begab sich im Juli 1872, vielleicht auf Empfehlung Masts, zu Louise Beck nach Gars am Inn; dort vertraute er sich der »Mutter« und ihrer »höheren Leitung« an. Auch er wurde erpresst und hoffte, dies durch ein Eingreifen der Übernatur stoppen zu können, wenn er sich nur in totalem Gehorsam der Mutter und damit den Redemptoristen anvertraute.[134] Eine erste Frucht dieser Hinwendung war es, dass die Redemptoristen, deren Verhältnis zum Bischof vorher nicht konfliktfrei war, nun in hoher Gunst standen. Im Seminar hielten Patres dieses Ordens nun immer wieder geistliche Übungen ab. Da die Redemptoristen ihren Mitbruder Klemens Maria Hofbauer (1751–1820) zur Ehre der Altäre erheben wollten und da hierfür die Denunziationen, mit denen dieser den Theologen und vormaligen Regensburger Bischof Johann Michael Sailer (1751–1832) belegt hatte, hinderlich schienen, beauftragten die »höhere Leitung« und die dahinterstehenden Redemptoristen Senestrey, seinen Vorgänger Sailer wegen Häresie in Rom anzuzeigen und für dessen Verurteilung zu sorgen. Hofbauers Anschuldigungen sollten einem gefährlichen Ketzer und keinem hochangesehenen Theologen und Bischof gegolten haben.[135] Zum Beichtvater wählte sich Bischof Senestrey in dieser Zeit den Spiritual Joseph Mast.[136] »Im Seminar führte« dieser »ein wahrhaft geistliches Leben. Er hatte eine Vorliebe für Novenen, Gelübde, Kreuzweg, Reliquien, Medaillen, Lourdeswasser und Walburgisöl und wandte es in seinen Krankheiten an. Die Ferien benutzte er, um eine Wallfahrt zu machen.«[137] Er studierte in dieser Zeit vor allem das Werk der Maria von Agreda (1602–1665), *Mistica Ciudad de Dios,* und regte erfolgreich eine Neuausgabe durch die Redemptoristen an.[138] Das Werk beanspruchte, die Nieder-

---

Rottenburg-Stuttgart. I: Christentum im Südwesten vor 1800. Das 19. Jahrhundert, Ostfildern 2019, S. 575–589.
132 HAGEN, Mast (wie Anm. 127), S. 166–170.
133 Ebd.
134 WEISS, Redemptoristen (wie Anm. 128), S. 886–906.

135 Hubert WOLF, Johann Michael Sailer. Das posthume Inquisitionsverfahren (Römische Inquisition und Indexkongregation 2), Paderborn u.a. 2002.
136 HAGEN, Mast (wie Anm. 127), S. 174.
137 Ebd.
138 Ebd., S. 175 f.

schrift der Visionen Marias und ein Diktat der Gottesmutter zu sein und war schon im 17. und frühen 18. Jahrhundert hoch umstritten. Es stand mehrmals für kürzere Zeit auf dem Index der verbotenen Bücher.[139] 1888 gab Mast die Stelle als Spiritual auf, erhielt ein Benefizium in München St. Peter, lebte aber zunächst weiter in Regensburg[140]; in Regensburg wurden wieder Jesuiten als Spirituale verwendet, was Mast ablehnte. Das Seminar werde jetzt zu seinem Bedauern nach Innsbrucker Vorbild, mithin wohl gemäß der nüchterneren Spiritualität der Jesuiten, umgestaltet.[141]

b) Die Haus- und Lebensordnung im Seminar des 19. Jahrhunderts und das Priesterbild von Bischof Senestrey

Den Grundstock der Haus- und Lebensordnung im Regensburger Seminar bildeten die *Regulae*, die 1787 von Regens Georg Kugler entworfen wurden.[142] Sie wurden 1833 unter Bischof Schwäbl wörtlich neu gedruckt.[143] Sie sind aufgebaut in die großen Abschnitte: Pflichten gegen Gott, Pflichten gegen den Nächsten, Pflichten gegen sich selbst, Disziplin des Hauses, Vorschriften in Bezug auf Essen und Trinken, Vorschriften in Bezug auf das Studium und schließlich Regelungen des Tagesablaufs, unterschieden in Sonn- und Festtage, Werktage mit Studium und Ferientage. Am Ende folgten noch Regeln für den Regens, der für die Einhaltung der Normen verantwortlich war und ein Vorbild geben sollte. Die Weckzeit sollte täglich um 5 Uhr sein; kniend sollte um 5.30 Uhr jeder eine halbstündige Betrachtung halten und dessen Früchte schriftlich festhalten: als Lektüre sollte die Nachfolge Christi des Thomas von Kempen dienen. Danach sollte Studium bis 7 Uhr oder 7.30 Uhr folgen, ehe die Messe gehört werden sollte.[144] Mittags sollte um 10.45 Uhr Gewissenserforschung gehalten und um 11 Uhr das Mittagessen eingenommen werden. Dann sollte von 12 bis 13 Uhr Vesper und Komplet gesungen und dann noch privat das sog. marianische Brevier gebetet werden. Rekreationszeit war von 16 Uhr bis 16.30 Uhr. Nach einer Zeit des Studiums sollten von 18 Uhr bis 18.30 Uhr die Matutin und die Laudes für den nächsten Tag gebetet werden, anschließend fand das Abendessen statt. Der Tag schloss mit dem Rosenkranz um 20 Uhr, den Punkten für die Betrachtung am nächsten Morgen und der Gewissenserforschung. Ab 20.45 Uhr war Bettruhe.[145] Zu dieser Form von Seminarausbildung gehörte auch, dass man nur mit Erlaubnis

---

139 »Von den zahlreichen Offenbarungen, welche Klosterfrauen erhalten haben wollen, haben keine die Römischen Behörden so viel beschäftigt wie die der Maria von Agreda †1665. Ihre zuerst 1670 gedruckte »mystische Stadt Gottes« wurde 1681 von der Inquisition verboten, das Verbot aber von Innozenz XI. dem spanischen Hof zu gefallen suspendirt. Seitdem wurde bis zum Ende des 18. Jahrhunderts wiederholt darüber verhandelt. Das Urtheil der Inquisition ist aber weder förmlich publicirt, noch aufgehoben worden, und es liesse sich darüber streiten, ob das Buch der Agreda zu den verbotenen Büchern gehört oder nicht, wenn es nicht, – abgesehen davon, dass es nicht im Index steht, – in vielen Ausgaben mit Gutheissung der kirchlichen Behörden verbreitet wäre.« Franz Heinrich REUSCH, Der Index der verbotenen Bücher. Ein Beitrag zur Kirchen- und Literaturgeschichte. Bd. II/1, Bonn 1885, S. 252 f.
140 Michael Commer an Ernst Glossner, 9. Januar 1892, in: BUSCHKÜHL, Glossner (wie Anm. 123), S. 103 f.
141 HAGEN, Mast (wie Anm. 127), S. 176 f.
142 Regulae Episcopalis Seminarii ad S. Wolfgangum Ratisbonae, Regensburg 1787.
143 Regulae Episcopalis Seminarii ad S. Wolfgangum Ratisbonae, Regensburg ²1833.
144 Regulae 1787 (wie Anm. 142), S. 33 f.
145 Ebd. S. 34–36.

des Oberen und mit einem Begleiter das Haus verlassen und bei den Rekreationen keine Glücksspiele oder ähnliches spielen durfte, die den Körper nicht stärkten und den Geist nur ermüdeten.[146] Ohne speziellen Grund und spezielle Erlaubnis durften Fremde das Seminar nicht betreten.[147] Der Regens war für die aszetische Formung zuständig.[148] Alle acht Tage sollte gebeichtet und die Eucharistie empfangen werden.[149]

Bischof Senestrey griff nun diese bisherige Seminarordnung auf und bestätigte sie, baute sie aber zugleich erheblich aus, indem er vor allem »die aszetische Erziehung« betonte.[150] Nunmehr waren vor dem Eintritt ins Seminar fünftägige Exerzitien und eine Generalbeichte über das ganze bisherige Leben abzulegen.[151] Jeden Monat sollte der Spiritual eine aszetische Ansprache über das priesterliche Leben halten.[152] Dazu wurde der unbedingte Gehorsam gegenüber allen Hausoberen in allen Dingen der Disziplin, der Frömmigkeit, der Sitten und der Studien eingefordert.[153] Die Tugend der Keuschheit sei so vollkommen zu erfüllen, dass körperlich und geistig die Reinheit der Engel nachgeahmt werde.[154] Neu war auch, dass das Tabakrauchen im Seminar nun ausdrücklich verboten wurde.[155] Diese Anordnungen blieben in der vierten Auflage (1884)[156] und in der fünften (1909)[157] bestehen; in diesen wurden lediglich die Regeln für den Regens nicht mehr aufgeführt.

Das Seminar, wie es Senestrey vorschwebte, war die konsequente Weiterentwicklung dessen, was bei Kugler und Wittmann anfanghaft angelegt war. Es sollte nicht nur möglichst alle Alumnen erfassen und möglichst die gesamte Zeit ihrer theologischen Studien. Es sollte vor allem gegen die Welt und für den priesterlichen Dienst spirituell wappnen. Ein fester, übernatürlicher Habitus des Gebets, der Betrachtung, der Disziplin und des Gehorsams sollte geschaffen werden, der garantieren sollte, dass man gegenüber den Versuchungen der Welt, Unglauben und Religionskritik, Selbstsucht und sinnlichen Versuchungen – gewappnet war und widerstehen konnte. Auf Disziplin wurde im Seminar immer schon Wert gelegt. Sie diente vor allem dem geordneten Betrieb und Tagesrhythmus. Disziplin und Gehorsam wurden nun aber noch mehr: Unterscheidungsmerkmale von der Welt mit ihrer Unordnung. Möglich wurden sie nur, wenn Sie übernatürlich fundiert und durch ein Leben der Betrachtung, des Gebets und der Selbstüberwindung getragen waren. Im Seminar lebten deshalb nicht nur mehr Seminaristen für eine längere Zeit. Es hatte überdies eine viel anspruchsvollere Aufgabe zu leisten: Die Alumnen

---

146 Ebd., S. 20 f.
147 Ebd., S. 18.
148 Ebd., S. 10 und S. 13.
149 Ebd., S. 10.
150 BRUNNER, Statuta (wie Anm. 105), S. 251.
151 Regulae seminarii episcopalis ad S. Wolfgangum, Regensburg ³1867, S. 7.
152 Ebd., S. 10.
153 »Superioribus et subordinatis officialibus debitam reverentiam et oboedentiam exhibeant in omnibus, quae ad ordinem, modestiam, studia, pietatem et mores spectant, licet nihil aliud, quam signum voluntatis Superioris sine ullo expresso praecepto videatur«. Ebd., S. 11.
154 »... angelicam puritatem imitari et corporis et mentis nostrae munditia«. Ebd., S. 15.
155 »Fumum herbae Nicotinae (tabaci) ore haurire omnino interdictum est alumnis, quamdiu in Seminario degent.« Ebd., S. 18.
156 Regulae seminarii episcopalis ad S. Wolfgangum, Regensburg ⁴1884.
157 Regulae seminarii episcopalis ad S. Wolfgangum, Regensburg ⁵1909.

übernatürlich so zu prägen, dass sie durch ein »engelgleiches Leben« sich radikal von der Welt unterschieden und bedingungslos ihren Oberen gehorsam waren; mit diesen übernatürlichen Tugenden sollte jener feste Habitus erworben werden, der ein ganzes Priesterleben als sicheres Fundament blieb.

Erst wenn man sich diese Seminarkonzeption klar macht, wird verständlich, warum dieser im Kirchenbild Senestreys eine so zentrale Rolle zukam und warum er für geeignete Gebäude im ehemaligen Schottenkloster bereit war, jede Art von Mitteln einzusetzen. Immer wieder wandte er sich deshalb auch mit flankierenden Hirtenworten an die Gläubigen. So beschwor er dem Klerus gegenüber 1875[158] und dann – dramatisch – in einem Hirtenwort im Jahr 1881 die Gefahr eines zunehmenden Priestermangels.[159] Abhilfe sollte einerseits ein Erweiterungsbau für das Mettener Knabenseminar schaffen, dem der Mettener Konvent schließlich zustimmte. Dort hatte man sich wegen zu weniger Patres als Lehrkräfte und wegen des fehlenden Staatsexamens vieler Mönche, was den öffentlich-staatlichen Charakter bedrohte, lange Zeit um eine Reduzierung der Zahl der Zöglinge bemüht. Der Staat beschränkte die Zahl der Knaben, die aus hygienischen Gründen aufgenommen werden durften.[160] Ein zweites Knabenseminar sollte deshalb in Regensburg gegründet werden, zunächst provisorisch parallel zur Gründung des Neuen Gymnasiums 1880 (heute Albrecht-Altdorfer-Gymnasium), da nunmehr mehr Schüler in Regensburg das Abitur erwerben konnten. Senestrey setzte gegen die dort bislang lebenden Armen Schulschwestern und unter Täuschung des Domkapitels auf recht rigorose Weise durch, dass das Knabenseminar 1882 in die Gebäude von Obermünster ziehen konnte, nachdem man seit 1880 schon provisorisch im ehemaligen Schottenkloster mit untergekommen war.[161] 1885 gründete er überdies auch noch in Straubing ein drittes Knabenseminar, das ebenfalls – wie die beiden vorherigen – dem hl. Wolfgang geweiht war.[162] Im Hirtenbrief vom 8. April 1881 waren seine Gründe noch einmal präzise zusammengefasst. Zwar gebe es in der Gegenwart sogar mehr Studenten als früher. Doch fast keiner von diesen strebe noch nach dem Höheren. Die meisten würden durch den Unglauben der Welt, die List der Bosheit und böse Beispiele nach unten gezogen und das übernatürliche Leben verlieren: »Aber Gott Lob, das Seminar ist doch im Stande, viel Uebles zu verhüten, manche schlimme Quelle zu

---

158 Senestrey an den Klerus, 14. Februar 1875, in: Oberhirtliches Verordnungs-Blatt für das Bisthum Regensburg (1875), S. 86–101.
159 Hirtenbrief des Bischofs von Regensburg an die Gläubigen seines Bisthums über den Priestermangel und das Knabenseminar, Regensburg 1881.
160 KAUFMANN, Episcopus (wie Anm. 100), S. 262 f.; Leo MERGEL, Historische Beschreibung des bischöflichen Knabenseminars St. Wolfgang zu Metten seit den 50 Jahren seines Bestandes nebst Regensburg (Obermünster seit 1882) und Straubing (seit 1885), in: Johann MEHLER (Hg.), Der hl. Wolfgang. Bischof von Regensburg. Festschrift zum neunhundertjährigen Gedächtnisse seines Todes, Regensburg 1894, S. 331–348, hier S. 339.
161 Christian VIERACKER, Das Bischöfliche Studienseminar St. Wolfgang in Regensburg, Regensburg 1999, S. 21–36; vgl. auch: Paul MAI, Das Knabenkonvikt Obermünster – Westmünster in Regensburg, in: Albertus-Magnus-Gymnasium Regensburg. Festschrift zum Schuljubiläum 1988, Regensburg 1988, S. 313–329.
162 Xaver ARBESMEIER, Festschrift zum 100jährigen Bestehen des Bischöflichen Studienseminars, Straubing 1985.

verstopfen. Es kann seine Zöglinge nicht hinwegnehmen von der Welt, aber es will sie bewahren vor dem Bösen. Aufsicht, Leitung, Tagesordnung, religiöse Uebungen – alles hilft zusammen, um nicht bloß den Geist im Studium zu unterstützen, sondern auch den Charakter zu bilden, die Leidenschaften zu zügeln, Gefahren abzuwehren, die guten Keime zu pflegen, die Gnade zu bewahren, die Liebe zur heiligen Kirche zu entflammen, die Neigung und Begeisterung für das hohe Ziel des Priesterthums mit aller Sorgfalt zu bewahren.«[163]

4. Schleifung der Bastionen und theologische Neuakzentuierungen im 20. Jahrhundert

Bischof Senestrey hatte dem Regensburger Seminar eine Ordnung und Ausrichtung gegeben, die auch in den nächsten Jahrzehnten bestimmend blieb. Ähnliche Reformen und Seminarkonzeptionen wurden zu dieser Zeit nach und nach auch in den anderen Bistümern verwirklicht, auch wenn Regensburgs Ausrichtung besonders ultramontan und radikal war. Regens war zunächst von 1908–1922 Johann Baptist Höcht (1870–1950), ein aus Krummenaab stammender Germaniker, der noch unter Senestrey bereits 1904 Subregens geworden war. Während des I. Weltkriegs diente das Seminar als Lazarett und zeitweise auch als Kaserne, die Mehrzahl der Seminaristen wurde einberufen, auch wenn ein Restbetrieb des Studiums und des Seminarlebens aufrechterhalten wurde.[164]

a) Nachwehen der Senestrey-Ära

Die ganz auf die bischöfliche Autorität ausgerichtet Struktur der Diözese unter Senestrey und das entsprechend völlig auf Unterordnung und Gehorsam unter die Autorität des vom Bischof ernannten Regens hin umgestaltete Seminar hatten bald mit strukturellen Problemen zu kämpfen. Dies war spätestens dann der Fall, wenn der Vorgesetzte, vor allem also der Bischof, wegen der Vielzahl der Aufgaben die Verantwortung, die ihm nun zukam, gar nicht mehr selbst wahrnehmen konnte. In den letzten Jahren des Episkopats von Bischof Senestrey schwanden die Kräfte des Bischofs und es stellte sich eine fortschreitende Demenz ein. In dieser Zeit hatte sein Intimus[165] Franz Xaver Leitner (1844–1908) als Generalvikar das Bistum regelrecht »autokratisch« regiert. Nach Senestreys und Leitners Tod führte der ehemalige Sekretär (1889–1902) Senestreys, Alfons Maria Scheglmann (1858–1937), der 1906 zum Domkapitular ernannt worden war, ab 1911 das Generalvikariat auf autokratische Weise weiter. Unterstützt wurde er dabei vom Domdekan (seit 1914)

---

163 Hirtenbrief 1881 (wie Anm. 159), S. 7 f.
164 Vgl. den Beitrag von Tobias Appl in diesem Band. Vgl. auch: Julius Krieg, Die Theologiekandidaten der Diözese Regensburg im Weltkrieg 1914–1918, Regensburg 1923; Andreas Becker, Das Regensburger Lyzeum Albertinum während des Ersten Weltkriegs, in: VHVO 156 (2016), S. 305–336.
165 Vgl. bereits dessen Dissertationsschrift, die er Se-nestrey als seinem Heimatbischof widmete: Franz Xaver Leitner, Der hl. Thomas von Aquin über das unfehlbare Lehramt des Papstes, Freiburg i. Br. 1872. Zu ihm: Karl Geisenfelder, Wann wird der Zankapfel endlich zur verbotenen Frucht erklärt? Das Regensburger Domkapitel unter Bischof Antonius von Henle, in: BGBR 55 (2021), S. 253–298, hier S. 279–283.

Franz Xaver Kiefl (1869–1928), die beide das »System Senestrey-Leitner« auch unter dem neuen Bischof Antonius von Henle (1906–1927) fortführen wollten, während die Mehrheit des Domkapitels um Dompropst und Weihbischof Johann Baptist Hierl (1856–1936) sich dem widersetzte.[166]

Die schweren Auseinandersetzungen, die während der gesamten Amtszeit Bischof Henles andauerten, hatten auch Auswirkungen auf das Seminar. Dort war mit Max Reger (1862–1936) 1922 als Nachfolger Höchts ein Regens ernannt worden, den Bischof Senestrey seinem damaligen Regens als Alumne regelrecht aufgedrückt hatte, nachdem Enders ihn wegen zu großem Eigensinn und Kränklichkeit ablehnen wollte. Auf all seinen bisherigen pastoralen Stationen war es zu Streit und Auseinandersetzungen gekommen.[167] Wie der Jesuit Robert Nostiz-Rieneck (1856–1929), der von 1919 an Spiritual in Regensburg und danach in Freising war, dem Nuntius berichtete, sei Reger wegen seiner Freundschaft zu Generalvikar Scheglmann Regens geworden, für dieses Amt jedoch ungeeignet; mit ihm habe der Parteienstreit in das Seminar Einzug gehalten.[168] Subregens Alois Schmid (1886–1925) und Präfekt Johannes Chrysostomus Weber (1886–1952) baten Bischof Henle deshalb um eine Aussprache. »Autorität und Vertrauen« zwischen Regens und Alumnen seien völlig zerrüttet.[169] Der Bischof forderte anstatt einer Aussprache einen schriftlichen Bericht ein. Durch »absonderliche Manieren« und »Späße«, durch sinnlose Strenge (etwa wenn im Speisesaal bei größter Kälte nicht geheizt werde) habe der Regens bei den Seminaristen alles Vertrauen verspielt.[170] Mit dem Streit wurde auch der hl. Stuhl befasst; entsprechend der erhaltenen Auskünfte beurteilte Nuntius Pacelli den Regens als für sein Amt ungeeignet.[171]

b) Das Seminar unter Bischof Buchberger: eine Zeit des Neuanfangs und die Bedrängnisse im III. Reich

Bereits Pacelli hatte vermutet, dass erst ein Bischof, der von außen in die Diözese komme, diese werde befrieden können. Dies wurde dann die Aufgabe von Bischof Michael Buchberger (1927–1961). Nach einer Audienz beim neuen Bischof sah sich Reger als Opfer einer Intrige gegen ihn und bat um die Versetzung in den Ruhestand.[172] So wurde zum 1. Januar 1929 der Pfarrer von Wiesent an der Donau, Anton

---

166 Karl Hausberger, Max Reger (1862–1936), heftig umstrittener Regens des Regensburger Priesterseminars in der Weimarer Zeit. Eine Lebensskizze und zugleich ein Beitrag zur Personalpolitik in der Amtszeit der Bischöfe Senestrey und Henle, in: BGBR 40 (2006), S. 365–387, hier S. 365; ders., Franz Xaver Kiefl (1869–1928). Schell-Verteidiger, Antimodernist und Rechtskatholik (Quellen und Studien zur neueren Theologiegeschichte 6), Regensburg 2003, S. 126–142, S. 191–203.
167 Hausberger, Max Reger (wie Anm. 166), S. 367–380.
168 Ebd., S. 381.
169 Schmid und Weber an Bischof Henle, 26. Februar 1924, BZAR, OA 3227; Hausberger, Max Reger (wie Anm. 166), S. 381.
170 Bericht über die Verhältnisse im Seminar, o.D., BZAR; OA 3227; Hausberger, Max Reger (wie Anm. 166), S. 382 f.
171 »Per k‹istesso motivo Mons. Henle nominò Rettore del Seminario maggiore un amico del Vicario generale, il Rev. Massimiliano Reger, ecclesiastico, a quanto si afferma, meno adatto a tale ufficio e mancante di lealtà e di carattere.« Pacelli, Eugenio an Gasparri, Pietro, 8. Mai 1925, in: Kritische Online-Edition der Nuntiaturberichte Eugenio Pacellis (1917–1929), Nr. 15163, URL: www.pacelli-edition.de/Dokument/15163, fol. 2r.
172 Hausberger, Max Reger (wie Anm. 166), S. 384.

Döberl (1879–1940), zu seinem Nachfolger ernannt. Zur Verbesserung seines Ruhegehalts wollte der Bischof Reger ein Kanonikat verleihen, was dieser aber brüsk als ungenügend ausschlug (freilich 1933 dann doch an der Alten Kapelle annahm).[173]

Ein Zeichen, dass unter Buchberger ein Neuanfang gemacht werden sollte, war sicher auch, dass die erneuerten Seminarstatuten 1928 erstmals in deutscher Sprache erschienen. In der Vorrede zeichnete auch Buchberger ein negatives Bild von der gegenwärtigen Zeit, in der immer mehr eine rein diesseitige, irdische Weltsicht und Lebensweise um sich greife.[174] Gerade deshalb sei die Zeit im Seminar wichtig, um »apostolische Männer« und »gute Hirten« auszubilden, die das Werk der Gnade, aber eben auch »die Frucht der Erziehung« seien.[175] So sprach der Bischof die Seminaristen direkt an, die Zeit im Seminar zu nutzen für »ein reiches und tiefes Wissen in allen Zweigen der Theologie«, aber auch um den Charakter zu festigen und das geistliche Leben am Wort Gottes und dem eucharistischen Brot zu stärken.[176] Neben der täglichen Betrachtung und dem gemeinsamen Gebet sollte die tägliche Feier des Messopfers und die oftmalige Kommunion die Basis sein; wöchentlich sollte gebeichtet werden.[177] Hinzu kam nun auch die Schriftlesung: »Die Heilige Schrift durch und durch kennen zu lernen, in ihren Sinn und Geist einzudringen, ihre Schätze fürs eigene Leben und fürs berufliche Wirken zu heben, ist eine ebenso schöne wie wichtige Aufgabe. Wer die Heilige Schrift gut kennt und von ihrem Geiste erfüllt ist, wird in Predigt und Katechese, im Beichtstuhl und am Krankenbett aus tiefer Quelle reichliche Wasser schöpfen, die fort fließen ins ewige Leben.«[178] Großer Wert wird auf das Studium gelegt, zugleich aber die Aufsichtsrechte von Bischof und Regens darüber betont.[179] Nunmehr werden in der Ordnung auch wieder die Aufgaben und die Pflichten der Vorstandschaft geregelt.[180] »Parfümerien« seien gar nichts für Priesteramtskandidaten, die auch wegen des guten Beispiels nicht rauchen sollen. Übergangsweise sei letzteres aber an den Sonn- und Feiertagen nach dem Mittagstisch gestattet.[181]

Eine vorsichtige Reform, die stärker die Schriftlesung und den Seelsorger als apostolisch tätigen Hirten betonte, ansonsten aber an die Ordnungen der letzten Jahrzehnte anschloss und deren Bestimmungen aufgriff, bestimmte so das Seminarleben unter Bischof Buchberger. Die Diözesansynode, die Bischof Henle dem CIC gemäß einberufen hatte und auf der ihn der Tod ereilte, wurde von Buchberger im Juli 1928 fortgeführt. Dort spielte die Frage des Seminars eine wichtige Rolle, da die baulichen Verhältnisse im Knabenseminar Obermünster und im Priesterseminar zu beengt und renovierungsbedürftig waren. Vorübergehend spielte der Bischof mit dem Gedanken, das Kloster Prüfening

---

173 Ebd., S. 385–387.
174 Satzungen für das Bischöfliche Klerikalseminar St. Wolfgang in Regensburg, Regensburg 1928, S. 3.
175 Ebd., S. 3f.
176 Ebd., S. 4.
177 Ebd., S. 8f., S. 11.

178 Ebd., S. 10.
179 Ebd., S. 12–14.
180 Ebd., S. 18f. Klar wird nun ausgesprochen, dass der Spiritual bei der Frage der Zulassung zu den Weihen kein Votum abgeben darf.
181 Ebd., S. 17, S. 24f.

wieder zu erwerben und dorthin den letzten, praktischen Kurs des Seminars zu verlegen[182], doch hatte sich dies (besonders in den Unterhaltskosten) als zu kostspielig erwiesen. Stattdessen sollte zunächst Obermünster ausgebaut werden, v.a. der Südflügel zum Petersweg wurde errichtet.[183] Anfang September 1932 klagte Regens Döberl dem Bischof gegenüber erneut über die Raumnot im Seminar. Zwar sei in den Knabenseminaren eine strengere Auslese zu treffen, damit nicht mehr zum Priester geweiht würden, als Bedarf bestehe. Dennoch brauche das Seminar bei einem durchschnittlichen Jahrgang von 40–45 Alumnen insgesamt 240–270 Plätze, da auch der Weihekurs noch zeitweise im Haus sei.[184] Die momentane Enge sei nicht nur hygienisch bedenklich, es fehle auch eine Hauskapelle, in der das gesamte Seminar Platz finden könne.

Nach dem Ausbau Obermünsters konnte dort am 14. November 1932 die Dekanekonferenz stattfinden, bei der der Bischof die Notwendigkeit darlegte, nun auch das Priesterseminar ebenso (beides sei einstimmig auf der Diözesansynode beschlossen worden) zu erweitern: »Unser Seminar hat kein Bad, keine Kapelle, keine richtige Waschgelegenheit; die Wirtschaftsräume sind ganz unzulänglich, die Gänge dunkel und kellerartig.«[185] Da kein Prunk-, sondern nur ein solider und praktischer Zweckbau in Frage komme, könne dies nur durch einen Anbau an der Südseite geschehen, »mit guten Licht- und Luftverhältnissen, nur so groß, daß der jetzigen Not abgeholfen ist. Es sind vorgesehen vor allem Studienräume, eine Hauskapelle, ein Bad und Zentralheizung für den Neubau und den Anschluß zum Altbau.«[186] Regens Döberl schilderte in der Aussprache nicht nur die gegenwärtigen Probleme, sondern auch, dass mit einer steigenden Zahl von Seminaristen gerechnet werde. In der weiteren Diskussion wurde vom Geistlichen Rat Christian Kunz (Aich), dem Verfasser des Laienmeßbuchs, bestätigt, dass besonders das Erdgeschoß im Winter ein »Eiskeller« und auch eine neue Kapelle von Nöten sei, da der bisherige Raum mehr als unfreundlich sei. Angefragt wurde, ob der obere Kurs nicht Einzelzimmer bekommen könne.[187] Buchberger bedankte sich für diese Stellungnahme, meinte jedoch, für Einzelzimmer wäre sehr viel mehr Geld nötig, das man gegenwärtig nicht habe.[188] Am 1. April 1933 begann entsprechend der Erweiterungsbau im Süden zusammen mit dem Einbau der Zentralheizung und dem Bau der neuen Seminarkapelle mit 300 Plätzen unter der Leitung des Münchener Architekten und Bauunternehmers Georg Berlinger (1882–1946), der vorher die Kirche St. Josef in Regensburg-Ziegetsdorf und die katholische Kirche in Schirnding geplant hatte; Buchberger konnte am

---

182 Buchberger an Innenminister Karl Stützel, 30. August 1928, BayHStA, Mk 39253.
183 VIERACKER, Bischöfliches Studienseminar (wie Anm. 161), S. 77–86.
184 Regens Döberl an Buchberger, 2. September 1932, BZAR, OA Gen. 888.
185 Protokoll der Dekanekonferenz, 14. November 1932, BZAR, OA Gen. 885.

186 Ebd.
187 Ebd.
188 Ebd. Für Einzelzimmer plädierte dann auch Generalvikar Höcht als vormaliger Regens, unter Verweis auf andere Seminare. Insgesamt konnte Buchberger ein einhelliges Votum für den Seminarausbau konstatieren.

19. Januar 1934 die Einweihung vornehmen. Der Entwurf des Hochaltars und der Kreuzweg stammten vom bedeutenden Münchener Bildhauer Theodor Georgii (1883–1963), einem russischstämmigen späten Schüler (und Schwiegersohn) Adolf von Hildebrands (1847–1921).[189] Im Südtrakt wurden für den obersten Kurs die ersten vierzig Einzelzimmer errichtet.

In seiner Einweihungsansprache in der Hauskapelle am 12. März 1934 begründete Buchberger deren Patrozinium »Passion Christi« mit der Theologie des Priestertums, dem Zusammenhang von Kreuzesopfer und Messopfer.[190] Er ging aber auch auf die Vaterlandsliebe und das Selbstopfer der Bewohner des Hauses im I. Weltkrieg ein; gegenüber den nationalsozialistischen Angriffen auf die Kirche betonte er den durch Kriegsdienst bewiesenen Patriotismus des Klerus. Der vollzogene Neubau habe zudem der notleidenden Bevölkerung Arbeit gegeben und die soziale Not des Volkes gelindert.[191] Bereits zum Richtfest hatte der Regensburger Stadtanzeiger am 9. August 1933 die Erweiterung als »erwähnenswerte soziale Tat« gepriesen, weil zweihundert Arbeiter durch acht Monate volle Beschäftigung haben«.[192] In dieser apologetischen Selbstdarstellung spiegeln sich weltanschauliche und organisatorische Konkurrenz zum NS-Staat, aber auch die Bereitschaft zur Kooperation, wenn die kirchliche Selbstbestimmung gewährleistet werde. Bischof Buchberger stand in dieser Zeit für einen vorsichtigen Kurs, der unnötige Konfrontationen vermeiden wollte, gerade um den Klerus und die kirchennahen Laien zu schützen. Erst dort, wo die kirchliche Sendung grundlegend gefährdet schien, etwa bei der Stellung der Kirche im Schulunterricht, wich man der direkten Auseinandersetzung nicht aus.[193] Regens Anton Döberl wurde 1935 zum Domkapitular ernannt; zugleich wurde ihm das Regensburger Sonntagsblatt, später das Regensburger Bistumsblatt anvertraut. Sein Nachfolger als Regens wurde Josef Hiltl (1889–1979), der nach einer Zeit als Dompfarrkaplan und Religionslehrer in Regensburg seit 1929 Pfarrer von St. Josef in Marktredwitz gewesen war. 1940 wurde der vormalige Regens Döberl von Buchberger zum Generalvikar ernannt, starb aber nach einigen Monaten.[194]

Mit dem Ausbruch des II. Weltkriegs durch den deutschen Überfall auf Polen

---

189 Schäfer, Schottenseminar (wie Anm. 8), S. 87; Regens Döberl an Buchberger, 20. April 1935, BZAR, OA Gen. 886 (über den Vollzug der Weihe des Kreuzwegs durch den Regens); Neubau des Bischöflichen Klerikalseminars St. Jakob in Regensburg, in: Regensburger Stadtanzeiger, Nr. 20, Ausgabe A, 20. Januar 1934; Regine Stefani, Der Bildhauer Theodor Georgii 1883 – 1963. Biografie und Werkverzeichnis, Diss. München 2013, https://edoc.ub.uni-muenchen.de/16362/1/Stefani_Regine.pdf, S. 132.
190 Vgl. Schäfer, Schottenseminar (wie Anm. 8), S. 88.
191 Vgl. ebd. mit Zitaten aus dem Regensburger Sonntagsblatt, Jahrgang 8, vom 18. März 1934.
192 Regensburger Stadtanzeiger, Nr. 216, 9. August 1933, S. 1.

193 Vgl. Klaus Unterburger, »Gibt es noch eine Rettung?« Michael Buchberger 1874–1961, Bischof von Regensburg 1927–1961, in: Maria Anna Zumholz/Michael Hirschfeld (Hg.), Zwischen Seelsorge und Politik. Katholische Bischöfe in der NS-Zeit, Münster 2018, S. 557–579.
194 Paul Mai, Döberl, Anton, in: Erwin Gatz (Hg.), Die Bischöfe der deutschsprachigen Länder 1785/1803 bis 1945. Ein biographisches Lexikon, Berlin 1983, S. 138; Mit Döberls Übernahme der Schriftleitung ging die Verkirchlichung des Sonntagsblatts, das bislang ein Stück weit unabhängig vom Bischof vom Diözesan-Caritasverband getragen wurde und nun dem »St. Wolfgangs-Verein« und damit direkt dem Bischof unterstellt wurde. Döberl verschärfte die Abgrenzung zum National-

wurden nahezu alle Seminaristen zum Militärdienst einberufen; die Philosophisch-Theologische Hochschule wurde geschlossen. Bewerber wurden während der Kriegszeit zwar nominell ins Seminar aufgenommen, dann aber in der Regel direkt eingezogen und an die Front geschickt. Die wenigen für kriegsuntauglich befundenen Priesteramtskandidaten studierten in dieser Zeit in Eichstätt, wohin auch eingezogene Seminaristen gingen, falls sie genügend Heimaturlaub hatten.[195] Wie im I. Weltkrieg musste das Regensburger Seminar als Lazarett und für militärische Zwecke zur Verfügung gestellt werden. Um wenigstens eine Teilkontrolle zu behalten, schloss die Bischöfliche Administration mit Regensburgs NS-Oberbürgermeister Otto Schottenheim (1890–1980) einen Nutzungsvertrag[196]: Der größte Teil der Räume (1.728 m^2) wurde der Stadt für ein Lazarett gegen Miete überlassen. Verpflegung der Kranken, Stellung des Hauspersonals und Reinigung der Räume wurde von der Bischöflichen Administration gegen Vergütung übernommen, während die ärztliche Betreuung durch die Stadt organisiert werden sollte. Dass damit ein bereits faktisch eingetretener Zustand rechtlich geregelt wurde, zeigt der Umstand, dass der Vertrag auf den 9. Januar 1940 zurückdatiert war. Regens und Spiritual (bis zu dessen Tod 1943) blieben im Haus; sie versuchten zu den Alumnen, die im Feld standen, den Kontakt aufrecht zu erhalten. 1943 wurde überdies ein Teil der Internatsschüler des bischöflichen Knabenseminars Obermünster in das Priesterseminar verlegt, nachdem man die Schließung der kleinen Seminare durch Proteste der bayerischen Bischöfe hatte abwenden können.[197]

c) Die Nachkriegszeit

Die Nachkriegszeit stand unter den Vorzeichen der Restauration, aber auch einer vorsichtigen Erneuerung. Zunächst hatte die Verwendung des Seminars als Krankenhaus nach Kriegsende zur Folge, dass die heimkehrenden Seminaristen außerhalb desselben wohnen mussten. Erst bis zum 14. Oktober 1946 war es geräumt.[198] Josef Hiltl wurde 1951 zum Weihbischof geweiht. Sein Nachfolger als Regens wurde Dr. Karl Hofmann (1904–1991), der seit 1941 als Pfarrer in Teublitz gewirkt hatte. Noch einmal standen Umbauten an: Der Ostflügel mit den Wohnungen der Mallersdorfer Schwestern und den Gästezimmern wurde renoviert, was bereits 1934 geplant war.[199] Aber auch neuen Lebensgewohnheiten der Seminaristen musste Rechnung getragen werden. So wurden 1952 im ersten Stock moderne Schwesternzimmer und im 2. Stock 20

---

sozialismus auf dem Gebiet des Kampfes für die Rechte der Kirche und gegen das Neuheidentum. Andererseits betonte er die nationale Gesinnung der Katholiken, die sich hier nichts vorwerfen lassen müssten und suchte Konfliktfelder außerhalb der kirchlichen Zuständigkeit im engeren Sinn zu umgehen. Auch hierin erwies er sich als sehr nah an seinem Bischof. Werner CHROBAK, Die Regensburger Kirchenzeitung im Dritten Reich, in: BGBR 15 (1981), S. 389–430, hier S. 421–428.
195 Ernst REITER, Die Hochschule im Dritten Reich, in: Alfred GLÄSSER/Reiner A. MÜLLER, Veritati et Vitae. Festschrift. II: Vom Bischöflichen Lyzeum zur Katholischen Universität, Regensburg 1993, S. 93–108, hier S. 107. Hierzu und zum Folgenden vgl. den Beitrag von Tobias Appl in diesem Band.
196 Vertrag zwischen der Bischöflichen Stiftungsadministration und dem Oberbürgermeister der Stadt Regensburg, 15. April 1940, BZAR, OA Gen. 889, Kopie.
197 VIERACKER, Bischöfliches Studienseminar (wie Anm. 161), S. 100–105.
198 Vgl. den Beitrag von Tobias Appl in diesem Band.
199 SCHÄFER, Schottenseminar (wie Anm. 8), S. 91.

Einzelzimmer für Alumnen geschaffen.²⁰⁰ Regens Hofmann hatte in seiner Amtszeit immer wieder mit Diskussionen um die Austeilung von Hausschlüsseln, den Besuch von Veranstaltungen am Abend außer Haus und der Frage nach Einzelzimmern zu tun. Lange Zeit wurden die entsprechenden Forderungen restriktiv behandelt bzw. auf eine Veranstaltung im Monat begrenzt.²⁰¹ Auch die Studiensäle (Museen) wollte er schließlich in Einzelzimmer umwandeln, wurde 1962 aber zum Generalvikar ernannt. Die Ausführung der Umbaumaßnahmen erfolgte durch die Regensburger Baufirma Hifinger. Die neuen Einzelzimmer sollten Orte des Studiums mit Schreibtisch und Bücherregal sein, aber auch über kaltes und warmes Wasser verfügen.²⁰² Zudem wurden nun auf den Stockwerken Duschen eingebaut und Heizungsanlage und Wäscherei modernisiert.²⁰³

Da der technische Fortschritt nicht am Leben im Seminar vorbeiging, sah sich Hofmann 1960 auch veranlasst, in einem Aushang zu mahnen, dass Schallplattenspieler und Tonbandgeräte nur in Zimmerlautstärke spielen durften; Rundfunkgeräte seien nicht erlaubt.²⁰⁴ Seine Nachfolger als Regenten waren seit 1963 Ludwig Scharf (1916–2004) und von 1975 bis 1986 Franz Xaver Hirsch (1934–2016). Unter Hirsch wurde im Südtrakt ein Personenaufzug und dazu ein »Clubraum« für gesellige Ereignisse eingerichtet. Am 8. Mai 1965 konnte Weihbischof Hiltl als einer seiner Vorgänger die Weihe des renovierten Hauses vornehmen.²⁰⁵

Den baulichen Veränderungen im Haus korrespondierte ein sich wandelndes Priesterbild. Nach der Einweihung durch Hiltl feierte Diözesanbischof Rudolf Graber (1962–1981) die Eucharistie mit der Hausgemeinschaft. In seiner Predigt ging der Bischof dabei auch auf die aktuellen Diskussionen um den Priester ein: Heute fordere man, dass der Priester in und mit der Welt leben solle, so dass die Seminare in Frage gestellt würden; wäre nicht nach Holländischem Modell deren Auflösung zugunsten kleinerer Wohngemeinschaften von Priesteramtskandidaten in den Universitätsstädten zu bevorzugen? Doch habe auch der Papst erklärt, dass mit der Existenz der Priesterseminare Wohl und Wehe der Kirche zusammenhänge, denn in einer Welt des nervösen Aktivismus brauche es Orte der Ruhe und des Rückzugs. Den Seminaren komme heute die Aufgabe zu, den drohenden Hiatus zwischen moderner theologischer Wissenschaft und historisch-kritischer Exegese auf der einen Seite und dem konkreten Glaubensleben auf der anderen Seite zu überwinden und so echte Gemeinschaft zu schaffen durch »eine Exegese, die Impulse für die christliche Existenz gibt, und eine Liturgie, die sich aus den Quellen der Offenbarung speist«.²⁰⁶

---

200 Ludwig Scharf, Sorge um Priesternachwuchs, in: Paul Mai (Hg.): Dienen in Liebe. Rudolf Graber. Bischof von Regensburg, München-Zürich 1981, S. 137–156, hier S. 137.
201 Regens Hofmann, Besuch von Abendveranstaltungen, 2. Dezember 1958, BZAR, Priesterseminar 89.
202 Scharf, Sorge (wie Anm. 200), S. 140.
203 Ebd.
204 Aushang vom 31. Januar 1960, BZAR, Priesterseminar 90.
205 Scharf, Sorge (wie Anm. 200), S. 140. Auch die Schottenkirche wurde renoviert; bereits 1970 konnte ein Volksaltar konsekriert werden. Ebd., S. 148.
206 Ebd., S. 141 f.

d) Der Umbruch nach dem II. Vatikanischen Konzil: Priesterbild und Seminarkonzeption im Wandel

Das II. Vatikanische Konzil hat die Priesterseminare als zur Ausbildung notwendig bezeichnet.[207] Die Kandidaten sollen zum Dienst des Seelenhirten vorbereitet werden; hierzu sollen alle Aspekte der Ausbildung harmonisch zusammenwirken.[208] Die Betonung der psychischen Reife und die Beachtung der neueren Erkenntnisse der Psychologie waren dabei ebenso neue Akzente wie die Erziehung zu Selbstständigkeit und eigenem Urteilsvermögen.[209] So wurden die Institution des Seminars und auch der Priesterzölibat[210] bejaht, andererseits aber Reformen des ultramontan-weltabgewandten und streng disziplinierenden Seminarmodells gefordert, so dass dieses besser auf ein eigenverantwortliches Leben in der Welt und für die Welt vorbereite. Die neue Seminaridee korrelierte mit einem neuen Priesterbild. Die Umbruchszeit und die damit verbundenen Debatten fielen in Regensburg in die Amtszeit von Regens Ludwig Scharf.

Im Rückblick schilderte er, wie damals überall der Ruf »Hinein in die Welt!« erschallte und der Begriff »Dialog mit der Welt« beinahe Schlagwortcharakter bekommen habe. So wurde über den Sinn des Seminars, das von der Welt absondere und nicht für ein Leben in der Welt vorbereite, diskutiert. In Regensburg kam die Gründung der Universität hinzu und die Errichtung der dortigen theologischen Fakultät, was einen stärkeren Kontakt mit den übrigen Studierenden und – nach Verlegung auch der theologischen Fakultät in den Universitätsneubau 1971 – auch eine weitere räumliche Entfernung vom Seminar bedeutet hatte. Eine neue Lebensordnung, die dem neuen Priesterbild entsprach, war notwendig geworden.[211] Der neuen Zeit gemäß verlangte Bischof Graber, dass der Entwurf derselben erst von den Seminaristen selbst erörtert und weiter ausgestaltet werde sollte.[212] Am 30. Oktober 1968 wurde die neue, »brauchbare, nüchterne Lebensordnung«, so Bischof Graber, in Kraft gesetzt, »die als Wesensmerkmal das enthält, daß die Verantwortung sehr viel stärker als bisher auf« die Schultern der Seminaristen gelegt werde.[213] So sei diese nur scheinbar eine Erleichterung. Neben bisherigen zentralen und verpflichtenden Elementen kamen freiwillige hinzu.[214] Bibelgespräche wurden eingeführt, auch mehr Elemente der persönlichen Aussprache. Jeder Kurs bekam dafür einen eigenen Kurskaplan; das Großseminar wurde so in kleinere, kontaktintensivere Einheiten untergliedert.[215] Der Gemeinschaftsbildung sollte auch das Freizeitheim St. Wolfgang in Haselbach am Rand des Bayerischen Waldes (zwischen 1970 und 1986) dienen.[216] Zur Verbesserung der pastoralen Ausbildung wurden die Diakone zu einem Seelsorgspraktikum verpflichtet, um alle Bereiche der seelsorglichen Arbeit kennenzulernen. Doch auch für

---

207 Optatam totius, Nr. 4.
208 Ebd., Nr. 4–6.
209 Ebd., Nr. 11.
210 Ebd., Nr. 10.
211 Scharf, Sorge (wie Anm. 200), S. 142 und S. 144.
212 Bischof Graber an Regens Scharf, 10. April 1968, BZAR, Priesterseminar 264.
213 Scharf, Sorge (wie Anm. 200), S. 144.
214 Ebd., S. 145.
215 Ebd.
216 Freizeitheim St. Wolfgang in Haselbach, BZAR, Priesterseminar 262.

die Zeit des Studiums wurden (für die Semesterferien) verpflichtende Praktika eingeführt, in der Schule, im Betrieb und dazu ein Jugendsozialpraktikum.[217] Seit 1970 fand die Diakonenweihe in einer der Praktikumspfarreien statt, um eine stärkere Anteilnahme der Gemeinden zu befördern. 1978 erließen die deutschen Bischöfe eine Rahmenordnung für die Priesterausbildung, an die die Regensburger Statuten an einigen Punkten wiederum angepasst werden mussten.[218]

Für die Ansprache Bischof Rudolfs zur Einführung der Statuten hatte Regens Scharf auftragsgemäß den Entwurf geliefert[219]: In der gegenwärtigen Zeitenwende solle man Erfahrungen aus vorherigen historischen Zeitumbrüchen heranziehen, was anhand dreier großer Priesterpersönlichkeiten geschehen soll: Der hl. Wolfgang lehre, dass die Welt den Heilsdienst des Priesters nötig habe; Johann Michael Sailer, dass es hierfür Geistlich-Geistliche brauche; und Georg Michael Wittmann, dass der Priester unter dem Zeichen des Kreuzes stehe.[220] So sollte eine Art »Regensburger Proprium« entwickelt werden: Die Partizipation der Seminaristen habe ein mehr an Beteiligung und Anforderung an den Einzelnen, sich einzubringen, gebracht.[221]

In der *Instructio* zum Exerzitienschluss vom 30. Oktober 1968 hat der Bischof dann auch noch den hl. Albertus Magnus aufgenommen, als Diener der *sacra scientia*, der in einer Umbruchszeit den intellektuell kühnen Versuch eines *aggiornamento*, der Rezeption der aristotelischen Philosophie, wagte.[222] Bischof Graber erkannte die Selbstverantwortung der Seminaristen in der neuen Zeit an: »In dieser Stunde lege ich mein ganzes Vertrauen sozusagen in Ihre Hände. An Ihnen ist es, in Freiheit die Bindung an Christus und die Kirche zu vollziehen und zu leben.«[223] In gewisser Weise ein Symbol für die Eigenverantwortlichkeit der Seminaristen war, dass sie nun die Hausschlüssel ausgehändigt bekamen und sich nicht mehr für jeden Gang nach außen ab- und anmelden mussten.[224] Ein weiteres Element war die Einführung von gewählten Seminarsprechern: das Amt des Seniors wurde geschaffen und dann mehrmals reformiert.[225] Regens Scharf hielt zur Einführung der neuen Lebensordnung auch eine *Instructio*. Er betonte den Wert der Eucharistiefeier und der Meditation, aber auch des persönlichen Gesprächs und der Gemeinschaftsbildung.[226]

Die Reformen führten im Haus zu zahlreichen Diskussionen, etwa wie verbindlich die Teilnahme an der Frühmesse sei[227]; zwischen 1968 und 1976 erschien mit dem »Schottenarchiv« auch eine von Semina-

---

217 Scharf, Sorge (wie Anm. 200), S. 145 f.
218 Rahmenordnung für die Priesterausbildung. 1. Mai 1978 (Die deutschen Bischöfe 15), Bonn 1978.
219 Regens Scharf an Bischof Graber, 25. Oktober 1968, BZAR, Priesterseminar 264.
220 Vgl. Skizze zur Einführung der neuen Lebensordnung im Priesterseminar, BZAR, Priesterseminar 264.
221 Vgl. die Protokolle und Vorschläge zur Erarbeitung der Lebensordnung und zu den Sitzungen der Hausgremien in BZAR, Priesterseminar 93.
222 Exerzitienschluss, 30. Oktober 1968, BZAR, Priesterseminar 264, 3.

223 Ebd., S. 5.
224 Schäfer, Schottenseminar (wie Anm. 8), S. 94; Regens Scharf, Instruktio zur Einführung der neuen Lebensordnung im Priesterseminar zu Beginn des WS 68/69, S. 10 f.; Protokoll des Gesprächs mit Bischof Graber (u.a.) über den abendlichen Ausgang, 21. September 1968, BZAR, Priesterseminar 93.
225 Vgl. Senior an die Seminarvorstände, 21. Juni 1972, BZAR, Priesterseminar 93.
226 Scharf, Instruktio (wie Anm. 224), S. 2–8.
227 Vgl. den Antrag des 5. Kurses an das Hausgremium, 3. November 1971, BZAR, Priesterseminar 90.

risten verantwortete Hauszeitschrift. Zugleich mussten Polarisierungen zwischen verschiedenen Gruppen ausgeglichen werden.[228] Dabei war man sich stets bewusst, dass die Frage nach Lebensordnung und Lebensform aufs engste mit der Frage des Priesterbilds zusammenhängt. Im Jahr 1970 führte der »Arbeitskreis Priesterbild« des ersten theologischen Kurses eine Umfrage unter den Seminaristen durch zu Priesterbild, Lebensform und Zölibat. Die Titulierung »Zölibatsumfrage«, die als Kurzformel in das Gedächtnis des Hauses einging, kam sofort auf, greift aber etwas zu kurz.[229] Gerade die Gegner verwendeten diese Bezeichnung, da sie ehrlicher sei: Vermutlich hätte diese dann abgeblasen werden müssen, was besser gewesen wäre.[230] Eine Rückmeldung sprach den Fragestellern »die nötige geistige Reife« ab.[231]

69 Fragebögen (von 110) kehrten ausgefüllt zurück. Sie geben einen gewissen Überblick über die damaligen Seminaristen. Sehr divergent waren die Antworten auf die Frage, seit wann man ernstlich den Entschluss gefasst habe, Priester zu werden.[232] Etwa die Hälfte war sich in diesem schon völlig sicher.[233] Als entscheidende Anstöße für den Seminareintritt wurden das Vorbild von Priestern und das Elternhaus genannt; mit einigem Abstand folgte die Rubrik »Gotteserfahrung«.[234] Während Frömmigkeit und Glaube als sehr wichtig für heutige Priester beurteilt wurden, war dies mehrheitlich bei der Kategorie »religiös-mystische Tiefe« und auch bei »Askese« anders.[235] Eine kritische Haltung zu »kirchlichen Autoritäten« hielten 15 für sehr wichtig, 44 für wichtig und 10 für unwichtig.[236] Interessant ist, in welchen Feldern die damaligen Alumnen Schwierigkeiten in ihrem priesterlichen Dienst erwarteten: 44 in der Kluft von moderner Theologie und religiöser Praxis, 42 in der verbreiteten Interesselosigkeit am Glauben, 30 in der Weltfremdheit religiöser Sprache, 29 im Generationenkonflikt innerhalb des Klerus, 28 in falschen Rollenerwartungen an den Priester, 24 in der konservativen Einstellung kirchlicher Gruppen, 10 in der progressiven Einstellung kirchlicher Gruppen.[237] Als Gefahr für die priesterliche Lebensform sahen 3/4 (54) eine drohende Verflachung an; eine Mehrheit machte auch das Aufgehen in Organisationsarbeit (38) und Einsamkeit (39) als drohende Gefahren aus.[238] Für den Zölibat wurde als wichtigste Sinngebung gesehen (30%): Freisein für die Gemeinde.[239] 16 Seminaristen hielten den Zölibat für ein eschatologisches Zeichen, 44 nicht. 12 Seminaristen hielten es als verantwortbar, sich weihen zu lassen in der Hoffnung, dass in den nächsten fünf Jahren Priesteramt und Zölibatspflicht entkoppelt würden. Die Frage, ob der Weihe eine Berufung zur Ehelosigkeit vorausgehen müsste, beantworteten 26 mit Ja und 31 mit Nein. 24 hielten den Pflichtzölibat für Zwang,

---

228 Vgl. Protokoll der Hausgremiumssitzung vom 22. November 1972, BZAR, Priesterseminar 93.
229 Ergebnis der Fragebogenaktion zum Priesterbild, 1. Oktober 1970, BZAR, Priesterseminar 97.
230 Ebd., S. 2.
231 Ebd.
232 Die meisten zwischen dem 17. und dem 20. Lebensjahr, einige später — bis zum 27. — und etwa 1/5 bereits bis zum 12. Lebensjahr. Ebd., S. 3.
233 Ebd., S. 4.
234 Ebd.
235 Ebd., S. 13.
236 Ebd., S. 15.
237 Ebd., S. 17.
238 Ebd., S. 18.
239 Ebd., S. 20.

31 nicht.²⁴⁰ Bei der Frage, ob die Hierarchie das Recht habe, ihr Priesterbild verbindlich mit dem Zölibat zu verbinden, antworteten 34 mit Ja und 30 mit Nein.²⁴¹ Fast 60% (37) glaubten, dass das entsprechende Priesterbild sich nicht aus dem Neuen Testament rechtfertigen lasse.²⁴² Eine Mehrheit plädierte auch dafür, den Zölibat für die Priester freizustellen.²⁴³ Es waren wohl diese eher zölibatskritischen Ergebnisse der Umfrage, die sich auch noch auf die Hilfsmittel für die Einhaltung des Zölibats und die Erwartungshaltung der Gläubigen ausdehnte, die dazu führten, dass einige der Initiatoren, so Werner Chrobak (geb. 1948) und Andreas Angerstorfer (1948–2012), daraufhin entlassen wurden.²⁴⁴

e) Die Jubiläumsfeier im Jahr 1972 und die weitere Entwicklung

Im Jahr 1972 wurde feierlich des Umzugs in das neue Seminargebäude vor 100 Jahren gedacht. Priesterseminar und Priesterverein luden zu einem Festakt am St. Peter- und-Paulstag ein. In seiner Predigt betonte Bischof Rudolf Graber eine zweifache Linie: Einerseits lege die Kirche – besonders seit dem Konzil – den Akzent »auf den Dienstcharakter ihrer Ämter, daß die Kluft zwischen Klerus und Laien sich zu schließen beginnt«. Die Päpste öffnen sich seither immer mehr der Welt. Andererseits sei aber mit ihnen »eine Vertiefung und Verinnerlichung« anzustreben, »gerade als Gegengewicht gegen ein falsch verstandenes aggiornamento und als notwendige Bürgschaft für die effiziente Heimholung der Welt für Christus.«²⁴⁵ Beim anschließenden Festakt sprach der aus dem Bistum Regensburg stammende Münchener Kirchenhistoriker Georg Schwaiger (1925–2019) über »Das katholische Priesterbild der neueren Zeit«²⁴⁶, während der damalige Regensburger Dogmatikprofessor Joseph Ratzinger (geb. 1927) über »Der Priester als Mittler und Diener Christi« referierte.²⁴⁷ Schwaiger gab einen Überblick über das katholische Priestertum in Bayern seit dem Konzil von Trient und stellte vor allem Johann Michael Sailer (1751–1832) als den »größten deutschen Priestererzieher in der neueren Zeit« vor Augen.²⁴⁸ Sailer und die von ihm geformten Priester haben gottselige Innerlichkeit des Gemüts mit Gelehrsamkeit und Aufgeschlossenheit für alles Wahre, Schöne und Gute verbunden.²⁴⁹ Obwohl Schwaiger dem totalen Seminar des späten 19. Jahrhunderts und der Verengung der Verkündigung in dieser Epoche kritisch gegenüberstand²⁵⁰, legte er doch zugleich »ein Wort für die guten, redlichen Priester der alten Zeit« ein, die seeleneifrig waren und dann

---

240 Ebd., S. 22 f.
241 Ebd., S. 24.
242 Ebd., S. 25.
243 Ebd., S. 27.
244 Rudolf VODERHOLZER, Verabschiedung von Archiv- und Bibliotheksdirektor Msgr. Dr. Paul Mai und Bibliotheksoberrat Dr. Werner Chrobak am 07. Oktober 2014, BGBR 49 (2015), S. 159–164, hier S. 163.
245 Rudolf GRABER, Festpredigt anlässlich der Jahrhundertfeier des Priesterseminars in St. Jakob zu Regensburg, in: Paul MAI (Hg.), 100 Jahre Priesterseminar zu St. Jakob zu Regensburg 1872–1972, Regensburg 1972, S. 1–3, hier S. 1 f.
246 Georg SCHWAIGER, Das katholische Priesterbild der neueren Zeit, in: Ebd., S. 37–51.
247 Joseph RATZINGER, Der Priester als Mittler und Diener Christi, in: Ebd., S. 53–68.
248 SCHWAIGER, Katholisches Priesterbild (wie Anm. 246), S. 37.
249 Ebd., S. 44.
250 Ebd., S. 38 f., S. 49 f.

doch gütiger, als es die strengen Vorschriften vorgesehen hatten.[251] Joseph Ratzinger begann seinen Vortrag mit dem Satz: »Langsam haben wir uns müde diskutiert über das Priesterbild«.[252] Er selbst baute dann aber doch eine Brücke zwischen den Lagern, indem er die neutestamentlichen Vorstellungen vom Mittleramt und vom Apostelddienst klärte. Von beiden leitet sich das Priestertum ab; als inklusive Teilhabe am einen Mittler Jesu Christi und als Verlängerung des Dienstamtes der Apostel.[253] Der Mittlerdienst Christi werde bei Paulus im Tun und Leiden der Apostel konkretisiert und repräsentiert.[254] Die Heilsvermittlung komme so von Christus und gerade nicht vom Priester, der ihn nur repräsentiere. Deshalb verkündet der Priester auch nicht sich, sondern den Glauben der Kirche.[255] Nur, indem er selbst unwichtig werde, »kann er wahrhaft wichtig werden.«[256]

Man kann sagen, dass die Debatten über Priesterbild und priesterliche Lebensform, über das Priesterseminar, über die Verhältnisbestimmung zwischen Studium, Spiritualität und Praxis, seither immer wieder innerhalb jener Koordinaten geführt wurden, die sich in dieser nachkonziliaren Phase ausgebildet haben. Überschattet wurde all dies in den letzten 50 Jahren durch den immer gravierender werdenden Priestermangel: Auch wenn die Diözese Regensburg strukturell vergleichsweise konservativ war, kam es seither auch in ihr zu einer zunehmenden Säkularisierung und damit verbunden zu einem Rückgang an Priesteramtskandidaten und Priesterweihen.[257] So wurde unter den Regenten Anton Wilhelm (1948–2018) 1986–1997, Johann Schober 1997–2001, Gottfried Dachauer, 2001–2006 und Martin Priller (ab 2006) die Zahl der Regensburger Priesteramtskandidaten immer kleiner. Immerhin war diese Entwicklung in Regensburg lange Zeit weniger dramatisch als in anderen deutschen Bistümern. Die Krise erfasste dabei die kleinen Seminare, also die bischöflichen Knabenseminare, aus der die Mehrheit der Priesteramtskandidaten hervorging, nach Ausweis der Zahlen noch früher. Durch die vielen Neugründungen von Gymnasien auch in kleinen Städten und deren Erreichbarkeit mit Schulbussen in ländlichen Gebieten mussten die Kinder nicht mehr Internate besuchen. Dazu kam, dass die Zahl der Großfamilien zurückging. So wurden der Reihe nach die Knabenseminare geschlossen und in der Regel lediglich die Gymnasien weitergeführt.[258] 1989 kam es zur Schließung des Knabenkonvikts in Weiden, das 1955 für die nördliche Oberpfalz und zur Entlastung von Regensburg eröffnet worden war, 1995 des Straubinger Internats und 1998 desjenigen in Regensburg.[259] 2017 schloss schließlich auch das Kloster Metten sein Internat.[260]

---

251 Ebd., S. 51.
252 RATZINGER, Priester (wie Anm. 247), S. 53.
253 Ebd., S. 64 f.
254 Ebd., S. 65.
255 Ebd., S. 66 f.
256 Ebd., S. 68.
257 Zu bedenken ist, dass es in vielen ländlichen Gebieten zu einem Bevölkerungsrückgang und einer zunehmenden Überalterung gekommen ist.
258 SCHARF, Sorge (wie Anm. 200), S. 151.
259 VIERACKER, Bischöfliches Studienseminar (wie Anm. 161), S. 149.
260 https://www.sueddeutsche.de/bayern/metten-kloster-metten-schliesst-internat-nach-jahrhunderten-1.3492264.

Während die Kinderzahl der Landbevölkerung zurückging und die bischöflichen Internate für diese Kinder dann nicht mehr der naheliegende Weg zum Abitur waren, gründete Bischof Graber in Fockenfeld bei Konnersreuth ein Spätberufeneninternat für junge Männer, die – mitunter wegen mangelnder familiärer Förderung – kein Abitur hatten, aber eine Berufung zum Priestertum verspürten. Unter der Betreuung der Salesianer konnte man dasselbe innerhalb von drei bis vier Jahren erwerben. Die staatliche Anerkennung erfolgte 1966.[261] Ergänzend kam es zur Gründung des überdiözesanen Priesterseminars *Collegium Rudolphinum* in Schwaz/Tirol 1972, dann ab 1975 nach Heiligenkreuz bei Wien verlegt, wo Männer im fortgeschrittenen Alter auch ohne Abitur eine dem Studium analoge theologische Ausbildung erwerben konnten.[262] Auch in diesen Einrichtungen gingen die Zahlen zurück, nicht zuletzt, da die Weichenstellungen der Bildungspolitik dafür sorgten, dass ohnehin immer mehr Menschen das Gymnasium besuchten und mit dem Abitur abschlossen.

Das Seminar wurde in den letzten Jahren renoviert und modernisiert und besonders die Gestaltung der Hauskapelle der geringeren Zahl an Alumnen angepasst.[263] Im Jahr 2007 holte Bischof Gerhard Ludwig Müller das *Studium Rudolphinum* an das Priesterseminar in Regensburg[264]; das Spätberufeneninternat in Fockenfeld musste 2020 geschlossen werden. Da im Jahr 2007 die Passauer theologische Fakultät gemäß einer Vereinbarung zwischen dem Freistaat Bayern und dem Hl. Stuhl zunächst auf 15 Jahre ruhen sollte, studieren die Passauer Seminaristen seither in Regensburg und verstärken so die Zahl der im Regensburger Priesterseminar lebenden Alumnen. Zeitweise wurde die Seminargemeinschaft auch durch brasilianische und indische Alumnen verstärkt, die so besser auf einen pastoralen Dienst in Deutschland vorbereitet werden sollten. Für die Hausgemeinschaft im Seminar bedeutete die trotz allem rückläufige Zahl an Seminaristen, dass sich Ämter und Traditionen auf immer weniger Schultern verteilten, so dass sich die Frage nach einer Reduktion immer wieder stellte. Auch die Ordensgemeinschaften mussten dem Rückgang an Nachwuchs Rechnung tragen. So zogen sich die Mallersdorfer Schwestern immer mehr von ihren bisherigen Aufgaben zurück und mussten schließlich im Frühjahr 2020 ganz Abschied nehmen[265]; 1989 wurde mit Josef Graf (bis 2015) zum zweiten Mal wieder ein Nichtjesuit zum Spiritual im Priesterseminar ernannt. Einen bemerkenswerten Überblick über das Leben im gegenwärtigen Priesterseminar St. Wolfgang hat Martin Seiberl verfasst.[266] Ihm

---

261 Scharf, Sorge (wie Anm. 200), S. 152.
262 Ebd., S. 154.
263 Gottfried Dachauer, Priesterausbildung und Seminarerziehung heute, in: Scoti peregrini in Sankt Jakob. 800 Jahre irisch-schottische Kultur in Regensburg. (Bischöfliches Zentralarchiv und Bischöfliche Zentralbibliothek Regensburg. Kataloge und Schriften 21), Regensburg 2005, S. 109–116.

264 Vgl. zu diesem den Beitrag von Christoph Binninger in diesem Band.
265 https://www.priesterseminar-regensburg.de/2020/die-mallersdorfer-schwestern-nehmen-abschied-aus-dem-priesterseminar/.
266 Martin Seiberl, Zeige mir, Herr, deinen Weg. Meine Erfahrungen im Priesterseminar, München 2014.

erscheint – wobei er durchaus nicht unkritisch ist – »das Leben im Priesterseminar insgesamt ...« als »ein Weg der Freude« und ein »Stück Heimat und Prägeort der eigenen Identität.«[267]

Abschließende Überlegung

Das vormoderne Priesterseminar, das neue Seminar von 1872, die Jubiläumsfeier 1972 und das Jahr 2022: Auf den ersten Blick ist es eine Pendelbewegung gewesen; das Seminar wurde bis 1872 immer allumfassender, extensiv, was die Verweildauer, und intensiv, was den Anspruch auf Formung und Erziehung gegen die Welt und den Zeitgeist angeht. Dann die Gegenbewegung: Schrittweise Öffnung zur Welt und Entgegenkommen gegen die Bedürfnisse des modernen Menschen. Doch ist dies höchstens die halbe Wahrheit: So sehr die Absonderung von der Welt, die das Seminar des Jahres 1872 prägte, zurückgenommen wurde, so wenig der Anspruch, zu erziehen und zu formen. Ja, man wird konstatieren müssen, dass eine umfassende Erziehung immer anspruchsvoller, aber auch wichtiger geworden ist, da immer weniger von einem gemeinsamen Sozialisations- und Erfahrungshintergrund der Seminaristen ausgegangen werden kann. Deshalb gilt: Die Form der Ausbildung im Seminar war und ist im Fluss. Dass es aber Orte einer umfassenden und ganzheitlichen Erziehung für den Priesterberuf geben muss, dürfte nur schwer zu leugnen sein. Deshalb gilt der Satz des II. Vatikanischen Konzils, »Priesterseminare sind zur priesterlichen Ausbildung notwendig«[268], auch für das Regensburger Seminar St. Wolfgang für die Gegenwart und auch für die Zukunft.

---

267 Ebd., S. 123.

268 Optatam totius, Nr. 4.

Ordo diurnus

Transkription des »Stundenplans« von Seite 30

Dominica	Horae matut.	Hora V surgitur. – ¼ Preces matutinae. – ½ Meditatio. – VI Mißa. Comunio. – VII Notamen ex meditatione. – ½ Tentaculum. – ¾ Ad ecclesiam cathedr. – Post reditum ex eccl. cathedr. Studium. – XI ¼ Examen conscientiae. – ½ Prandium.
	Horae vespert.	Hora XII ¼ Respiratio. – I Studium. – II ½ Potus vespert. – III Preces in oratorio, quibus finitis ambulatio. – IV ½ Studium. – VI ½ Coena – VII-VIII Respiratio. – VIII Lectio spiritualis. – ½ Preces vespertinae.
Feria secunda	Horae matut.	Hora V surgitur. – ¼ Preces matut. – ½ Meditatio. – VI Notamen ex meditatione. Studium. – VII ½ Mißa. – VIII Exegesis. – IX Pastoral. – X Studium. – XI ¼ Examen conscientiae. – ½ Prandium.
	Horae vespert.	XII ½ Cantus choralis usq. ad h. I ½. Ceteris XII ¼ usq. I Respiratio. – I Studium. – II Breviarium dein. Studium. – III ½ Ambulatio. – IV ½ Studium. – VI ½ Coena. – VII-VIII Respiratio. – VIII Lectio spiritualis. – ½ Preces vespertinae.
Feria tertia	Horae matut.	Hora V surgitur. – ¼ Preces matut. – ½ Meditatio. – VI Notamen ex meditatione. Studium. – VII ½ Mißa. – VIII Liturgie. – IX Pastoral. – X Studium. – XI ¼ Examen conscientiae – ½ Prandium.
	Horae vespert.	XII ½ Cantus choralis usq. ad h. I ½. Ceteris XII ¼ usq. I Respiratio. – I Studium. – II Homiletik. Catech. – III Ambulatio. – IV Potus vespertinus. – ½ Studium. – VI ½ Coena. VII-VIII Respiratio. – VIII Lectio spiritualis. – ½ Preces vespertinae.
Feria quarta	Horae matut.	Hora V surgitur. – ¼ Preces matut. – ½ Meditatio. – VI N. ex Meditatione. Studium. – VII ½ Mißa. – VIII Exegesis. – IX Pastoral. – X Studium. – XI ¼ Examen conscientiae. – ½ Prandium.
	Horae vespert.	Hora XII ½ Cantus chor. usq. ad h. I ½. Ceteris XII ¼ usq. I Respiratio. – I Studium. – I ½ Exegesis Casuistik. – II ½ Studium. – III ½ Ambulatio. – IV ½ Studium. – VI ½ Coena. VII-VIII Respiratio. – VIII Lectio spiritualis. – ½ Preces vespertinae.
Feria quinta	Horae matut.	Hora V surgitur. – ¼ Preces matut. – ½ Meditatio. – VI Notamen ex meditatione. Studium. – VII ½ Mißa. – VIII Studium. – IX Pastoral. – X Studium. – XI ¼ Examen conscientiae. – ½ Prandium.
	Horae vespert.	Hora XII ½ Cantus choralis usq. ad h. I ½. Ceteris XII ¼ usq. I Respiratio. – I Studium. – II Exegese Psalm. – III Ambulatio. – IV Potus vespert. – ½ Studium. – VI ½ Coena. VII-VIII Respiratio. – VIII Lectio spiritualis. – ½ Preces vespertinae.
Feria sexta	Horae matut.	Hora V surgitur. – ¼ Preces matut. – ½ Meditatio. – VI Notamen ex meditatione. Studium. – VII ½ Mißa. – VIII Liturgie. – IX Pastoral. – X Studium. – XI ¼ Examen conscientiae. – ½ Prandium.
	Horae vespert.	Hora XII ½ Cantus choralis usq. ad h. I ½. Ceteris XII ¼ usq. I Respiratio. – I Studium. – I ½ Homilet. Catechetik. – II ½ Studium. – III ½ Ambulatio. IV ½ Studium. – VI ½ Coena. VII-VIII Respiratio. – VIII Lectio spiritualis. – ½ Preces vespertinae.
Sabbato	Horae matut.	Hora V surgitur. – ¼ Preces matutinae – ½ Meditatio. – VI Notamen ex medit. Studium. – VII ½ Mißa. – VIII Exegese. – IX Pastoral. – X Studium. – XI ¼ Examen conscientiae. – ½ Prandium.
	Horae vespert.	Hora XII ¼ usq. ad h. I Respiratio. – I Exegese Casuistik. – II Studium. – III Respiratio. – III ½ Confessio et Studium. – VI ½ Coena. – VII-VIII Respiratio. – VIII Praefecti Musaeorum praelegunt e Thoma a Kemp. ex libro IVto per unum horae quadrantem (Lect. spirit.) – ½ Preces vespertinae.

Streng durchgetaktet waren die Tage einst, wie dieser **»Ordo diurnus«** (ein Stundenplan für jeden Tag der Woche) des Regensburger Priesterseminars etwa aus den 1860er Jahren belegt. Man stand früh auf: täglich, auch sonntags, um 05.00 Uhr. Es folgten Gebet, Betrachtung und Studium, ehe um 07.30 Uhr die tägliche Messe gefeiert wurde. Den Vormittag füllten Vorlesungen und Studierzeiten. Dem Mittagessen um 11.30 Uhr ging eine viertelstündige Gewissenserforschung voraus. Die Stunde nach dem Essen gehörte dem Choralgesang (in Gruppen, die anderen hatten währenddessen Mittagspause). Am Nachmittag wieder Unterricht und Studierzeiten. Selbst die Zeiten für den täglichen Spaziergang oder hin und wieder einen »Potus vespertinus« (ob es sich um einen Nachmittagstee oder -kaffee oder anderes handelte, ist nicht überliefert) sind exakt festgelegt. Das abendliche Ritual war fast immer gleich: Abendessen um 18.30 Uhr, von sieben bis acht Erholung, danach eine halbe Stunde geistliche Lektüre und das Abendgebet um 20.30 Uhr. Man darf davon ausgehen, dass sich dem eine baldige Nachtruhe anschloss. Lediglich der Sonntag hob sich etwas ab durch Lesungen aus der »Nachfolge Christi« des Thomas von Kempen am Vorabend und durch die Mitfeier der Messe im Dom am Sonntagvormittag. Das tägliche Morgenritual einschließlich der Feier einer Kommunitätsmesse um 06.00 Uhr und das nachmittägliche Studieren wurden auch sonntags eisern durchgehalten; lediglich Vorlesungen und Unterricht gab es am Sonntag nicht.

GESCHICHTE UND GESCHICHTEN

In den Impressionen blicken Priester der Diözese Regensburg auf ihre Seminarzeit zurück.

Die Beiträge fangen den jeweiligen Zeitgeist ein, geben Stimmungen wieder und tragen mit der ein oder anderen Anekdote dazu bei, das »Seminarflair« lebendig werden zu lassen in Personen und Persönlichkeiten der letzten Jahrzehnte, die das Priesterseminar St. Wolfgang geprägt haben.

Natürlich darf auch der persönliche Rückblick eines Ausbilders nicht fehlen, der viele Jahre lang am Bismarckplatz tätig war.

Die Geschichte des Priesterseminars wäre nicht denkbar ohne die guten Geister dieses Hauses: Die Mallersdorfer Schwestern.

IMPRESSIONEN AUS VERSCHIEDENEN GENERATIONEN

Die fünfziger Jahre im Klerikalseminar
Studienrat i. R. Michael Bauer, Weihejahrgang 1956

Die Zeit, die vergangen ist, seit wir 1956 die Priesterweihe empfangen haben, liegt weit zurück. Das wird beispielhaft deutlich, wenn wir bedenken, dass von uns 32 Neupriestern von damals heute nur noch ganze fünf in mehr oder weniger angeschlagenem gesundheitlichem Zustand in dieser Erdenzeit leben dürfen. Die meisten – also 27 – leben wieder vereint in den himmlischen Wohnungen.

Die Zeit im Bischöflichen Knabenseminar

Bald nach unserem Abitur 1950 haben wir uns beim damaligen Regens Josef Hiltl im Priesterseminar angemeldet. Vorausgegangen waren für uns alle und nicht nur für uns, sondern für alle Zeitgenossen, turbulente Jahre. Mitten während dem 2. Weltkrieg, 1942, hatten die meisten von uns an einem Gymnasium die Ausbildung begonnen; wir Straubinger in der »Oberschule für Jungen« (die Nazis hatten das Humanistische Gymnasium abgeschafft), die Regensburger im »Alten Gymnasium/Penal« von damals. Untergebracht und versorgt wurden die meisten von uns in den beiden Bischöflichen Knabenseminaren, in Obermünster in Regensburg und in Straubing. Es gab ja damals nicht annähernd so viele Gymnasien wie heutzutage; darum waren diese Seminare eine notwendige Voraussetzung für die Ausbildung zum Priester. In unserem Bischöflichen Knabenseminar in Straubing waren dadurch Seminaristen aus der nördlichen Oberpfalz und dem südlichen Niederbayern beisammen. Das Bischöfliche Knabenseminar in Weiden ist erst in der Mitte der 50er-Jahre eingeweiht worden; ich war mit der Schola des Priesterseminars dabei. Anfang Dezember 1944 wurden wir alle nachhause geschickt, weil wegen der häufigen Fliegeralarme und -angriffe kein normaler Unterricht mehr möglich war. Nach Kriegsende, am 8. Mai 1945, waren Schul- und Seminargebäude vielfach mit verwundeten Soldaten belegt – also Lazarette. Wir Straubinger Seminaristen wurden dann Ende August 1945 einbestellt und bekamen Privatunterricht von Lehrern, die ja auch sonst keinen Unterricht hatten bzw. als Flüchtlinge/Heimatvertriebene angekommen waren, und von Lehrerinnen des Ursulinenklosters. Erst Anfang Dezember 1945 konnten dann die Schulen wieder allgemein den Unterricht beginnen. Unser Oberstudiendirektor Dr. Fellner hat uns damals angeraten, das versäumte Jahr zu wiederholen: »Buawerl, plagt's Euch doch net a so!« Wir Seminaristen – ermuntert durch die drei Monate Privatunterricht im Seminar – haben ihm damals nicht gefolgt und das versäumte Jahr übersprungen. Wir haben es, bis auf wenige Ausnahmen, geschafft. Inzwischen waren Heimatvertriebene und Flüchtlinge und einige Heimkehrer aus dem Krieg und der Gefangenschaft zu uns gestoßen. Einer unserer Lehrer hat uns gegen Ende unserer Gymnasialzeit empfohlen: »Wenn man bei euch später auf die eine oder andere Lücke stößt, dann sagt halt ›wir sind eben Schwerkriegsbeschädigte‹!«

Aufnahme in das Priesterseminar

Kurz nach dem Abitur haben wir um die Aufnahme im Priesterseminar in Regensburg gebeten. Bald darauf bekamen wir eine Einladung zu einer »Jugendwoche« auf Schloss Wörth/Donau – damals ein Bildungshaus der Diözese – vom Leiter eines Jugendkreises im Priesterseminar (Josef Kasparbauer, Weihejahrgang 1953). Die meisten sind mit dem Fahrrad dorthin gefahren. Das war eine erste Begegnung mit künftigen Kollegen im Priesterseminar. Damals überregional bekannte Autoren hatte man als Referenten eingeladen: Ottilie Moßhammer, den Priester Alois Brems und den Diözesanjugendführer Hans Schmidramsl. Moßhammer hatte u. a. die Bücher »Priester und Frau« und »Werkbuch der religiösen Mädchenführung« verfasst, mit Brems und Schmidramsl zusammen »Die Runde der Treuen«, ein Werkbuch zur Ausbildung von Jugendführern. Nach dieser sehr interessanten Woche sind wir alle mit dem Fahrrad nach Passau gefahren zum dortigen 74. Deutschen Katholikentag vom 1.-3. September 1950. Nach einem Zwischenstop mit Übernachtung im Kloster Metten sind wir nach Passau weitergefahren und dort im Priesterseminar einquartiert worden. Neben dem Festgottesdienst auf dem Festplatz beim Oberhaus war dort die Rede des Bundeskanzlers Konrad Adenauer der Höhepunkt dieser Großveranstaltung. Bereits auf meinem Rückweg in die Oberpfälzer Heimat habe ich erfahren, dass wir drei Brüder eine sechste Schwester bekommen haben. Sechs Jahre später hat Elisabeth mit Bravour die Aufgabe eines Primiz-Bräutchens übernommen. Gegen Ende Oktober 1950 sind wir dann im Priesterseminar St. Wolfgang in Regensburg im 1. Philosophischen Kurs zusammengekommen: 29 an der Zahl. Zwischen 1950 und 1956 waren wir Alumnen im Bischöflichen Klerikalseminar/Priesterseminar. Freundlich begrüßt wurden wir von den damaligen Vorständen des Seminars: Regens war Josef Hiltl seit 1935. Von den ehemaligen Alumnen, die mit ihm noch den Oberkurs erlebt hatten, wurde uns folgendes Erlebnis überliefert: Bei der Einführung der künftigen Priester in ihre Aufgabe das Bußsakrament zu spenden, wurde natürlich auch das 6. Gebot behandelt. Dabei erzählte Regens Hiltl von einem Erlebnis in seiner früheren Pfarrei Marktredwitz (1929–1936). In einem Männerkreis, wo es auch um dieses Thema ging, sagte ein Mann: »Herr Pfoarrer, legn eane Sie amal jede Nacht nebn mei Frau hin!« Diesen Hinweis auf den Ehealltag wollte der Regens seinen Priesterkandidaten ans Herz legen für ihre spätere Aufgabe im Beicht-

Ausflug des Weihejahrgangs 1952 nach Spindlhof (BZAR, Priesterseminar Regensburg 409)

stuhl. Ich bin auch ganz sicher, dass Josef Hiltl das Buch unseres hochgeschätzten Religionslehrers in Straubing, Dr. August Adam, »Primat der Liebe«, das Anfang der 30-er Jahre zu dieser Thematik erschienen war, gelesen und verinnerlicht hatte.

Die weiteren Vorstände waren: Subregens Anton Stiegler, der seit 1945 Präfekt und ab 1. September 1950 Subregens bis September 1952 war und Präfekt Matthias von der Sitt, der erst seit 16. August 1950 an dieser Stelle war. Spiritual war P. Ludwig Weikl S.J., der aus Bodenmais stammte und damit aus der Diözese Regensburg. Vorher war er Pfarrer in einer Nürnberger Stadtpfarrei gewesen. Nach dem Weggang von Subregens Anton Stiegler wurde sein Nachfolger Präfekt Matthias von der Sitt und neuer Präfekt Karl Höllerzeder (ab September 1957 Subregens). Als Regens

Josef Hiltl am 28. April 1951 zum Weihbischof ernannt worden ist, wurde der Pfarrer von Teublitz Karl Hofmann sein Nachfolger als Regens des Klerikalseminars (bis Oktober 1962).

Studium an der Philosophisch-Theologischen Hochschule

Nach unserem Eintreffen wurden wir in kleinere Studiersäle und Schlafsäle eingeführt. Das war für die meisten von uns kein Problem, weil wir das ja vorher von den Knabenseminaren her gewohnt waren. Die Einzelzimmer reichten nur für die oberen Kurse aus. Die Zahl aller Seminaristen war in den 50er-Jahren ungefähr je 200 und die Stärke der einzelnen Kurse um 33. Eine der ersten Aufgaben war dann die Aufnahme an der Philosophisch-Theologischen Hochschule am 26. Oktober 1950. Die Räume der Hochschule waren in einem Gebäude, das sich vom Ägidienplatz aus, rechts neben dem Alten Gymnasium in Richtung Dominikanerkirche erstreckte. Unser Zugang zu den Hörsälen und Seminarräumen war zumeist über ein Gelände südlich der Dominikanerkirche über einen Nebeneingang, vorbei an einem Raum, in dem auch schon Albertus Magnus gewirkt hatte. In den ersten vier Semestern der philosophischen Abteilung waren unsere Professoren: Dr. Josef Engert (seit 1948 in Pension) für Geschichte der Philosophie. Dr. Josef Schmucker für die philosophischen Fächer Ethik, Logik und Erkenntnistheorie, Allgemeine Psychologie und Metaphysik. Dr. Karl Schrems für Erziehungswissenschaften. Dr. Franz X. Gaar für Fundamentaltheologie. Direktor der Kirchenmusikschule Dr. Ferdinand Haberl für Choral und Kirchenmusik. Dr. Andersen für Biologie. Dr. Stöckl für Astronomie. Dr. Hans Dachs für Geschichte der Oberpfalz. Wohl durch ihn angeregt habe ich in der Manualbibliothek des Seminars in den Bänden »Die Kunstdenkmäler von Bayern« Quellen- und Literaturangaben für die Erforschung der eigenen Heimatgeschichte entdeckt; in der Staatlichen Bibliothek in der Gesandtenstraße und in der Bibliothek des Historischen Vereins am Dachauplatz ließ sich weiter forschen.

In den sechs theologischen Semestern waren unsere akademischen Lehrer: Für Dogmatik Dr. Georg Englhardt seit 1937, ab 1953 Rektor bis 1956. Für Neues Testament Dr. Joseph Reuss seit 1946, ab 1956 Rektor. Für Altes Testament Dr. Rudolf Mayer seit 1949. Für Moraltheologie Dr. Heinz Fleckenstein (von 1945 bis 1954); sein Nachfolger war Dr. Ignaz Weilner von 1954 an. Für Kirchengeschichte Dr. Walter Dürig ab 1951. Für Kirchenrecht Dr. Bernhard Panzram seit 1948 bis 1954; sein Nachfolger war seit 1955 Dr. Eduard Kammermeier.

Das Leben im Klerikalseminar

Im Klerikalseminar waren wir gut versorgt durch »gute Geister«, die von der Pforte an, über die Küche, durch Haus und Hof, bis zum großen Garten im Süden und Westen des Hauses für unser Wohlergehen sorgten. Das waren zunächst Mallersdorfer Schwestern, dann einige ledige Frauen und Männer. Neben Studiersaal oder Einzelzimmer waren die Orte, wo sich dann alle treffen konnten, die Hauskapelle im ersten Stock und der Speisesaal darunter im Parterre. Hier konnten auch manche gemeinsame Feste stattfinden. So ein kleiner Festakt war nach der Bischofsweihe unseres Regens

Josef Hiltl zum Weihbischof am 14. Mai 1951. Bei solchen Anlässen ist dann auch unser Seminarchor aufgetreten unter der Leitung von Theodor Aigner (Weihejahrgang 1954), der als ausgebildeter Kapellmeister ins Seminar gekommen war, aber erst das Abitur nachholen musste; später hat er promoviert. Einige von diesem Chor bildeten eine Schola und wurden neben den Gottesdiensten im Seminar immer wieder eingeladen, um bei kirchlichen Feiern auch in der weiten Diözese mitzuwirken. Auch vom Domchor wurden wir für ihre diversen Auftritte angefordert, wenn ihnen die Männerstimmen ausgingen. Einmal in der Woche kam Dr. Haberl zu uns, um mit unserer Schola Choral zu singen, der sonst Christian Braun (Weihejahrgang 1954) vorstand. Vergessen werden darf auch nicht Herr Schirok, ein Norddeutscher Schauspieler, der Einzel- und Gruppenschulung in Sprecherziehung mit uns machte. Manche haben ihn vielleicht – zu Unrecht – nicht ernst genommen, zu ihrem und ihrer späteren Zuhörer Nachteil, wenn sie undeutlich sprachen bei der Verkündigung von Gottes Wort.

Die Hochw. Herren Vorstände haben im Speisesaal eine Stufe höher als die Alumnen ihre Mahlzeiten eingenommen. Nach dem gemeinsamen Tischgebet haben alle Platz genommen und als ersten Gang die Suppe gelöffelt. Währenddessen war Stille und es wurde eine Tischlesung vorgetragen. Als ich einmal dran war und aus dem Leben von Papst Pius X. vorgelesen habe, kam auch sein Geburtsort Riese vor. Damals mit noch wenigen Italienischkenntnissen habe ich Riese gelesen. Der Herr Regens hat seine Tischglocke gedrückt und gerufen: »Ri-ese heißt's!« Die weiteren Speisen wurden von einer Schwester vom Küchenschalter herangefahren und verteilt. Es war für uns natürlich selbstverständlich, dass die Herren Vorstände an ihrer erhöhten Tafel bessere Speisen bekommen haben als wir aus den großen Töpfen. Dafür bekamen wir einen Beweis, als die Schwester einmal in die Küche hineingerufen hat: »Noch ein Priesterfleisch!« Dieser Ruf war ja so ulkig, dass er geradezu zur Wandersage wurde und von verschiedenen Seminaren zu hören oder zu lesen war. Ein Erlebnis im Speisesaal aus unserer Zeit hat ebenfalls geradezu Lachanfälle ausgelöst: Als Dieter Knickenberg (Weihejahrgang 1954), der aus Berlin stammte, nach der Subdiakonatsweihe in den Speisesaal kam, jubilierte er: »Hurra, jetzt darf ich Brevier beten und brauche nicht mehr heiraten!« Als er Pfarrer in Ihrlerstein war (ab 1965) hat er diesen Jubelruf vergessen, sich in eine Frau verliebt und sie geheiratet. Damit er seinen Beruf weiter ausüben konnte, ist er Altkatholik geworden und im Augsburger Raum Pfarrer gewesen. Nach dem Mittagessen sind wir immer in die Hauskapelle gegangen zu einer kurzen Adoratio. Als Paul Urlberger (Weihejahrgang 1958) Orgeldienst hatte, hat er das beliebte Anbetungslied angestimmt: »Himmelsau, licht und blau, wieviel zählst du Sternlein?« Alle antworten: »Ohne Zahl, so viel Mal sei gelobt das Sakrament!« Unzählige Mal hat man ihm vorgehalten, er habe gesungen: »Himmel-sau«; er hat es lebenslang heftig bestritten.

Mitalumnen

Nach diesen Schmunzelgeschichten, die man sich bekannterweise leichter merken kann als so vieles »G'scheits«, sei – last but not least – erinnert an die lieben Mitalumnen der 50er-Jahre, die meist nach kurzer Kaplanszeit den Bischof um Erlaubnis gebeten haben, sie für die Missionsarbeit in Südafrika, Lateinamerika oder Südkorea freizugeben. Er hat sie ziehen lassen. Das waren: Oswald Hirmer (Weihejahrgang 1955), Friedrich Lobinger (Weihejahrgang 1955), Gerhard Brunner (Weihejahrgang 1956), Hubert Bucher (Weihejahrgang 1957). Gregor Zitzmann (Weihejahrgang 1957) ging nach Argentinien und Konrad Fischer (Weihejahrgang 1960) nach Südkorea. Hirmer, Lobinger und Bucher haben promoviert und sind in Südafrika Bischöfe geworden. Alle außer Friedrich Lobinger sind schon gestorben, nachdem sie in ihren Bereichen und manchmal weit darüber hinaus, z. B. durchs sog. »Bibelteilen«, großartig im Reich Gottes in der weiten Welt gewirkt hatten.

Alle Alumnen, die in den 50er-Jahren im Priesterseminar ihre Ausbildung und Vorbereitung auf ihren Priesterberuf erlebten, waren mehr oder weniger beeinflusst und mitgeprägt von der unseligen Zeit des Dritten Reiches. Sie waren nicht interessiert an großen Änderungen im Bereich der Liturgie und Verkündigung. Das 2. Vatikanische Konzil war überhaupt kein Thema. Die sonstigen Veränderungen, die dann die 60er-Jahre brachten, ebenfalls nicht. Als einer der wenigen »Hinterbliebenen« der 50er-Jahre darf ich – ganz sicher auch im Namen der schon zum Herrn Heimgerufenen – Dank sagen für die Zeit im Priesterseminar St. Wolfgang am Bismarckplatz in Regensburg. Dank sagen unserem damaligen Bischof Dr. Michael Buchberger, all den Priestern, Lehrern und Angestellten, hinüber in das ewige Leben bei Gott.

BLICK IN DIE WEITE, »EINE WELT«
Der Missionszirkel im Priesterseminar e.V.

Angeregt durch den von StR Michael Bauer angesprochenen Aufbruch junger Priester aus dem Bistum Regensburg »in die Mission« fand sich im Heimatseminar im Jahr 1956 die »Arbeitsgemeinschaft Mission« zusammen: eine Gruppe von Interessierten und Unterstützern, die es sich zur Aufgabe machten, den Missionsgedanken und die Perspektive der Einen Welt im Priesterseminar zu wecken und zu fördern. Der Kreis institutionalisierte sich 1968 mit der Gründung als eingetragener Verein »Missionszirkel im Priesterseminar Regensburg e.V.«, seminarintern liebevoll »MiZi« genannt.

Seit über 50 Jahren wird der Verein ehrenamtlich von Seminaristen getragen. Sie engagieren sich satzungsgemäß für die »ideelle und materielle Förderung der Missionstätigkeit der katholischen Kirche« durch das Sammeln von Spenden, durch die Pflege von Kontakten zu Missionaren, die Einladung von Referenten zu Vorträgen ins Priesterseminar, durch Besuche bei begünstigten Institutionen oder bei Missio in München. Mithilfe von Einzelspenden und Daueraufträgen, den Erträgen aus Sammelaktionen, dem jährlichen Schafkopf-Turnier, durch den Verkauf von Büchern und die Gewinne aus dem Verkauf von Süßigkeiten und Getränken im Seminar etc. konnten die Vereinsmitglieder seit Gründung des »MiZi« insgesamt knapp 1,8 Mio € an Fördermitteln für Missionsprojekte in aller Welt vergeben.

Strenge Regeln – weites Herz
Kanonikus Prälat Helmut Huber, Weihejahrgang 1964

1958 ging ich ins Priesterseminar. Wir waren über 40 Studienanfänger. Ich war einer der drei, die vorher nicht in einem Seminar lebten. Ich war begeistert von der geistlichen Atmosphäre und den geregelten Gebetszeiten und von der Freundlichkeit der Seminarleitung. Das Leben in einem Studiersaal (mit ca. 6–8 Tischen und Pulten) und im Schlafsaal (mit 28 Betten) war für mich völlig ungewohnt. Mich störte das nicht; ich empfand es kommunikativ. In ein Doppelzimmer konnte ich erst im 4. Jahr ziehen. Den »Luxus« eines Einzelzimmers hatte ich erst im letzten Jahr.

Einleben

Die Hausordnung war sehr eng. Regens Hofmann hat sie bei der Einführung offensichtlich so weitherzig und menschlich vermittelt, dass ich gar nicht alles rezipiert hatte. Arglos ging ich zwischen Vorlesungen durch die Stadt, um sie kennenzulernen. Ich freute mich immer, wenn ich in der Gesandtenstraße einen der Vorstände sah und grüßte sie fröhlich. Nie hat mich einer angesprochen, dass ich jetzt im Studiersaal sein müsste. Ein Kamerad klärte mich auf: Stadtbesuch ist nur für Besorgungen zwischen Mittagessen und Kaffeezeit (»Haustus«) erlaubt. Das muss in einem Heft im Vorraum des Subregens eingetragen werden. Das war schwer verständlich für mich, der von den Eltern in Eigenverantwortung erzogen war und als Fahrschüler eigenständig über seine Zeit verfügte.

Hausschlüssel bekam man nicht. Abends musste man im Haus sein: um 21 Uhr Komplet mit Betrachtungspunkten, die H. Pater Spiritual gab. Anschließend »Silentium Religiosum«. An wenigen Tagen konnte man bis 22.30 Uhr ausgehen z. B. ins Theater. Für mich eine spürbare Einschränkung: Ich war in Hirschau Schach-Mannschaftsspieler und im Regensburger Schach-Club (als Oberpfalz-Vize-Jugendmeister) bekannt. Öfter wurde ich angesprochen, doch hier bei der Stadtmeisterschaft mitzuspielen. Das war natürlich bei dieser Hausordnung nicht möglich. Ich sagte immer: mir fehlt die Zeit. Den wahren Grund zu sagen, war mir für unsere Einrichtung zu peinlich.

Trotzdem fühlte ich mich sehr wohl und konnte die tägliche Messfeier, die geistlichen Angebote und Übungen genießen und die Seminargemeinschaft begeistert mitmachen. Allerdings irritierte mich bald, dass einige Kurs- und Tischgenossen im Speisesaal dies und das und das Essen (das mir gut schmeckte) kritisierten. »Na ja«, dachte ich mir, »ist wohl das Gemeckere geübter Seminaristen.«

In der ersten Faschingszeit sprach mich einer an, der mich vom Gymnasium Amberg her kannte: »Helmut, du tanzt doch gern. Gehst mit zum Faschingsball in die RT-Halle?« »Na klar!« Dass dies nach damaliger Auffassung hier ein absolutes No Go war, wurde mir erst bewusst, als es so weit war. Man musste nach dem Abendessen beim gemeinsamen Weg in die Hauskapelle zur Adoratio unauffällig verschwinden, die Kleidung auf Fasching wechseln und während alle beim Gebet waren, das Haus über die zu dieser Zeit unbesetzte Pforte verlassen. Der Mesner der Jakobskirche war eingeweiht. Er öffnete am Morgen nach Beginn der Sechsuhr-Messe für uns Heimkehrer die Haustüre. Wir mussten nach dem Ende des Balls im Zimmer eines externen Theologiestudenten den Rest der Nacht verbringen. Erst da wurde mir – naiv wie ich noch war – bewusst: das hätte auch die Dimission bedeuten können.

Der »Krawattenkrieg«

Zweites Semester: Es waren sehr warme Tage; entsprechend luftig die Kleidung. Personen aus dem Domkapitel nahmen daran Anstoß. Nun verkündete der Regens: »Die Kleidung der Herren lässt in letzter Zeit sehr zu wünschen übrig. Es gilt: die Philosophen tragen Krawatte, die Kleriker tragen Kollar. Bitte beachten Sie das!« Dies zeigte zunächst wenig Wirkung. Am nächsten Tag wurde diese Ansage wiederholt. Als immer noch etliche ohne Binder gingen, wurde die Mahnung ganz entschieden. Und der Wächter über die Ordnung, Subregens Höllerzeder, sprach jeden an, den er »unordentlich« gekleidet sah. Zu einem »Übeltäter«: »Sagen Sie auch Ihren Kollegen: sie sollen es sich überlegen!« Ich war in einem Dilemma: ich hatte überwiegend sportliche Hemden. Bei deren Schnitt hätte ich mich mit einer Krawatte wie ein Kasperl gefühlt. Meine finanzielle Ausstattung (und die meiner Eltern) ließen eine Neuausstattung unangebracht erscheinen. Also ging ich »ohne«. Schließlich waren wir noch zwei Binderlose. Die Sache verlief sich. Ich wurde nie angesprochen.

Erinnerung an die Seminarzeit ist wesentlich Erinnerung an die verantwortlichen Personen

REGENS KARL HOFMANN war von allen hoch geschätzt. Sein weitherziger Umgang mit der engen Seminarordnung gab Sicherheit und weckte Vertrauen.

Mit Augenmaß und Verständnis reagierte er bei Verstößen gegen die Ordnung. Ein Beispiel: Nach dem Wintersemester war noch eine Woche Präsenz zu Vorträgen über das kirchliche Leben vorgeschrieben. Einer hatte seine Ferien-Arbeit in der Spitalbrauerei bereits während dieser Woche begonnen. Nach dem Mittagessen traf ihn Regens Hofmann, dem dies nicht entgangen war, am Anschlagbrett. Er fragte ihn: »Na, Herr Baumgartner, wie gefallen Ihnen denn die Vorträge?« »Herr Regens, ausgezeichnet!« »Das kann ich mir denken«, sagte er und ging.

Nett auch: Einmal wurde ich unfreiwillig Ohrenzeuge eines Dialogs. Die Vorstände gingen meist irgendwann nach 21 Uhr – Zeit des Silentium Religiosum – von ihrem Gemeinschaftsraum in ihre Zimmer. Als sie sich im Treppenhaus trennten, drang aus einem Zimmer lauter Lärm und mehrstimmiges Gelächter. »Herr Subre-

Bischof Dr. Rudolf Graber mit dem Weihejahrgang 1964 (Privatfundus Helmut Huber)

gens, hören Sie?« sagte Hofmann zu Subregens Brandhuber, »walten Sie Ihres Amtes!« – und stieg laut lachend die Treppe hinauf.

Nur eines mochte Regens Hofmann ganz und gar nicht: wenn mit einer Heiligenfigur (etwa dem hl. Jakobus im zweiten Stock des Altbaus) Schabernack getrieben wurde. Seine Vorlesungen über die pastorale Praxis während unseres letzten Jahres vor der Priesterweihe waren für mich substanziell und hilfreich – geprägt von seiner vorherigen langen Erfahrung als Pfarrer.

Im Juli 1963 wurden wir zum Diakon geweiht. Nun wollte ich auch in einer Pfarrei als Diakon wirken und pastorale Erfahrungen machen. Regens Hofmann hat dies sofort unterstützt und schickte mich für einige Wochen nach Landshut-St. Wolfgang. Ein vorgeschriebenes Pastoral-Praktikum gab es damals nicht.

1 ½ Jahre vor unserer Priesterweihe wurde Hofmann zum Generalvikar berufen. Es kam Regens Ludwig Scharf. Jetzt

wehte ein deutlich strengerer »Hausordnungswind«.

SPIRITUAL PATER LUDWIG WEIKL SJ war ein angesehener Mann, der auch ein mehrfach übersetztes geistliches Buch geschrieben hatte: »Entfache die Glut«. Er dachte und sprach sehr systematisch. Er selbst war genau und verlässlich wie ein Uhrwerk. Täglich erlosch das Licht in seinem Zimmer pünktlich um 22 Uhr; man hätte die Uhr danach stellen können.

Seine Betrachtungspunkte waren schematisch, strohtrocken und für viele wie eine Einschlafhilfe. Am monatlichen Recollectio-Sonntag bot er in der Hauskapelle von einem fahrbaren »Lehrstuhl« aus eine Instructio zum geistlichen Leben. Da war er für mich interessant, lehrreich und manchmal klasse.

Bei einem der ersten der regelmäßig vorgeschriebenen Einzelgespräche stellte er u. a. auch die Frage nach dem Umgang mit Mädchen. So formuliert: »Haben Sie schon einmal eine Flamme gehabt?« Darüber wurde gespöttelt: er arbeite jetzt an einem zweiten Band des Buchs »Entfache die Glut« – jetzt mit dem Titel »Lösche die Flamme«. Mir stellte er diese Frage nie. Das setzte er wohl von einem »frei aufgewachsenen« Alumnen voraus.

Seine letzte Instructio blieb mir unvergesslich. Einige Alumnen bekundeten ihr Missfallen durch Scharren mit den Füßen. P. Weikl war darüber äußerst erregt. Mit mühsam unterdrückter Wut missbilligte er dieses Verhalten. In seiner Erregung brachte er die Blätter seines Konzepts durcheinander. Schließlich versuchte er frei im Thema fortzufahren. Dabei erlebte er einen Hänger: er wiederholte mehrmals eine Reihe von drei bis vier Sätzen. Einige begannen zu kichern, mir wurde es sehr peinlich. Da legte er sein Skript weg. Seine Stimme wurde ganz ruhig. Er sagte: es sei jetzt bei ihm im Gehirn so etwas wie ein kleiner Schlaganfall geschehen. »Das ist für mich ein Zeichen dafür, dass der Herr bald bei mir anklopfen wird.« Und er gab aus dem Stegreif eine Instructio über das Alter und seine zunehmenden Defizite, die mich tief und nachhaltig beeindruckte. Aussagetendenz: mit alten Menschen soll man nicht Mitleid haben, sondern Verständnis. Ich dachte mir damals: wenn ich einmal alt werden sollte, möchte ich diese Reife des Alters haben.

Am Tag nach diesem Ereignis reichte er beim Regens seine Demission ein.

SUBREGENS KARL HÖLLERZEDER war ein frommer und äußerst hilfsbereiter Mann, aber als Subregens ein gestrenger Wächter der Ordnung und von einigen gefürchtet. Ich lernte ihn von seiner anderen Seite kennen. Er unterstütze mein Bestreben, einen »Schachclub« im Seminar zu organisieren, mit Meisterschaftsturnier und Mannschaftskampf gegen eine Regensburger Mannschaft. Er ließ das dafür notwendige Material anschaffen.

Und als ich einmal mit einer Grippe im Krankenzimmer lag, erlebte ich ihn liebenswürdig und besorgt wie eine gute Mutter.

PRÄFEKT, AB WS 1959 SUBREGENS ALBERT BACHL war für unsere homiletische Ausbildung zuständig. Im Seminarhörsaal gab er Vorlesungen zur Homiletik. Und er begleitete die Probepredigten. Diese waren meist in der Jakobskirche bei den Maiandachten vor den Kommilitonen (»vor den Pharisäern und Schriftgelehrten«) zu halten, teilweise auch bei Gottesdiensten z. B. in St. Ägidius. Herr Bachl war ein lieber Mensch. Aber m. E. kein professioneller Predigt-Ausbilder. Seine Predigt-Kritik bewegte sich um Rückmeldungen wie: »War nicht ungut.« »Die Gesten sind noch ausbaufähig«. Gelernt hat man daraus nicht viel.

Dann wurde er in unserem letzten Jahr von Präfekt Dr. Michael Grünwald abgelöst. Jetzt ging's zur Sache. Bei der ersten Nachbesprechung hat's uns fast die Ohren weggerissen. Er zerriss die Probepredigt nach allen Regeln der Kunst. Sein Hauptaugenmerk legte er auf den Inhalt. Theologisch sauber und in einem stimmigen Duktus musste es sein. Und er legte uns den lernpsychologischen Predigtaufbau nahe. Das war für meine Predigtausbildung noch eine Phase, bei der ich die Lust am Predigen gefunden habe, die bis heute anhält.

SPRECHERZIEHUNG BEI HERRN SCHIROK

Herr Schirok, ein ehemaliger Schauspieler, sollte uns das richtige Sprechen, insbesondere im Großraum, beibringen. In Kleingruppen trainierte er unsere Atemtechnik und Aussprache. An Nachmittagen schallten oft laute A, E, I, O, Us durch den Gang – für Gäste oft befremdlich. Er ließ sich mit beiden Händen an Zwerchfell und Lendenwirbel anfassen; die richtige Atemtechnik war zu erfühlen. Und er schärfte uns die PTK-Laute ein. Manche nahmen ihn wenig ernst. Er neigte zu Übertreibungen. In seinen Vorlesungen betonte er oft, Sprecherziehung sei wichtiger als Exegese und Dogmatik, weil ja die Botschaft erst durch die gute Sprechweise zur Geltung kommen könne.

Und weil er auch sehr empfänglich für Applaus war, wurde er oft bei seinen Vorlesungen mit stürmischem Beifall unterbrochen – er dankte mit Verneigungen eines Schauspielers. Und die in Seminargemeinschaften oft vorhandene »Kindskopf-Mentalität« hat dies ausgekostet. Er bemerkte nicht, dass man ihn auf den Arm nehmen wollte. Ein Kurs hat ihn einmal unter größtem Beifall auf die Schultern genommen und wie einen erfolgreichen Fußballtrainer aus dem Hörsaal getragen.

Ich war später und bin ihm heute noch dankbar für das Erlernen der Atemtechnik und das Aneignen der wichtigen PTK-Laute.

DR. FERDINAND HABERL gab an der Hochschule am Ägidienplatz Vorlesungen in Choraltheorie. Im Priesterseminar musste darüber eine schriftliche Prüfung abgelegt werden. In der Hauskapelle übte er mit uns den richtigen Choralgesang. Er war ein hoch anerkannter Fachmann, aber er hatte eine äußerst langweilige Art zu sprechen. Deshalb und weil Choraltheorie von den meisten nicht für so wichtig erachtet wurde, waren in seinen Vorlesungen ganz wenige. Er sagte zu unserem Kurs-Musikus, der immer präsent war: »Sagen Sie Ihren Kommilitonen: Wenn weiterhin so wenige in die Vorlesung kommen, lass ich beim Examen nicht abschreiben.« Von da an wurde ein Deputat in den Hörsaal eingeteilt. Und richtig: Bei der Prüfung ging er ohne Kontrollblick durch die Reihen. Als einem in seiner Nervosität direkt neben Haberl die Vorlage auf den Boden fiel, sagte dieser leise zu ihm: »Andere Herren stellen sich klüger an.«

Ich verdanke Dr. Haberl die Liebe zum Choralgesang und dass ich als Kaplan in Plattling (als Nicht-Musiker!) sogar wagte, eine Choralschola aus Jugendlichen zu bilden und im Gottesdienst zu leiten.

MEINE SECHS JAHRE IM PRIESTER-SEMINAR waren für mich eine gute Zeit, für die ich dankbar bin. Ich erhielt eine gut tragfähige Basis für meinen Dienst als Priester in der Seelsorge, obwohl die pastoral-praktische Ausbildung (z. B. die katechetische und homiletische) nach heutigen Vorstellungen wenig professionell war.

Vor allem brachte sie eine Einführung ins Geistliche Leben; vermittelte die Bedeutung eines geregelten Rhythmus, der eingeübt wurde.

Und es wuchs dauerhaft eine Gemeinschaft. Diese wurde gefördert durch Veranstaltungen im Seminar (z. B. schöne und geistreiche Faschingsfeiern; Sportveranstaltungen mit Wettkämpfen mit anderen Seminaren), durch wechselnde Tischordnung im Speisesaal (auch kursübergreifend) und nicht zuletzt durch das (eigentlich »ablenkende«) Studium im Studiersaal. Die hier gewachsene Weihekurs-Gemeinschaft hält an bis zum heutigen Tag.

»Revolutionäre« 68er-Jahre. Erinnerungen an meine Zeit im Priesterseminar von 1965 bis 1971

Pfarrer i. R. Claus Peter Chrt, Weihejahrgang 1971

Nicht leicht zu sagen, wann der Entschluss feststand, mich für den Priesterberuf zu entscheiden. Es war kein »Damaskuserlebnis«. Viele und vielfältige Erlebnisse kamen zusammen und verdichteten sich im Laufe der Zeit zu diesem Entschluss.

Schon sehr früh, es waren die Jahre nach der Vertreibung aus meiner Heimat im Böhmerwald, habe ich in meiner Familie das einfache Leben kennengelernt. Dankbarkeit und Zufriedenheit, der einfache, aber überzeugende Glaube meiner Eltern haben mich geprägt und mir Geborgenheit geschenkt. In der Grundschulzeit faszinierten mich die Geschichten von Jesus. Eine Grundzufriedenheit mit dem »Katholischen« hatte mir die behütete Kindheit mitgegeben. Als Jugendlicher waren es tiefere Fragen, mit denen ich mich auseinanderzusetzen begann.

Fragen nach dem Leben, nach dem Sinn des Ganzen. Wozu lebe ich? Was ist eigentlich Gott? In dem Haus, in dem ich mit meinen Eltern wohnte, starb ein lebenslustiges, fröhliches Mädchen an Leukämie. Ist mit dem Tod nun alles aus? Was kommt danach? Ich begann, theologische Bücher zu lesen, interessierte mich für Philosophie und Theologie. Romano Guardinis »Der Herr« begeisterte mich. Ich spürte ein tiefes Suchen nach Wahrheit und Erkenntnis, nach Berührung mit dem »Transzendenten«.

Eintritt in das Priesterseminar 1965

Mit dieser Sehnsucht trat ich 1965 nach dem Abitur in das Priesterseminar ein. Regens Ludwig Scharf begrüßte mich freundlich: »Herr Chört,« mein Name ist ja nun wirklich schwer auszusprechen, »Herr Chört, ich wünsche Ihnen, dass Sie sich in unserer Hausgemeinschaft wohlfühlen und den Weg Ihrer Berufung finden können.«

Kurz vor meinem Eintritt war mein Vater gestorben. Die Mutter war ständig kränklich. Ich bekam die Sondererlaubnis, die ersten 4 Semester »Heimschläfer« zu sein. Tagsüber besuchte ich am Ägidienplatz, in der philosophisch-theologischen Hochschule die Vorlesungen. Abends hörte ich die »Punkte« des Spirituals, am Samstag die »Recollectio« durch den Regens. So lernte ich, wenngleich in eingeschränktem Maße, das Seminarleben kennen. Mit meinen Kurskollegen und dem Kurskaplan Franz Hirsch verstand ich mich bald sehr gut. Keine abgehobenen Typen mit frommem Augenaufschlag. Keine Streber, keine griesgrämigen, weltflüchtigen Menschen mit ultrakonservativen Ansichten. Ich begegnete ganz normalen Menschen. Menschen mit Qualitäten und Begabungen, mit Stärken und Schwächen. Menschen, die Priester werden wollten. Und wie ich einen inneren Ruf nach einem »darüber hinaus« spürten; über das rein Faktische und Machbare hinaus. Über eine Welt des bloßen Habens und Besitzens, des bloß Erfolgreichen und Perfekten hinaus.

Seminarleben

Mit großem Interesse hörte ich die geistlichen Vorträge und Meditationen, besuchte gerne die wöchentlichen Bibelgespräche im Kurs, die Gottesdienste in der Hauskapelle. Ein paar Semester leitete ich die Choralschola. Es machte mir große Freude, zusammen mit Klaus Stock, dem späteren Studentenseelsorger, manche Veranstaltungen im Seminar mit Violine und Klavier musikalisch gestaltet zu haben. In den Semesterferien verbrachte ich einen Monat lang ein Praktikum beim Paketzustelldienst am Bahnhof. Bevor der Güterwaggon mit den Paketen nachts in den Bahnhof rollte, ergaben sich so manche Diskussionen über »Gott und die Welt«, über Kirche und natürlich über den Zölibat. Oft interessante Gespräche, bei denen ich auch manche Sorgen eines Familienlebens kennenlernte. Nach 4 Semestern »Heimschläfer« war ich nun voll in die Hausgemeinschaft integriert. Die Zeit zu Hause bei meiner kranken Mutter habe ich aber nie als eine »pastoral verlorene Zeit« empfunden. Ich habe nur einen anderen Teil der Pastoral kennengelernt. Die Sorgen und Fragen eines Menschen, um den ich mich ein wenig gekümmert hatte. Nun kümmerten sich freundliche Küchenschwestern und gute »Hausgeister« auch um mich. Es war die Zeit, in der ich an Alter und Weisheit zunahm, auch an Gewicht. Zum Mittagessen war es Usus, sog. Tischlesungen zu hören. Abwechselnd las ein Seminarist Abschnitte aus der theologischen Literatur vor, bis der Regens das von vielen ersehnte »satis« (»es reicht!«) sprach, uns vom Schweigen erlöste, und mir ab da das Essen oft noch besser zu schmecken begann.

Eine Anekdote aus dieser Zeit soll nicht unerwähnt bleiben.

Manchmal empfanden meine Kurskollegen, auch ich, am späten Abend noch einen Heißhunger auf ein saftiges Gockerl. Unser Kurssprecher übernahm dankenswerterweise die Aufgabe, solche im nahegelegenen »Wienerwald« am Arnulfsplatz zu besorgen. Die Tüten mit den duftenden Brathendln hängte er an die Türklinken unserer Zimmer. Das ging freilich nicht lange gut. Jemand von der Regentie entdeckte das abendliche »Ereignis«. Er »roch« den Braten. So fand eine »köstliche« Geschichte ein abruptes Ende.

»Revolutionäres« im Seminar

Von einem viel erfreulicheren Ende möchte ich berichten. Ausgangsmöglichkeiten während der Woche gab es nur am Mittwochabend.

Viele nutzten diese Gelegenheit zum Theater- oder Konzertbesuch. Andere freuten sich auf die Einkehr beim nahen »Steidlwirt«. Ich war 23 Jahre alt, im 9. Semester, als etwas »Revolutionäres« im Seminar geschah.

Ein jeder von uns bekam einen Hausschlüssel. Man vertraute uns einen Schlüssel an. Die Verantwortung für unsere Zeit,

»Revolutionäre« 68er Jahre.

Weihejahrgang 1971 (BZAR, Priesterseminar Regensburg, 403)

für Begegnungen, für das Leben selbst, wurde in unsere Hände gelegt. Für mich eine »Exodus«-Erfahrung. Nun musste für keinen »Spätheimkehrer« mehr ein Fenster im Erdgeschoss geöffnet werden. Der Hausschlüssel – ein Instrument für die Übernahme weiterer Eigenverantwortung. Revolutionär.

Die 68er-Jahre

Wie es überhaupt die 68er-Jahre waren, die die Gesellschaft radikal veränderten. Rudi Dutschke war das Gesicht der 68er. Er gründete den Sozialistischen deutschen Studentenbund (SDS). Eine Bewegung der Neuen Linken und der Gegenkultur. In den USA, in Prag, in Polen, an den deutschen Universitäten, flammte der Protest auf gegen die verkrusteten Institutionen und Denkstrukturen, gegen den »Muff von tausend Jahren unter den Talaren«. Trillerpfeifen, Verteilung von Flugblättern, »Sit-ins«, Störungen von Vorlesungen waren nicht selten. Die phil.-theol. Hochschule blieb davon weitestgehend verschont. »Die Studentenunruhen erreichten auch Tübingen und bescherten dem scheuen, wenig konfliktgestählten Professor Ratzinger das Trauma seines Lebens«

(Christian Feldmann, Benedikt XVI., Der bayerische Papst).

Von dieser Kulturrevolution blieb die Kirche nicht verschont. Neue Erwartungen, die schon das 2. Vatikanische Konzil genährt hatten, wurden an die Kirche gestellt. »Wahrheiten« wurden hinterfragt. Es entstand die sog. «Befreiungstheologie«. Spuren dieser Revolte, dieser Aufbruchstimmung waren auch im Priesterseminar zu erkennen. »Rote Laterne« hieß eine aufmüpfige Zeitschrift. Ein unzensierter Fragebogen zirkulierte im Seminar zu den Themen: Hierarchie, das Amt des Papstes und der Bischöfe, Pflichtzölibat, Neustrukturierung des Lebens in den Priesterseminaren. Fragen, die heute aktueller denn je sind.

Vorlesungen an der Hochschule und der »jungen« Uni Regensburg

Die Vorlesungen an der Hochschule, die geistliche Betreuung durch die Seminarleitung empfand ich da wie einen Ruhepol in einer unruhigen Zeit. Unvergessen bleibt mir in Erinnerung eine Vorlesung von Prof. Jakob Hommes. Er lehrte Philosophie. Er war mehr als nur ein Philosophieprofessor. Für mich war er ein Philosoph. An einem Morgen stieg er gedankenverloren die Holztreppen zum Lesepult hinauf. Schweigend ging er eine Zeitlang auf und ab. »Meine Herren«, begann er. Und erzählte uns, dass ihm auf dem Weg hierher ein Begriffspaar in den Sinn gekommen ist, nach dem er schon jahrelang gesucht hatte. Er sprach wie jemand, der aus einer Schatzkiste eine wertvolle Perle hervorholt. Er sprach von den beiden Begriffen: »Dargereichtheit« und »Handhabbarkeit«. Sich das Leben, das Sein »handhabbar« zu machen, ist die Philosophie des »dialektischen Materialismus«. Das Sein dagegen als »dargereicht« betrachten, dem ein »Logos« innewohnt, ein schon vorgegebener Sinn ein »Wort«, das zu hören und zu deuten, unsere urmenschliche Aufgabe ist, das ist die Philosophie des Geschöpflichen.

Ich hatte das Glück, vielen Professoren begegnet zu sein, die mich in meinem Wissensdurst begleitet und gefördert haben. Die Universität Regensburg befand sich damals erst in den »Kinderschuhen«. So unbedeutend aber, wie manche meinten, war die Regensburger Theologie in ihren Anfängen nicht. Sie gehörten zur 1. Garde: Der Neutestamentler Franz Mussner, der gemütvolle Alttestamentler Heinrich Groß, von uns liebevoll »Rabbi« genannt. Der Kirchenhistoriker Raimund Kottje, der gerade in den USA geschätzte Pastoraltheologe Josef Goldbrunner, Professor Schmucker (Philosophie), der Fundamentaltheologe Norbert Schiffers, Prof. Ignaz Weilner, dessen wissenschaftliche Hilfskraft ich für 2 Semester war. Prof. Josef Ratzinger habe ich nicht mehr gehört. Ich absolvierte schon das Praktikum in Sinzing. Unvergessen für mich bleiben auch Prof. Matthäus Kaiser (Kirchenrecht), der Liturgieprofessor Bruno Kleinheyer, Prof. Wolfgang Nastainczyk (Religionspädagogik), Prof. Johann Auer (Dogmen u. Dogmengeschichte), a.o. Professor Schurr (Kenner der Philosophie eines Hegel, Fichte, Kant) u. a. mehr. Originale gab es auch: z. B. Prof. Rudolf Meier, der uns in seiner urigen Art in die Ursprache der Bibel, in das Hebräische einführte. Wir nannten ihn den Ur-meier. Despektierlich haben wir das aber nie gemeint. Sie alle, ausgewiesene Wissenschaftler, waren für mich immer Menschen geblieben: Authentisch, überzeugend, glaubwürdig. Viele hielten Kontakt zum Priesterseminar.

Sprecherziehung und Predigtausbildung

Für die Sprecherziehung war Dozent Heribert Schirok zuständig. Eine gute Sprechausbildung lag der Seminarleitung sehr am Herzen. Kommt doch der Glaube vom Hören. Schirok führte uns in die hohe Kunst des Sprechens ein. Er ließ uns in der Jakobskirche hinter dem Altar einen Text sprechen. Natürlich ohne Mikrofon. Ich musste einen Text aus dem Märchen »Der Wolf und die sieben Geißlein« sprechen. Mit einem Tonband an der hinteren Rückwand der Kirche nahm er unser Sprechen auf. Wir redeten. Redeten laut. Manche schrien. Beim Abspielen ließ er uns wissen, wie mangelhaft eigentlich unser Sprechen ist. Ich vermutete, dass es am Tonbandgerät lag. Er erklärte uns dann das richtige Ein- und Ausatmen. Kraftvoll müssen die Atemstöße sein. Ich übte und übte in meinem Zimmer. Bis mir manchmal schwarz vor den Augen wurde. Dafür sagen mir Leute noch heute nach, ich hätte eine gute Aussprache. Aber das sagte mir schon mein Volksschullehrer.

Meine erste Predigt hielt ich an einem Samstagabend in der Niedermünsterkirche. Predigttext war der Anfang des 4. Kapitels des Lukasevangeliums: »Der Herr hat mich gesandt, den Armen eine frohe Nachricht zu bringen«.

Predigten mussten damals noch auswendig gehalten werden.

»Gut gemacht«, sagte mir auf dem Heimweg mein Homiletiker Michael Grünwald. Und bedenken Sie immer: »Predigen ist eine Lust, aber auch eine Last.« Wie recht er hatte.

Dank

Priesterseminar und Hochschule. Spiritualität und Wissenschaft. Glaube und Vernunft. Fides et ratio. Sie bedingen einander. Die Enzyklika von Johannes Paul II. »Fides et ratio« (sie trägt deutlich die Handschrift Ratzingers) beginnt mit den Sätzen: »Glaube und Vernunft sind wie die beiden Flügel, mit denen sich der menschliche Geist zur Betrachtung der Wahrheit erhebt«. Und Lars Jaeger schreibt: Es sind »die zwei Wege zu den großen Geheimnissen.«

Ich danke allen, die mich in diesen 6 Jahren auf diesen 2 Wegen zum großen Gottesgeheimnis geführt haben: Den Wissenschaftlern und den geistlichen Begleitern, den Theologen und den einfachen Schwestern in Haus und Küche, den guten Hausgeistern, die mir viel Wohlwollen und Freundlichkeit geschenkt haben.

Ich danke, dass ich das Priesterseminar nicht als »Kaderschmiede« in Erinnerung habe, als einen Ort, wo Priester »herangezüchtet« werden. In Freiheit konnte ich meine Stärken und Schwächen entdecken, den leisen Ruf zur Nachfolge hören und eine Entscheidung heranreifen lassen. Am Abend vor meiner Priesterweihe fühlte ich mich müde, leer, unsicher. Nicht nur wegen der strapaziösen Vorbereitungen. Ich hatte nicht das Gefühl: »Hoppla, jetzt komme ich! Die Welt, die Kirche wartet schon auf mich!« Mir ging es eher wie dem Jeremia, der zum Herrn sagt: »Herr, siehe! Ich weiß doch nicht zu reden. Ich bin noch zu jung! Nimm jemanden anderen!« Aber auch ein anderes Wort war mir gegenwärtig. Ein Wort aus dem 2. Korintherbrief: »Dort, wo die menschliche Kraft zu Ende ist, wird die Kraft Gottes wirksam, damit die Überfülle der Kraft von Gott kommt und nicht aus uns« (2 Kor 4,7).

Eine Woche später feierte ich Primiz in meiner Heimatgemeinde St. Wolfgang, Regensburg. Regens Ludwig Scharf war mein Primizprediger. Er sprach von dem tieferen Hunger des Menschen. Vom Hunger nach dem Wort, inmitten der vielen Wörter. Vom tieferen Hunger nach einem Brot, das nicht nur den Magen stillt. Die Menschenseele ist zu groß entworfen, als dass sie genug fände an den Broten dieser Welt. Er sprach von einem tieferen Hunger nach dem Bleibenden inmitten von Vergänglichkeit und Vergessenheit.

Ausblick

Nun bin ich schon über 5 Jahrzehnte »auf Sendung«. Vieles hat sich in dieser Zeit verändert: In Gesellschaft, Kirche, Welt. Die Priesterausbildung wird heute eine andere sein müssen als zu meiner Zeit.

Man wird sich neue Gedanken machen müssen über Reformen in der Ausbildung, über den »synodalen Weg«. Über neue Modelle, z. B. die »duale« Ausbildung. In vorlesungsfreien Zeiten werden die jungen Menschen künftig »dual«, d. h. zusätzlich in Ausbildungspfarreien auf ihren Dienst vorbereitet. Und dies schon ab dem 1. Jahr. Das Thema Prävention ist ein wichtiges Thema in der theoretischen Ausbildung.

Fragen nach dem Pflichtzölibat wurden von Kardinal Reinhard Marx angestoßen und dürfen nicht unter den Tisch gekehrt werden. Darüber hinaus müssen die Seminaristen in digitaler Kompetenz geschult werden, um den Herausforderungen der Zeit gewachsen zu sein.

Bei allen künftigen Veränderungen bleibt die Mitte: Christus, der Herr! »Das Priesterseminar als Schule des Gebetes und der Beziehung zu Christus bleibt. Es wird nicht zu einem Wohnzimmer, in dem ab und zu eine geistliche Fortbildung stattfindet. Tägliche Messe und Gebet bleiben der Kern des Zusammenlebens all derer, die sich auf den Weg der Nachfolge begeben haben« (Gerhard Pöpperl, Präfekt des Priesterseminars). »Der Herr hat mich gesandt, den Armen eine frohe Nachricht zu bringen.« Ich erinnere mich wieder an meine erste Predigt. Und daran, dass in der Handauflegung durch Bischof Rudolf Graber vor 50 Jahren Gott mir zugesagt hat: Ich brauche dich. Gott kann mich brauchen. Mit meinem Namen, meinem Gesicht, meinen Qualitäten und Kräften, mit meinen Schwächen und Anfechtungen, meinen Ängsten und Fehlern. Ich muss nicht Abraham sein und aus Ur in Chaldäa ins »gelobte Land« aufbrechen. Es ist schon viel, wenn mein Weg noch eine Verheißung kennt. Ich muss nicht Mose sein, der sein Volk 40 Jahre durch die Wüste führte. Es ist schon viel, einen Menschen durch seine »Wüste« zu begleiten. Ich muss nicht weite Missionsreisen unternehmen, wie ein Paulus. Es ist mühsam genug, den Weg zum Mitmenschen zu finden.

»Ich brauche dich«, sagt der Herr. Und: »Hab keine Angst! Ich bin bei dir!«

»Eine heikle Frage«.
Erinnerungen an meine Zeit im Regensburger Priesterseminar in den Jahren von 1968 bis 1974

Msgr. BGR Wolfgang Riedl, Weihejahrgang 1974

Erste Seminarerfahrungen in der Zeit der 68er-Generation

Bei den Benediktinern in Schweiklberg und in Bergfried bei Passau war ich im Seminar und am humanistischen Gymnasium Leopoldinum in Passau habe ich 1968 das Abitur gemacht. Die 68er sind später zum Synonym für Aufsässigkeit und Systemveränderung geworden. Aber wir haben damals nur staunend in der Zeitung von Rudi Dutschke und den Studentenunruhen gelesen. Trotzdem war es schon eine ereignisreiche Zeit in Kirche und Welt.

1965 war das 2. Vatikanische Konzil zu Ende gegangen mit großer Aufbruchsstimmung. Den Prager Frühling haben 1968 die russischen Panzer niedergewalzt. In Amerika gab es Rassenkämpfe und Senator Robert Kennedy wurde in Los Angeles erschossen.

Im Herbst des Jahres 1968 wechselte ich vom Kleinen Seminar in Bergfried nach Regensburg in das Große Seminar, wie das Klerikalseminar auch genannt wurde.

Allzu groß war der Unterschied nicht. Wir waren gut behütet, aber das war ich ja gewohnt. Die meisten der 24 Priesteramtskandidaten des 1. Kurses kamen aus kirchlich geführten Häusern mit der dort üblichen Hausordnung und Aufsicht.

Zur Hochschule mussten wir nur kurz über den Bismarckplatz ein paar Schritte zum Ölberg gehen. Auch dort an der Katholischen Hochschule blieben wir Seminaristen mehr oder weniger unter uns. Die Vorlesungen waren so gelegt, dass wir wie am Gymnasium fortlaufenden Unterricht hatten. Zum Mittagessen ging es dann wieder die paar Schritte zurück ins Seminar. So hatten wir wenig Kontakt mit der »bösen Welt«. Die Pforte im Eingangsbereich des »Kleris« war besetzt von Konrad, einem freundlichen, älteren Herrn. Er saß wie in einem Glaskasten und betätigte den Türöffner für die Bewohner des Hauses. Kam ein Fremder, dann öffnete er das Fenster des Glaskastens und fragte den Besucher, zu wem er möchte.

Wenn mich meine Schwester, die in Regensburg arbeitete, besuchen wollte, musste sie an der Pforte warten. Konrad wählte das Telefon auf dem Gang des 1. Kurses an und sagte zu dem, der zufällig den Hörer abnahm: »Der Riedl soll zur Pforte kommen.« Nachdem ich die Identität meiner Schwester glaubhaft versichert hatte, betätigte Konrad den Türöffner.

Eine schwierige Beziehung – Kirche und Theater

Ganz in der Nähe des Priesterseminars, ein paar Schritte über den Bismarckplatz, liegt das Stadttheater und für mich gab es nichts Schöneres als dort eine Oper oder

Bischof Dr. Rudolf Graber mit dem Weihejahrgang 1973 (BZAR, Priesterseminar Regensburg 403)

Operette zu besuchen. Bisher hatte ich in meinem Leben dazu kaum eine Gelegenheit und so reizte mich die Welt des Theaters und der Musik. Aber die Hürde war der Hausschlüssel. Am Anfang gab es pro Kurs einen einzigen Hausschlüssel. Der lag im Kursraum und daneben ein Zettel, in den man sich eintragen musste, wenn man am Abend außer Haus gehen wollte. Also galt es weit voraus den Theaterplan zu studieren und sofort den gewählten Termin in den Zettel im Kursraum einzutragen, bevor ihn die blockierten, die zum Steidl-Wirt gehen wollten. Gott sei Dank wurde bald der Schlüssel für jeden im Haus vehement gefordert und nach einem Semester hatte jeder seinen eigenen Schlüssel. So stand dem Theaterbesuch nichts mehr im Wege, außer es gab eine Instructio oder Punkte, wie die Pflichtveranstaltungen im Hause hießen.

Aber Theaterbesuche wurden nicht so gerne gesehen, diese Welt der schönen Kostüme, der verführerischen Musik und der Operettenmoral!

»Alle Musiker sind unzuverlässig, unzuverlässig«, sagte unser Regens Ludwig Scharf. Dabei nahm er nach seiner Gewohnheit mit der rechten Hand schwungvoll die Brille ab, der linke Bügel klappte dabei immer hörbar zu und er wiederholte das letzte Wort des Satzes: »Unzuverlässig, unzuverlässig.«

Regens Scharf war ein strenger Mann. Sein Name passte zu seiner Art. Manche sagten, er sei Offizier im Weltkrieg gewesen, aber das wurde nur vermutet. Ihn selbst so etwas zu fragen, das traute sich keiner. Es ging auch das Gerücht, seine eigene Mutter habe gesagt: »Der Ludwig, der geht zum Lachen in den Keller.«

Nur einmal erlebte ich ihn anders. Wir kamen von der Uni heim und betraten das Seminar von der Gartenseite her. Der Raum nach der Türe war sehr hoch und hatte eine wunderbare Akustik. Direkt an diesen kahlen Raum schloss sich das Treppenhaus an und verstärkte den Schall nach oben. Jedes Mal reizte mich der Klang und lauthals stimmte ich an: »Gern hab ich die Fraun geküsst, hab nie gefragt ...« Plötzlich von oben, vom Treppenhaus her, die gesungene Antwort »ob es gestattet ist«. Regens Scharf kam die Treppe herab. Ich konnte es nicht fassen. Unser strenger Regens singt so etwas aus einer Operette. Ich sagte zu ihm, noch ganz erstaunt: »Herr

Bischof Dr. Rudolf Graber mit dem Weihejahrgang 1974 (Privatfundus Wolfgang Riedl)

Regens, was, Sie kennen das auch?« Er darauf: »Auch einmal jung gewesen, jung gewesen.«

Trotz dieses einmaligen Ausrutschers, für Regens Scharf schickte sich das Theatergehen einfach nicht für einen angehenden Priester.

Auf diesem Hintergrund kann man die Sensation ermessen, als Bischof Manfred Müller, wenige Jahre später, im November 1982 mit mir den Rosenkavalier im Stadttheater besuchte. Und das kam so.

An meinem Geburtstag, es war ein Sonntag im Oktober 1982, besuchte ich nach den Gottesdiensten meine Eltern. Ich war damals Domkaplan und hatte meinem Chef, Dompfarrer Josef Kett, erzählt: »Heute gehe ich zur Feier des Tages in den Rosenkavalier.« Als ich gegen Abend den Dompfarrhof betrat, stürzte mein Chef aus seiner Wohnung, er hatte offensichtlich schon auf mich gewartet. Er sagte: »Stell dir vor, der Bischof hat angerufen und wollte dir zum Geburtstag gratulieren.« Ein unerhörter Vorgang. Der Bischof gratuliert einem Kaplan! Bischof Manfred Müller hatte erst im September 1982 seinen Dienst angetreten und da er leutselig und kontaktfreudig war, hatte er von meinem Geburtstag erfahren und im Pfarrhof gegenüber angerufen.

Der überraschte Dompfarrer erzählte dem Bischof, dass der Kaplan am Abend, zur Feier des Tages, in den Rosenkavalier geht. Und der Bischof sagte darauf: »O wie schön.« »Das hat er gesagt«, fragte ich und der Dompfarrer nickte. »Dann lade ich den Bischof in den Rosenkavalier ein«, verkündete ich dem Dompfarrer. Der machte große, ungläubige Augen über dieses unerhörte Ansinnen. Aber, was niemand für möglich gehalten hatte, der Bischof ließ sich einladen. Und so kam es, dass Bischof Manfred im November 1982 mit mir und dem Dompfarrer den Rosenkavalier besuchte. Gern hätte ich erfahren, was mein Regens Ludwig Scharf darüber gedacht hat, dass jetzt sogar der Bischof ins Theater geht. Vielleicht hätte er gesagt: »Neue Zeiten, neue Zeiten.«

Neue Erfahrungen als Seminarist an der Universität

Eine große Umstellung für uns Seminaristen war die Verlegung der Vorlesungen vom beschaulichen Ölberg an die neue Universität. Das Sammelgebäude der Uni wurde im Jahre 1967 fertiggestellt und rund um diesen zentralen Bereich waren die wenigen Hörsäle angeordnet. Ab 1969 hatten wir dort unsere Vorlesungen und auf den Gängen und in der Cafeteria kamen wir mit den Studenten der anderen Fakultäten zusammen. Ich traf dort auch auf Erich, der mit mir Abitur gemacht hatte und inzwischen der Führer der Kommunisten in Regensburg war. Meistens waren er und seine Freunde in der Cafeteria und diskutierten über die Weltrevolution. Dort musste ich vorbei zur nächsten Vorlesung und jedes Mal, wenn Erich mich sah, rief er: »Da kommt ja der Klerikal-Faschist.« Ich musste Platz nehmen und dann haben mich die dialektisch geschulten Materialisten verbal fertig gemacht. Ich war ihnen nicht gewachsen. Aber schön langsam lernte ich mich zu behaupten, ich lernte zu diskutieren. Und allmählich konnte ich auch damit umgehen, dass ich in ihren Augen ein hoffnungslos altmodischer Fall war.

Eine heikle Frage

Im ersten Kurs waren wir 24 Alumnen gewesen und bis zum Pastoralkurs schmolz die Zahl auf zehn zusammen. Unser Bischof Dr. Rudolf Graber wollte etwas gegen den sich abzeichnenden Priestermangel tun und kam auf die Idee, ehemals evangelische Pfarrer zu katholischen Priestern zu weihen. Die ersten beiden verheirateten Pastoren kamen zu uns in den Pastoralkurs. Nicht alle im Bistum waren von dieser Idee des Bischofs begeistert. Jetzt sollte es verheiratete katholische Priester mit Frau und Kindern geben? Was macht das mit den Weihekandidaten, die den Zölibat versprechen sollen? Geredet wurde offiziell mit uns über diesen Konflikt nicht.

Und dann kam die Diakonenweihe in St. Anton. Lange wurde ernsthaft der Ablauf der Weihe geprobt. Zum Zölibatsversprechen mussten wir »normalen Weihekandidaten« zuerst vortreten. Die ehemals evangelischen Pastoren blieben dabei in den Bänken sitzen und kamen erst zu den weiteren Zeremonien zu uns.

Unser Regens Scharf war an solchen wichtigen Tagen rund um die Weihehandlungen voll innerer Spannung, die Verantwortung lastete sichtbar auf ihm.

Als endlich die Probe vorbei war, wollte ich etwas zur Entspannung beitragen. Ich ging zum Regens hin, zeigte mit der rechten Hand, wie in der Schule, auf und sagte in einem betont kindlichen Tonfall: »Herr Regens, darf ich erst mit der zweiten Gruppe vortreten?«

Er muss doch merken, dass das gespielt ist, dachte ich mir. Regens Scharf war wie vom Donner gerührt. Eine lange Pause folgte, dann riss er die Brille herunter, der linke Bügel klappte hörbar zu und er sagte mit bebender Stimme: »Ich muss mir überlegen, ob ich Sie zur Weihe zulassen kann, zulassen kann«! »Um Gottes Himmels Willen« dachte ich und in meiner erschreckten Hilflosigkeit sagte ich: »Herr Regens, es war ja nur eine Frage!« Aber das erhoffte Verstehen in seinen Augen oder gar ein befreiendes Lächeln über meinen missglückten Witz kam nicht. Er drehte sich auf dem Absatz um und ging.

Ich habe in jener Nacht nicht gut geschlafen, aber am nächsten Tag konnte ich ihn überzeugen, dass meine Frage nicht ernst gemeint war. Ich wurde zur Diakonenweihe zugelassen.

(Ent)Spannende Jahre – Anmerkungen zur Seminarzeit von 1976 bis 1982

Domvikar Msgr. Dr. Werner Schrüfer, Weihejahrgang 1982

»Du hast dich verändert.«

»Du hast dich verändert.« Bei einem Heimatbesuch ist diese Aussage eines Freundes, den ich aus gemeinsamen Tagen in der katholischen Jugendgruppe kannte, gefallen. Das muss am Ende des ersten Studienabschnittes gewesen sein, also nach ca. zwei Jahren, seitdem ich das »Label« Priesteramtskandidat trug.

Wie zeigte sich dieses Verändern? Gesprächsfetzen wie »ruhiger«, »nachdenklicher«, »ernsthafter« verbinde ich mit diesem Gespräch. Sicher weiß ich nur, dass diese Aussage bei mir nachhallte. Warum habe ich mich verändert? Ist damals etwas – mit Beginn des Theologiestudiums und dem Eintritt in das Priesterseminar – in Bewegung gekommen, das sich als bereicherndes, belastbares und auch ausbaufähiges Potential herausstellte? Diese Bemerkung vom Anders-Werden kann nicht darüber hinwegtäuschen, dass es für mich eine gewaltige, weil unbekannte Herausforderung war, mich als 19-Jähriger für diese Schritte (Theologie plus Seminar) zu entscheiden. Doch offensichtlich nahm die Sache positiv Gestalt an: »Ich setzte den Fuß in die Luft und sie trug« (Hilde Domin).

Der »Kasten«

Erst nach meinem Eintritt erfuhr ich, dass der landläufige, überall verbreitete (Spitz)Name für ein Priesterseminar »Kasten« war. Dieser Titel drückte ein zähes Nachhängen vorkonziliarer Zustände aus: Der »Kasten« stand für Eingesperrt-Sein und diverse Reglementierungsversuche. Mir jedoch – und wohl der überwiegenden Mehrheit der Eintretenden jener Jahre – begegnete das Haus am Bismarckplatz zu keiner Zeit negativ-einengend, eher mit behäbiger, kühler Sachlichkeit, dessen klösterlich anmutende Prägung durch weibliche Ordensleute (O-Ton meiner Mutter: »alles sehr sauber«), freundliches Personal und vor allem durch priesterliche Charaktere in jedem Winkel mit Händen zu greifen war. Bemerkenswert und sehr hilfreich für die Seminaratmosphäre: Die Letztgenannten – damals waren es fünf Vorstände – vermieden alles, was nach klerikalem Standesdünkel und elitärer Lebensform roch. Für mich, der ich als Jugendlicher Kapläne mit angenehmer menschlicher Aura und auf du und du erlebt hatte und erleben durfte, setzte sich damit die Praxis einer Kirche fort, in der es gut war, hier zu sein und dazu zu gehören.

Die große, weitläufige Anlage hatte ein höchst unterschiedliches Raumangebot: die Studentenzimmer im einfachen Stil der frühen 1960er-Jahre, die in ihrer kargen Grundausstattung so waren, dass jeder seine persönliche Note einbringen konnte; die langen und breiten Gänge, wo man sich auch aus dem Weg gehen konnte; der Speisesaal, der aufgrund seiner Größe und Ausgestaltung nur ganz vorsichtige Anklänge von Wirt- und Gemütlichkeit aufwies; die Gemeinschaftsräume, deren wichtigste Errungenschaft variable Sitzgruppen waren; der Kreuzgang mit seinen teilweise noch erhaltenen Formen und seiner erhabenen Ausstrahlung. Die beiden Kirchenräume konnten in ihrer Art nicht kontrastreicher sein: St. Jakob, Hochromanik erster Güte und mit einer überaus starken, Geborgenheit atmenden Atmosphäre, die mich des Öfteren daran erinnerte, analog zu einem bekannten Werbespruch, dass man auf einen Glauben, der solche Formen erkor, wirklich bauen konnte. Die Hauskapelle jedoch, ein schmuckloser, tonnengewölbter Raum aus den Jahren 1933/34, deren mehr oder weniger einzige Ausstattung eine qualitätsarme Kreuzigungsgruppe (Jesus, Maria, Johannes) war, bot für die heranreifenden Priesterseelen wenig geistlich-aufbauendes Formungs- und Motivationspotential. Als ich einmal nach einer langen Stille-Übung die Kapelle verließ, brachte mich die Frage eines Kommilitonen, ob ich mich denn gern da drin aufhalten würde, in Beantwortungsnot. Ja, warum eigentlich? In der Nachbetrachtung muss ich feststellen, dass für meinen geistlich-priesterlichen Haushalt Räume (ihre Aura, ihr Licht, ihre Gestaltung) von existentieller Bedeutung sind; in den Studienjahren setzte das ein. Wenn Winston Churchill mit seiner Meinung recht hat, dass wir unsere Häuser formen und dass unsere Häuser uns formen, dann muss es schon als ein erstaunlicher Ertrag dieser damaligen Hauskapelle gesehen werden, wie viele Studierende sich durch sie hindurchgebetet haben und auch mit Hilfe oder trotz oder wegen dieser Lokalität zum Priestersein Ja sagen konnten. Für mich muss ich festhalten: Auch im Umgang mit minderen Qualitäten – der Raum fördert nicht, aber er hindert auch nicht – kann Gutes erwachsen. Da ein Priesterseminar sicher auch Vorbildcharakter haben sollte, scheint mir das Ringen um ein hohes, qualitätsvolles und ansprechendes Ambiente (in allen Bereichen) für eine Ausbildungsstätte religiöser Profis und Multiplikatoren von höchster Dringlichkeit zu sein (vgl. die Neugestaltung dieser Hauskapelle in zeitgenössischer Formensprache zu Beginn der 2000er-Jahre.)

Das Dreipäpstejahr

Nur hin und wieder intensiv blitzte in den Jahren 1976 bis 1982 das welt- und kirchengeschichtliche Geschehen lokal auf. 1978 das Dreipäpstejahr. Albino Luciani, der lächelnde Papst für 33 Tage, machte auf sich unter uns Seminaristen besonders literarisch mit seinen geistreichen Briefen an Persönlichkeiten aufmerksam, die damals auch in deutscher Sprache erschienen. Dass mit der Wahl des Krakauer Kardinals Karol Woityla eine Persönlichkeit in das Papstamt erhoben wurde, die kirchliche Organismen, ja das ganze weltpolitische Gefüge anständig »rockte« (so viele Jahre später ein Studierender in der Kath. Hochschulgemeinde), konnten wir selbstverständlich nicht ahnen. Äußerst beklemmend waren die Fernsehbilder am 13. Mai

1981, als ein Attentat auf Johannes Paul II. verübt wurde; nicht nur für angehende Priester bedrückendes Tagesgespräch. Das schon erwähnte Jahr 1978 brachte mit der Gründung des traditionalistischen Priesterseminars Herz Jesu im niederbayerischen Zaitzkofen einen wesentlichen Konflikt nachkonziliarer Geschehnisse sozusagen vor die Seminar-Türen. Heute wie damals muss man wohl von einem Nicht-Verhältnis sprechen; jedenfalls ignorierte man sich, denn das Tischtuch war auf allen Ebenen zerrissen. Sollte es einmal zu einem Kontakt kommen – wie z. B. in den späten 1980er-Jahren bei der Veranstaltung einer katholischen Studentenverbindung –, endete dieser mit der bitteren Feststellung, dass, weil hier religiöse Welten aufeinandertrafen, selbst eine auf kleinstem gemeinsamem Nenner praktizierte Kommunikation nicht möglich war, von einem konstruktiven Dialog ganz zu schweigen. Und ich sehe noch heute den kopfschüttelnden, weil ziemlich fassungslosen Professor Bruno Kleinheyer (1923–2003) vor mir, der sich während einer Vorlesung angesichts einer liturgischen Fragestellung fast nicht mehr einkriegen konnte, ob der in seinen Augen offensichtlich hanebüchenen Denke und Argumente traditionalistischer Kreise.

Schlaglichter meiner Seminarzeit

Nun war die Kirche von Regensburg damals beileibe kein Hort von ungezügelter Neuerungs- und Reformsucht und in manchen Entwicklungen (z. B. Einbezug neuer Inhalte in die Seminarerziehung wie psychologische oder therapeutische Kenntnisse) hinkten wir etwas hinterher; dafür sorgte die eher konservative Ausrichtung von Bischof Rudolf Graber (gest. 1992), dessen letzter Weihekurs wir werden sollten. Diesen Mainstream wollte man uns Seminaristen immer wieder mit der oft zu hörenden Metapher schmackhaft machen, dass im Bistum Regensburg halt die Uhren anders gingen (Generalvikar Fritz Morgenschweis; gest. 1998).

Das Seminaristenleben in besagten Jahren war »ein Noch, dort ein Wieder, da ein Schon« (Benno Hubensteiner/Karl Hausberger). Nach Konzil und Würzburger Synode befand man sich, gerade im Bereich Priesterbild und -bildung, in einer Orientierungsphase, ohne dass diese jetzt mit tagtäglicher Intensität den Alltag von uns Priesterkandidaten beeinflusst hätte. Dieses Noch-Wieder-Schon war mehr die Hintergrundfolie, vor der sich diese Jahre zutrugen; ab und an wurde es Vordergrund. Hier ein paar Schlaglichter:

– Für uns waren die Öffnungen und Freiheiten, die durch Denken und Beschlüsse des Konzils in Bewegung gebracht wurden, selbstverständlich. Ja, manche machten aus ihrer Überzeugung kein Hehl, dass sie sich nicht vorstellen könnten, ohne diese Veränderungen – besser ohne diese Geisteshaltung – Priester werden zu wollen bzw. sein zu können. Eine bis ins Kleinste geregelte Seminarordnung, in der Disziplin (starre Hausordnung) und Abschottung (kein Ausgang) vorherrschten, wäre nicht mehr infrage gekommen. Und natürlich nicht durchsetzbar gewesen. Dass diese Errungenschaften eines liberaleren Seminarlebens (Stichwort »Freisemester«) von manchem Vorstand – angesichts einer noch bis vor Kurzem völlig anders ge-

arteten Praxis – als beachtenswert, ja höchst fortschrittlich beschrieben wurden und dass dies doch von uns honoriert werden sollte, änderte für uns nichts an ihrer Alternativlosigkeit.
- Auf irgendwelche Restriktionen (z. B. Ablehnung einer Heimfahrt) – sollten sie mal vorkommen, was wirklich selten war – wurde mit Ablehnung und meist Unverständnis reagiert. Zumeist herrschte die Überzeugung: Gott zwingt nicht, schon gar nicht mit anachronistisch-moralangehauchten Maßnahmen. Die Erzählung eines Altvorderen, dass er noch wegen seines offensichtlich als unschicklich für einen Priesterkandidaten verstandenen kurzärmeligen Hemdes eine Rüge erhielt, erschien uns wie aus einer längst vergangenen Zeit, obwohl nicht einmal zehn Jahre ins Land gegangen waren.
- Wenn der eine oder andere Seminarist – jedenfalls eine große Minderheit – irgendwelche Anwandlungen von wegen »früher« und »lateinisches Frommsein« hatte, rüttelte das nicht an der grundlegenden Einstellung der allermeisten, später als Priester mithilfe einer dem Menschen zugewandten Pastoral wirken zu wollen. Und das ganz ausdrücklich mit den liturgischen Formen (hl. Messe, Andachten, Riten der Sakramentenspendung), die durch das Konzil initiiert wurden. Der Ausruf einer Passantin, als wir im Talar zum sonntäglichen Domdienst gingen – »schick, die Jeans darunter« –, mag singulär und unbedarft gewesen sein, aber für Kandidaten des Weltklerus adäquat und vielleicht sogar stilbildend.
- Da die Jahre im Priesterseminar per se eine persönliche wie berufliche Findungs- und Entscheidungsphase darstellten, gab es natürlich (und zwangsläufig) aufseiten von uns Studierenden viel Ungereimtes und Unausgegorenes. Da menschelte es manchmal gewaltig: im Theoretisieren – denn von weitläufig-gediegenen Seelsorgerfahrungen konnte nicht ausgegangen werden –, im Sich-Selbst-Überschätzen (jeder sein kleiner lehrhafter Papst, Bischof und Pfarrer), bis hin zu skurrilen Ideen wie die Diskussion, ob es nicht an der Zeit wäre, einen zölibatsfreien Tag einzuführen.

Täuscht es mich, dass in besagten Jahren – auch aufgrund des konziliaren Aufbruchs – der Priesterberuf eine nicht geringe Attraktivität besaß? Nein, weil man gelassen und zuversichtlich einen beruflichen Weg einschlagen konnte, der zwar in einer sich aufgeklärt und autoritätskritisch gebenden Gesellschaft (die 68er-Generation ließ damals heftig grüßen) zunehmend exotisch daherkam, dem jedoch selbst von Zweiflern und Skeptikern wenigstens ein gewisser Respekt entgegengebracht wurde. Je mehr sich der Einzelne einer positiven Berufsentscheidung näherte, umso mehr wuchs vermutlich auch ein sachtes Faszinosum, eine nicht alltägliche und vor allem herausfordernde Profession anzustreben. Gewaltig Futter erhielt dieses attraktive Berufsbild besonders durch zwei damals mögliche Erfahrungen im Seminaralltag, die einander bedingten. Bei Jahrgangskursen von Plusminus 20 Mitgliedern – wir waren 1976 28, die ins Priesterseminar eintraten, – war es ein Leichtes, Gleichgesinnte kennenzulernen, sich mit anderen, anfangs höheren Semestern auszutauschen, und nicht selten kam es vor, dass die Plauderei beim Nachmittagskaffee einen nachhaltig beschäftigte. Weil sich damals an der theologischen Fakultät (meist) Promovenden aus vielen Ländern immatrikulierten, die mitunter im Priesterseminar wohnten, wehte durch die Fluren des alten Schottenklosters ein Hauch von Weltkirche. Es tat einfach gut, sich mit gescheiten Köpfen austauschen zu können. Dadurch bekam das (gern) Katholisch-Sein ein konkretes, geerdetes und bereicherndes Format und das Glaubensleben Hand und Fuß. In nicht unerheblicher Weise halfen solche Kontakte, aus der auch Freundschaften erwuchsen, manch verhärtete und total eingefahrene religiöse Traditionen (»Ich will auch im Glauben meine königlich-bayerische Ruh haben!«) aufzubrechen und über den Tellerrand der eigenen kleinen Frömmigkeitswelt zu blicken: »der eine lebt vom andern, für sich kann keiner sein« (Lothar Zenetti).

Heile Welt?

Im Großen und Ganzen waren es entspannende und zuversichtliche Jahre im Priesterseminar (außer Prüfungszeiten). Doch eine heile Welt? Sicherlich nicht. Gerade eine realistische Rückblende auf eine nun schon einige Jahrzehnte zurückliegende Zeit verbietet jegliche Verklärung. Als Problemanzeigen möchte ich benennen:

– Das Vorrecht junger Menschen, unbedarft an Dinge und Geschehnisse heranzugehen, hat seine bleibende Berechtigung. Ganz ehrlich: Für mich kann ich sagen, dass mein Weg ins Seminar, um Priester zu werden, mit reichlich Naivität verbunden war (auch was den realexistierenden Katholizismus betraf). Diese Arglosigkeit hätte auch mit Frust und einer bösen Bruchstelle enden können. Aber so ging ich diese Strecke, und man war selbst zu wenig bereit, manches Liegengelassene (z. B. Wer möchte ich als Priester sein? Bereitschaft, sich mit neuen Ansätzen in Spiritualität und Liturgie zu beschäftigen) anzugehen. Folgend der Erkenntnis, dass in der Pastoral sich das oder jenes dann hoffentlich einspielen wird, musste man als »Ausgeweihter« mühsames Lehrgeld bezahlen oder spürte hin und wieder in den Anforderungen der Praxis ein zu wenig an zeitgenössischer Professionalität.

– Der gesellschaftliche Trend, dass über manches nicht gesprochen wird (Bankkonto), setzte sich im Priesterseminar beim Thema »Sexualität« nahtlos fort. Damit musste jeder selbst klarkommen. Man muss wirklich nicht gleich einer entschiedenen Enttabuisierung das Wort reden, doch das (behutsame, respektvolle) Verbalisieren gehört zum Wesen einer geläuterten Humanität und zum Aushängeschild einer Kirche, in der das offene Wort, auch bei prekären Themen, geübt wird.

– Natürlich wurde während dieser Ausbildungsjahre, wenn auch sehr zurückhaltend und eher mit leisen Tönen, das hohe Lied des individuellen Rufes bzw. der persönlichen Berufung gesungen. Wie sollte es auch anders sein, wenn man es mit einem Gott zu tun hat, der in Jesus Christus Leib und Seele, Hand und Fuß bekommen hat; in unserem Glauben geht's immer persönlich zu. Unterschwellig musste daraus – für einen Weltpriester nicht wirklich überraschend – die Konsequenz folgen, dass das priesterliche Individuum zum Einzelkämpferdasein mutiert. Obwohl der

Text der Würzburger Synode in Bezug auf die Übernahme von Diensten und Ämtern fordert, dass die angehenden Priester in die »Methoden der Kooperation« einzuführen sind: Teamfähigkeit war im Seminarleben eigentlich kein Thema. Was uns dann als »Kooperatoren« ganz, ganz schnell vor die Füße fiel.

— Wir Eintretenden erlebten überdeutlich die klassischen katholischen Rollenmuster der Geschlechter, die zur Kenntnis genommen wurden: die hochwürdigen (!) Herren Vorstände, die im männlich-patriarchalen Gefüge einer standesgeprägten Kirche das Sagen hatten, sowie die zukünftigen hochwürdigen Herren — wir alle wurden bedient; die ehrwürdigen (!) Schwestern, Ordensfrauen, die in dienenden Funktionen wie Hausreinigung und Küche zu arbeiten hatten. Offensichtlich eherne, aus der Tradition erwachsene Bestimmungen, die sich — weil durchaus nützlich und bequem — fraglos fortsetzen sollten, z. B. in den Pfarrhäusern? Gegenwärtig wird deutlich, wie problematisch solche »Mentalitäten« (Hans Zollner SJ) sein konnten.

— Viele dieser Nonnen waren ins (hohe) Alter gekommen, abgekämpft und vereinzelt merklich verwundet von einer jahrzehntelangen Dienstbarkeit ohne große Bedürfnisse, praktiziert in selbstloser Bescheidenheit und strenger Disziplin; ein dankbar-respektvolles Memento sei ihnen nachgerufen. Dass sie frühe Repräsentantinnen eines damals ansetzenden Herbstes der weiblichen Orden und Klöster waren, mag eine Randnotiz im langen Atem kirchlicher Entwicklungen sein, aber, und das ist kritisch anzumerken, für uns Alumnen zeigten sich hier Lebensformen und Glaubenstraditionen, die den bittern Geschmack des Zu-Ende-Gehenden trugen. Für eine diözesane Kaderschmiede, die auf Kommendes ausgerichtet sein muss und tragfähige, auf Zukunft hin ausgerichtete Daseinsvollzüge aufzeigen sollte, war das recht problematisch, weil ziemlich rückwärtsgewandt.

»Unterbrechung«

Zurück zum persönlichen Sich-Verändern. Eine entscheidende Wegmarke wurde für mich im Spirituell-Geistlichen das, was der Theologe Johann Baptist Metz (1928 – 2019) im gesellschaftlich-theologischen Diskurs »Unterbrechung« nannte. Das Leben im Priesterseminar motivierte mich zu unterbrechen, immer wieder neu und teils mit wachsender Begeisterung:

— generationsbedingte Abläufe und meist beiläufige Unternehmungen einer späten Jugendlichkeit zu beenden,
— mit dem Hören auf und Nachdenken über ein bewegendes, lebensspendendes Wort zu beginnen und darin nicht nachzulassen,
— die Beschäftigung mit den bewegenden Fragen der Theologie auszukosten,
— die Erfahrung machen, dass im »Stillhalten und Vertrauen« Kraft liegen (Jes 30,15),
— sich bewusstwerden, dass geistliches Tun viel mehr ist als Pflicht und Gewohnheit, sondern immer Beziehungspflege,
— im Sich-Faszinieren-lassen von Kirchenräumen und wunderbarer Musik.

Konkret entwickelten sich dann im Laufe der Jahre tiefgehende Momente und tiefsitzende Erfahrungen, ob das im Nachsinnen eines Gedankens der puncta meditationis war oder die einfachen Prozessionsgesänge am Fest Darstellung des Herrn oder das Gespräch mit einem mir unbekannten Benediktiner, dessen Berufungsweg äußerst ungewöhnlich war, oder die Predigt eines Theologieprofessors, die letztlich nur aus dem einzigen Wort »zuerst« bestand … Ja, ich ließ mich unter- und aufbrechen und ich kam in das existentielle Fahrwasser eines bewusst wahrgenommenen Lebens – umformt durch einen existentiellen Christusglauben.

Sinn und Aufgabe eines Priesterseminars ist in erster Linie, Priester hervorzubringen. (Vom Kleriker-Stand hörten wir Gott sei Dank wenig.) Dieser sehr pragmatischen Zielrichtung möchte ich den Gedanken vorschalten, dass es in diesen Findungs- und Ausbildungsjahren darum gehen sollte, im christlichen Glauben und in der Kirche einen menschlich-geistlichen Sitz(platz) zu erfahren – nach dem Motto: »da gehöre ich hin« –, gleichgültig wie die Beruf(ungs)entscheidung ausfallen wird. Bei mir stand das Priestersein am Ende jener Jahre, und dafür bin ich sehr dankbar. Diese Entscheidung trug und trägt, auch wenn dieses geistliche Möbel in 40 Jahren priesterlicher Existenz immer wieder neu bemessen, ausgerichtet, gestaltet, angepasst und eingesessen werden muss und musste, weil manchmal eine Runderneuerung nottat, weil sich manches anders ergab, und weil man selbst ja nicht stehen bzw. sitzen bleibt.

Eine bleibende geistliche Verankerung in Glaube und Kirche gefunden zu haben – sicher ein nicht unerheblicher Ertrag der Seminarjahre. Bemerkenswert auch, dass dieser menschlich-geistliche Sitzplatz – jedenfalls bei mir – nie zum Schleudersitz geworden ist.

»Ich habe mich verändert …«
Pfarrer Dr. Christoph Seidl, Weihejahrgang 1992

Die Anfrage

Im Frühjahr 1996 kam der damalige Regens Anton Wilhelm zu einem Besuch nach Straubing, St. Elisabeth, eigentlich zu einem Gespräch über den Diakon zum Ende seines Praktikums. Es ging dann auch um meine Zukunft nach Ende meiner bereits vierjährigen Kaplanszeit an einer Stelle. Damals stand die Idee eines Promotionsprojektes bei Prof. Dr. Wolfgang Beinert im Raum, der dieses Anliegen mit Regens Wilhelm beraten hatte. So trat der Regens also mit der Frage an mich heran: »Können Sie sich vorstellen, Ihre Arbeit mit der Aufgabe eines Präfekten im Priesterseminar zu verbinden?« Damit hatte ich nun überhaupt nicht gerechnet. Ich erinnere mich noch an den ersten Satz, den ich formulieren konnte, nachdem ich wieder Atem geholt hatte: »Sie wissen aber schon, dass ich mich verändert habe in den letzten vier Jahren …« Darauf meinte der Regens: »Das habe ich sehr wohl gesehen – und gerade deshalb frage ich Sie. Es wäre gut, wenn Sie davon den Studenten erzählen würden!«

Welche Bilder in diesen Momenten vor meinem geistigen Auge auftauchten! Ich erinnerte mich an die legendären Seminar-Faschingsveranstaltungen, bei denen ich schon mal den einen oder anderen Professor oder Vorstand imitiert hatte; an die Nikolausfeier im 5. Kurs, bei der wir damals Bischof Nikolaus mit einem FIAT 500 in den Speisesaal brachten, schließlich an die Zeit des Lernens für das Diplom, bei dem ich die Kurskollegen durch das Fenster in meinem Zimmer auf das Flachdach über der Bibliothek einlud, damit wir neben den theologischen Studien auch ein wenig Sonnenlicht tanken konnten. Irgendwie hatte ich aus all diesen Situationen die kritisch-schmunzelnden Blicke von Regens Wilhelm und sein unüberhörbar tiefes Einatmen abgespeichert – umso mehr erstaunte mich die Anfrage, ob ich Präfekt im Seminar werden wolle … Ich sagte schließlich zu.

Zeit des personellen Umbruchs im Priesterseminar

Es waren nur drei Jahre (1996–1999), in denen ich die Aufgabe eines Präfekten innehatte. Aber ich habe den Eindruck, diese drei Jahre waren für das Priesterseminar eine Zeit großer Veränderungen. In dieser Zeit wechselten der Regens, der Subregens (dessen Aufgabe offiziell vakant blieb, aber de facto dann doch durch mich zu erfüllen war – und durch die neue Schwester Oberin Angelina, die wir liebevoll zur »Schwester Subregens« ernannten), der Abschied von Reinhard Jung als dem langjährigen Gärtner und Mann für alle Fälle fiel in diese Zeit, auch der Übergang von Sekretariat und Hauswirtschaft durch die Mallersdorfer Schwestern in »weltliche« Hände. Sehr schnell erlebte ich mich als die Person, die sich doch noch erinnern müsse, wie das bisher immer war. Das war zum einen eine starke zeitliche Herausforderung, denn dadurch wurde ich schnell zum Manager in vielen Haus- und Organisationsfragen. Zum anderen erlebte ich die Studenten in einem Such- und Orientierungsprozess, der mich natürlich an meine nicht weit zurückliegende eigene Studienzeit erinnerte, aber in mancher Hinsicht doch auch völlig neu für mich war. Was meine ich damit?

Was mich in meinem Studium verändert hat

Die Zeit des Theologiestudiums ist eine Zeit der wissenschaftlichen Auseinandersetzung mit dem eigenen Glauben, der persönlichen Reifung und der Gestaltung einer tragfähigen Spiritualität. Was ich wissenschaftlich vorgetragen bekomme und im Eigenstudium durchdenke und verarbeite, das bleibt nicht ohne Wirkung für mein eigenes Leben. Dieses Studium stellt mich als Person in Frage, es fordert mich heraus in meinen bisherigen Gewohnheiten und Traditionen, stellt meine bisherige Glaubensprägung und Glaubensgeschichte auf den Prüfstand. Das ist weiß Gott nicht einfach – ich erinnere mich selbst sehr deutlich an Momente, die mein bisheriges Glaubensgebäude ganz schön ins Wanken gebracht haben: dazu gehörte ganz entscheidend die »Rosine im Advent« von Professor Georg Schmuttermayr, der die Verkündigungsszene bei Lukas in seine einzelnen Bestandteile zerlegt hat, dazu gehörten für mich auch die 500 Seiten »Erlösung als Befreiung« von Hans Kessler, die ich im Freisemester in Würzburg verschlungen hatte und die in mir ziemlich viele Lichterketten einer völlig neuen Sicht des Satzes »Durch dein heiliges Kreuz hast du die ganze Welt erlöst« entzündet haben. Solche Erfahrungen und Erkenntnisse haben mich verändert.

»Generalsanierung« in der Kaplanszeit

Nochmal eine ganz grundlegende Veränderung erlebte ich durch die Praxis in der Pfarrgemeinde Straubing, St. Elisabeth, in der ich vier Jahre Kaplan sein durfte. Da war die Schule in einem Viertel, das man auch als »Sozialen Brennpunkt« bezeichnen darf. Da war eine Ansiedlung von Sintis, mit denen Pastoral so ganz anders zu buchstabieren war. Da waren viele Gruppen von Kindern und Jugendlichen, mit denen es nach vier Jahren möglich geworden war, ein großes Musical auf die Bühne zu bringen. Da lernte ich, wie wichtig es ist, die Sprache der Menschen zu sprechen und diese auch in der Sprache der Liturgie abzubilden. Da lernte ich, dass das Leben grundsätzlich andere Geschichten schreibt, als sie in den Canones des Kirchenrechts wiederzufinden sind. Ich begann zu ahnen, worauf es in kirchlicher Seelsorge ankam – und worauf nicht. All diese Erfahrungen spielten eine erhebliche Rolle, als ich mich daran machte, eine Dissertation in meinem (immer noch!) Lieblingsfach Dogmatik zu beginnen. Mir war wichtig geworden, dass meine erneute Beschäftigung mit der wissenschaftlichen Theologie etwas mit diesen grundlegenden Erfahrungen von Pastoral zu tun haben müsse. Der Titel der Arbeit spiegelte es schließlich wider, ein Zitat des damaligen Papstes Johannes Paul II. aus seiner ersten Enzyklika »Redemptor hominis«, das lautet: »Der erste Weg der Kirche ist der Mensch«. Ich bin heute noch froh, damals diese Thematik für mich gefunden zu haben. Ich hätte sie vermutlich nicht entdeckt, hätte ich meine Kaplanszeit nicht als theologische und spirituelle »Generalsanierung« empfunden.

Meine Präfektenzeit – eine »spannende« Zeit

Dieses Verständnis von Kirche, deren erster Weg der Mensch sein sollte, hat – bei aller Betonung der »Ewigen Wahrheit« – vor allem mit der Vielfalt und Veränderlichkeit von menschlichem Leben zu tun. Von daher müssen auch alle, die in der Kirche einen Dienst tun und für das Wort Gottes einstehen, die entsprechende Offenheit und Bereitschaft mitbringen, mit dieser Diversität von Leben und Menschen umzugehen und Ja zu diesem menschlichen Leben zu sagen.

Vor diesem Hintergrund war ich sehr verwundert, diese Bereitschaft und Offenheit zur Veränderung so wenig wiederzufinden. Ein Erstsemestler fragte mich zum Beispiel, ob es stimme, dass ein Professor nicht rechtgläubig sei. Neben einem Hinweis darauf, dass man im ersten Semester vielleicht etwas vorsichtig mit solchen Urteilen sein sollte, versuchte ich zu erläutern, worum es da gehen könnte. Soweit ich mich erinnere, war das Gespräch nicht zielführend. Noch schwieriger empfand ich es, wenn einige Studenten gar nicht mehr darüber sprechen wollten, was sie bewegt, weil sie die rechte Lehre ohnehin woanders wähnten.

Ein weiteres Beispiel, das sich bei mir in diesen Jahren besonders eingeprägt hat, ist die Sorge um die Liturgie. Für mich war Liturgie im Studium immer ein Herzstück der Theologie und bis heute ist mir die Freude an der Gestaltung von Gottesdiensten nicht abhandengekommen. In meiner Präfektenzeit habe ich Gottesdienste allerdings häufig als sehr spannungsgeladen erlebt: die einen waren fasziniert von dem, was sie in der Liturgievorlesung erkannt hatten, und wollten es in die Praxis umsetzen; andere dagegen lehnten es strikt ab, bislang Unbekanntes zu erproben und kennenzulernen. Freilich kann man sagen, die Liturgie ist kein Experimentierfeld. Aber wo sonst, wenn nicht im Priesterseminar, ist es denn möglich, in einem geschützten, wohlwollenden Raum sich mit gelebter Liturgie zu beschäftigen und auseinanderzusetzen?

Viele dieser Auseinandersetzungen waren nachvollziehbarerweise Inhalt der Semestergespräche, aber auch von Gruppendiskussionen und Kursabenden. Die Semestergespräche habe ich besonders geschätzt, wenn sie im Gehen stattfinden konnten – durch die Regensburger Parks, an der Donau entlang oder bis zu den Winzerer Höhen hinauf. Ich hatte den Eindruck, dass sich im »Ergehen« von manchen schwierigen Themen manches gelöst hat, für manches sich tatsächlich eine neue Perspektive eröffnet hat. Vielfach habe ich erlebt, dass die Zeit der Ausbildung tatsächlich als ein Prozess, ein Weitergehen in der eigenen Persönlichkeitsentwicklung verstanden wurde. Solche Momente fand ich besonders wertvoll und schön, wenn dann aus Spannungen letztlich etwas Gutes geworden ist. Von manchen Gesprächen hatte ich allerdings den Eindruck, dass da wenig Raum für Bewegung oder Veränderung vorhanden war.

Was ich mir im Rückblick denke

Wenn ich heute, bald schon ein Vierteljahrhundert danach, auf meine zwei Seminarzeiten zurückblicke, bin ich sicherlich in erster Linie dankbar – für den »Lernort« Priesterseminar, für die Heimat, die ich ganz persönlich besonders im Studium dort erlebt habe, für eine ganze Reihe von guten Freundschaften, die sich über die Jahre teils gehalten, teils verändert, teils intensiviert haben. Ich bin dankbar, dass ich auch meine Grenzen deutlicher kennengelernt habe, manche Wunschvorstellung ist einer realistischeren Einschätzung von Leben und Arbeiten in der Kirche gewichen. Das ist nicht einfach gewesen, aber gut so.

Was mir nachhaltig wichtig geblieben und noch wichtiger geworden ist, ist das Thema Veränderung. Das heißt nicht, dass Kirche oder Priester wie ein Fähnchen im Wind sein sollten, was in Debatten schnell ins Feld geführt wird. Es hat vielmehr damit zu tun, dass es immer darum geht, das stets gleiche Evangelium Jesu Christi unter neuen Zeitumständen zu verkünden und in die jeweilige Sprache der Menschen zu übersetzen. Weil sich Sprache und Zeitumstände immer schneller verändern, ist es auch für Kirche und alle Menschen im Verkündigungsdienst notwendig, diese Veränderungen wahrzunehmen und darauf zu reagieren. Das Priesterseminar könnte tatsächlich ein exzellenter Lernort dafür sein, Veränderungen wahrzunehmen, zu analysieren, zu reflektieren und die für den priesterlichen Dienst erforderliche prophetische Sperrigkeit und zugleich Adaptionsfähigkeit an die Zeichen der Zeit einzuüben. Die aktuelle Erweiterung der Praxiszeiten in der Gemeinde während der Ausbildung scheint mir daher ein sehr wesentlicher Schritt in die richtige Richtung zu sein.

Ein Nachklang

Ein Jahr nach meinem Ausscheiden als Präfekt – ich war Studentenpfarrer geworden – durfte ich für die Weihekandidaten beim Wortgottesdienst am Abend vor der Priesterweihe predigen. Ich bezog mich auf ein Kunstwerk, das wir im Jahr 2000 in der Kapelle der Katholischen Hochschulgemeinde im Rahmen des Projektes »Neue Kunst im Kirchenraum« zeigten. Es war ein Werk des Regensburger Künstlers Walter Zacharias (bekannt vom Fotogeschäft Zacharias). Es handelt sich um ein quadratisches Stück einer alten Stalltür aus einem landwirtschaftlichen Anwesen. Walter Zacharias hatte etliche von diesen Holztafeln zusammengesammelt und bearbeitet – drei davon hatten wir unter dem Titel »Triptychon« bei uns ausgestellt. Die Idee von Walter Zacharias war genial. Er war ein Künstler, der die Augen für die alltägliche Realität weit offenhielt. Besonders im landwirtschaftlichen Bereich fand er Gegenstände, in denen er mehr sah: Bretter, Steine, eisernes Gerät. Die Holztafeln hatten es ihm besonders angetan. Im Wesentlichen ließ er die Gegenstände so, wie sie waren: ungehobelt, mit etlichen

Schrammen versehen, Löcher vom Bohren, ein Schlüsselloch, vielleicht sogar ein Katzenloch aus einer alten Tür. Wenn man nicht aufpasst, konnte man sich an diesen Tafeln auch schnell verletzen. Nur eine hauchdünne Farbschicht trug der Künstler auf diesen Tafeln auf, die bei richtiger Beleuchtung aus dem alten, bedeutungslos scheinenden Gegenstand ein faszinierendes Kunstwerk macht.

Pfarrer Roßmeier aus Pfeffenhausen hatte uns dieses Kunstwerk mit drei Gedanken nähergebracht, die ich an diesem Abend den Weihekandidaten und der Seminargemeinschaft weitergeben durfte: Gefunden – genommen – verwandelt. So wie der Künstler ganz alltägliche Gegenstände findet, sie für sich in Dienst nimmt und durch seine Künstlerhand verwandelt, ist es auch mit einem Menschen, der sich in den Dienst Jesu Christi stellt: Zunächst sind es eben Menschen aus Fleisch und Blut, mit Ecken und Kanten, Fehlern, aber auch ganz besonderen Talenten. Der Herr ruft sie beim Namen und nimmt sie in Dienst. Die Begegnung mit dem Herrn verwandelt, die Auseinandersetzung mit diesem Ruf verwandelt, das Studium und die gesamte Ausbildung verwandelt. Durch das Sakrament bekommt ein Mensch einen unauslöschlichen Charakter, aber die Verwandlung geht weiter. Ein Kunstwerk ist nicht fertig, wenn es in die Ausstellung kommt – jede einzelne Begegnung mit den Menschen verändert es noch einmal.

Mir ist klar geworden: Veränderung ist ein Lebensprozess, der nicht mit der Priesterweihe endet! Aber im Priesterseminar habe ich dazu ziemlich viel gelernt!

Um die Jahrtausendwende
Pfarrer Michael Hoch, Weihejahrgang 2004

Nebensächlichkeiten, die im Gedächtnis bleiben

Wie so oft in meinem Leben sind es nicht die großen und bedeutenden Themen, die mich an vergangene Tage erinnern, sondern vor allem Kleinigkeiten, unbewusst wahrgenommene Nebensächlichkeiten, flüchtige Begegnungen und Kontakte, überraschende Situationen und Erkenntnisse, die Momente schaffen, die für mich so etwas wie die »Stimmung« einer Zeit wiedergeben können. Natürlich könnte ich in dieser Festschrift zum Jubiläum »150 Jahre Priesterausbildung im Seminar am Bismarckplatz« von den großen Begegnungen erzählen, dem Besuch des Apostolischen Nuntius zum Beispiel, als Erzbischof Giovanni Lajolo dem Priesterseminar der Diözese Regensburg einen Besuch abstattete. Ich könnte erzählen von seinem theologisch ausgefeilten Vortrag, seinen wegweisenden Worten an uns junge Seminaristen – den zukünftigen Priestern der Diözese Regensburg – könnte erzählen von der Perspektive der Weltkirche, die er in unser Regensburger Seminar mitbrachte.

Aber wie es eben oft im Leben ist: davon wissen am Ende nur noch die wenigsten so viel, um Handfestes wiedergeben zu können – ehrlich gesagt: so zukunftsorientiert und mutig waren theologische Vorträge zu unserer Zeit oft nicht.

Dass aber gerade die Ankunft jenes besagten Erzbischofs an diesem frühsommerlichen Abend wegen ein paar Nebensächlichkeiten im Gedächtnis blieb, davon kann und will ich gerne erzählen – und vielleicht von der einen oder anderen Begebenheit mehr. Wenn Sie auf diese Randnotizen und Marginalien der Geschichte neugierig sind – mehr kann ich leider nicht beisteuern – und Sie darin vielleicht mehr aufscheinen sehen wollen, dann kommen Sie doch mit in das Priesterseminar der Jahrtausendwende!

Aber erst einmal der Reihe nach.

Anmeldung im Priesterseminar

Wer sich damals in unseren Tagen im Priesterseminar anmelden wollte, der nahm Kontakt zum Regens auf, einem freundlichen Mittvierziger, gerade neu in sein Amt gekommen, ein gestandener Pfarrer, der vom niederbayerischen Land kam und bis dahin eine Gemeinschaft von zwei kleinen Pfarreien leitete. Dass ihm die Verbundenheit zum Land eine unverwechselbare Bodenständigkeit und Natürlichkeit verlieh, konnte man vielfach spüren – und sie tat dem ehrwürdigen Haus durchaus gut. Wahrscheinlich hat er immer wieder innerlich den Kopf geschüttelt, wenn er von den Fragen und Problemen der Studenten erfuhr. Die Vorlesungen an der Uni, die unterschiedlichen theologischen Ausrichtungen der Professoren und Dozenten hatten natürlich ihre Auswirkung auf die Studenten im Haus. Ihre forschen Erkenntnisse trafen immer wieder auf entrüstete Frömmigkeit, und so wurde oft schon der Frühstückstisch im Speisesaal, spätestens der Nachmittagskaffee, zum Schauplatz eifriger theologischer und spiritueller Gefechte. Nicht selten endeten diese Gespräche nicht dort, wo sie begonnen hatten, sondern begleiteten das Hausleben auf Schritt und Tritt. Bis in die Gottesdienstgestaltung hinein, die Auswahl der Lieder und Texte, die Positionierung der liturgischen Orte in Schottenkirche, Hauskapelle und Oratorium konnte man spüren, dass Liturgie bewegt – nicht immer konfliktfrei. Für Aufregung sorgten verschobene Altäre und Amben, entfernte Leuchter und Teppiche, Liedblätter und Messkleidung. Dem Regens kam immer wieder die Rolle zu, diese Streitigkeiten zu schlichten, was ihm in seiner Gelassenheit oft gut gelang. Da reichte schon der freundliche, aber durchaus ermahnende Halbsatz – zu dem man sich eine ausladende, unterstreichende Handbewegung denken muss: »Aber meine Herren!«

Dem einen mag all das sonderbar und kurios erscheinen, aber das große Thema von damals, nämlich die Fragen: »Was muss bleiben?« und »Was bedarf einer weiteren Entwicklung«, diese Fragen sind in unserer Kirche bis heute im Kern geblieben.

Nikolausabend

Schon im Herbst, kurz nach Semesterbeginn, begannen die Vorbereitungen auf ein Schauspiel, das sich jedes Jahr in einer gesteigerten Fassung wiederholte. Der Anlass einfach, die Auswirkungen weitreichend. Der Nikolausabend warf seine langen Schatten voraus. Er musste gut vorbereitet sein und das vergangene Jahr toppen, das war die Herausforderung, vor der sich der fünfte Kurs sah, diejenigen Seminaristen, welche die meiste Erfahrung mit den Menschen im Haus hatten. Über Fehltritte und Fauxpas wurde gedanklich Buch geführt, damit an diesem Abend genügend Material vorhanden war. Ja, sowohl Seminaristen als auch die Hausleitung und sogar die Mallersdorfer Schwestern, die guten Geister des Hauses, wurden nicht verschont.

Der Nikolaus im Seminar war stets ein strenger Herr, der in Zusammenarbeit mit seinen vielen Helfern zwar immer ehrlich, aber nicht zimperlich war und allen einen Spiegel vorhielt. Die Kreativität der Seminaristen und die Freude am Übertrumpfen der Vorjahresveranstaltung verwandelten den überdimensionalen Speisesaal wahlweise in eine himmlische Bibliothek nach Art des Brandner Kaspars oder in eine römische Konferenzaula für die Zusammenkunft eines Nikolauskonzils. Mit viel Liebe fürs Detail wurde das Bühnenbild gebaut, die Texte ansprechend und treffend in Versform verfasst, geplant und geprobt – und das alles, ohne dass »das Haus« es mitbekommen sollte. Schon die Ankündigung des Abends im Anschluss an das Essen war fulminant und machte Lust und Angst gleichermaßen.

Natürlich fand sich nicht jeder in den Vorhaltungen des Heiligen Nikolaus wieder und so war mancher (und manche) der Anwesenden noch tagelang – naja, nennen wir es »bewegt« und »betroffen« von den manchmal viel zu persönlichen Worten des Heiligen.

Eintönige Winter

Der Winter war oft eintönig, die Stadt in diesen Monaten meist nebelverhangen und trist. Der tägliche Weg zur Uni im überfüllten und stickigen Bus der Linie 6 machte wenig Lust auf weitere Fahrten.

Genug Zeit also für Studium und andere Vergnügungen – das Haus bot reichlich Platz.

Die Bibliothek, das Billardzimmer, die MiZi-Ecke, die Studentenküche, das Bierstüberl und sogar das Getränkelager unter der großen Haupttreppe waren gut frequentierte Orte, um sich »ganzheitlich« zu bilden, einander zu treffen, zu unterhalten, zu diskutieren oder auch einfach nur um zu lernen, zu studieren oder zu beten. Großzügige Kursräume und kleine geistliche Orte wie das Schottenarchiv standen allen jederzeit offen. Manchmal konnte man fast den verführerischen Eindruck gewinnen, dass bei all der Rundumversorgung und dem täglichen Hausprogramm, ein Verlassen des Seminars gar nicht nötig (gewollt) wäre und der Kontakt mit der »Außenwelt« nicht unbedingt sein müsste.

Die dicken Mauern des Hauses, der durch einen Pförtner regulierte Haupteingang und ein einziges Kartentelefon im Haus schirmten nicht nur den Lärm der Straße gut ab.

All das konnte die Neugierde und die Entdeckungslust junger Menschen nicht bremsen. Die Stadt mit all ihren Möglichkeiten hatte auf sie eine große, magnetische Anziehungskraft. Den einen, um außerhalb des Hauses das vielfältige Gottesdienstprogramm der Stadt zu studieren, den anderen, um die auch damals schon reichhaltige Café- und Kneipenszene zu entdecken. Letztere kannte klingende Namen wie »Spaghetteria«, »Taverna Fontana«, »Pizza-Telex«, »Oma Plüsch« und das irische Pub »Murphy's-Law«; erstere »Alte Kapelle«, »St. Johann« und »St. Kassian«.

Kurzweilige Sommersemester

Das Sommersemester im Priesterseminar war meist viel zu kurz und verging stets zu schnell: nicht nur um für Prüfungen zu lernen und sie zu bestehen, sondern auch um Abschiede und Neuanfänge zu planen. Die einen verabschiedeten sich ins Freijahr, die anderen empfingen die Priesterweihe und traten ihre erste Kaplanstelle an. Die einen zogen aus ins Pfarrpraktikum, die anderen wechselten die Uni oder entschlossen sich, den Weg im Priesterseminar ganz zu verlassen. Es war in diesen Tagen ein Kommen und Gehen im Haus am Bismarckplatz. Eine Feierlichkeit jagte die andere. Ein Sommerfest hier, eine Neupriesterverabschiedung da und am Ende blieb: eine offene Türe zum Garten, durch die ein laues Lüftchen aus der Stadt hereinwehte. »Wie doch der Herrgott uns gernhat! Das musst du spüren!« – rief mir damals ein Seminarist ganz euphorisch bei seinem Aufbruch in perfektem Oberpfälzer Dialekt zu.

Das Seminar als Ausbildungsstätte

Das Seminar als Ausbildungsstätte für Priester wurde hochgepriesen – meist von den Verantwortlichen. Es wurde oft und heftig in Frage gestellt – meist von den »Pfarrern draußen«. Wer drinnen war, der hatte viele optimistische Visionen und Pläne für eine Zukunft der Kirche. Wer draußen war, stellte immer wieder die Frage, ob es mit der Kirche noch weitergehen könnte, wenn »diese« Seminaristen die Zukunft der Kirche sein sollten.

Eines ist mir im Lauf der Zeit klarer geworden: Die Seminarzeit war – wie es vielleicht bei jeder Ausbildung ist – nur ein anfängliches Lernfeld für die Praxis. Mal mehr, mal weniger relevant für den späteren Weg.

Die Zeit im Priesterseminar war für mich eine prägende und gleichzeitig weiß ich, dass nach der Seminarzeit in vielen Bereichen das Lernen erst losging.

Wie die Zukunft der Priesterausbildung gut werden kann? Das ist heute schwerer zu beantworten als damals. Es braucht vermutlich auch hier neue Wege.

Ein Bild, das in Erinnerung bleibt

Apropos neue Wege: Vom Besuch des Apostolischen Nuntius ist mir nicht mehr viel in Erinnerung, aber ein Bild geht mir nicht mehr aus dem Kopf. Gespannt standen Seminaristen, Hausleitung und Schwestern am Portal der Schottenkirche aufgereiht, wie die Kindergartenkinder bei einem Bischofsbesuch. Den Blick voll Erwartung auf die Straße gerichtet, von wo der päpstliche Vertreter standesgemäß anreisen musste.

Ziemlich verdutzt und verwundert schauten alle auf den leicht ramponierten, beigen 9-Sitzer VW-Bus des Bildungshauses Schloss Spindlhof, der plötzlich vor der versammelten Gemeinde anhielt. Die Schiebetüre ging auf und heraus krabbelten der damalige Bischof Manfred zusammen mit dem erzbischöflichen Besuch aus Berlin.

Ganz ungewohnt kam Kirche hier angerollt. Die Herren sichtlich erleichtert, wieder aus dem engen Fonds des Wagens steigen zu können.

So müsste es vielleicht auch heute öfters sein: ganz unerwartet taucht Kirche auf, ganz ungeschminkt und ohne Dünkel, keine Scheu vor einer unbequemen Anreise, immer direkt zu den Menschen unterwegs. Damals hat es keinem geschadet! Ich glaube, das würde es auch heute nicht!

Eine ver-rückte Zeit – meine Seminarzeit
Pfarrer Franz Pfeffer, Weihejahrgang 2011

»Studentisches Samstagsritual«

Als Hausherr begrüßt er alle, die das Priesterseminar vom Bismarckplatz her betreten. Wie ein Pförtner steht er links neben der Glastür im Eingangsbereich, die in den Kreuzgang des ehemaligen Schottenklosters führt. Würdevoll, mit Stab und Kirchenmodell in den Händen schaut er einladend Seminaristen, Seminarvorstände, Schwestern, Mitarbeiterinnen und Mitarbeiter, Besucherinnen und Besucher an: der Heilige Bischof Wolfgang, der Patron unseres Bistums und des Priesterseminars.

Mit dieser in Holz geschnitzten, farblich gefassten und künstlerisch gestalteten Heiligenfigur hatten wir als Seminaristen eine ganz besondere Beziehung: Denn jedes Mal, wenn wir am Samstag nach den sogenannten Punkten, einer von Spiritual Dr. Josef Graf gehaltenen Betrachtung zum Sonntagsevangelium, wie ganz »normale« Studenten ausgegangen sind, begrüßte uns Bischof Wolfgang beim Heimkommen zu vorgerückter Stunde und hieß uns willkommen. Und jedes Mal – irgendwie konnten wir's nicht lassen – drehten wir ihm dann den Bischofsstab und/oder sein Kirchlein in den Händen um. Beides war nämlich möglich; letzteres konnte man sogar entweder ganz umdrehen oder querstellen. Wir hatten einen Heidenspaß daran und auch das Gefühl, Bischof Wolfgang würde es uns nicht krummnehmen; sah er uns doch immer noch einladend, fast väterlich an. Dennoch war am nächsten Tag, sonntags, wenn wir uns zum Domdienst aufmachten, Stab und Kirchenmodell wieder zurechtgerückt. Ob nun Bischof Wolfgang selbst, vernünftigere und ehrfurchtsvollere Seminaristen oder vielleicht Regens Martin Priller dafür verantwortlich waren, konnten wir leider bis heute nicht klären.

Ein harmloser Studentenstreich. Eine blöde Angewohnheit, die von manchen vielleicht sogar im Hinblick auf das Zweite Gebot als ein sündhaftes, respektloses Tun abgestempelt wird. Ein Ritual, das ich zumindest nicht missen möchte. Denn im Rückblick hilft mir das kleine Kirchlein des Heiligen Wolfgang, auf meine Seminarzeit zurückzuschauen – dieses verdrehte, umgedrehte, querstehende, ver-rückte Kirchlein.

Gab es doch in meinen Jahren im Priesterseminar so einiges, was mir verdreht, ja sogar verrückt vorkam; einiges, was sich auf dem Weg zum Weihealtar querstellte; einiges, was gefühlt alles völlig umgedreht, umgekrempelt hat und eine ganz neue Sicht ermöglichte.

Einzug in das neu renovierte Seminargebäude

Solche Erfahrungen habe wohl ich in meinen Seminarjahren von 2005 bis 2011 gemacht und sicherlich auch die gesamte Hausgemeinschaft. So zum Beispiel bei meinem Eintritt – direkt nach dem Abitur – im Herbst 2005. Da war nämlich für jedes Mitglied der Seminarfamilie alles neu und anders: Denn ein halbes Jahr vorher fand der Umzug vom Buchbergerwohnheim mit Regens Gottfried Dachauer zurück ins neu renovierte Seminargebäude im ehemaligen Schottenstift statt, was sozusagen alles umdrehte und umkrempelte. Und so hatten alle einen neuen Blick auf Seminaralltag, praktische Abläufe, Tagesstruktur, etc. Wir atmeten als Erstkursler also nicht nur den Zauber des Anfangs, sondern auch den Geruch von frischer Farbe und ab und zu nachts, dass es nicht brannte. Sie haben schon richtig gelesen: Die neue Brandmeldeanlage, die noch nicht so wollte wie sie sollte, weckte uns nämlich manchmal zu später Stunde, weil sie aufgewirbelten Baustaub im Dachboden mit Rauch verwechselte. Wenn ich »uns« schreibe, dann meine ich zuerst einmal nicht mich; lag ich doch in einem Zimmer, im zweiten Stock direkt neben der Jakobskirche, in einem Teil des Hauses, in dem die Anlage zuerst einmal zu leise eingestellt und deshalb nicht richtig hörbar war.

Ferner zog mit der Hausgemeinschaft 2005 auch das Bildungshaus St. Jakob ein, das für alle kirchlichen Berufsgruppen der Diözese Fortbildungen anbot. Deren Teilnehmerinnen und Teilnehmer, die auch beim Mittagessen der Seminarfamilie dabei waren, brachten natürlich bei den Tischgesprächen neue, verschiedene Sichtweisen mit.

Regenten Wechsel und Papstbesuch

Auch mein zweites Seminarjahr brachte durch einen Regenten Wechsel Neuerungen, die vieles umdrehten und umkrempelten: An Peter und Paul 2006 erfuhren wir beim Mittagsgebet, dass auf Gottfried Dachauer als Regens im neuen Seminarjahr Martin Priller folgen würde. Am meisten spürten wir die Neuerungen im Tagesablauf. So wurden aus den Früh- und Abendmessen in Schottenkirche St. Jakob und Seminarkapelle überwiegend 6.30 Uhr Eucharistiefeiern in der im Winter ziemlich kalten Jakobskirche, die wir deshalb auch liebevoll »Kühlschrank« tauften.

Doch das Ereignis, das zu Beginn unseres zweiten Seminarjahres alles umdrehte und eine ganz neue Sicht auf Kirche, ja Weltkirche, ermöglichte, war der Besuch Papst Benedikts XVI. in seinem Regensburg. Bei dieser Pastoralreise nächtigte der Pontifex im Seminar. Dies wiederum hatte eine ziemlich ver-rückte Folge: Wir Seminaristen wurden nämlich für die Zeit des päpstlichen Aufenthalts umquartiert, unter anderem weil wir (deutsche Vorschriftsverliebtheit lässt wohl grüßen!) als Sicherheitsrisiko eingestuft und weil (Schlaf-)Platz für die Mitreisenden des Heiligen Vaters gebraucht wurde. Gemeinsam übernachteten wir deshalb in der Turnhalle der Marienschulen. Ein fast surreales und sicherlich unvergessenes Erlebnis, auf das Ministranten- und Ordnungsdienste beim Pontifikalamt am Islinger Feld und bei der Ökumenischen Vesper im Dom folgten. Ich selbst durfte damals als Pontifikalienträger im Dom ministrieren und dabei die Ferula, den päpstlichen Kreuzstab, halten. Voller

Ehrfurcht und Vorfreude sah ich diesem Ereignis entgegen und hätte dann fast den Papststab fallen lassen, aber nicht, weil ich so tollpatschig war, sondern weil der damalige Zeremoniar Piero Marini ihn mit der Mitra uns beiden Seminaristen vor lauter Hektik und Zeitdruck beinah entgegenwarf.

Ziemlich viel Neues

Auch mein drittes und viertes Ausbildungsjahr brachten ziemlich viel Neues: Denn während wir im Freijahr waren, theologischen Studien in ausländischen Gefilden nachgingen und natürlich den Namen des externen Jahres sehr ernst nahmen, zogen ins Regensburger Seminar Passauer Priesterkandidaten ein. Denn beide Diözesen schlossen eine Ausbildungskooperative, nachdem ein theologisches Vollstudium in der Bischofsstadt des Nachbarbistums nicht mehr möglich war. Als wir damals vom Freijahr zurückkamen, war zwar unser Ursprungskurs über die Hälfte geschrumpft, doch Passauer Kollegen füllten diese Lücken doppelt auf. Mit den diözesanen Nachbarn vergrößerte sich aber nicht nur unsere Hausgemeinschaft, vielmehr zogen mit den Passauer Seminaristen und deren Subregens Anton Spreitzer auch Erfahrungen eines anderen Seminargetriebes ein, die nicht unbedingt mit unseren übereinstimmten. So eröffneten sich neue Blickwinkel: Viel Schönes gab es zu entdecken, aber auch manches, was man anfangs eher als querstehend empfand.

Zusätzlich gab es eine weitere Veränderung, die vieles umdrehte: Bischof Dr. Gerhard Ludwig Müller holte 2007 die Studenten des Dritten Bildungsweges, die sich ohne Abitur auf den Weg zur Priesterweihe machen und in Theologie unterrichtet werden, zurück nach Regensburg. Das »Collegium Rudolphinum«, die Gründung Bischof Rudolf Grabers, die an der Theologischen Hochschule Heilig Kreuz bei Wien angesiedelt war, fand im Priesterseminar seine neue Heimat mit Studienbetrieb, Dozentinnen und Dozenten sowie Direktor Dr. Christoph Binninger unter dem Namen »Studium Rudolphinum«. Ordenschristinnen und -christen sowie weitere Priesterseminaristen brachten nun ihre Erfahrungen, Gedanken und Sichtweisen in die Hausgemeinschaft ein.

Und kurz darauf, 2008, zog auch das Institut Papst Benedikt XVI. mit dem damaligen Direktor, unserem heutigen Diözesanbischof Dr. Rudolf Voderholzer und seinen Mitarbeitern ein. Dieses wurde mit Ziel der Herausgabe des gesamten theologischen Werkes Joseph Ratzingers bis zu dessen Papstwahl gegründet. Mit einem Wissenschaftsbetrieb im Haus wurde wieder ein wenig am Seminarleben gedreht und Neues gab es zu entdecken, was wir bei einem Nikolausabend versuchten mit ein wenig Witz dramaturgisch darzustellen. Da hat nämlich Bischof Nikolaus den vierten und fünften Kurs – also uns – gebeten, seine gesammelten Notizen über die Seminargemeinschaft herauszugeben.

An diesen besonders herausragenden Ereignissen in meinen sechs Seminarjahren lässt sich bereits ablesen: Das umgedrehte, quergestellte, ver-rückte Kirchlein des Hl. Wolfgangs ist ein Bild für die Seminarzeit.

Kurs-Benjamin

Auch ganz persönlich für mich: Als junger, frischgebackener Abiturient mit 19 Jahren – damals gab es noch das G 9 – bin ich ins Seminar eingetreten und war auf diese Weise – im Vergleich zu Generationen vorher – eher die Ausnahme und nicht nur der Kurs-Benjamin. Denn viele spätberufene und ältere Studienkollegen waren damals mit mir im Priesterseminar. Doch diese Alters- und Erfahrungsunterschiede waren kein Hindernis, um Freunde für den Lebensweg zu finden – im Priesterseminar und auch unter den Mitstudierenden in der Fakultät. Freundschaften, die mich prägten und prägen und mich bis heute durchs Leben tragen.

Ferner war ich damals als (mehr oder weniger) braver Ministrant und aktiver Jugendlicher meiner Plattlinger Heimatpfarrei St. Magdalena auch noch sehr naiv und unerfahren in der weiten kirchlichen Welt. So kann ich mich noch gut an meine ersten Seminartage und an die gemeinsamen Laudes und Vespern erinnern, die mir ziemlich ver-rückt vorkamen. Ich fragte mich nämlich damals, was wir uns da denn eigentlich gegenseitig von diesen kopierten Zetteln vorlasen. Es waren natürlich Psalmen, Cantica und Hymnen aus dem Stundenbuch, wie ich bald durch die Spiritualstunden erfuhr. Und so erhielt ich einen neuen Blickwinkel auf unser christliches Gebetsleben und entdeckte eine für mich bis heute tragende Spiritualitätsform.

Darüber hinaus war mir, nachdem ich bisher daheim im »Hotel Mama« wohnte, anfangs der strukturierte Tagesablauf des Priesterseminars mit Gottesdienst-, Essens- und Studienzeiten sowie mit verpflichtendem Programm und freier Zeit ungewohnt, zu eng und kam mir ziemlich quer. Aber letztendlich erkannte ich so meine Liebe zu einem gut strukturierten Alltag, die mir heute bei meinem Dienst in der Pfarrei hilft.

Außerdem war mir damals als Jungspund nicht bewusst, welch unterschiedliche Blickweisen es auf unsere Kirche gibt: dass es da einerseits eher die Tradition hochhaltenden, konservativen Zeitgenossen und andererseits die eher liberal, erneuernd denkenden Kollegen gibt. Spannend (des Öfteren für mich bis zum Zerreißen) nahm ich damals wahr, dass sich diese manchmal ziemlich in die Quere kommen und dass ich mich selbst in diesem Geflecht mit meiner Sichtweise positionieren muss. Und obendrein merkte ich Tag für Tag im Seminar mehr, dass meine Seminar- und Kurskollegen auch nur Menschen sind und dass es eben auch bei Seminaristen und Theologiestudentinnen und -studenten menschelt. So gab es für mich manch Ver-rücktes, was neue Sichtweisen bot, und auch leider so manches, was sich mir als scheinbar unüberwindbare Hürde quer in den eigenen Denk- und Glaubensweg stellte. Um fundiert wissenschaftlich und mit einer theologischen Tiefe damit umzugehen, befähigten mich die Dozentinnen und Dozenten an der Theologischen Fakultät der Universität Regensburg, denen ich viel zu verdanken habe.

So konnte ich letztendlich menschlich genau daran reifen und bin dadurch geformt worden – durch diese vielfältigen Blickwinkel auf unseren Glauben. Auch wenn es mir anfangs schwerfiel, ist es doch genau das, was mir am wertvollsten in meinen Seminarjahren geschenkt wurde: die Pluralität der Theologie, die

Vielfalt des Glaubens, die wunderschöne Buntheit unserer Kirche wahrzunehmen und zuzulassen.

Ein unorthodoxer Wunsch

In unserem studentischen Samstagsritual von damals schimmert für mich rückblickend dieses Geschenk durch. Und deshalb möchte ich meine Seminarerinnerungen mit einem ganz ungewöhnlichen und vielleicht unorthodoxen Wunsch beschließen: Mögen doch noch viele Seminaristen-Generationen nach uns dieses kleine Kirchlein unseres Bistums- und Seminarpatrons umdrehen, querstellen, verdrehen und verrücken und so bildhaft die Vielfalt unseres katholischen Glaubens und unserer Kirche vor Augen geführt bekommen. Denn – so weiß ich es sicher – die Generationen vor uns hatten auch schon ihre Freude an unserem Samstagsritual.

Ein Gespräch unter Kaplänen
Kaplan Matthias Strätz / Kaplan Bastian Neumann, Weihejahrgang 2021

STRÄTZ: Hallo Bastian, oder soll ich sagen: Herr Kaplan? Der Titel ist noch ganz ungewohnt … Wie geht´s Dir, so kurz nach der Priesterweihe?

NEUMANN: Hallo Matthias, schön Dich mal zu sehen! Das ist ja als Kaplan gar nicht mehr so leicht, gibt ziemlich viel zu tun. Ganz neue Aufgaben kommen plötzlich auf einen zu: Schule, Gottesdienste, Erstkommunion- und Firmvorbereitung, Krankenbesuche, Jugendarbeit und vieles mehr. Ja, wir sind jetzt endlich an unserem Ziel angekommen und Priester geworden. Kannst Du Dich noch daran erinnern, wie wir damals mit der Priesterausbildung angefangen haben?

STRÄTZ: Ja natürlich! Los ging es 2014 in Passau, als wir das Propädeutikum begonnen haben. Zusammen mit den neuen Seminaristen aus den Diözesen München-Freising, Augsburg und Passau haben wir im Priesterseminar Passau die ersten Schritte der Ausbildung getan. Es war damals sogar ein Seminarist aus der Schweiz mit dabei, der das Propädeutikum ebenfalls in Passau gemacht hat.

NEUMANN: Ja stimmt, das war eine lustige Truppe damals. Zusammen haben wir Latein, Hebräisch und Griechisch gelernt, zweimal pro Woche ein Sozialpraktikum in einer Caritas-Einrichtung gemacht und uns ins geistliche Leben eingeübt. Ich kann mich noch gut an die Bibelabende, die Spiritualstunden, die gemeinsamen Gottesdienste und den Kampf mit der hebräischen Grammatik erinnern. Und natürlich die Bibelschule in Israel …

STRÄTZ: Das war wirklich der Höhepunkt des propädeutischen Jahres: die vier Wochen im Heiligen Land. Zuerst zehn Tage in der Wüste Negev in einem Kibbuz, dann zehn Tage Jerusalem, und zum Abschluss zehn Tage in Galiläa, direkt am See. Die Bibel vor Ort zu lesen, das war schon was Besonderes.

NEUMANN: Da hast du Recht. Das hat uns alle geprägt. Überhaupt war das Propädeutikum ein gutes Jahr. Einerseits konnte man sich gleich mit den Seminaristen anderer Bistümer vernetzen, bis heute gibt es da Freundschaften. Und andererseits hat das Erlernen der Sprachen das Studium erleichtert. Unsere Kommilitoninnen und Kommilitonen mussten die Alten Sprachen an der Uni erst lernen, wir hatten das schon. Aber auch das Sozialpraktikum hat uns einen tiefen Einblick in die caritative Arbeit der Kirche gewährt.

STRÄTZ: Exakt. Doch gegen Ende des Propädeutikums haben wir uns alle, soweit ich mich erinnern kann, auf das Studium und das Leben im »eigenen Priesterseminar« gefreut, in Passau waren wir ja eigentlich nur Gäste. Im Herbst 2015 ging es dann für uns auch endlich mit dem Studium der Theologie an der Uni Regensburg los. Ich glaube, das modularisierte Studiensystem war damals noch relativ neu, oder?

NEUMANN: Ja. Ein paar Jahre vorher haben die Theologiestudenten, also auch die Priesteramtskandidaten, noch das Diplom als Abschluss gemacht. Bei uns hieß das dann Magisterstudiengang mit dem Abschluss Magister Theologiae! Naja, klingt auch nicht schlecht … Der große Unterschied ist, dass unser Studium in Module aufgegliedert war und wir dann tatsächlich jedes Semester Prüfungen hatten. War zwar schon anstrengend und manchmal ganz schön mühselig, aber wir haben es gemeistert.

STRÄTZ: Das stimmt. Aber auch im Priesterseminar hat sich während unserer Zeit einiges geändert. Als wir im September 2015 ins Seminar kamen, da war es noch so, dass es immer abwechselnd ein Hauswochenende und ein freies Wochenende gab. An den Wochenenden im Haus haben wir gemeinsam am Freitag die Vesper gebetet, am Samstag gab es manchmal eine thematische Einheit, Samstagabend wurde in den »Punkten« das Evangelium vom Sonntag besprochen und der Sonntag war dann ganz von der Liturgie und der Muße geprägt.

NEUMANN: Und damals gab es auch noch die Bischofsgruppen, die bei Pontifikalämtern ministriert haben. Das durften wir als »Erstkursler« noch gar nicht, sondern nur die höheren Kurse. Aber das Wochenend-System hat sich dann in unserem zweiten Jahr, also ab Herbst 2016 geändert. Es gab nun drei verschiedene Typen von Wochenenden: das »Formatio-Wochenende« mit theoretischen und praktischen Ausbildungseinheiten, die zur Priesterausbildung gehören. Dann das »Communio-Wochenende«, an denen die Wohngruppen (die Bewohner eines Ganges bildeten eine Wohngruppe) das Wochenende zusammen gestalteten. Sowohl die Mahlzeiten als auch die Liturgie und die Freizeitaktivitäten wurden gemeinsam geplant und durchgeführt. Und natürlich gab es auch noch die freien Wochenenden, die fortan »Recreatio-Wochenenden« genannt wurden.

STRÄTZ: Jede Wohngruppe hatte immer auch einen »Wohngruppen-Kaplan«. Einer der Vorstände war dann für »seine« Gruppe zuständig und verbrachte mit ihr den geistlichen Abend am Montag, sowie die »Communio-Wochenenden«. Dieses neue System der Wochenenden war natürlich am Anfang eine Umstellung, aber wir haben uns alle schnell daran gewöhnt. Für uns war nach dem zweiten Jahr im Priesterseminar Regensburg erstmal wieder Schluss, da wir ins Freijahr gegangen sind. Wo warst du nochmal?

NEUMANN: Ich habe ab September 2017 in Rom gelebt und an der Gregoriana studiert. Ich durfte dort die internationale Kirche erleben und hab natürlich auch ein bisschen »La dolce vita« genossen, was bei dem strahlenden Sonnenschein auch leicht möglich war. Während Deines Freijahres hat die Sonne eher weniger geschienen, oder? (lacht)

STRÄTZ (lacht etwas verbittert): Da hast du ausnahmsweise mal Recht. In Irland waren eher Regen und Wind an der Tagesordnung. Trotzdem habe ich mein Freijahr am St. Patrick´s College (wie sollte das College in Irland auch anders heißen …) in Maynooth wirklich genossen. Land und Leute waren grandios, und die Erfahrung, für ein Jahr in einem anderen Land zu leben, war großartig. Es ist doch was anderes, mal im Urlaub im Ausland zu sein oder ein ganzes Jahr dort zu leben und zu studieren. Außerdem ist der Sinn des Freijahres ja auch, die eigene Berufung außerhalb des geschützten Rahmens eines Priesterseminars zu prüfen. Ich denke, davon konnten wir beide profitieren, oder?

NEUMANN: Auf jeden Fall! Die Erfahrung des Freijahres möchte ich nicht missen. Dennoch habe ich mich dann gefreut, im Herbst 2018 wieder ins Priesterseminar nach Regensburg zurückkehren zu können. Wir gehörten ja dann schon zu den »Großen«, oder wie wir immer etwas scherzhaft gesagt haben: zum »Oberkurs«.

STRÄTZ: Naja, mehr als die Hälfte der Ausbildung war ja zu diesem Zeitpunkt schon geschafft, wir waren mittlerweile wirklich schon »alte Hasen« im Priesterseminar. Es stand dann zu Beginn des vierten Kurses ein weiterer wichtiger Schritt auf dem Weg zur Diakonen- und Priesterweihe an: die Akolythatsbeauftragung, die traditionell im vierten Kurs stattfindet. Ich kann mich gut erinnern, dass diese Beauftragung sehr bewegend für uns alle war, weil man – im übertragenen Sinne – plötzlich so nah am Altar war: wir durften dann die Kommunion austeilen, die liturgischen Geräte purifizieren und das Allerheiligste aussetzen, das war schon eine besondere Aufgabe ...

NEUMANN: Ging mir auch so: Das Ziel, auf das wir während der Ausbildung hingearbeitet haben, rückte in greifbare Nähe. Und die letzten beiden Jahre des Studiums vergingen schließlich auch wirklich wie im Flug. Doch dann geschah etwas, das sich niemand vorstellen konnte: eine weltweite Pandemie ist ausgebrochen ...

STRÄTZ: Halt! Davor möchte ich noch die großartige Reise des Priesterseminars nach Äthiopien erwähnen. Zusammen mit Generalvikar Michael Fuchs, Regens Martin Priller und Spiritual Matthias Effhauser reiste eine Gruppe von Seminaristen in dieses schöne afrikanische Land. Dorthin hatte uns der Kardinal von Addis Abeba, der Hauptstadt Äthiopiens, eingeladen, als er einige Zeit vorher selbst bei uns in Regensburg zu war. Wir besuchten ihn und auch viele kirchliche Einrichtungen. Wir erlebten, wie sich Menschen aus ihrem Glauben heraus für andere einsetzen, und das oft unter schwierigen Umständen. Diese Reise war eines meiner Highlights während der Priesterausbildung. Schade, dass du damals nicht dabei sein konntest ...

NEUMANN: Ja wirklich, aber genau in diese Zeit fiel die Taufe meines Neffen. So, und dann kam Corona und traf uns mit voller Härte: Uni zu, Priesterseminar zu, alles zu. Plötzlich war überhaupt nicht mehr sicher, ob wir, wie eigentlich vorgesehen, im Sommer 2020 unser Studium abschließen können, um dann im Dezember 2020 zu Diakonen geweiht zu werden. Das Ziel war in greifbarer Nähe, doch es rückte erstmal in weite Ferne. Doch mithilfe digitaler Vorlesungen konnten wir das Studium planmäßig im Sommer abschließen. Und auch die Abschlussarbeit, die Magisterarbeit, konnten wir alle erfolgreich zu Ende bringen und rechtzeitig abgeben.

STRÄTZ: Ja, das erforderte zwar viel Mühe, da eine Zeit lang sämtliche Bibliotheken geschlossen waren und das Ausleihen von Büchern ziemlich umständlich war. Aber letztendlich haben wir abgegeben und be-

▷ Corona – und jetzt?

standen, sodass wir im September 2020 mit dem Pastoralkurs starten konnten. Wir haben unsere Praktikumspfarreien zugeteilt bekommen und haben dort am 1. Oktober unser Pfarrpraktikum begonnen. Du warst lustigerweise in meiner jetzigen Kaplanspfarrei …

NEUMANN: Richtig, in Amberg, Pfarrei Hl. Dreifaltigkeit. Dort habe ich erste Schritte in der pastoralen Arbeit gemacht und war sozusagen der Schatten des Pfarrers. Er hat mich überallhin mitgenommen, sodass ich viel kennenlernen konnte. Das gleiche hast Du in Weiden, St. Josef erlebt, oder?

STRÄTZ: Genau! Aber nach einem Monat in der Pfarrei sind wir im November wieder ins Priesterseminar zurückgekehrt, um uns intensiv auf die Diakonenweihe vorzubereiten, die dann ja — natürlich nach negativem Corona-Test aller Beteiligten — am 5. Dezember im Regensburger Dom stattfand. Obwohl die Diakonenweihe die Jahre vorher immer in der Heimat- oder Praktikumspfarrei eines der Weihekandidaten stattfand, wurden wir im Dom geweiht, weil da einfach mehr Platz ist und wir dadurch mehr Leute einladen konnten.

NEUMANN: Die Weihe war ein unglaublich bewegender Gottesdienst, den ich niemals vergessen werde. Nach sechseinhalb Jahren Ausbildung durften wir endlich vor den Bischof treten und unser »Hier bin ich« sprechen, um uns ganz in den Dienst Jesu und seiner Kirche zu stellen. Aber mit der Diakonenweihe ging die Arbeit in der Praktikumspfarrei, in die wir zwei Tage später zurückkehrten, erst richtig los. Wir konnten dann predigen, beerdigen, taufen und in der Messe assistieren. Das waren ganz neue Aufgabenfelder, in die man sich erst einarbeiten musste, was aber große Freude gemacht hat. Also mir zumindest …

STRÄTZ: Mir ging es genauso! Es war eine neue Rolle mit neuen Aufgaben. Wir konnten endlich richtig durchstarten und den Menschen und Christus auf diese Weise dienen. Corona war zwar immer noch da und hat einiges an Pfarreiarbeit verhindert, aber alle haben, so glaube ich, das Beste aus der Situation gemacht. Bis Ostern waren wir dann noch in der Praktikumspfarrei, aus der wir uns dann wieder verabschieden mussten, um uns im Priesterseminar nun intensiv auf die Priesterweihe vorzubereiten.

NEUMANN: Und dann war es am 26. Juni 2021 soweit, unsere Ausbildung im Priesterseminar erreichte ihren Höhe- und Endpunkt: Wir wurden zu Priestern geweiht. Ich bekomme immer noch Gänsehaut, wenn ich an den Weihegottesdienst im Dom denke. Unbeschreiblich … Das muss man erlebt haben, um nachvollziehen zu können, was die Priesterweihe für ein großen Geschenk ist.

STRÄTZ: Das stimmt! Ohne Worte …

NEUMANN: Tja, und jetzt geht das priesterliche Leben los. Nach sieben Jahren Ausbildung dürfen wir nun unseren Dienst tun. Wir haben schon so einiges in diesen Jahren im Priesterseminar erlebt, aber darüber reden wir ein anderes Mal. Jetzt muss ich weiter, die Abendmesse steht an.

STRÄTZ: Da reden wir auf jeden Fall mal drüber, aber das bleibt dann unter uns … (lacht). Gute Andacht und bis bald!

REFLEXIONEN EINES AUSBILDERS

Persönlicher Rückblick auf meine 26 Jahre als Spiritual im Priesterseminar Regensburg

Weihbischof Dr. Josef Graf,
Spiritual im Priesterseminar von 1989–2015

Weihbischof Dr. Josef Graf

Bereits im Frühjahr 1988 bekam ich an meinem Studienort Rom einen Telefonanruf unseres damaligen Diözesanbischofs Manfred Müller, der mir mitteilte, ich solle mich darauf einstellen, nach meiner Rückkehr vom Promotionsstudium die Aufgabe des Spirituals in unserem Priesterseminar zu übernehmen. Meinem spontanen Einwand, dass ich dafür mit Anfang 30 doch zu jung wäre, begegnete Bischof Manfred mit der scherzhaften Bemerkung, dass dieses Manko sich mit der Zeit ganz von selbst bessern werde. Den amüsanten Schlusssatz eines Artikels über den Spiritual im »Kirchenlexikon« von Wetzler und Welte kannte ich seinerzeit noch nicht: »Dass man, wo möglich, zu einem solchen Amte nur ältere Männer wählt, welchen einerseits eine reiche Erfahrung zu Gebote steht, und die andererseits für ihre Person mit der Welt und ihren Interessen im Wesentlichen abgeschlossen haben, folgt aus dem Charakter des Amtes« (Band 11, Freiburg, 2. Aufl. 1899, Spalte 636 f.).

Von der Kontinuität zur zunehmenden Vielfalt

Ohne für meine Person mit der Welt und ihren Interessen abgeschlossen zu haben, was übrigens bis heute nicht der Fall ist, übernahm ich nach einem weiteren kurzen Gespräch mit Bischof Manfred und einem umso längeren Gespräch mit dem damaligen Regens Anton Wilhelm, wozu er mich in Rom besucht hatte, im Herbst 1989 die Stelle des Spirituals im Priesterseminar Regensburg.

Mein erster Eindruck war, dass sich unser Priesterseminar seit meinem Weggang nach dem Vordiplom im Sommer 1979 kaum verändert hatte. Die Räumlichkeiten und deren Ausstattung waren noch so, wie ich sie gekannt hatte, die Kursräume, die Studentenzimmer, die Hauskapelle usw. Erst in den 90er-Jahren wurden die Flure mit Grünpflanzen und Sitzecken wohnlicher gestaltet. Die Qualität der Küche hatte sich allerdings meinem Empfinden nach deutlich verbessert. Vor allem an den Hochfesten, worauf der damalige Regens Anton Wilhelm Wert legte und sich deshalb mit Kompetenz und Nachdruck in die Gestaltung des Festmenüs einbrachte. Wie das Seminargebäude, so war auch die Lebensordnung, die mir von einer eigenen nur zweijährigen Regensburger Studienzeit in Erinnerung war, noch fast unverändert. Es gab während der Vorlesungszeiten nach wie vor die (nicht bei allen beliebten) Kursabende und die anderen verpflichtenden Programmpunkte.

Die neu eintretenden Seminaristen erlebte ich in meinen ersten Spiritualsjahren ebenfalls kaum viel anders als ich mich und meine Mitstudenten zu meiner eigenen Seminarzeit empfunden hatte. Als ich 1977 in das Priesterseminar eintrat, waren wir zum Kummer von Regens Franz Hirsch für die damaligen Regensburger Verhältnisse ein relativ kleiner Eintrittskurs von nur 17 Neuen. Elf von uns hatten ihre Gymnasialzeit in Bischöflichen Studienseminaren oder Ordensinternaten verbracht. Auch von den 25 »Erstkurslern«, die ich 1989 als neuer Spiritual begleiten durfte, waren noch mehrere während ihrer Gymnasialjahre in Studienseminaren gewesen. Deren Zahl nahm allerdings in der ersten Hälfte der 90er-Jahre kontinuierlich ab. Zahlenmäßig immer mehr ins Gewicht fielen aber angesichts der kleiner werdenden Eintrittskurse die Abiturienten aus der Spätberufenenschule Fockenfeld. Den Extremfall bildete der Eintrittskurs des Jahres 2001. In ihm waren von nur sechs neuen Erstsemestern fünf ehemalige Fockenfelder.

Nicht nur bei den Abiturienten aus Fockenfeld und aus den Studienseminaren konnte man bis zur Jahrtausendwende weithin von einer soliden katholischen Sozialisierung ausgehen. Diese kam sowohl vom familiären Hintergrund der Seminaristen als auch von deren Einbindung in das kirchliche Leben in den Heimatpfarreien. Die Priesteramtskandidaten waren meist Ministranten gewesen und in der kirchlichen Jugendarbeit, in kirchlichen Verbänden oder in der Kirchenmusik beheimatet.

Diese Ausgangssituation hat sich im Laufe der Jahre immer stärker verändert. Die Eintrittskurse wurden ab Mitte der 90er-Jahre kleiner, dafür aber vielfältiger und inhomogener, was die bisherigen Biographien und Werdegänge der Neueintretenden betrifft. Damit wurden auch die Altersunterschiede zwischen den Seminaristen größer. In meinem eigenen Eintrittskurs 1977 war lediglich ein Mitstudent aus einer norddeutschen Diözese etwa zehn Jahr älter als die übrigen, die sogleich nach dem Abitur oder nach dem Grundwehrdienst oder Zivildienst gekommen waren. Ähnlich verhielt es sich noch bei den Eintrittsjahrgängen Anfang der 90er-Jahre. Bei einer immer mehr zurückgehenden Gesamtzahl der Seminaristen nahm der prozentuale Anteil derer kontinuierlich zu, die zuvor bereits einen Beruf erlernt oder ein anderes Studium begonnen oder sogar abgeschlossen hatten.

Von geistlichen Impulsen zur geistlichen Begleitung

Als ich im Herbst 1989 meinen Dienst als Spiritual begann, wurde ich der Nachfolger von Willibald Kammermeier, den ich im Studienjahr 1978/79 selber noch als Spiritual erlebt hatte. Auch die Verpflichtungen des Spirituals waren noch weithin so wie zu meiner Regensburger Seminarzeit, die monatlichen Instruktionen, die Betrachtungspunkte an den Samstagabenden der Hauswochenenden, die Spiritualstunden für den ersten Kurs, die Besinnungswochenenden und so weiter. Lediglich die Jahresexerzitien vor Beginn des Wintersemesters fanden nicht mehr für alle gemeinsam im Priesterseminar statt, sondern mit externen Exerzitienbegleitern in Exerzitienhäusern. Der Spiritual hatte im Rahmen der Einführungswoche der Neueintritte und vor dem Empfang der Dienstämter ein paar Exerzitientage zu geben. Als einen Höhepunkt meines Dienstes empfand ich stets die Weiheexerzitien vor den Diakonen- und Priesterweihen.

Ich habe mich in meinen frühen Spiritualsjahren mit Eifer an die Vorbereitung meiner Unterrichts- und Vortragsverpflichtungen gemacht, angefangen von der wöchentlichen Ausarbeitung eines zweiseitigen engbeschriebenen Handzettels mit exegetischen Hinweisen und Besinnungsfragen für die Bibelgespräche. Diesen hat vermutlich kaum jemand je ganz gelesen. Mir selber hat diese geistlich-theologische Studienarbeit aber durchaus meinen eigenen Horizont erweitert.

Das Entscheidende des Dienstes des Spirituals liegt jedoch auf einem anderen Feld, nämlich im Einzelgespräch und in der Geistlichen Begleitung. Ich versuchte zwar stets möglichst einladend auf die Alumnen zu wirken und ihnen das Gefühl zu geben, eine offene Tür für sie zu haben. Während meiner ersten Jahre verspürte ich aber meine mangelnde Kompetenz für die professionelle geistliche Begleitung immer deutlicher. Tröstlich war mir, dass ich als Spiritual nicht der geistliche Begleiter jedes Alumnen sein musste. Dies wäre bei der doch noch recht großen Gesamtzahl von Seminaristen in den 90er-Jahren auch nicht zu bewerkstelligen gewesen. Viele nannten aber bei den Semestergesprächen mit dem Regens, Subregens oder Präfekten mich als ihren geistlichen Begleiter. Ich hoffe, nicht nur deshalb, weil damit die Pflicht, sich einen geistlichen Begleiter zu suchen, auf einfache Weise zu erfüllen war. Ich bin mir aber dessen bewusst, dass ich oft hätte strenger sein müssen, was die Regelmäßigkeit der Gespräche betraf.

Gleich in meinem ersten Spiritualsjahr sollte in Absprache mit der damaligen Hausleitung ein besonderer Schwerpunkt auf der »Geistlichen Begleitung« liegen. So luden wir zu den montäglichen Abendmessen potentielle geistliche Begleiter ein, die sich im Rahmen einer Predigt den

Alumnen vorstellten und bei diesen unterschiedlich gut »ankamen«. Wir verlangten aber nicht, dass der »geistliche Berater«, wie es in der damaligen deutschen Rahmenordnung der Priesterausbildung hieß, von dieser Liste gewählt werden musste.

Mir selbst hat der zweijährige berufsbegleitende GiS/GCL-Kurs für Geistliche Begleitung und Exerzitienarbeit, den ich Mitte der 90er-Jahre absolvierte, viel gebracht. Auch manch andere Kurse für seelsorgerliche Gesprächsführung und vor allem der kollegiale Austausch und die Fortbildungselemente bei den Konferenzen der Spirituale und den jährlichen Treffen mit den Pastoralpsychologen, die in der Priesterausbildung und -begleitung mit tätig sind. Allerdings haben diese Kurse und Treffen auch meine innere Beunruhigung verstärkt und mich immer wieder fragen lassen, ob ich meiner Verantwortung gerecht werde.

Von der Berufungsklärung zur Berufsentscheidung

Im Laufe meiner 26 Dienstjahre als Spiritual im Priesterseminar wurde ich gelegentlich von Außenstehenden gefragt: Was ist das eigentlich, ein Spiritual? »Ich dachte ein Spiritual ist ein Klosterpfarrer, der im Kloster die Kirchen hält (sprich Gottesdienste feiert) und im Beichtstuhl sitzt«, meinte vor über 30 Jahren ein älterer Katholik in meinem Heimatdorf. Er kannte einen Spiritual als Hausgeistlichen in einem Schwesternhaus. Gewiss, für die Feier von Gottesdiensten und zur Spendung des Bußsakramentes soll auch der Spiritual bevorzugt für die Seminaristen da sein. Aber seine Aufgabe wäre mit diesen sakramentalen Hochformen seines Dienstes noch nicht hinreichend umschrieben.

Manchmal habe ich den Dienst des Spirituals im Priesterseminar in einem Satz so erklärt: Der Spiritual soll den Männern, die dort studieren, dabei helfen, herausfinden, ob der Priesterberuf für sie das richtige ist und ob der Herrgott sie in diesem Beruf haben möchte. Eine zwar allzu knappe, aber grundsätzlich nicht schlechte Deutung der Hauptaufgabe des Spirituals. Jemandem eine Berufung direkt zu- oder auch abzusprechen, habe ich mich immer gescheut. Eher wollte ich behilflich sein, die eigene Neigung zum Priesterberuf wahrzunehmen, sie zu hinterfragen und vor allem die Berufseignung ehrlich zu prüfen. In Entsprechung zu einem berühmten Wort von Klaus Hemmerle: »Nicht Neigung, sondern Eignung und Bereitschaft ist das Hauptkriterium für eine Berufung.«

Zu den jüngeren Seminaristen habe ich gerne gesagt: Am besten findet man heraus, ob man für diesen Beruf geeignet ist, wenn man sich sehr ernst auf den Ausbildungsweg begibt. Mit allem, was dazu gehört, dem interessierten Studium der katholischen Theologie, dem Bemühen um das geistliche Leben und die entsprechende Lebensgestaltung, was die Bereitschaft zum Versprechen der Ehelosigkeit betrifft und so weiter und so fort. Allerdings wurde diese Entscheidungsfindung im Laufe der Jahre für die meisten Priesterkandidaten in vielerlei Hinsicht immer schwieriger angesichts der zunehmenden Angefochtenheit und Infragestellung, der die ganze Kirche und besonders auch der Beruf des zölibatär lebenden Priesters ausgesetzt sind.

Nach meinem ersten Jahr als Spiritual machte ich im Herbst 1990 den Seelsorgegrundkurs in unserem Exerzitienhaus

Werdenfels beim damaligen Direktor Hans Wittmann. In einer eher geistlichen Kurseinheit sollten die Kursteilnehmer in einem Satz zum Ausdruck bringen, worin sie an der jeweiligen konkreten Stelle, an der sie gegenwärtig tätig sind, das Hauptziel ihres Dienstes sehen möchten. Ich formulierte für mich den Zielsatz: »In meinem Dienst als Spiritual des Regensburger Priesterseminars möchte ich vor allem, dass die Priesterkandidaten zu einer persönlichen Christusbeziehung finden.«

Ohne diese persönliche, authentische Christusbeziehung kann keine tragfähige Nachfolgeentscheidung getroffen werden. Im Beruf des katholischen Priesters Christus nachfolgen zu wollen, wird für jeden auf seine je eigene Weise mit Kreuzesnachfolge zu tun haben. Billiger geht es nicht. Zu einer Nachfolgeentscheidung im Beruf des katholischen Priesters gehört auch die Treue zur Kirche. Diese Treue konkretisiert sich bei der Diakonen- und Priesterweihe in den einzelnen Weiheversprechen und im Gehorsamsversprechen dem eigenen Bischof (und bei Ordensleuten zusätzlich auch dem Oberen) gegenüber.

Ich möchte mit einigen persönlichen Bemerkungen schließen: Dass sich der Dienst des Spirituals im Priesterseminar mit den eben angedeuteten großen Zusammenhängen beschäftigen darf, hat mich geehrt und gefreut. Es hat mich aber andererseits auch immer wieder mit der bangen Frage erfüllt, ob ich den einzelnen Seminaristen genügend dabei helfen konnte, im Hören auf den Herrn eine gute Entscheidung zu treffen.

Bis zu unserem vorübergehenden Auszug aus dem Seminargebäude am Bismarckplatz im Frühjahr 2003 anlässlich der großen zweijährigen Gesamtrenovierung des Seminars kam jeden Morgen der frühere Regens und Domkapitular Prälat Ludwig Scharf zur Konzelebration der Frühmesse nach St. Jakob. Der Kontakt zum Priesterseminar war ihm sehr wichtig. Wenn ich mich recht entsinne, sagte er mir einmal, dass er seine Regensjahre als die bedeutendste Zeit seines priesterlichen Wirkens empfinde.

Ob meine 26 Jahre als Spiritual des Regensburger Priesterseminars auch meine wichtigste Dienstphase gewesen sein wird, weiß ich (noch) nicht zu sagen. Jedenfalls habe ich diese Aufgabe als wichtig und als herausfordernd empfunden. Inwieweit ich ihr gewachsen war und gerecht geworden bin, mögen zum einen die ehemaligen Kollegen in der Vorstandschaft unseres Priesterseminars bewerten. Das waren von 1989 bis 2015 neun Präfekten, fünf Subregenten und besonders die vier Regenten, Anton Wilhelm, Johann Schober, Gottfried Dachauer und Martin Priller, die ich während meiner Spiritualsjahre erlebte. Noch wichtiger wäre mir aber der Eindruck der ehemaligen Regensburger und seit 2007 auch der Passauer Priesterkandidaten, die in unserem Haus ihre Studienjahre verbracht haben, unabhängig davon, ob sie schließlich an den Weihealtar traten oder nicht. Das letztlich entscheidende Urteil steht aber ohnehin einem anderen zu.

DIE MALLERSDORFER SCHWESTERN

Die guten Geister im Priesterseminar St. Wolfgang

Schwester Cäcilie Beer, Archivarin im Kloster Mallersdorf

Aus den Unterlagen im Archiv des Klosters Mallersdorf wird manches Interessante berichtet und es geht deutlich hervor, dass Schwestern im Regensburger Priesterseminar »Marthadienste« geleistet haben.

Das Klerikalseminar im ehemaligen Schottenkloster St. Jakob

Im Jahre 1809, bei der Eroberung Regensburgs durch Napoleon, fiel das Priesterseminar St. Paul dem Feuer zum Opfer. Das Seminar trat »eine 13-jährige Wanderung« an, bis Bischof Johann Michael Sailer im Jahre 1822 die Gebäude des ehemaligen Frauenstiftes Obermünster dafür erwerben konnte. Am 3. November 1860 übernahmen sechs Schwestern, berufen durch Bischof Ignatius von Senestrey, die Führung des Haushaltes im dortigen Klerikalseminar. 1872 übersiedelte das Priesterseminar Obermünster in das verlassene Schottenkloster St. Jakob. Die sechs Schwestern zogen ebenfalls mit um und setzten ihre Berufstätigkeit in gleicher Weise fort.

Im Vertrag vom 19. August 1867 wurde festgelegt: »*Die Congregation der armen Franziskanerinnen zu Pirmasens übernimmt die Besorgung des Hauswesens im bischöflichen Clerikalseminar zu Regensburg. Zu diesem Zwecke stellt die Congregation eine Oberin und sechs Schwestern. Dieselben stehen in Bezug auf das Hauswesen lediglich unter den Anordnungen des Regens. Oberin soll eine nicht mehr zu junge, allseitig tüchtige und gewandte Schwester sein. Die jeweilige Oberin kann ohne Zustimmung des Hochwürdigsten Diözesanbischofs (u. sede vacante des Capitelsvikars) nicht abberufen oder ihrer Funktion enthoben werden. Ebenso bedarf eine neuaufzustellende Oberin der ausdrücklichen Genehmigung des Diözesanbischofs oder resp. Capitelsvikars.*«

Die Arbeiten wurden umfangreicher. So kamen 1882 zwei Schwestern zur Besorgung des Wurzgartens dazu und eine zur Mithilfe im Hauswesen.

Am 29. Februar 1912 schrieb Regens Dr. Höcht an die Generaloberin in Mallersdorf: »*Erlaube mir mit einer großen Bitte zu kommen, welche bereits die Genehmigung S. Exzellenz gefunden hat. – Dass unsere Schwestern ungemein fleißig sind, wissen Frau Generaloberin ohnedies, aber weniger dürfte Euer Wohlehrwürden bekannt sein, dass sich die Schwestern plagen*

Küche nach dem Neubau, Mitte der 1930er Jahre (BZAR, Priesterseminar Regensburg 403)

müssen immerfort, ohne Stillstand, Winter und Sommer, Schuljahr und Ferien, dass die Arbeit zuweilen ein Gehetze wird und dass die neun Schwestern trotz des enormen Fleißes nicht imstande sind, alles zu bewältigen und aufzuarbeiten. Dabei sind sie zufrieden und heiter. Ich komme nun mit der Bitte, Frau Generaloberin möchten dem Klerikalseminar noch eine weitere Schwester zuteilen, und zwar eine jüngere, arbeitsfähige Kraft. Eine neue Schwester dürfte zu uns kommen ohne Angst und Bangen, sie wird gut aufgenommen und wird sich bald eingewöhnen. Jeden Tag wäre sie schon willkommen.«

So wurde am 4. April 1912 die zehnte Schwester entsandt.

Enorme Veränderungen stehen an: Das Klerikalseminar als Lazarett

Regens Dr. Höcht verwies in einem Brief vom 6. September 1914, dass sich das Haus auf eine enorme Veränderung einstellen müsse: »In nächster Zeit wird im Klerikalseminar ein Lazarett eingerichtet werden, das nach und nach 190 Verwundete aufnehmen soll. Ich habe hier an maßgebender Stelle, bei geistlicher und weltlicher

Behörde, um Mallersdorfer Schwestern nachgesucht.«

Generalvikar Dr. Scheglmann ergänzte dazu: *»Vorsichtshalber machen wir auf zwei Erlasse aufmerksam, wonach der Verkehr mit Kriegsgefangenen nur auf das Allernotwendigste auszudehnen ist, ihre Korrespondenz aber der Kontrolle der Militärbehörde unterliegt. Dies wolle den mit der Pflege von Kriegsgefangenen zu betreuenden Schwestern bekannt gemacht werden und erklärt, wobei ihnen auch in unserem Namen jedwede Vermittlung von Briefen, Karten, Zetteln oder mündlichen Nachrichten, selbst der harmlosesten strengstens verboten ist.«*

Die sieben von Regens Dr. Höcht wiederum erbetenen Schwestern wurden im September 1914 bewilligt. Im Juni 1915 waren 184 Kranke und Verwundete im Lazarett und die Schwestern wirkten in vorzüglicher Weise. Am 3. Dezember 1918 bat Chefarzt Dr. Dörfler erneut um zwei Schwestern; sie sollten die drei Krankenwärter ablösen.

»Letzte Nachricht aus dem Klerikalseminar-Lazarett« am 18. Januar 1919: Regens Dr. Höcht schreibt: *»Die Lazarettschwestern werden am Montagmittag in Gottes Namen von Regensburg abreisen heim ins Mutterhaus, nach einer gesegneten Wirksamkeit im Lazarett.«*

Weitere Aufgabenbereiche für die Schwestern

Häufige Erkrankungen bei den Alumnen machten die Berufung einer im Krankendienste ausgebildeten und erfahrenen Schwester notwendig.

Am 20. März 1923 schrieb Herr Regens Max Reger: *»S. Bischöfliche Exzellenz haben in der Konferenz der Seminarvorstände vom 6. März genehmigt, dass eine der im Seminar St. Jakob befindlichen Schwestern mit einer anderen Mitschwester unser neues Seminargut Sinzing beziehen.«*

Am 5. Mai 1923 zogen drei Schwestern mit ihren wenigen Habseligkeiten hinaus nach Sinzing. Nach und nach richteten sich die Schwestern dort wohnlich ein und gestalteten ein kleines Zimmer als Kapelle.

Am 8. August 1940 schrieb Regens Josef Hiltl: *»Wer jetzt Einblick bekommt in den Betrieb unseres Hauses, der weiß, dass sich gerade jetzt die Arbeit sehr häuft durch die mannigfachen Besetzungen unseres Hauses. Es ist auch Männerkrankenhaus und die Soldaten werden wieder zurückkommen.«*

Regens Josef Hiltl gratulierte am 14. Mai 1945 der Generaloberin Schwester M. Nominanda zum Professjubiläum. Er zeigte sich dankbar, dass das Haus die großen Stürme der letzten Jahre im Allgemeinen glücklich überstanden hatte. Er schrieb u. a.: *»Durch Hilfe der Schwestern waren wir gut durch die sechs Jahre gekommen.«*

Am 25. April 1945, so berichtete er, wurde der Westflügel des Seminars noch getroffen, der Schutzraum verschüttet. Von den 60 dort Anwesenden konnten die meisten gerettet werden – 17 Todesopfer waren zu beklagen. Das Haus war in seiner Substanz erhalten geblieben; es diente weiterhin als Zivilkrankenaus. Das Hilfskrankenhaus hatte seit dem Einmarsch der Amerikaner nun die doppelte Belegung. Täglich kamen Kranke aus den Konzentrationslagern dazu. Ein schönes Entgegenkommen der amerikanischen Militärbehörde war es, dass sie die Entlassung der Priestersoldaten und Kriegstheologen genehmigten!

Die unmittelbare Nachkriegszeit

Am 16. Oktober 1946 schrieb Regens Hiltl an die Generaloberin Schwester M. Nominanda: *»Am 14. dieses Monats ist das Hilfskrankenhaus Klerikalseminar aufgelöst, das seit September 1939 bestanden hat. Nun ist unser Haus frei. Am gleichen Tag, wo die letzten Säle geräumt wurden, sind über 200 Alumnen angekommen.«*

Aus einer Notiz vom 21. Oktober 1946 des Oberbürgermeisters von Regensburg an Regens Hiltl: Dank für das Entgegenkommen und die Unterstützung im Hilfskrankenhaus. Zehn Schwestern waren sieben Jahre eingesetzt, acht Kranken- und zwei Büroschwestern, zeitweise waren bis zu 280 Betten belegt. Am 21. Dezember 1946 schreibt der Bürgermeister der Stadt Regensburg nochmals seinen ausdrücklichen Dank.

1949 waren fünfzehn Schwestern im Seminar tätig. Sechs Geistliche, 235 Alumnen, 30 Koststudenten waren zu versorgen. Die Schwestern waren u. a. auch seit 1923 im Sinzinger Seminargut eingesetzt. 1957 sollten sie dort die gesamte Verantwortung übernehmen. Die Generaloberin Schwester M. Concordia lehnte dies jedoch ab und schlug vor, einen Verwalter einzustellen.

Eingebunden in die Hausgemeinschaft

Der 10. August 1967 war für die Schwestern ein ganz besonderer Tag. Regens Ludwig Scharf weihte das neue Ordenskleid der Schwestern in der Hauskapelle, anschließend beteten die Schwestern in der neuen Tracht in der Jakobskirche den Rosenkranz.

Die Schwestern waren bei allen Feiern und Festen mit dabei und bildeten eine schöne Gemeinschaft mit dem Personal. Unvergessen: die gemeinsamen Betriebsausflüge ins Blaue mit Überraschungen und die lustigen und närrischen Zusammenkünfte am Frauenfasching. Auch die runden Geburtstage und die Jubiläen der einzelnen Schwestern wurden groß in der Hausgemeinschaft gefeiert. Bei Dienstjubiläen wurde die Leistung der Schwestern gewürdigt. Sie durften erfahren, dass neben ihrer Tätigkeit vor allem ihr Gebet geschätzt wurde, in das die ganze Hausgemeinschaft eingeschlossen war. Das geistliche Leben mit dem gemeinsamen Stundengebet und schön gestalteten Gottesdiensten war für die Schwestern sehr wichtig. Auch an der jährlichen Wallfahrt der Seminaristen nahmen sie teil. Die Priesterweihe war für die Schwestern in mehrerlei Hinsicht ein anspruchsvoller, aber auch herrlicher Tag. Das Haus und v. a. der Speisesaal wurden besonders festlich geschmückt. Der Höhepunkt war selbstverständlich die Weihe der Neupriester, die die Schwestern über Jahre auch im Gebet begleitet hatten.

Eine ganz besondere Ehre war für die Schwestern, dass sie beim Besuch von Papst Benedikt XVI. im Jahr 2006 eigens von ihm begrüßt wurden. Sie kannten sich ja aus früheren Zeiten, in denen Joseph Ratzinger als Professor und später als Kardinal in Regensburg weilte.

Die Schwestern begrüßen Papst Benedikt XVI., September 2006 (Foto: Mallersdorfer Schwestern)

150 Jahre Mallersdorfer Schwestern im Priesterseminar

Am 3. November 2010 waren es 150 Jahre, dass die Mallersdorfer Schwestern im Priesterseminar wirkten und Marthadienste leisteten. Zu ihren Aufgaben gehörte auch die Mithilfe in der Sakristei, im Büro und in der Bibliothek. Wenn die Alumnen ein Anliegen hatten, waren die Schwestern für sie da. Ihnen war das Gebet für die Priester und die Priesteramtskandidaten ein großes Anliegen. Ihre Tätigkeiten reduzierten sich nach und nach auf ehrenamtliche Dienste im hauswirtschaftlichen Bereich.

Generalvikar Fuchs sagte in seiner Ansprache am 4. November 2010, dem 150-jährigen Jubiläum: »*Das Wirken der Ordensfrauen im Priesterseminar war stets von einer innerlichen Zugewandtheit getragen. Die Schar der Seminaristen besteht meist aus jungen Männern, die von der Schule oder von einem Beruf kommend sich auf den Weg machten, dem Ruf zu folgen, den sie in ihrem Herzen verspürten und das Priestertum ergriffen. Dabei müssten sie hineinwachsen in diesen Ruf des Herrn, für den sie einmal sakramentales Realsymbol sein dürften und in dessen Namen sie handelten. Dazu müssten die*

DIE MALLERSDORFER SCHWESTERN

Die Schwestern beim Nikolausabend 2019

Männer aber eine Menge Last ablegen, die wachsende Distanz von den gewohnten Bindungen an die bisherige Familie, an die heimatliche Ortschaft. Zu diesem Hineinwachsen in den Willen und in das Herz Jesu Christi käme auch das Zusammenwachsen der Hausgemeinschaft. Die Ordensschwestern hätten in gewisser Weise alle diese Schritte bereits hinter sich, auch wenn eine Berufung nie ein fester Besitz sei und ein ständiges Mühen und ein bleibendes Gebet um den Geist der Berufung darstelle. Die Schwestern lebten den jungen Seminaristen ein Leben vor, das nicht auf Luxus und Genuss aufgebaut, sondern auch von Opfer und Verzicht geprägt sei. So denken auch viele Seminaristen, wenn sie längst in den Pfarreien oder anderswo ihrem priesterlichen Dienst nachgehen, gerne an die Schwestern im Priesterseminar zurück.«

Die »letzten« drei Mallersdorfer Schwestern im Seminar, von links: Oberin Sr. M. Angelina Hummer, Sr. M. Malberta Holzer, Sr. M. Leopoldine Wandl (Foto: Mallersdorfer Schwestern)

Abschied

Ab 2016 waren noch drei bzw. später noch vier Schwestern im Priesterseminar tätig. Sie waren dankbar für ihren Aufgaben im Seminar: »Wir wollen die Freude eines geistlichen Lebens in der Nachfolge Jesu vorleben.«

Jedoch sah sich Kloster Mallersdorf nicht mehr in der Lage, jüngere Schwestern zu schicken. Der Konvent wurde am 20. April 2020 aufgelöst.

Die Schwestern konnten in der Hauskapelle mit den Seminarvorständen noch die Osterliturgie feiern, trotz Corona-Pandemie. Traditionsgemäß fand auch das festliche Mittagessen an Ostern mit Bischof Dr. Rudolf Voderholzer statt. Dank dem Auferstandenen.

Zum Abschied der Schwestern sagte der damalige Seminarsprecher Tobias Asbeck: »*Hier und heute dürfen wir Seminaristen zuallererst Danke sagen dafür, dass Sie, liebe Schwestern, unsere und die Ausbildung vieler Seminaristen mit Ihrem treuen und liebevollen Dienst unterstützt haben. Ich glaube, ich spreche für alle, wenn ich sage, dass es immer ein schöner und beruhigender Gedanke war, zu wissen, dass – egal was im Studium oder Seminarbetrieb gerade los war, die Schwestern das Ganze mit ihrem Gebet begleitet haben. Der selige Paul Josef Nardini hat seine Kongregation unter den Schutz der Hl. Familie gestellt, weil er wollte, dass sie selbst eine Familie bildet. Sie, liebe Schwestern, haben diese familiäre Atmosphäre auch in unser Haus gebracht. Ich darf sagen: Der Herr möge es Ihnen und allen 142 Mallersdorfer Schwestern, die hier gewirkt haben, reich vergelten, was Sie für dieses Haus und uns, seine Bewohner getan haben!*

Nach 160 Jahren segensreichen Wirkens verabschiedeten sich die Mallersdorfer Schwestern aus dem Priesterseminar am Bismarckplatz – dankbar und mit vielen guten Wünschen!

DAS PRIESTERSEMINAR ALS »PAPSTRESIDENZ«: STREIFLICHTER ZWEIER BESUCHE

Haupteingang, Priesterseminar St. Wolfgang, Bismarckplatz 2

Zwei Mal hatte das Priesterseminar allerhöchsten Besuch aus Rom und diente als »Papstresidenz«.

Bei seiner offiziellen Pastoralreise nach Deutschland wohnte Papst Benedikt XVI. während seines Aufenthaltes in Regensburg im Seminar am Bismarckplatz.

Eine Chronologie seines Besuches ruft diese ereignisreichen Tage im September 2006 in Erinnerung.

2020 kehrte der emeritierte Papst Benedikt XVI. noch einmal in das Priesterseminar St. Wolfgang zurück. Die Sorge um seinen kranken Bruder Georg hatte Benedikt XVI. veranlasst, schnellstmöglich nach Regensburg zu kommen.

Das Priesterseminar Regensburg – eine Residenz für Papst Benedikt XVI. bei seinem Besuch im Jahr 2006

Prälat Gottfried Dachauer, Superior im Kloster Mallersdorf,
Regens im Priesterseminar von 2001–2006

Den Papst beherbergen, das ist auch in Zeiten »mobiler« Päpste, die den Auftrag Jesu Christi, in alle Welt hinauszugehen und das Evangelium zu verkünden (Mt 28,19) auf vielfältige Weise wahrnehmen, eine große Ehre und ein Ereignis dazu. So wird der Aufenthalt Papst Benedikts XVI. vom 11.–14. September des Jahres 2006 im Regensburger »Priesterseminar zum Hl. Wolfgang« während seiner Pastoralvisite in Bayern bleibend in Erinnerung sein. Sie hatte für uns eine doppelte Vorgeschichte:

Frühjahr 2003

In »vorauseilendem Gehorsam« begann die Diözese Regensburg mit der Vorbereitung auf dieses große Ereignis bereits im Frühjahr 2003. Sollten Sie jetzt einwenden, Joseph Kardinal Ratzinger hatte zu diesem Zeitpunkt das Papstamt doch noch gar nicht inne, ist Ihnen natürlich zuzustimmen. Aber mit dem genannten Datum begannen umfassende Sanierungs- und Umbaumaßnahmen im Priesterseminar, die man sich in dem großen Gebäudekomplex mit vier Innenhöfen und einer Gesamtfläche von etwa 12.000 m² als Außenstehender kaum angemessen vorstellen kann. Dazu musste er auch noch vom Dachboden bis zum Keller komplett leergeräumt werden. Das Priesterseminar siedelte mit den Studenten ins Buchberger-Studentenwohnheim um, die Schwestern und das Kollegium in angemietete Wohnungen in der Stadt und nach zwei Jahren pünktlich zum Beginn des Sommersemesters 2005 wieder zurück.

19. April 2005

Zur Vorbereitung der Feier anlässlich der Rückkehr ins generalsanierte Priesterseminar stand als erste Hausveranstaltung am 19. April ein liturgischer Abend mit Prof. Dr. Jürgen Bärsch, Lehrstuhlvertreter an der Katholisch-Theologischen Fakultät der Universität Regensburg auf dem Programm. Bevor die Hausgemeinschaft sich zur Eucharistiefeier in St. Jakob versammeln konnte, ließen die Meldungen im Radio auf ein nahes Ende des Konklaves schließen. So setzten wir uns also alle

◁ Regens Gottfried Dachauer begrüßt Papst Benedikt XVI. bei seiner Ankunft im Regensburger Priesterseminar

vor den Fernseher und fanden tatsächlich um 18.47 Uhr staunend bestätigt: »Habemus Papam!« Das Konklave der Kardinäle hat Joseph Kardinal Ratzinger zum Papst gewählt – und der Gewählte den Namen Benedikt XVI. Nach angemessenem Jubel folgte die verschobene Eucharistiefeier – die erste in dieser Intention auf dem ganzen Erdball? – und dann, nach der anlassbedingt spontanen Predigt, auch der Vortrag von Dr. Bärsch. Dass in der Zwischenzeit die Telefone heiß liefen, die uns zur Dankfeier in den Dom rufen wollten, kam uns erst dann zu Ohren.

2006

Als Ende des Papstwahljahres für das Jahr 2006 der Pastoralbesuch von Papst Benedikt XVI. in seiner bayerischen Heimat bekannt wurde, brauchte es in Regensburg keine langen Überlegungen mehr, wo er dabei Wohnung nehmen könnte. Zudem war ihm das Priesterseminar durch viele Begegnungen wohl vertraut. Bald überzeugte sich die Polizei von der Eignung des Hauses nach der Vorgabe der gebotenen Sicherheitsaspekte und im Blick auf eventuell notwendige Ergänzungen. Im März schließlich kam der Päpstliche Reisemarschall Dr. Alberto Gasbarri. Als er beim Abschied vom Bus aus mit erhobenen Daumen freundlich grüßte, war allen Beteiligten klar: Wir stehen jetzt vor einer Papstherberge – und haben sie gleich ein paar Zentimeter größer wieder betreten.

Die Vorbereitung dieses großen Ereignisses war natürlich für die Verantwortlichen im Haus eine besondere Herausforderung. Wir erhielten aber auch Unterstützung von vielen Seiten. Besonders das Diözesanmuseum und auch etliche Künstler kamen uns mit Leihgaben zum Schmuck der noch leeren Zimmer und Flure zu Hilfe. Das Küchenpersonal bekam professionelle Unterstützung von der Gastwirtsfamilie Schmalhofer vom Bischofshof am Dom, wo Prof. Dr. Joseph Ratzinger und sein Bruder Georg gern gesehene Gäste waren. Die Zusammenarbeit in der Küche funktionierte hervorragend, die Ergebnisse waren entsprechend.

Je näher die Pastoralreise des Papstes heranrückte, desto zahlreicher wurden auch die Anfragen lokaler und überregionaler Zeitungen, sowie diverser Rundfunk- und Fernsehstationen, um einen Termin im Haus zu vereinbaren oder Informationen einzuholen. Für das große Interesse am und für die umfangreiche und wohlwollende Berichterstattung über das Priesterseminar sind wir dankbar. Diese wurde natürlich noch wesentlich umfangreicher, als der neue Hausherr es für ein paar Tage in Besitz nahm.

Montag, 11. September

Zur Ankunft des Papstes war auf der Gartenseite des Hauses vor dem kleinen Garteneingang ein Schutzzelt für das Papamobil errichtet. Von dort konnte der hohe Gast aus dem Vatikan mit seinem Gefolge auf kurzem Weg und rotem Teppich geschützt ins Haus gelangen. Die gesamte Belegschaft des Priesterseminars stand Spalier, um Papst Benedikt mit großem Applaus zu empfangen. War da zunächst durchaus auch ein wenig Unsicherheit, so löste seine herzliche Freundlichkeit schnell alle Befangenheit. Per Handschlag und mit einem persönlichen Wort begrüßte er jede und jeden.

Nach einem kurzen Verweilen, um alle ankommen zu lassen, zu begrüßen und notwendige Informationen zu geben, begab sich Papst Benedikt mit seiner Begleitung – seinem Bruder Georg, den beiden Sekretären Georg Gänswein und Mieczyslaw Mokrzycki und dem Kammerdiener Paolo Gabriele – in die vorbereiteten Räume im 2. Stock. Der Aufzug stand fahrbereit, doch unverhofft waren alle Stockwerktasten gedrückt. Und so fuhren wir mit der Zustimmung des Papstes – Tür auf, Tür zu – rauf und runter in den 2. Stock. Benedikt ertrug es mit gütigem Schmunzeln. In der geräumigen Papstwohnung waren neben den persönlichen Räumen auch eine kleine Privatkapelle und ein Frühstückszimmer eingerichtet. Als das Papstapartment wie alle anderen Räume im Haus noch einmal von Spürhunden durchsucht und dann versiegelt wurden, schlug der vierbeinige Detektiv im Arbeitszimmer Alarm. Großer Schreck, aber er legte sich bald: Ein Reinigungsmittel störte die feine Nase.

»Die Familie des Papstes und die Familie des Hauses«, fanden sich dann zu einem gemeinsamen Abendessen ein. Der überaus herzliche Empfang und die Menschenmassen, die den Weg durch Regensburg von der Nibelungenkaserne bis zum Priesterseminar gesäumt hatten, bot reichlich Gesprächsstoff. Dieser Raum diente dann auch für Audienzen, zu denen der Papst ausgewählte Personen geladen hatte.

Die 35 Mitglieder des Gefolges – von den Kardinälen bis zu den Schweizer Gardisten – verteilten sich auf das ganze Haus, auch auf die Zimmer der Studenten, die entweder zu Hause übernachteten oder in den nahen St. Marienschulen der Schwestern von der Congregatio Jesu, die uns dafür sehr gastfreundlich die Türen öffneten. Die Mahlzeiten für das Gefolge wurden aus naheliegenden praktischen Gründen bis auf eine Ausnahme im Speisesaal des Seminars als Buffet serviert.

Dienstag, 12. September

Heute steht gleich der Höhepunkt der Feiern während des Aufenthaltes des Papstes in seiner Heimatstadt Regensburg auf dem Programm: Der festliche Pontifikalgottesdienst auf dem Islinger Feld, zu dem der Heilige Vater im Papamobil begleitet vom Gefolge und einer großen Polizeieskorte um 8.30 Uhr aufbrach. Für den Chronisten war es eine Ehrenpflicht, bei der Abfahrt und der Rückkehr des Papstes zur Stelle zu sein. Die umfassende Übertragung aller Ereignisse durch das Bayerische Fernsehen aber ermöglichte dennoch die intensive Teilnahme. Zuvor aber stand noch die Umgestaltung des Speisesaales auf dem Plan, der zum einzigen Mal alle Hausbewohner beim Festmahl mit Papst Benedikt vereinte. Sein Platz war zu Füßen des »Auferstandenen«, einem Gemälde von Robert M. Weber aus dessen Entwurf zur Neugestaltung der Hauskapelle. Der renovierte Speisesaal erwies sich auch für ein so bedeutendes Ereignis als angemessener Rahmen.

Am späten Nachmittag verließ Papst Benedikt XVI. erneut seine Residenz, um einem ihm sehr vertrauten Ort die Ehre zu geben: Der Universität, wo er neun Jahre lang als Professor für Dogmatik und Dogmengeschichte gelehrt hatte und sie im Auditorium Maximum nun mit einer Vorlesung beehrte. Dann begab er sich im Papamobil zum Dom St. Peter, um dort zum Abschluss des Tagesprogramms einer Ökumenischen Vesper vorzustehen, die einherging mit einer sehr freundschaftlichen Begegnung mit anderen Konfessionen und mit dem Judentum.

Mittwoch, 13. September

Heute ist der private Tag des Papstes. Er feiert die Eucharistie im engsten Kreis in seiner Privatkapelle. Anschließend empfängt er ausgewählte Personen zum Gespräch. Dann steht die Segnung der Orgel in der Alten Kapelle auf dem Programm, das Mittagessen bei seinem Bruder Georg und schließlich der Besuch am Grab seiner Eltern und seiner Schwester Maria auf dem Ziegetsdorfer Friedhof. Den Abschluss bildet die Fahrt nach Pentling zu seinem Haus in der Bergstr. 6.

Im Priesterseminar beginnt der Tag für die Schwestern und die wenigen aus dem Gefolge, die nicht beim Ausflug nach Weltenburg und Rohr dabei sein konnten, mit der Eucharistiefeier in der Hauskapelle, der Regens und Präfekt vorstehen. Es ist der Gedenktag des Hl. Johannes Chrysostomus.

Dann wird es abenteuerlich: Von der Ausstellung im Neuen Rathaus ist ein Marienbild abzuholen, das Papst Benedikt am Abend in der Brunnenkapelle segnen wird. Es stellt sich heraus, dass das Ölgemälde nur mit offener Heckklappe ins Auto passt. Da auch dieser Tag ein strahlender Sonnentag ist und die Zeit drängt, schützen wir das Bild mit Decken und wagen die Fahrt durch die belebte Innenstadt. Nun müssen wir nur noch, aber wir haben ja besondere Ausweise, die gut bewachte Absperrung vor dem Haupteingang des Priesterseminars überwinden und die jeweils mit einem Päpstlichen Gardisten und einem Bayerischen Polizisten besetzte Pforte und der Auftrag ist ausgeführt.

Nach der Rückkehr des Papstes von seinem Aufenthalt in Pentling, der mit dem Abendessen im trauten Kreis der beiden Brüder endete, führt sein Weg zur Brunnenkapelle. Auf dem Weg dorthin betrachtet er wohlwollend eine Bronzebüste, die eine Kunststudentin der Universität von ihm gefertigt hatte.

Die mit Blumen geschmückte Brunnenkapelle ist ein würdiger Ort für das Marienbild, eine lebensgroße Kopie des Gnadenbildes der Alten Kapelle. Es ist ein Geschenk an Papst Benedikt, das dieser mit Zustimmung der anwesenden Stifterin dem Priesterseminar übergibt. Zur Segnung erklingt ein byzantinischer Marienhymnus, der dieser kleinen Feier die angemessene Würde verleiht.

In der Brunnenkapelle wurde bei der Renovierung eine spektakuläre Entdeckung gemacht: Architekturteile der romanischen Arkade kamen im Mauerwerk zum Vorschein. Die Funde waren so vollständig, dass die Front zum Kreuzhof hin wiederhergestellt werden konnte. Eine Ausschreibung mit dem Ziel, in der Kapelle einen Brunnen zu errichten, hatte zu keinem Ergebnis geführt. Wie gut, denn Friedrich Koller, dessen Entwurf zur Neugestaltung der Hauskapelle – man höre und staune – vom Seminarkollegium, den Seminaristen und dem Domkapitel als bester bewertet wurde, hatte auch hier die richtige Intuition. Er erfuhr wenige Wochen vor dem Papstbesuch von der Situation und legte einen Entwurf vor, an dem alles stimmt:

Papst Benedikt XVI. bei seinem Besuch im Jahr 2006

Der Quellstein von Friedrich Koller in der Brunnenkapelle

Der Brunnen erinnert mit einer Inschrift an den Aufenthalt von Papst Benedikt XVI. im Regensburger Priesterseminar und verbindet ihn mit dessen bedeutender Enzyklika »DEUS CARITAS EST – GOTT IST DIE LIEBE«. In drei kreisrunden je breiter werdenden flachen Stufen verströmt sich der Dreifaltige Gott aus der Mitte lautlos und lebensvoll an seine Geschöpfe in den drei Dimensionen menschenmöglicher und vom Schöpfer gebotener Liebe zu Gott, zum Nächsten und zu sich selbst.

Die Stimmung im Haus am letzten Abend ist entspannt und heiter: Bei der Hausgemeinschaft, denn sie kann dankbar und zufrieden auf die erbrachten Dienste in den vergangenen Tagen schauen. Und bei der Päpstlichen Schweizergarde, denn

Papst Benedikt XVI. mit Bischof Dr. Gerhard Ludwig Müller und den Seminarvorständen

das anspruchsvolle und dicht gedrängte Programm verlief ohne Zwischenfälle und reibungslos. Ihre Offiziere sind ja keine Folkloretruppe, sondern professionell ausgebildete Personenschützer. Heute erweitern sie in der Küche unter großem Hallo das Buffet beim Abendessen um eine selbst zubereitete Pasta. Auch das verlief reibungslos.

Donnerstag, 14. September

Der Tag des Abschieds beginnt mit der Eucharistiefeier für das Gefolge und die Schwestern in der Hauskapelle, zelebriert von Kardinal Angelo Sodano und den bischöflichen Konzelebranten. Dem vorherigen Andrang in der Sakristei sind wir nur mit Mühe gewachsen. Der Papst feiert die hl. Messe wieder in der Privatkapelle.

»Benedicere – gut reden, segnen«: Von diesem lateinischen Wort leitet sich der Name Benedikt ab. Das wird die allerletzte

Papst Benedikt XVI. bei seinem Besuch im Jahr 2006

Papst Benedikt XVI. mit Bischof Dr. Gerhard Ludwig Müller, den Mallersdorfer Schwestern, Hausangestellten und Vorständen

Handlung des Papstes direkt vor seiner Abfahrt sein. Eine Mutter, die dafür extra bereits zweimal vergebens aus München angereist war, fand mit ihrer eindringlichen Bitte Gehör: Papst Benedikt wird ihre 16-jährige Tochter, die seit ihrer Geburt an einer schweren Beeinträchtigung leidet, segnen und damit einen Herzenswunsch erfüllen.

Zum Abschied ist erneut die gesamte Hausgemeinschaft versammelt, diesmal beim großen Garteneingang. Sie darf viel Lob, auch aus dem Mund des hohen Gastes hören. Papst Benedikt trägt sich als erster in das neue Gästebuch ein und steht bereitwillig für Erinnerungsfotos zur Verfügung. Er ist die Liebenswürdigkeit in Person, ein lebendiges Abbild seiner Enzyklika. »Danke für die gute Zeit, die ich hier verbringen durfte«, sagt er zum Abschied und bekräftigt es allen persönlich mit Handschlag und guten Segenswünschen. So haben wir ihn erlebt, so ist er bleibend in unserer Erinnerung.

Erinnerungen an einen Abschiedsbesuch: »Ich gehe nach Regensburg, schnellstmöglich!«

Spiritual Matthias Effhauser,
Spiritual im Priesterseminar seit 2015

2006 bereist Papst Benedikt XVI. auf seiner Pastoralreise Deutschland und wohnt während seines Aufenthaltes in Regensburg vom 11.-14. September im Priesterseminar St. Wolfgang.

Im Juni 2020 steht sein Besuch in der Domstadt unter anderen Vorzeichen.

»Ich gehe nach Regensburg, schnellstmöglich!« Der inzwischen emeritierte Papst will noch einmal seinen Bruder Georg sehen, der schwer erkrankt ist. Er spürt, dass dafür nicht mehr sehr viel Zeit bleibt. Seine dringliche Bitte wird Papst Benedikt erfüllt. Die Reise wird für ihn zu einem Abschiedsbesuch.

Am 18. Juni trifft er am Münchner Flughafen ein und wird von dort nach Regensburg begleitet. Die Räumlichkeiten, die er im Regensburger Priesterseminar bewohnt, im zweiten Stock gelegen, mit Blick auf den Garten, sind ihm noch vertraut. Auch damals verbrachte er hier seinen Aufenthalt in dem für ihn eingerichteten Appartement.

Während dieser Tage bewegt sich immer wieder vom Seminar aus ein Fahrzeugkonvoi in die Regensburger Innenstadt. Zur Luzengasse. Dort wohnt Georg Ratzinger. Die beiden Brüder verbringen viel gemeinsame Zeit, sprechen miteinander, beten, feiern Gottesdienst. Für die Ruhephasen während der Besuche kehrt der Papst ins Priesterseminar zurück, wo er auch verpflegt wird.

Ganz anders als 2006 gab es keine lange Vorbereitungsphase für diesen Besuch des emeritierten Papstes. Die Reise nach Regensburg war »schnellstmöglich« organisiert worden. Als bekannt wird, welch hoher Gast am Bismarckplatz 2 erwartet wird, helfen alle in der Hausgemeinschaft, Vorstände, Seminaristen, Mitarbeiterinnen und Mitarbeiter zusammen, um für diesen außergewöhnlichen Besuch gute Gastgeber zu sein.

In den Tagen vom 18.– 22. Juni 2020 ist vor allem Kathrin Bruckschlegel gefordert. Die hauswirtschaftliche Leiterin des Seminars muss darauf achten, dass die »Rahmenbedingungen« für diesen Aufenthalt stimmen. Vieles muss bedacht und organisiert werden. Umsicht und Flexibilität sind gefragt. Frau Bruckschlegel erinnert sich noch gut an diese Tage im Juni 2020 und hat einige Einblicke in ihre Arbeit gegeben.[1]

Wann haben Sie erstmals vom Besuch des Papstes erfahren?

Am 16. Juni 2020 war Bischof Rudolf zum Gottesdienst mit den Seminaristen im

---

[1] Das Gespräch mit Frau Kathrin Bruckschlegel führte Spiritual Matthias Effhauser am 25. Februar 2022.

Erinnerungen an einen Abschiedsbesuch

Die Hausgemeinschaft mit Bischof Dr. Rudolf Voderholzer wartet im Garten des Seminars auf Papst em. Benedikt XVI., um sich von ihm zu verabschieden. Alles unter Einhaltung der Corona Abstände!

Haus. Danach bat mich der Regens in sein Büro und informierte mich, dass der Bischof ihn über einen möglichen Besuch von Papst em. Benedikt XVI. in Regensburg in Kenntnis gesetzt hatte. Allerdings sei noch nichts endgültig entschieden, sagte Regens Priller zu mir. Ich solle aber auf jeden Fall schon einmal die entsprechenden Vorüberlegungen anstellen.

Was waren Ihre ersten Gedanken?
Zunächst war das wie ein kleiner Schock. Ich konnte die Information erst einmal gar nicht verarbeiten. Nie hätte ich doch mit so einer Nachricht gerechnet. Aber dann begann ich zu überlegen: Was kommt auf uns zu? Und so langsam bewegte sich die Maschinerie in meinem Kopf: Gästezimmer vorbereiten, Personalplanung erstellen … da lief plötzlich alles ganz automatisch in mir ab!

Wie lange war die Vorbereitungszeit?
Am Dienstagvormittag bin ich über die Möglichkeit eines solchen Besuches informiert worden und habe dann sofort mit meinen Vorüberlegungen begonnen. Dabei war auch die eine oder andere Notlüge gegenüber den Mitarbeiterinnen und Mitarbeitern im Haus bei gewissen Maßnahmen nötig, denn der Regens hatte mich um Stillschweigen gebeten. Definitiv kam die Bestätigung für den Papstbesuch dann am Mittwochabend. Wir hatten also insgesamt einen halben Tag, um alles vorzubereiten.

Was muss für einen solchen Besuch alles organisiert werden? Konnte man auf Erfahrungen aus dem Jahr 2006 zurückgreifen?
Beim Aufenthalt des Papstes 2006 im Regensburger Priesterseminar war ich noch nicht im Haus. Über den damaligen Besuch wusste ich nur aus Beschreibungen, aber im Grunde nichts Genaues. Wir mussten also jetzt unser eigenes Programm aufstellen. Denn Vorgaben vor der Anreise des Papstes gab es keine. Von Anfang an war ich dabei mit den Vorständen des Seminars

im Gespräch: Was könnte nötig sein? Eine Rollstuhlrampe wurde montiert, die Gästezimmer entsprechend vorbereitet, eine kleine Kapelle für den Hl. Vater hergerichtet. Die einzelnen Maßnahmen wurden während des Besuches angepasst, immer natürlich auch im Blick auf die gesundheitliche Situation von Papst em. Benedikt XVI.

Was waren für Sie und Ihr Team Schwierigkeiten bzw. besondere Herausforderungen?
Die größte Herausforderung war die kurze Zeit für die Vorbereitung des Besuches. Zudem fand im Seminar zeitgleich eine große Sanierungsmaßnahme statt. Ich musste also Firmen sehr kurzfristig absagen – ohne Begründung – und das Personal auf die besondere Situation einstellen.

Mit welchen Personen aus dem päpstlichen Gefolge hatten Sie v. a. zu tun?
Vor allem mit den Personen, die für die Sicherheit des Papstes verantwortlich waren. Da gab es mit den vatikanischen Sicherheitsbeamten die eine oder andere sprachliche Schwierigkeit zu meistern, denn die sprachen alle nur italienisch. Aber mit »Händen und Füßen« haben wir das hinbekommen. Die direkten Absprachen über Wünsche des Hl. Vaters habe ich dann mit Erzbischof Gänswein getroffen.

Sind Sie Papst em. Benedikt XVI. auch persönlich begegnet?
Am Tag nach der Ankunft hat mir der Pfleger des Papstes gesagt, dass der Hl. Vater mich sprechen wolle. Das war natürlich eine große Ehre für mich, weil es so völlig unerwartet kam. Es war ein sehr freundliches und nettes Gespräch – ganz ohne Sprachbarriere.

Welche besonderen Begegnungen und Erlebnisse gab es in diesen Tagen?
Natürlich war für mich das kurze Gespräch mit dem Papst besonders bewegend. Aber auch die Begegnung mit vielen Würdenträgern, die im Haus waren, u. a. der Nuntius, Erzbischof Gänswein, sie alle waren offen und sehr herzlich. Ich hatte das Gefühl, dass sie alle gerne hier im Priesterseminar zu Gast waren.

Was bleibt für Sie im Rückblick ganz persönlich von diesem außergewöhnlichen Besuch zurück?
Es ist eine Mischung aus Stolz und Freude. Ich bin sehr dankbar, dass Papst em. Benedikt XVI. bei uns im Regensburger Seminar war. Ich durfte dabei mithelfen, dass der Papst sich von seinem Bruder verabschieden konnte. Ich kann diesen Wunsch gut mitvollziehen, weil ich selbst ein Familienmensch bin. Stolz bin ich auf alle Mitarbeiterinnen und Mitarbeiter des Hauses. Ohne große Vorbereitungszeit hat das Team diese besondere Herausforderung mit viel Zusammenhalt gemeistert!

Der Besuch von Papst em. Benedikt XVI. endet am 22. Juni. Die Seminarfamilie hat vorher noch die Gelegenheit ihm zu begegnen. Er richtet einige Worte an die Studenten und Vorstände und segnet die Gemeinschaft. Von Regensburg aus führt ihn die Fahrt zum Münchner Flughafen, von wo aus er nach Rom zurückfliegt. Anstrengende Tage liegen hinter ihm.

Am 1. Juli 2020 stirbt Georg Ratzinger, acht Tage nach der Rückreise seines Bruders.

DAS SEMINAR IN KRISENZEITEN

Der »Corona Weihejahrgang 2020« zusammen mit Bischof Dr. Rudolf Voderholzer und den Vorständen des Priesterseminars St. Wolfgang

Das Priesterseminar St. Wolfgang am Bismarckplatz hat in seinem 150-jährigen Bestehen bewegte und auch schwere Zeiten erlebt.
Krisenzeiten unterschiedlicher Art, die bestanden und auch gemeistert wurden.
Zwei Weltkriege, in denen das Haus als Lazarett diente, eine Corona Pandemie, die das Leben einschneidend verändert hat.
Damit verbunden war immer die Erkenntnis, dass man sich den Herausforderungen gemeinsam stellen und nach vorne schauen muss.

Die Zeit des Ersten Weltkriegs im Spiegel chronikalischer Aufzeichnungen des damaligen Regens Dr. Johann Baptist Höcht

Dr. Tobias Appl, Bezirksheimatpfleger der Oberpfalz

In den Jahren zwischen 2014 und 2018, als sich zahlreiche Daten und Ereignisse des Ersten Weltkriegs zum 100. Mal jährten, konnte man landauf, landab immer wieder feststellen, dass die Erinnerung an diese »Urkatastrophe des 20. Jahrhunderts« vielfach verblasst oder fast ganz aus dem kollektiven Gedächtnis verschwunden war. Dies liegt wohl nicht nur in dem Faktum begründet, dass es keine Zeitzeugen mehr gibt, sondern in erster Linie daran, dass in Deutschland »der Erste Weltkrieg nach 1945 zunächst durch den Zweiten Weltkrieg und seit den 1980er-Jahren durch den Holocaust erinnerungskulturell überlagert« wurde und wird.[1]

Was für die »große Geschichte« gilt, kann wohl auch für die des Regensburger Priesterseminars postuliert werden. Gäbe es nicht die Gedenktafeln an die gefallenen Alumnen von Klerikalseminar und königlichem Lyzeum in den Kreuzgängen von Schotten- und Dominikanerkirche,[2] wäre die Erinnerung an die Zeit des Ersten Weltkriegs wohl auch hier weitestgehend aus dem »institutionellen Erinnern« verschwunden.

Dank chronikalischer Aufzeichnungen des damaligen Regens des Regensburger Klerikalseminars, Dr. Johann Baptist Höcht, sind wir in der Lage, Einblicke in diese schwierigen, entbehrungsreichen und turbulenten Jahre zu erhalten und seine Sicht auf die Dinge kennenzulernen. Höcht, der aus Krummennaab stammte, am Collegium Germanicum in Rom studiert hatte und in der Ewigen Stadt zum Priester geweiht worden war, stand dem Seminar zum Zeitpunkt des Kriegsbeginns seit sechs Jahren als Regens vor. In den vier Jahren zuvor, von

---

[1] Barbara Korte – Sylvia Paletschek – Wolfgang Hochbruck, Der erste Weltkrieg in der populären Erinnerungskultur. Einleitung, in: Barbara Korte (Hg.), Der erste Weltkrieg in der populären Erinnerungskultur, Essen 2008, S. 7–24, hier S. 8.
[2] Im Priesterseminar, genauer gesagt im Kreuzgang der Schottenkirche, wurde am 14. Mai 1923 das vom ehemaligen Regens Dr. Johann Baptist Höcht finanzierte und vom Regensburger Architekten Hauberrisser entworfene Denkmal enthüllt. Es wurde 1945 neben den Eingang zur neuen Hauskapelle versetzt. Bereits am 22. Oktober 1915 hatten die Lyzealprofessoren einstimmig beschlossen, im Kreuzgang der Dominikanerkirche ein Denkmal für die gefallenen Alumnen zu errichten, welches am 9. März 1921 in Anwesenheit des Regensburger Bischofs Antonius von Henle eingeweiht wurde. Die Kosten für diese schlichte Tafel mit den Namen von 87 Gefallenen und Vermissten übernahmen die Professoren (vgl. Julius Krieg, Die Theologiekandidaten der Diözese Regensburg im Weltkrieg 1914–1918, Regensburg 1923, S. 21 f.; Harald Schäfer, Schottenseminar St. Jakob und Priesterseminar St. Wolfgang. Aus der Geschichte zweier Priesterbildungsstätten, Diplomarbeit Regensburg 1994, S. 82; Andreas Becker, Das Regensburger Lyzeum Albertinum während des Ersten Weltkriegs, in: Verhandlungen des Historischen Vereins für Oberpfalz und Regensburg 156 (2016) S. 305–336, hier S. 334).

1904 bis 1908, hatte er bereits das Amt des Subregens innegehabt. Mit seiner Berufung in das Regensburger Domkapitel endete 1922 seine Amtszeit im Klerikalseminar. Nach sechs weiteren Jahren, 1928, ernannte ihn der neue Bischof Michael Buchberger zu seinem Generalvikar, 1936 wurde Höcht Weihbischof.[3]

Nach dem Ende seiner Zeit im Klerikalseminar setzte sich Höcht daran, seine 14-jährige Amtszeit als Regens rückblickend zusammenzufassen. Er nahm dazu ein gebundenes Heft zur Hand, das bereits seine Vorgänger mit chronikalischen Aufzeichnungen seit 1899 gefüllt hatten. Innerhalb dieser Ausführungen zu den Jahren 1908 bis 1922, die Höcht auf den 31. Oktober 1922 datiert hat, sie wohl aber etwas später abgefasst haben dürfte[4], nimmt das Kapitel zum Ersten Weltkrieg den größten Teil ein.[5] Höcht setzt dabei zwei Schwerpunkte: Zum einen die Verwendung des Seminargebäudes als Reserve-Kaserne und dann als Lazarett und zum anderen die Situation der Alumnen im Krieg und der Verbliebenen im Seminar.

Diese chronikalischen Schilderungen Höchts, die sich heute im Bischöflichen Zentralarchiv Regensburg unter der Signatur »Priesterseminar Regensburg Nr. 396« finden und in denen interessanterweise das ihm zur Seite gestellte Leitungspersonal des Klerikalseminars so gut wie keine Rolle spielt[6], bilden die Grundlage für die folgenden, nur an einigen Stellen ergänzten oder mit Anmerkungen versehenen Ausführungen.

Das Klerikalseminar als Reserve-Kaserne und -Lazarett

Noch kurz vor Kriegsbeginn waren die Alumnen Ende Juli 1914 in die Ferien gegangen. Doch im Seminargebäude kehrte nur für wenige Wochen Ruhe ein, denn schon am 4. September 1914 nahm ein Landsturm-Bataillon etliche Räume in Beschlag: Sämtliche Schlafsäle und die Studiersäle im Erd- und ersten Obergeschoss wurden von den Mannschaften beansprucht. Dazu »wurden die Bettstelle entfernt, die Matratzen auf den Boden gelegt, auf je 2 Matratzen mußten 3 Mann schlafen«. Im

---

3 Vgl. Paul Mai, Johann Baptist Höcht (1870–1950), in: Erwin Gatz (Hg.), Die Bischöfe der deutschsprachigen Länder 1785/1803–1945. Ein biographisches Lexikon, Berlin 1983, S. 312; Matthias Bresky, Johann Baptist Höcht (1870–1950). Weihbischof in Regensburg, in: Georg Schwaiger (Hg.), Lebensbilder aus der Geschichte des Bistums Regensburg, Tl. 2 (Beiträge zur Geschichte des Bistums Regensburg 23/24), Regensburg 1989, S. 973–978, hier S. 974 f.
4 An zwei Stellen bezieht sich Höcht in seiner Chronik auf das beim Regensburger Verlag Josef Habbel erschienene Buch des Lyzealprofessors Julius Krieg, der seine Einleitung allerdings erst auf den 29. September 1923 datiert (vgl. Krieg, Theologiekandidaten (wie Anm. 2) S. 24). Wahrscheinlich wählte Höcht rückblickend den Wolfgangstag 1922 als Datum, da er wenige Tage zuvor, am 4. Oktober 1922, ins Regensburger Domkapitel gewählt worden war (vgl. Josef Ammer, Das Domkapitel Regensburg in seiner jeweiligen Zusammensetzung von 1765 bis in die heutige Zeit, in: Ders. – Karl Hausberger (Hg.), 200 Jahre Domkapitel neuer Ordnung am Hohen Dom St. Peter zu Regensburg (1821–2021) (Beiträge zur Geschichte des Bistums Regensburg 55), Regensburg 2021, S. 503–564, hier S. 536).
5 Bischöfliches Zentralarchiv Regensburg, Priesterseminar Regensburg Nr. 396: Chronik des Priesterseminars 1899–1922, o.S.
6 Im Klerikalseminar standen Höcht zu Beginn des Ersten Weltkriegs P. Peter Weber als Spiritual, Eduard Weiß als Subregens und Dr. Wolfgang Schaller als Präfekt zur Seite (vgl. Schematismus der Geistlichkeit des Bistums Regensburg für das Jahr 1914, Regensburg 1914, S. XI)

zweiten Stock dienten zwei Studiersäle als Militärkrankenzimmer, ein weiterer Saal wurde zur Schreibstube und die beiden Zimmer »gegenüber dem Subregens waren zur ärztlichen Untersuchung, später zur Militärschneiderei eingerichtet«. Die insgesamt 750 Mann, zumeist aus Nürnberg und Deggendorf, wurden im »Kleinen Speisesaal« mit Uniformen, Waffen und Munition ausgestattet. Der Tagesablauf war geprägt vom dauernden Exerzieren im Freien und – »bei Regenwetter« – auch auf den Gängen sowie von militärischen Unterrichtseinheiten im Speisesaal. Aufgrund der hohen Anzahl an Soldaten reichte die Küche alleine nicht mehr aus, gekocht wurde auch mit »drei großen Kesseln mit kurzen Rauchrohren« im »alten Klosterhof, dem sog. Beerengärtl, welches vom Kreuzgang umschlossen ist«. Aus Höchts Sicht »bereiteten diese Mannschaften keine Belästigung«, waren sie doch »mit Ausnahme einiger unzufriedener Nürnberger, anständig, vor allem die Reserve-Offiziere, welche in der Stadt wohnten und ins Seminar hereinkamen«. Nach drei Wochen wurde das Bataillon in die kurz zuvor von den deutschen Truppen besetzte Stadt Maubeuge in Frankreich verlegt.

Die Militärbehörde und Bischof Antonius von Henle hatten sich darauf geeinigt, dass das Seminar fortan als Lazarett genutzt werden sollte. Dazu inspizierte Hofrat Dr. Heinrich Dörfler[7], der oberste Verantwortliche aller in Regensburg eingerichteter »Reserve-Lazarette«, den Höcht als »protestantischen, wohlwollend gesinnten Arzt« charakterisiert, das Klerikalseminar und legte den Raumbedarf für das Lazarett fest. Im zweiten Stock wurden folgende Säle ausgewählt: »Das Zimmer über dem des Regens, gewöhnlich Bischofszimmer genannt (vordere Front an der Straßenseite) wurde Ärztezimmer, Zimmer nebenan Wartezimmer, Gang vor diesen beiden Zimmern Operationsraum, nächstes kleines Zimmer für die Krankenschwestern, die sämtlichen anschließenden Zimmer dieses Flügels Krankenzimmer für die Soldaten, das einzige gegen den Hof hereinliegende Zimmer, wo z. Z. P. Spiritual wohnt, Schreibstube des Feldwebels; Krankensäle waren ferner die 2 riesigen Schlafsäle, die einander gegenüberliegen (der eine befindet sich über der Manualbibliothek), ebenso noch der große Hörsaal. Außerhalb des großen Hörsaals, auf dem Gang neben der Uhr war eine Gypswand quer gezogen, sodaß die Scheidung gegen die Studiersäle des II. Stockes gegeben war.« Die Küche des Seminars im Erdgeschoss diente fortan auch als Küche für das Lazarett, das Essen wurde von den Soldaten hinaufgetragen. Die genannten Räume sollten nun für mehr als vier Jahre als Lazarett genutzt werden, anschließend wurden sie »dem Seminar nur in arg beschädigtem Zustand zurückgegeben«.

Die Leitung des Lazaretts lag stets in der Hand von Ärzten. Zumeist waren

---

7 Hofrat Dr. Heinrich Doerfler/Dörfler war praktischer Arzt und Spezialist für Chirurgie und Frauenheilkunde, der in der Sedanstraße eine Privatklinik unterhielt und darüber hinaus als Oberarzt am Evangelischen Krankenhaus tätig war (vgl. Militär-Handbuch des Königreichs Bayern nach dem Stande vom 16. Mai 1914, München 1914, S. 591; Einwohnerbuch der Kreishauptstadt Regensburg, der Nachbarstadt Stadtamhof und des Marktes Steinweg, hg. vom Stadtmagistrat Regensburg, Regensburg 1918, S. 21; Isolde Kleinschuster, Die Dr. Doerfler'sche Klinik, 1913, in: Regensburg um 1900. Ansichten aus der Sammlung Eickhoff, Regensburg 1991, S. 150 f.).

drei bis vier gleichzeitig tätig, insgesamt waren es 29. »Einige wenige waren gute Katholiken, weitaus die meisten ohne Religion.« Die längste Dienstzeit im Seminar absolvierte Dr. Oskar Scheben von Cronsfeld[8], »als Arzt sehr gewissenhaft, als Mensch höflich und sehr anständig, als Christ kalt und ohne jede religiöse Betätigung«.

Die Krankenschwestern stellte ab dem 1. Oktober 1914 das Mutterhaus der Armen Franziskanerinnen in Mallersdorf. Bis Mitte Dezember waren es sieben, dann acht und ab Juni 1915 schließlich neun Lazarettschwestern. Diese Mallersdorfer Schwestern »hatten viel Arbeit und Pflege zu leisten, brachten viele Opfer, aber leider fehlte ihnen die Eintracht«, insgesamt musste viermal die Oberschwester ausgetauscht werden.

Die Ärzte und Krankenschwestern betreuten im Lazarett während der Kriegsjahre über 6000 Soldaten[9], die einen waren verwundet, »die anderen innerlich krank«. Zumeist waren die 120 Betten voll belegt, teilweise waren auch mehr Patienten zu versorgen.

Die dabei entstehenden Kosten wurden größtenteils von der Militärkasse bestritten. Neben diesen staatlichen Zahlungen bemühte sich der Regens immer wieder auch um »freiwillige Liebesgaben«. So wandte er sich an alle Pfarreien des Bistums und von fast überall kamen neben Geldspenden in Höhe von insgesamt fast 9000 Mark »in den ersten Monaten ganze Berge von Lebensmitteln. Es kamen Waggons, Kisten, Körbe, Säcke, Fässer, Kannen, Kübel. Es kamen Kartoffeln, Obst, Dürrobst, Eier, Schmalz, Brot, Mehl, Kraut, Rüben, Kolonialwaren, Schinken, Würste, Honig, Eingemachtes, Wein, Thee, Kaffee u. Zucker, Heidelbeeren; Leinwand, Bettüberzüge, Socken, Hemden, Handtücher, Taschentücher, Decken, Zigarren u. Tabak.« Diese Sendungen erreichten das Lazarett auch noch im Jahr 1915, im Frühjahr 1916 war damit allerdings Schluss, »überall herrschte Knappheit und Not«.

An Weihnachten bemühte man sich stets, jeden Kranken mit einer »reichlichen Spende an nützlichen und erfreulichen Dingen« zu beschenken. Neben dem Klerikalseminar selbst trat hier auch der »Freudenverein vom Roten Kreuz« als Wohltäter auf. Darüber hinaus wurde jedes Jahr eine kleine Feier mit einer Ansprache und dem Singen einiger Weihnachtslieder abgehalten, im ersten Kriegsjahr sogar in Anwesenheit des Bischofs. In den folgenden Jahren kam dieser mindestens zweimal pro Jahr ins Lazarett und hinterließ jedes Mal 100 Mark und »stiftete eine besondere Zulage bei Mittag«. Auch andere Honoratioren wie Albert von Thurn und Taxis besuchten die Verletzten regelmäßig. Der Fürst, der einmal auch von seiner Gemahlin Margarethe begleitet wurde, hatte für jeden immer »einige freundliche Worte« und schenkte »entweder 2 Ansichtskarten (sein Bild) oder einige Zigaretten«. Und an einem Silvesterabend machten »auffallend

---

8 Freiherr Oskar Scheben von Cronsfeld war Stabs- und Schularzt (vgl. Eugen Zoeller, Geschichte des K.B. 11. Infanterie-Regiments »von der Tann« 1805–1905, München 1905, S. 497; Militär-Handbuch 1914 (wie Anm. 7) S. 585; Einwohnerbuch 1918 (wie Anm. 7) S. 104).

9 Nach Aussage Kriegs wurden insgesamt 6451 Patienten gepflegt und 57 Tote ausgesegnet (vgl. Krieg, Theologiekandidaten (wie Anm. 2) S. 13).

viele und hochgestellte Protestanten (Geheimrat Fabrikbesitzer Chriestlieb[10], Kommerzienrat Zinstag[11], Oberregierungsrat Fahr[12])« den Soldaten ihre Aufwartung, »das eine oder andere Mal im Jahr kam entweder der ›Liederkranz‹ und sang schöne Männerchöre, oder es war eine andere Unterhaltung«. Auch mit einem alljährlichen Sommerausflug zur Walhalla mit anschließendem Besuch einer »Restauration« für die Soldaten, die sich im Lazarett schon auf dem Weg der Besserung befanden, versuchte man, vom Leid und Kummer abzulenken. Über 50 Patienten verstarben im Lazarett, »in der Regel wohlversehen mit den hl. Sterbesakramenten, darunter auch ein angehender Alumnus im Soldatenrock, namens Götz[13] aus Eichelberg b. Pressath, der sehr schön für die Ewigkeit vorbereitet war, auch seine herbeigeeilten Verwandten noch begrüßte, dann aber durch eine bei den ungläubigen Ärzten gar so beliebte Morphiumspritzung das Bewußtsein verlor und starb«.

Zu einem Politikum sollte dann die Frage nach der Einführung eines protestantischen Gottesdienstes im Lazarett werden. So wurde dem Regens am 10. Januar 1915 mitgeteilt, dass sich der protestantische Stadtpfarrer Theodor Pürckhauser[14] und Stabsarzt Dr. Scheben auf einen protestantischen Gottesdienst im Rhythmus von zwei Wochen geeinigt hätten. Höcht wandte sich an den Bischof, der umgehend vom Eichstätter Kirchenrechtler Prof. Josef Hollweck[15] eine Stellungnahme erbat. Darin brachte dieser zum Ausdruck, dass »ein Arzt nur sanitäre Anordnungen« treffen könne, »aber nicht religiöse«. Darüber hinaus bestünde keine Notwendigkeit für einen solchen Gottesdienst: »Die hinreichend hergestellten Verwundeten haben auswärts Gelegenheit in St. Oswald, die ans Bett oder Zimmer Gefesselten sind ohnedies von aller Pflicht entbunden, sind ja sogar Katholiken entbunden«. Hollweck vermutete hinter diesem Antrag »nur eine Mache, die einen besonderen Reiz deswegen hat, weil es doch so ein gewisses Siegesgefühl auslöst, selbst ein katholisches Priesterseminar gezwungen zu haben, protestant. Gottesdienst innerhalb seiner Mauern zuzulassen«. Als Kompromissvorschlag bot Bischof Antonius »nach Erwägung der Seelsorge« den großen Saal in der unmittelbar benachbarten Jakobinerschenke, welche der bischöflichen Stiftungsverwaltung unterstand, »für religiöse Andachten der protestant. Verwundeten«

---

10 Wohl Georg Christlieb, geheimer Kommerzienrat und Fabrikbesitzer (vgl. Einwohnerbuch 1918 (wie Anm. 7) S. 18). Es könnte sich dabei aber auch um den Großhändler, Kommerzienrat und Magistratsrat Heinrich Christlieb handeln, der Teilhaber der Firma Christlieb und Fischer war, sich bis 1933 viele Jahre im Stadtrat für die liberale Fraktion engagierte und 1927 die Silberne Bürgermedaille erhielt (vgl. ebd.; www.regensburg.de/rathaus/ehrenbuerger-und-medaillen/silberne-buergermedaille).
11 Der Rentner Christian Zinstag war Magistratsrat und Vertreter der Stadt Regensburg im Oberpfälzer Landrat (vgl. Einwohnerbuch 1918 (wie Anm. 7) S. 141).
12 Oberregierungsrat Ernst Fahr (vgl. Einwohnerbuch 1918 (wie Anm. 7) S. 27).

13 Der Gefreite Karl Götz, geboren am 5. Dezember 1896 und ab dem Wintersemester 1918/19 Student am Lyzeum, verstarb im Lazarett am 30. Oktober 1918 an den Folgen der Spanischen Grippe (vgl. Krieg, Theologiekandidaten (wie Anm. 2) S. 56 f.).
14 Theodor Pürkhauser war 1906 bis 1918 2. Pfarrer der Dreieinigkeitskirche, 1918 wurde er zum 1. Pfarrer bestellt (vgl. Das evangelische Regensburg, Regensburg 1958, S. 61).
15 Der Kanonist und Domkapitular Prof. Dr. Josef Hollweck aus Pfaffenhofen bei Kastl war von 1892 bis 1920 Professor für Kirchenrecht am dortigen Bischöflichen Lyzeum (vgl. Josef Lederer, Art. Hollweck, Josef, in: Neue Deutsche Biographie 9 (1972) S. 545 f.).

an. Von Henle wies darauf hin, dass »die innerhalb des Lazarettes selber gelegenen Räume« ausschließlich für solche Zwecke verwendet werden »wie auch für die gottesdienstlichen Zwecke der katholischen Verwundeten ein Raum innerhalb des Lazarettes nicht zur Verfügung gestellt« wird.[16] Regens Höcht konnte sich nicht verkneifen, darauf hinzuweisen, dass der »Saal in der Jakobinerschenke ein einziges Mal und dann nie mehr benutzt« wurde, da »der Besuch von Seite der Kranken und verwundeten Krieger zu gering war«. Außerdem fügte er abschließend hinzu: »Wenn durch das Seminar Liebesgaben unter die kranken Soldaten verteilt wurden, wurde nie ein Unterschied zwischen den Konfessionen gemacht. Wenn aber ein protestantischer Pastor ins Lazarett kam, hat er Liebesgaben nur an die kranken Soldaten seiner Konfession verteilt, nie an andere.«

Kriegsdienst der Alumnen – Fortsetzung des deutlich reduzierten Seminarbetriebs

Das Nebeneinander von Ersatz-Kaserne bzw. Ersatz-Lazarett einerseits und Priesterausbildung andererseits unter einem Dach war für das Seminar von Anfang an »eine Quelle des Verdrusses«, auch wenn der Kriegsverlauf dazu führte, dass bald nur noch ein »sehr verkleinerter Seminarbetrieb« stattfinden konnte. Denn auch wenn nach der Schilderung Höchts den Seminaristen zu Beginn der Herbstferien 1914 nichts anderes übrigblieb, »der Dinge« zu warten, »die da kommen sollten«, so wurden schon bald die ersten von ihnen gemustert. Nur kurze Zeit später mussten schon einige »einrücken in die Kasernen zur militärischen Ausbildung; die einen kamen nach Amberg, andre nach Regensburg, Nürnberg, Ingolstadt, München u. s. w.; die einen zur Infanterie u. das waren die meisten, die anderen zur schweren Artillerie, andere zum Maschinen-Gewehr.« So ließen auch die Versetzungen an die Front oder in den Militärkrankendienst nicht lange auf sich warten.[17]

Nun setzte eine intensive Korrespondenz zwischen den Seminaristen, aber auch zwischen diesen und Regens Dr. Höcht ein. Zusammen mit Dr. Joseph Sachs, dem Rektor des Regensburger Lyzeums Albertinum, oder auch alleine versuchte der Regens, die Alumnen »an der Front und in Lazaretten und in Kasernen« regelmäßig mit Informationen zu versorgen und ihnen mit seinen Zeilen Trost zuzusprechen.[18] An Weihnachten wurden diese Zeilen von Paketen »mit Liebesgaben« unterstrichen.

---

16 Weitgehend konträr zu Höchts Sicht auf die Vorgänge schildert der Kirchenhistoriker Dollinger, dass der Bischof auf die Bedenken des Regens hin ein Verbot evangelischer Gottesdienste ausgesprochen habe. Dies habe schließlich dazu geführt, dass die Regensburger Protestanten »die Unterbringung evangelischer Verwundeter in andere Lazarette betrieben«. Dem beugte sich schließlich das Generalkommando in Nürnberg und es wurden im Klerikalseminar keine Protestanten mehr aufgenommen (Robert Dollinger, Das Evangelium in Regensburg. Eine evangelische Kirchengeschichte, Regensburg 1959, S. 395).
17 Laut Krieg waren von den 185 Alumnen zu Beginn des Wintersemesters 1914 bereits 25 im Krieg (vgl. Krieg, Theologiekandidaten (wie Anm. 2) S. 11).
18 Dr. Höcht und Dr. Sachs haben ab Frühjahr 1915 jeden Monat an die Soldaten »Feldbriefe« geschrieben, Sachs insgesamt 30 Stück (vgl. Krieg, Theologiekandidaten (wie Anm. 2) S. 18 f.).

Im Frühjahr 1915 erreichte mit der Meldung, dass der Seminarist Anton Köck aus Vilsbiburg am 31. März 1915 in einem Lazarett in München an Typhus gestorben war, den Regens die erste Todesnachricht. Bereits zuvor, am 19. März 1915, war Franz Daubner aus Mitterlind bei Mehlmeisel in Frankreich gefallen,[19] alsbald reihte sich eine Gefallenenmeldung an die andere. Für jeden Verstorbenen wurde in der Seminarkirche St. Jakob ein feierliches Requiem abgehalten. Nicht zuletzt als öffentliches Zeichen, »welch großes Opfer die jungen Seminaristen und Kleriker für das Vaterland bringen«, ließ Höcht für jeden im »Regensburger Anzeiger« eine Sterbeanzeige setzen. In seinen Aufzeichnungen listet Höcht 65 gefallene Alumnen auf[20], von denen 44 schon im Seminar waren, »bevor sie zu den Waffen gerufen wurden. Die übrigen 21 hatten das Gymnasium absolviert, waren in das Klerikalseminar aufgenommen, mußten aber in den Kriegsdienst einrücken, bevor sie das Studium im Klerikalseminar beginnen konnten.«

Trotz aller Einberufungen und Gefallenenmeldungen versuchte man den gesamten Krieg über, den regulären Betrieb im Klerikalseminar so gut wie möglich aufrechtzuerhalten. Doch bereits zum Wintersemester 1914 waren nur die Alumnen ins Klerikalseminar gekommen, die noch nicht zum Militärdienst einberufen waren. Inklusive der Diakone, deren Priesterweihe für 1915 anstand, waren es insgesamt ungefähr 100. Aber auch diese schon reduzierte Gruppe wurde durch neue Einberufungen immer kleiner.[21] Als Oberstleutnant Alfred Schobacher[22] vom Bezirkskommando Regensburg am Jahresende 1914 den Regens informierte, dass fortan eventuell auch die Diakone einberufen werden sollen, wandte sich Höcht umgehend an Bischof Antonius von Henle. Man beschloss, die Vorbereitungen des Oberkurses auf das Cura-Examen und die Priesterweihe zu beschleunigen, um durch einen früheren Termin der Priesterweihe einer eventuellen Einberufung zuvorzukommen. Bereits am 3. März 1915 wurden so 40 Diakone zu Priestern geweiht, die ihre Primizen in unterschiedlichen Regensburger Kirchen »mit nur stillen Hl. Messen« begingen. Allerdings stellte sich später heraus, dass Ober-

---

19 Vgl. Krieg, Theologiekandidaten (wie Anm. 2) S. 10. In der Zählung Kriegs war der Gymnasiast Josef Schmid aus dem bischöflichen Seminar Straubing, der am 1. November 1914 in Flandern starb, das erste Kriegsopfer (ebd., S. 9 f.).
20 Die vermeintliche Gesamtzahl der Gefallenen weicht von Darstellung zu Darstellung erheblich voneinander ab, wobei oftmals nicht sauber zwischen Seminaristen, angehenden Seminaristen und Theologiestudenten unterschieden wird. Während Höcht hier von 65 Gefallenen spricht, nennt Krieg »81 Kandidaten, 23 weitere waren nicht im Seminar, insgesamt also 104« Theologiestudenten (Krieg, Theologiekandidaten (wie Anm. 2) S. 13). Mai und Hausberger führen 110 gefallene Theologiestudenten sowie sechs weitere an, die bis 1922 an den Kriegsverletzungen verstarben (vgl. Paul Mai, Das Schottenkloster St. Jakob zu Regens-
burg im Wandel der Zeiten, in: Ders. (Hg.), 100 Jahre Priesterseminar in St. Jakob zu Regensburg 1872–1972, Regensburg 1972, S. 5–36, hier S. 35 f.; Karl Hausberger, Das säkularisierte Schottenkloster als Heimstätte des Regensburger Priesterseminars seit 1872, in: Paul Mai (Hg.), Scoti peregrini in St. Jakob. 800 Jahre irisch-schottische Kultur in Regensburg (Bischöfliches Zentralarchiv und Bischöfliche Zentralbibliothek Regensburg. Kataloge und Schriften 21), Regensburg 2005, S. 70–82, hier S. 78 f.).
21 Laut Krieg waren es bereits Ende des Wintersemesters 1914/15 nur noch 54 (vgl. Krieg, Theologiekandidaten (wie Anm. 2) S. 11).
22 Alfred Schobacher war Oberstleutnant (vgl. Zoeller, Geschichte (wie Anm. 8) S. 498; Militär-Handbuch 1914 (wie Anm. 7) S. 536; Einwohnerbuch 1918 (wie Anm. 7) S. 111).

leutnant Schobacher nur von einem besorgten Vater eines Diakons vorgeschickt worden war.

Nach dieser Priesterweihe und weiteren Einberufungen waren zu Beginn des Jahres 1916 nur noch 18, ein Jahr später 17 und im Januar 1918 13 Seminaristen im Haus. Im Laufe des Jahres 1918 waren es schließlich zehn verbliebene Seminaristen, alle anderen waren beim Militär oder bereits gefallen. Folglich konnten am 29. Juni 1916 auch nur acht Männer zu Priestern geweiht werden, darunter »Peter Zimmermann, der als der größte Mann der bayr. Truppen (2m 14cm groß) zur Artillerie eingezogen war«. 1917 sollten dann sieben und 1918 fünf weitere Priesterweihen hinzukommen.

Aber auch für diese wenigen Seminaristen im Haus gestaltete sich die Versorgung mit Lebensmitteln im Laufe des Krieges immer schwieriger, war man doch auch hier auf Lebensmittelkarten angewiesen, für die es gerade gegen Ende des Krieges immer weniger Naturalien pro Person gab. Höcht litt unter der Situation, »es tat einem in der Seele weh, wenn jedem Alumnus das Stücklein Brot vorgeschnitten werden mußte«. Darüber hinaus musste man damit zurechtkommen, dass manche Soldaten im Lazarett »sich um Ordnung wenig scherten. Die ständige Unruhe, der Spektakel, die Unordnung und eine Reihe anderer Dinge, Zwistigkeiten, mitunter auch Grobheiten der Soldaten untereinander oder gegen den unklugen Feldwebel, das alles erforderte große Opfer.«

Nach Kriegsende kehrten die überlebenden Alumnen nach und nach zurück. Bei denen, die sich noch in Gefangenschaft befanden, zog sich das zum Teil noch lange hin, »zuletzt kam aus langer Gefangenschaft im Amurgebiet in Ostasien der tapfere, leidgeprüfte Johann B. Fenk aus Vilseck, einer der treuesten, zuverlässigsten Alumnen«. Nach dem Auszug der letzten Patienten am 30. Januar 1919 erfüllten noch am gleichen Tag ungefähr 100 Alumnen das Haus wieder mit Leben.[23]

Am Sonntag, den 9. Februar 1919, fünf Tage nach Beginn des sogenannten Kriegsnotsemesters, das bis zum 11. April 1919 dauern sollte[24], wurde im Beisein des Bischofs, verschiedener Vertreter des Domkapitels, der Professoren des Lyzeums und anderer Geistlicher eine große Kriegerheimkehrfeier abgehalten.[25] Einige dieser Heimgekehrten entschieden sich, doch einen weltlichen Beruf anzustreben, »die übrigen fast ausnahmslos waren geläutert, gefestigt und verlegten sich auf geistliches Leben und Studium mit allem Ernst und großer Entschiedenheit. Wenigen aus diesen hat der Krieg allerdings tiefe Seelenverwundungen geschlagen, wie sich erst später erwiesen hat.«

Schluss

Die Aufzeichnungen des früheren Regens Höcht gewähren trotz aller Subjektivität, die jede dergestaltige Quelle ganz automatisch in sich birgt, einen detaillierten und aussagekräftigen Einblick in das Klerikalseminar in der Zeit des Ersten Weltkriegs.

---

23 Vgl. Krieg, Theologiekandidaten (wie Anm. 2) S. 13; Hausberger, Schottenkloster (wie Anm. 20) S. 78 f.

24 Vgl. Becker, Lyzeum (wie Anm. 2) S. 328.
25 Vgl. Krieg, Theologiekandidaten (wie Anm. 2) S. 15 f.

»Vivant in Deo« – Ossarium im Kreuzgarten

Auf den ersten Blick ging das Leben dort nach dem Krieg so weiter wie zuvor: Das Gebäude war das gleiche geblieben, es stand die gleiche Person an der Spitze und es galten weiterhin die gleichen Vorschriften und Hausordnungen. Und dennoch war eine ganz neue Zeit angebrochen. Das zeigte sich nicht nur an den gesellschaftlichen Gegebenheiten, auch die Kriegsheimkehrer selbst hatten sich sicherlich verändert.[26] Sie

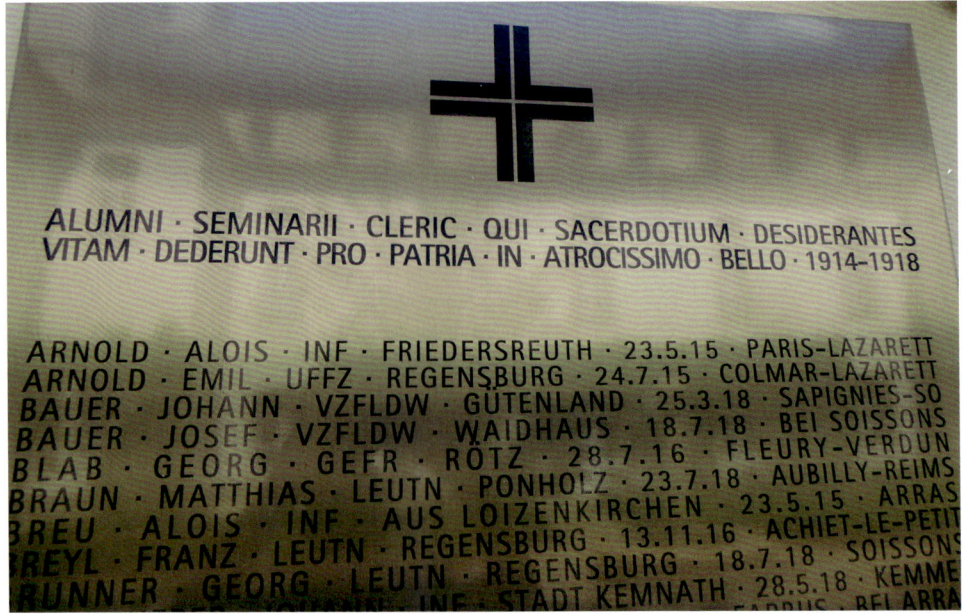

26 Vgl. Schäfer, Schottenseminar (wie Anm. 2) S. 82 f.

Kreuzgarten, Erinnerungstafeln an die Opfer beider Weltkriege

mussten mit der neuen Situation zurechtkommen und vor allem mit dem fertigwerden, was sie in den Monaten und Jahren zuvor – körperlich und seelisch – erlebt und erlitten hatten sowie nicht zuletzt damit, dass mehr als ein Drittel ihrer Mitstudenten im Krieg sein Leben gelassen hatte. Gerade diese Gefallenen hatte Höcht im Blick, wenn er in seinen Aufzeichnungen die künftigen Generationen mit dem Satz »Möge das Seminar nie vergessen, im Allerseelenamt ein Anniversarium für diese lieben Toten zu begehen!« verpflichtet, die Erinnerung an die jungen Seminaristen und damit auch an die Zeit des Ersten Weltkriegs im Regensburger Priesterseminar wachzuhalten.

Das Priesterseminar als städtisches Hilfskrankenhaus von 1940–1946

Dr. Tobias Appl, Bezirksheimatpfleger der Oberpfalz

Im Spätsommer 1940 erkundigte sich der damalige Diözesanbischof Dr. Michael Buchberger bei Regens Josef Hiltl nach dem derzeitigen Zustand des Regensburger Klerikalseminars. Hiltl, der dieser Einrichtung von 1935 bis zu seiner Ernennung zum Weihbischof im Jahr 1951 vorstand[1], antwortete am 25. August, also fast genau ein Jahr nach Ausbruch des Zweiten Weltkriegs, mit einem schriftlichen »Zwischenbericht«. Darin ließ er seinen Bischof wissen, dass das Seminargebäude derzeit zum Teil als Hilfskrankenhaus der Stadt Regensburg für 100 bis 120 männliche Patienten und ein anderer Bereich zur Beherbergung des sogenannten »Sicherheits- und Hilfsdienstes«, der sich aus ungefähr 40 Männern und acht Helferinnen zusammensetzt, genutzt werde. Das restliche Haus stünde »für Seminarzwecke zur Verfügung« und könnte auch »unbeschadet des Krankenhausbetriebes für diese Zwecke genutzt werden.« Seit Mai 1940 seien hier zwar Internatsschüler des Seminars der Alten Kapelle untergebracht gewesen, diese hätten aber nun in ihre eigenen Räume zurückkehren können, da die dortige Zwischennutzung als Reserve-Lazarett ausgelaufen sei. Hiltl hatte ganz offensichtlich trotz aller Kriegswirren noch Hoffnungen auf eine Wiederaufnahme des regulären Seminarbetriebs im ehemaligen Schottenkloster. Denn er fügte der Aussage, dass »von den Studierenden der Philosophie und Theologie ca. 170 beim Wehrdienst« seien, hinzu, dass etwa 60 »im Herbste ihre Studien beginnen bezw. fortsetzen« könnten. Sollten die Räume der Philosophisch-theologischen Hochschule, die ebenfalls als Hilfskrankenhaus genutzt wurden, bis zum Beginn des Wintersemesters noch nicht wieder frei sein, könnte er die zwei großen Bibliotheken des Klerikalseminars als Hörsäle und Unterrichtsräume für den Hochschulbetrieb zur Verfügung stellen, darüber hinaus könnten 80 bis 100 Studierende zum WS 1940/41 im Seminar aufgenommen werden.[2] Aus Hiltls Plänen sollte jedoch nichts werden, zu einer Wiederaufnahme eines weitgehend regulären Seminarbetriebs sollte es erst wieder 1946 kommen.

---

1   Zu Hiltl, der nach seinem Tod am ehemaligen Wirkungsort, der Schottenkirche, bestattet wurde, vgl. Karl Hausberger, Art. Hiltl, Josef (1889–1979), 1951–1979 Weihbischof in Regensburg, in: Erwin Gatz (Hg.), Die Bischöfe der deutschsprachigen Länder, Bd. 2: 1945–2001, Berlin 2002, S. 461 f.; Franz Sichler – Alfred Wolfsteiner (Bearb.), Berühmte Schwandorfer Persönlichkeiten. Begleitschrift zur Ausstellung im Jubiläumsjahr »Schwandorf – 1000 Jahre jung. 1006–2006«, Schwandorf 2006, S. 22–24.
2   BZAR, Priesterseminar Regensburg 236, Regens Hiltl an Bischof Buchberger, Regensburg 25. August 1940.

Das Priesterseminar als städtisches Hilfskrankenhaus von 1940-1946

Entgiftungstrupp während des Zweiten Weltkriegs, undatiert (BZAR, Priesterseminar Regensburg 236)

Der Zweite Weltkrieg hatte also für das Regensburger Priesterseminar gravierende Einschnitte und Veränderungen gebracht. Bereits unmittelbar nach Kriegsbeginn war ein Teil des Seminargebäudes für einige Wochen in Beschlag genommen worden, in dem ein sogenannter Entgiftungs- und ein Sanitätstrupp sowie einige Rot-Kreuz-Schwestern einen Behandlungsraum und Notbetten für potentielle Verletzte von nun drohenden Luft- und Giftangriffen eingerichtet hatten. Zwar war es Regens Hiltl noch gelungen, weitere Einquartierungen von Hilfstruppen mit dem Argument zu verhindern, dass er das Gebäude zum bald beginnenden Wintersemester 1939/40 wieder für seine Alumnen benötige. Doch am 16. Oktober 1939 wurde auch in Regensburg die Philosophisch-theologische Hochschule vom Bayerischen Kultusministerium geschlossen, was einen regulären Semesterbetrieb unmöglich machte. So übersiedelten am 23. Oktober 1939 etwa 70 Seminaristen nach Eichstätt, um an der dortigen, kirchlich getragenen Hochschule ihr Studium zu beginnen bzw. fortzusetzen. In dieser Bischofsstadt an der Altmühl wurde für die Regensburger Studenten ein eigener

Schlaf- und ein Studiersaal eingerichtet, die Verhältnisse waren also beengt.[3] Dennoch gingen bis 1944 etliche Regensburger Priesteramtskandidaten ihren philosophischen und theologischen Studien in Eichstätt nach, wenn auch die Zahl aufgrund der andauernden Einberufungen stetig abnahm und sich zwischen 1941 und 1945 fast alle Alumnen im Kriegseinsatz befanden.[4] Mit diesen stand Hiltl über all die Jahre in brieflichem Kontakt. Regelmäßig wandte er sich an sie, umgekehrt erhielt auch er Hunderte von Feldpostbriefen, die er aufbewahrte und systematisch ablegte.[5]

Die Errichtung des Hilfskrankenhauses im Klerikalseminar

Nach dem Umzug der Seminaristen nach Eichstätt im Oktober 1939 verblieb im Regensburger Klerikalseminar nur der 36 Mann starke Weihekurs, aus dessen Mitte am 28. Februar 1940 34 Diakone zu Priestern geweiht werden sollten.[6] Bereits am 31. Oktober 1939 besichtigten Dr. Pius Scharff, der Leiter des Regensburger Gesundheitsamtes, der Regensburger Mediziner Dr. Hermann Feldkirchner und ein Verwaltungsbeamter der Stadt das Klerikalseminar. Man begutachtete, ob das Gebäude für die Zeit des Krieges als städtisches »Zivilhilfskrankenhaus« verwendet werden könnte.[7] Daraufhin verbot der Regensburger Oberbürgermeister Dr. Otto Schottenheim dem Regens jedwede andere Nutzung der Räume und machte deutlich, diese »im Bedarfsfall für die Einrichtung eines Hilfskrankenhauses für die Zivilbevölkerung in Anspruch« zu nehmen.[8] Hierzu kam es bereits am 9. Januar 1940. An diesem Tag startete der Krankenhausbetrieb unter der Leitung des Chirurgen Dr. Hans Laubmann und des Internisten Dr. Zilch, die ersten drei Kranken bezogen ihre Zimmer. Ebenso von Beginn an wurden die im Haus tätigen Mallersdorfer Schwestern M. Sotera und M. Zelata zum Krankendienst abgestellt, wo sie von drei Rot-Kreuz-Helferinnen unterstützt wurden. Ab Ende Januar kamen zahlreiche weitere Krankenschwestern aus Mallersdorf hinzu, für die Nachtwachen wurden Schwestern der St. Vinzenthilfe, später bei der Erweiterung des Hauses auch des Antoniushauses gewonnen. Für die Verwaltung des Hilfskrankenhauses stellte das Seminar Schwester M. Kiliana ab, die aber schwer erkrankte und 1940 in Mallersdorf verstarb. Danach wurde der Verwaltungsdienst von der Aspirantin Elisabeth Bortenschlager aus Mallersdorf ausgeübt, bis im Oktober 1940 Schwester M. Aloisia Bisson, die ehemalige Lehrschwester des Mutter-

---

3 BZAR, Priesterseminar Regensburg 362: Kriegschronik 1939–1950, Das Bischöfl. Klerikalseminar während des 2. Weltkriegs 1939–1945, S. 1–3.
4 Vgl. Harald Schäfer, Schottenseminar St. Jakob und Priesterseminar St. Wolfgang. Aus der Geschichte zweier Priesterbildungsstätten, Diplomarbeit Universität Regensburg 1994, S. 89.
5 Diese Feldpostbriefe der Seminaristen befinden sich heute im BZAR im Bestand »Priesterseminar Regensburg«, zumeist unter den Signaturen Nr. 311 bis 321.

6 BZAR, Priesterseminar Regensburg 362: Kriegschronik 1939–1950, Das Bischöfl. Klerikalseminar während des 2. Weltkriegs 1939–1945, S. 3; Franz Bauer – Siegfried Wölfel, Gespräch mit Weihbischof Hiltl, in: Schottenarchiv 72–2 (1972) S. 22 f., hier S. 23.
7 BZAR, Priesterseminar Regensburg 362: Kriegschronik 1939–1950, Das Bischöfl. Klerikalseminar während des 2. Weltkriegs 1939–1945, S. 3 f.
8 BZAR, Priesterseminar Regensburg 362: Kriegschronik 1939–1950, Oberbürgermeister Schottenheim an Regens Hiltl, 27. Dezember 1939.

hauses, diese Arbeiten übernahm und diese bis zum Ende des Krieges ausführte. Aber auch die Armen Schulschwestern von Steinweg, die aus ihrem Schulhaus verbannt worden waren, leisteten in der Verwaltung des Hilfskrankenhauses ihre Dienste.[9] Von 5. Februar bis zum 31. Mai 1945 waren schließlich auch zwei polnische Krankenschwestern, M. Chrysostoma Korczak und M. Reginalda Stachak, hier tätig. Bereits im Mai 1940 waren darüber hinaus 13 Sanitäter und acht weibliche Hilfskräfte des Roten Kreuzes ins Klerikalseminar gekommen, deren Aufgabe es war, die Rettungsstelle zu betreuen. Innerhalb kurzer Zeit erhöhte sich die Anzahl der Sanitäter auf 44 Personen.[10] Nachweislich war zwischen 1942 und 1945 in der Hauswirtschaft des Hilfskrankenhaus auch eine namentlich nicht bekannte »Ostarbeiterin« aus der Ukraine als Zwangsarbeiterin eingesetzt.[11]

Nachdem die Stadt im April 1940 für das Hilfskrankenhaus zwei weitere Zimmer »zur Unterbringung von Ausländern« hinzugenommen hatte, musste der offizielle Vertrag zwischen der Stadt Regensburg und der Bischöflichen Stiftungsadministration-Klerikalseminarstiftung ergänzt werden. In dieser Fassung vom 15. April 1940 wurde noch einmal die Überlassung der genau beschriebenen Räume im Mittelbau, Westflügel und einem Teil des Ostflügels im Umfang von jetzt 1.728 Quadratmetern inklusive der beweglichen Sachen für die Zwecke des Krankenhauses auf unbestimmte Zeit festgehalten. Die monatliche Miete betrug 1.400 RM. Das Seminar übernahm die Verpflegung der Patienten, die Reinigung der Räume und der Wäsche, die Beleuchtung der Räume und die Stellung des Hauspersonals.[12] Im Gegenzug entrichtete die Stadt 2 RM pro Verpflegungstag und Patient. Die Bezahlung der Ärzte, des Krankenpflege- und Wirtschaftspersonals (mit Ausnahme des eigentlichen Hauspersonals) übernahm die Stadt direkt, ebenso musste diese für die Heizkosten aufkommen. Zum 1. Januar 1942 sollten dann noch einmal drei weitere Räume hinzukommen[13], nach-

---

9 BZAR, Priesterseminar Regensburg 362: Kriegschronik 1939–1950, Das Bischöfl. Klerikalseminar während des 2. Weltkriegs 1939–1945, S. 3f.; vgl. Bauer – Wölfel, Gespräch (wie Anm. 6) S. 23. Vom 10. Januar 1940 an waren im Hilfskrankenhaus folgende Mallersdorfer Schwestern tätig: M. Valentiniana (Anna Jechtl, Oberin), M. Zentina (Kreszenz Rieder, Küchenschwester), M. Kiliana (Gertraud Mayer, Verwaltung), M. Sotera (Theres Brändl, Krankenschwester) und M. Zelata (Anna Obermeier, Krankenschwester). Am 14. Februar 1940 folgten M. Giormaris (Anna Schwarzfischer, Krankenschwester) und M. Veneranda (Therese Sachsenhammer, Krankenschwester). Von 18. Januar bis 26. Februar 1940 wirkte M. Aniana (Katharina Deichner) als Nachtschwester, die Kandidatin Elisabeth Bortenschlager arbeitete seit 8. Februar 1940 in der Verwaltung (BZAR, Priesterseminar Regensburg 362: Kriegschronik 1939–1950).
10 BZAR, Priesterseminar Regensburg 362: Kriegschronik 1939–1950, Das Bischöfl. Klerikalseminar während des 2. Weltkriegs 1939–1945, S. 6.

11 Vgl. Paul Mai, Zwangsarbeiter in Einrichtungen der katholischen Kirche im Bistum Regensburg 1939–1945, in: BGBR 37 (2003) S. 369–384, hier S. 381.
12 Das Personal des Priesterseminars setzte sich im Frühjahr 1940 aus Regens Josef Hiltl, Spiritual P. Anton Dantscher, Subregens Konrad Müller, Präfekt Georg Steiger, Repititor Dr. Johann B. Maier, 19 Schwestern, zwei Hausdienern und sechs Hausmädchen zusammen (BZAR, Priesterseminar Regensburg 363: Anlagen zur Kriegschronik).
13 BZAR, OA 889; Priesterseminar Regensburg 363: Anlagen zur Kriegschronik; vgl. Schäfer, Schottenseminar (wie Anm. 4) S. 89; Karl Hausberger, Das säkularisierte Schottenkloster als Heimstätte des Regensburger Priesterseminars seit 1872, in: Scoti Peregrini in St. Jakob. 800 Jahre irisch-schottische Kultur in Regensburg (Bischöfliches Zentralarchiv und Bischöfliche Zentralbibliothek Regensburg. Kataloge und Schriften 21), Regensburg 2005, S. 70–82, hier S. 81.

dem man im Sommer 1941 bis auf das im Klerikalseminar und einem weiteren alle städtischen Hilfskrankenhäuser geschlossen hatte, was sich ab 1942 rasch wieder ändern sollte.[14]

Belegung weiterer Gebäudeteile durch S.H.D. und kirchliche Internatsschüler

Wie bereits aus dem eingangs zitierten »Zwischenbericht« Hiltls vom August 1940 hervorgeht, war neben dem Hilfskrankenhaus ein weiterer Teil der Seminargebäude vom »Sicherheits- und Hilfsdienst« (S.H.D.) in Beschlag genommen worden. Diese für den Luftschutz zuständige Abteilung der Polizeidirektion Regensburg mietete im Ostflügel des Seminars Räume im Umfang von 92 Quadratmetern an, die jährliche Miete hierfür betrug 690 RM. Ab dem 1. Februar 1942 durften die Mannschaften des S.H.D. dann auch den Speisesaal des Priesterseminars zu genau festgesetzten Zeiten morgens, mittags und abends benutzen, wofür eine weitere monatliche Miete von 20 RM zu entrichten war.[15] Beim S.H.D. tat ab Juli 1940 auch der als »nicht kriegsdienstverwendungsfähig« gemusterte Johann Igl seinen Ersatzdienst. Igl, der sich in der Pfarrkirche von St. Emmeram als Hilfsmesner engagierte, war ab 1937 immer wieder mit dem NS-Regime in Konflikt geraten, wurde zweimal für mehrere Monate inhaftiert und wenige Tage vor Kriegsende, am 21. April 1945, hingerichtet.[16]

Vom Vortag des Kriegsbeginns an waren für die Dauer von zweieinhalb Monaten 32 Schüler der oberen Klassen des bischöflichen Knabenseminars Obermünster vorübergehend im Klerikalseminar untergekommen, die am 13. Dezember 1939 aber wieder in ihr Haus zurückkehren konnten. Nachdem dann auch die ab Mai 1940 im Klerikalseminar untergebrachten etwa 100 Internatsschüler der Alten Kapelle mit ihrem Direktor Heinrich Hiebl im Spätsommer 1940 wieder ausgezogen waren, kam es schon zu Beginn des Schuljahres 1940/41 zu einer erneuten Aufnahme von Gymnasiasten. Denn im September 1940 hatte die Wehrmacht einen Teil des Obermünsterseminars mit dem Wehrmachtsamt belegt, was den Umzug von ebenfalls rund 100 Internatsschülern der ersten und zweiten Klasse (heute 5./6. Klasse) ins Klerikalseminar notwendig machte. Da im Obermünster-Gebäude auch noch ein Lazarett eingerichtet wurde, übersiedelten zum nächsten Schuljahr 129 weitere Seminaristen der dritten bis fünften Klasse. Unter der Leitung des von der Alten Kapelle ans Obermünsterseminar versetzten Heinrich Hiebl gab es hier fortan ganz offiziell eine »Abt. Klerikalseminar des bischöflichen Knabenseminars Obermünster«, zu Hochzeiten bekamen hier 170 Internatsschüler Kost und Logis. Die räumliche Abgrenzung zwischen den Bereichen der Knabenseminaristen, die bis zum 10. April 1945

---

14 Vgl. Helmut Halter, Stadt unterm Hakenkreuz. Kommunalpolitik in Regensburg während der NS-Zeit (Regensburger Studien und Quellen zur Kulturgeschichte 1), Regensburg 1994, S. 522 f.

15 BZAR, Priesterseminar Regensburg 363: Anlagen zur Kriegschronik.
16 Vgl. Wilhelm Kick, Sag es unseren Kindern. Widerstand 1933–1945. Beispiel Regensburg, Berlin-Vilseck 1985, S. 239.

im Klerikalseminar bleiben sollten, und dem des Hilfskrankenhauses erfolgte durch das Aufstellen von Schränken in den Gängen.[17]

Die Patienten des Hilfskrankenhauses

Regens Hiltl, der mehr und mehr zum Krankenhausseelsorger werden sollte,[18] führte als Hausvorstand genau Statistik über die Anzahl der männlichen Patienten und zeitweise auch weiblichen Patientinnen im Hilfskrankenhaus – insgesamt sollten es über 13.700 werden. Besonderen Wert legte er dabei auch auf die genaue Erfassung der Religions- und Konfessionszugehörigkeit. Gab es im ersten Jahr des Krankenhausbetriebs, 1940, von den insgesamt 772 Patienten neben den 710 Katholiken (fast 92 %) nur noch 54 Evangelische, drei Griechisch-Unierte, einen Altkatholiken sowie je zwei »Freireligiöse« und »Gottgläubige«, so wurde das Bild im Laufe des Krieges immer differenzierter. Bald schon fanden sich unter den Patienten auch Orthodoxe, Muslime, Juden, Adventisten, Mennoniten und Personen »ohne Religion«. Dies ist ein deutlicher Hinweis darauf, dass auch die Nationalitäten der Patienten im Laufe des Krieges zunahmen. Neben Deutschen (und Österreichern) wurden hier auch Polen, Ukrainer, Italiener, Tschechoslowaken, Rumänen, Bulgaren, Ungarn, Türken, Spanier, Schweizer, Dänen, Litauer, Letten, Esten, Russen, Holländer, Belgier und Franzosen behandelt. Die Zahl der Patienten stieg im Jahr 1941 auf 2307 Patienten an und bewegte sich dann bis 1945 zwischen 2224 (1944) und 2784 (1945) pro Jahr. Erst 1946, im letzten Jahr des Betriebs des Hilfskrankenhauses, halbierte sich die Zahl der Patienten auf 1108. Auch über die Verstorbenen im Krankenhaus lassen sich konkrete Aussagen treffen: Waren es 1940 noch 27 Tote, stieg die Zahl bis 1943 kontinuierlich an, von 88 (1941) und 73 (1942) bis hin zu 134 (1943). Nach einem Rückgang im Jahr 1944 auf 95 gab es 1945 mit 214 Toten so viele wie in keinem anderen Jahr. 1946 kamen noch einmal 73 hinzu, insgesamt also weit über 600.[19]

Eine wichtige Rolle spielte die Hauskapelle, in der an jedem Sonn- und Feiertag um 8 Uhr für die Kranken ein Gottesdienst gehalten und die ganz allgemein »von vielen Patienten, auch Andersgläubigen, besucht wurde«.[20] Im Hilfskrankenhaus fand für die Patienten jedes Jahr auch eine Weihnachtsfeier statt. 1941 etwa folgte auf das gemeinsam gesungene »O du fröhliche« und dem »Vorspruch: Weihnacht ist es wieder« die »Ansprache des Hausvorstands«, das »Stille Nacht« und zum Abschluss »zwei

---

17 BZAR, Priesterseminar Regensburg 362: Kriegschronik 1939–1950, Das Bischöfl. Klerikalseminar während des 2. Weltkriegs 1939–1945, S. 4 f.; M., Das Bischöfliche Klerikalseminar, in: Mittelbayerische Zeitung. Regensburger Umschau vom 22. Oktober 1946, S. 3; vgl. Schäfer, Schottenseminar (wie Anm. 4) S. 90; Christian Vieracker, Das Bischöfliche Studienseminar St. Wolfgang in Regensburg. Schlaglichter zur Geschichte des Knabenseminars Obermünster-Westmünster, Regensburg 1999, S. 98 f., 102; Hausberger, Schottenkloster (wie Anm. 13) S. 81.

18 Vgl. Sichler – Wolfsteiner, Persönlichkeiten (wie Anm. 1) S. 22.
19 BZAR, Priesterseminar Regensburg 363: Anlagen zur Kriegschronik; M., Das Bischöfliche Klerikalseminar, in: Mittelbayerische Zeitung. Regensburger Umschau vom 22. Oktober 1946, S. 3.
20 BZAR, Priesterseminar Regensburg 363: Anlagen zur Kriegschronik.

heitere Gedichte aus Kindermund« und nochmals zwei Weihnachtlieder.[21]

Der einzige politische Gefangene, der im Krankenhaus untergebracht war, war der Vermessungsbeamte Alois Krug aus Regensburg, der sich bis 1933 in der liberalen Deutschen Staatspartei engagiert hatte. Obwohl er 1935 NSDAP-Mitglied geworden war, hatte er sich oft kritisch gegenüber dem Regime geäußert. Im September 1943 war er denunziert und wenige Tage später verhaftet worden. Vom Gefängnisarzt wurde er wegen seiner Zuckerkrankheit als nicht haftfähig beurteilt und in das Hilfskrankenhaus Klerikalseminar verlegt. Während der zehnmonatigen Haft hier konnte sich Krug – verbotenerweise – in der Jakobskirche mehrmals mit seiner Schwägerin aus München treffen. Die Krankenschwestern, die eigentlich dafür verantwortlich waren, dass der Häftling nicht flüchtete und keine Besuche empfing, ließen Krug immer wieder in die Schottenkirche, damit er dort beten konnte. Einmal ermöglichten sie Krug auch ein Treffen mit seiner Frau im Garten des Klerikalseminars. Gerade Regens Hiltl gab ihm »viel Kraft und Trost.« Krug wurde verurteilt, am 17. August 1944 im Hilfskrankenhaus abgeholt und ins Konzentrationslager Dachau überstellt. Dort sollte er am 8. Januar 1945 an seiner dort nicht mehr behandelten Diabetes sterben.[22]

Besonders gefordert war das Hilfskrankenhaus, in dem im Januar 1945 auch noch eine Typhus-Station eingerichtet werden sollte[23], immer nach den Luftangriffen auf Regensburg.[24] Insgesamt wurden hier von 1943 bis 1945 157 »Fliegerverletzte« eingeliefert, von denen zwölf an ihren schweren Verletzungen verstarben. Allein beim Angriff auf die Messerschmittwerke am 17. August 1943 wurden 119 Schwerverletzte ins Klerikalseminar gebracht. Hier konnten sie nur notdürftig verbunden und verpflegt werden, neun Schwerstverletzte verstarben hier. Um das nun völlig überfüllte Hilfskrankenhaus zu entlasten, wurden einige Patienten in die Krankenhäuser Regenstauf, Wörth und Sünching verlegt. Nach Hiltls Aussage widmeten sich die Schwestern bis morgens um 5 Uhr pausenlos den Verwundeten, Ärzte aus der Stadt unterstützten die im Hilfskrankenhaus und auch mehrere Priester kümmerten sich an diesem Tag um die Sterbenden und Kranken. Die Luftangriffe machten deutlich, dass der Krieg nun in der Heimat angekommen war und man sich auch hier auf das Schlimmste vorbereiten musste. So erstellten die Geistlichen im Klerikalseminar, die im Haus tätigen Mallersdorfer und Armen Schulschwestern sowie die Hausangestellten für diesen »Unglücksfall b. Luftangriff« Listen mit Personen, die dann zu benachrichtigen wären.[25]

---

21 BZAR, Priesterseminar Regensburg 236.
22 Vgl. Kick, Kindern (wie Anm. 16) S. 213–237, bes. 228 f.
23 Vgl. Halter, Stadt (wie Anm. 14) S. 523 f.
24 Zu den Luftangriffen auf Regensburg mit Auflistung der genauen Opferzahlen vgl. Peter Schmoll, Luftgriffe auf Regensburg. Die Messerschmitt-Werke und Regensburg im Fadenkreuz alliierter Bomber 1939–1945, Regenstauf ³2019.
25 BZAR, Priesterseminar Regensburg 362: Kriegschronik 1939–1950. Solche Kontaktdaten hinterlegten

Regens Josef Hiltl, Direktor Heinrich Hiebl, Spiritual Ludwig Weikl und Präses Schmitt, die Mallersdorfer Schwestern Valentiniana Jechtl (Oberin), Gerina Gaul, Aloisia Bisson, Tryphosa Pamler, Centina Rieder, Ingwelda Dechantsreiter, Lazarina Wild, Gundebalda Höcherl, Sotera Brändl, Adelburga Braun, Eustochium Reisner, Diogna Salzberger, Bertigrana Schmid, Etelrika Schieß, Zelata Obermeier, Aventina Schmeller, Williama Thum und Sacerda Röhrl, die Armen Schulschwestern Leontia Wurm (Oberin), Spes Weichenberger, Honorina

Auch das Thema »Luftschutz« gewann immer mehr an Bedeutung. Hier mussten schon seit Kriegsbeginn unter Regie des Regens, der nun auch das Amt des »Betriebsluftschutzleiters« innehatte, regelmäßig »Luftschutzmassnahmen« und Begehungen vorgenommen werden.[26] Praktisch das gesamte Personal des Klerikalseminars erhielt Funktionen und Aufgaben im Luftschutz zugeteilt. So wurde der Hausdiener Xaver Hetzenegger zu Hiltls Stellvertreter als Betriebsluftschutzleiter. Der Regens selbst und Heinrich Hiebl wurden zu »Betriebsordnern«, die Mallersdorfer Schwestern und auch andere wurden der »Betriebsfeuerwehr«, den »Betriebssanitätern« oder »Fernsprecher u. Melder« zugeteilt.[27] Auch die im Seminar untergebrachten Internatsschüler wurden als Einsatzkräfte im Luftschutz geschult und leisteten wertvolle Dienste beim Abtransport der Patienten aus den Krankensälen in die Luftschutzkeller.[28] Genau geregelt war bereits seit Februar 1940 auch, was im Falle eines Fliegeralarms mit den Gottesdienstbesuchern der Schottenkirche geschehen sollte. So mussten Ordner eingeteilt und verschiedene Schilder angebracht werden. Die Gläubigen durften im Falle eines Fliegeralarms die Kirche nicht nach der Jakobstraße verlassen, sondern hatten einen Schutzraum des Klerikalseminars aufzusuchen.[29] Insgesamt standen im Seminar fünf Schutzräume zur Verfügung: Der erste war der Weinkeller unter der Schottenbibliothek, er wurde hauptsächlich von Patienten genutzt und fasste ca. 150 Personen. Hier war seit 1943 auch das romanische Kreuz der Jakobskirche eingelagert. Der zweite Schutzraum befand sich rechts vom Speisesaal unter der sogenannten Stiefelkammer. Bei den Luftangriffen am Ende des Krieges wurde hier unter anderem das Allerheiligste aus der Hauskapelle geborgen. Dieser Keller wurde von der Hausleitung des Seminars und den Schwestern in Anspruch genommen, auch das »Warn-Telephon des Krankenhauses« befand sich dort. Der dritte und größte Schutzraum befand sich unter dem Hausmeisterzimmer und der Sakristei, wo weitere Schwestern, ein Teil der Patienten und die Obermünster-Seminaristen, aber auch Nachbarn und ca. 40 bis 50 polnische Arbeiter untergebracht waren. Der vierte Schutzraum im Ostflügel unter der Backküche war für die Mannschaft des S.H.D. ausgebaut worden und der fünfte im Westflügel unter den beiden Hörsälen diente als Behandlungsraum.[30]

Die zahlreichen Alarmmeldungen ab dem 15. April 1945 führten dazu, dass die Patienten oft drei- bis viermal am Tag in den Kreuzgang heruntergetragen werden mussten, die Nacht vom 20. auf den

---

Kratze und Evidia Trenz sowie die Hausangestellten Ulrich Mittermeier (Portier), Xaver Hetzenegger (Heizer), Walter Konrad (Gärtner), Maria Graml, Walburga Schechinger, Franziska Seidl, Ottilie Kilger, Anna Alzinger, Walburga Pöppel und Stefanie Hnyda.
26 BZAR, Priesterseminar Regensburg 231; ein »Luftschutzplan für die Jakobskirche« findet sich im Akt Priesterseminar Regensburg 235.
27 BZAR, Priesterseminar 233.

28 BZAR, Priesterseminar Regensburg 362: Kriegschronik 1939–1950, Das Bischöfl. Klerikalseminar während des 2. Weltkriegs 1939–1945, S. 5.
29 BZAR, Priesterseminar Regensburg 231, Der Polizeidirektor als örtlicher Luftschutzleiter an Regens Hiltl, Regensburg 29. Februar 1940.
30 BZAR, Priesterseminar Regensburg 310, Josef Hiltl, Die Tage vor dem Kriegsende, masch., S. 1–3.

21. April verbrachten diese auf Strohmatten oder Tragbahren ganz dort. Der am 23. April um 2:30 Uhr ausgelöste Voll- und dann auch Großalarm ließ die Menschen im Klerikalseminar erahnen, dass die amerikanischen Truppen schon direkt vor der Stadt standen, man »rüstete sich zum Dauer-Aufenthalt im Schutzraum«.[31]

Patienten aus dem KZ-Außenlager Colosseum in Stadtamhof

In den frühen Morgenstunden dieses 23. Aprils wurden »auf Veranlassung der Polizeidirektion und des Gesundheitsamtes«[32], insbesondere »auf Betreiben des Amtsarztes und Obermedizinalrates Dr. Scharff« 28 Häftlinge des Regensburger KZ-Außenlagers Colosseum in das Hilfskrankenhaus Klerikalseminar eingeliefert. Bei diesen 14 Polen, sechs Russen, zwei Ungarn, zwei Belgiern, zwei Franzosen, einem Ukrainer und einem Deutschen, von denen »11 römisch-katholisch, 1 evang., 6 orthodox, 8 Juden, 1 ohne Religion und 1 ohne Bewusstsein« waren[33], handelte es sich um Schwerkranke, die »nach Intervention einiger Geistlicher« hier aufgenommen wurden, nachdem das Außenlager in der Nacht gegen 2:00 Uhr »panikartig geräumt« worden war.[34] Alle anderen der ursprünglich 400 Häftlinge dieses Außenlagers des KZs Flossenbürg wurden vor den heranrückenden amerikanischen Truppen auf einem Todesmarsch nach Süden getrieben.[35]

Die Häftlinge, die bis dahin jeden Tag von ihren Bewachern frühmorgens vom Gasthaus Colosseum in Stadtamhof »über die Steinerne Brücke, Rathaus- und Arnulfsplatz und die Prüfeningerstraße zum Güterbahnhof West (…) oder durch die Innenstadt zum Bahnhof« zu ihren Einsatzorten geführt worden waren, wo sie im Auftrag der Reichswehr zwölf Stunden pro Tag mit bloßen Händen die Schäden der Luftangriffe ausbessern mussten, gehörten seit der Eröffnung des letzten Flossenbürger Außenlagers am 19. März 1945 zum Regensburger Stadtbild.[36] »Das Geklapper der Holzpantinen hallte jeden Morgen in den Gassen und bei manchem noch lange nach.«[37] Auch Regens Hiltl nennt explizit dieses »Klappern der Holzschuhe«, das zu hören war, wenn die Häftlinge – »streng bewacht von SS-Aufsehern« – jeden Tag »während der 6 Uhr Messe an unserer Kirche vorbeimarschierten« und abends, wenn sie wieder zurückkehrten. »Diese Ge-

---

31 BZAR, Priesterseminar Regensburg 310, Josef Hiltl, Die Tage vor dem Kriegsende, masch., S. 1–3.
32 Halter, Stadt (wie Anm. 14) S. 378.
33 BZAR, Priesterseminar Regensburg 310, Josef Hiltl, Die Tage vor dem Kriegsende, masch., S. 5f.
34 Ulrich Fritz, Regensburg, in: Wolfgang Benz – Barbara Distel, Flossenbürg. Das Konzentrationslager Flossenbürg und seine Außenlager, München 2007, S. 237–240; ders. – Jörg Skriebeleit – Mark Spoerer, Gutachten »Das Außenlager Regensburg des KZ Flossenbürg. Geschichte und Erinnerung«, masch. Regensburg Februar 2013, S. 7.

35 Vgl. Kick, Kindern (wie Anm. 16) S. 193; Halter, Stadt (wie Anm. 14) S. 378; Judith Ebner, Der »Totale Krieg« in Regensburg. Studie zur Geschichte der Stadt in den Kriegsjahren 1943–1945 (Regensburger Beiträge zur Regionalgeschichte 8), Regensburg 2010, S. 101.
36 Vgl. Ebner, Krieg (wie Anm. 35) S. 98.
37 Hans Simon-Pelanda, Im Herzen der Stadt. Das Außenlager Colosseum in Regensburg, in: Dachauer Hefte 12 (1996) H. 12: Konzentrationslager: Lebenswelt und Umwelt, S. 159–168, hier S. 163; vgl. ders. (Red.), KZ Flossenbürg. Das vergessene Konzentrationslager. Gedenken 23. April 1945 – 23. April 1995. Dokumentation und Pressespiegel, Regensburg 1996, S. 69.

fangenen waren ein Bild des Jammers, fast alle bis auf die Knochen abgemagert, Hunger und Tod schritten hinter ihnen her. (…) Jedesmal, so oft man sie hörte, erfaßte einem Wehmut und Mitleid mit dem Los dieser Menschen. Gern machte man bei der heiligen Messe ein frommes Gedenken für sie.«

Die im Krankenhaus aufgenommenen Häftlinge wurden zuerst im Kreuzgang untergebracht, wo ihnen eine Suppe gereicht wurde. Im Bad erhielten sie frische Anziehsachen, welche die Caritas zur Verfügung stellte. Um sie unterbringen zu können, wurde der große Hörsaal rasch zu einem Krankensaal umfunktioniert. Trotz aller Bemühungen verstarben noch am Tag ihrer Einlieferung zwei Patienten, acht weitere in den folgenden Tagen und Wochen.[38] Zu den 18 Überlebenden zählte der 24-jährige Hersch Solnik, ein polnischer Jude, der nach dem Krieg am Aufbau der Israelitischen Kultusgemeinde in Regensburg beteiligt war und 1949 schließlich nach Israel auswanderte. Er war sehr positiv überrascht, dass sich ein Arzt so für die Häftlinge einsetzte und sie mit dem Krankenwagen in ein Hilfskrankenhaus einliefern ließ. Allerdings musste er dann feststellen, dass sich dieser Arzt von den Häftlingen Unterschriften geben und sich damit von ihnen einen »Persil-Schein« ausstellen ließ.[39]

Der Artilleriebeschuss vom 25. April 1945 und seine Folgen

Das Heranrücken der amerikanischen Soldaten führte auch dazu, dass die Stadt immer stärker einem intensiven Artilleriebeschuss ausgesetzt war.[40] So war es den meisten Patienten und Angestellten des Hilfskrankenhauses nicht mehr möglich, die Nacht vom 23. auf den 24. April 1945 – die Nacht, in der der früher im Klerikalseminar als Repititor tätige Domprediger Dr. Johann Maier hingerichtet wurde[41] – in den Krankensälen zu verbringen. Vielmehr bezogen die meisten der etwa 300 Menschen, die sich zu dieser Zeit im Haus befanden, im Kreuzgang oder im Luftschutzkeller Nachtquartier. Am Mittwoch, den 25. April, begab sich gegen 18 Uhr dann auch die Hausleitung in den Schutzraum. Dies geschah gerade noch rechtzeitig, da um 18:30 Uhr im Westflügel des Klerikalseminars eine Granate einschlug und nicht nur ein großes Loch in die Außenwand riss, sondern auch den darunter befindlichen Luftschutzraum für die Patienten des Krankenhauses zum Einsturz brachte. Als zuständiger »Betriebsschutzleiter« machte sich Regens Hiltl sofort ein Bild der Lage und sah, wie »einige Patienten aus dem Schutzraum heraufstürmten«. Aus dem Schutzraum selbst hörte man ein Stimmengewirr und Schreie, aufgrund der großen Staubwolke konnte man jedoch

---

38 BZAR, Priesterseminar Regensburg 310, Josef Hiltl, Die Tage vor dem Kriegsende, masch., S. 5f.; vgl. Kick, Kindern (wie Anm. 16) S. 193; Halter, Stadt (wie Anm. 14) S. 378; Fritz – Skriebeleit – Spoerer, Gutachten (wie Anm. 34) S. 7.
39 Vgl. Simon-Pelanda, Herzen (wie Anm. 37) S. 165–167.

40 Zum Heranrücken der Amerikaner und zur Übergabe der Stadt vgl. Reiner Ehm – Roman Smolorz, April 1945. Das Kriegsende im Raum Regensburg, Regensburg 2019, S. 233–328.
41 Vgl. hierzu zuletzt Ehm – Smolorz, April 1945 (wie Anm. 40) S. 229f.

DAS SEMINAR IN KRISENZEITEN

Westfassade nach dem Granateneinschlag vom 25. April 1945 (BZAR, Priesterseminar Regensburg 236)

noch nichts sehen. Man begann sofort mit der Bergung der Verschütteten und rief dazu auch Hilfe von außen. Mit einer Menschenkette schaffte man die Steine, die Mauerteile und auch herabgefallene Bücher aus der Schottenbibliothek weg, um den Zugang zum Schutzraum freizulegen. Immer mehr Lebende und auch Tote wurden erreicht. Bis 21 Uhr dauerten diese Bergungsmaßnahmen, die meisten Verschütteten konnten lebend gerettet werden. Am nächsten Tag musste man feststellen, dass der Westflügel vom zweiten Stock bis herunter zum Schutzraum in einer Breite von etwa vier Metern aufgerissen war. Dadurch lagen zwei Krankensäle, der Schlafsaal im zweiten und der Studiersaal im ersten Stock, offen da und drohten einzustürzen. Diese Räume waren nicht mehr benutzbar, drei weitere gefährdet und auch der Bibliotheksraum im Erdgeschoss schwer beschädigt. Die sechs männlichen Schwerverletzten und die 20 Leichtverwundeten, darunter zwei Frauen, wurden in den Speisesaal verlegt. Die Leichen wurden zunächst im Garten des Seminars an der Westseite der Jakobskirche aufgebahrt, da sie noch von der Polizei identifiziert werden mussten, was zwei Tage lang dauerte. Insgesamt 17 Todesopfer, darunter 14 Deutsche, zwei Polen und ein Franzose, waren zu beklagen: zwölf Männer, drei Frauen und zwei Mädchen. Zwölf von ihnen waren Patienten des Hilfskrankenhauses gewesen, eine weitere war Hausangestellte im Klerikalseminar und vier Todesopfer hatten den Schutzkeller als Gäste genutzt.[42]

Am Samstag, den 28. April, wurden die Leichen »so, wie sie gefunden worden, ohne Sarg mit dem Totenauto auf den Oberen Friedhof gebracht. Es war in diesen Tagen eine große Not an Särgen. Viele Leichen wurden ohne Sarg in die Leichenhalle gelegt und dann beerdigt.« Bis auf eine erfolgte dies in einem Massengrab am Oberen katholischen Friedhof. Die feierliche Einsegnung am 1. Mai 1945 nahm Regens Hiltl vor.[43] Vier Tage später teilte dieser dem Stadtpfarramt St. Emmeram mit, dass bei diesen Verschüttungen am 25. April sieben Pfarrangehörige von St. Emmeram bzw. Patienten des Hilfskrankenhauses, darunter zwei Polen und ein Franzose, ums Leben gekommen seien. Zwei weitere Opfer waren Pfarrmitglieder von Herz Jesu, die als Gäste im Klerikalseminar weilten, auch diese beiden wurden zusammen mit den anderen am Oberen Friedhof im Massengrab beigesetzt.[44]

Kriegsende und Nachkriegszeit

Bereits am Morgen des 27. Aprils hatte die Nachricht, dass die Stadt freigegeben worden sei, auch das Hilfskrankenhaus erreicht. Die Patienten und alle anderen strömten aus den Kellern und Gängen ins Freie. Gegen Mittag fuhren die ersten amerikanischen Panzer auf dem Bismarckplatz vor. Drei amerikanische Soldaten stiegen aus und besuchten im Krankenhaus »ihre Kameraden aus Polen, Frankreich, Belgien etc.«, die im Speisesaal untergebracht waren. »Mit Freude und Dank erzählten diese Opfer des Kz.-Lagers, wie gut sie hier nach den schweren Tagen des Kz.-Lagers aufgenommen worden seien«. Auch in den folgenden Tagen wurden insbesondere die ehemaligen Häftlinge immer wieder besucht.[45]

Nach Kriegsende wurde das städtische Hilfskrankenhaus im Klerikalseminar noch etliche Monate weitergeführt und beanspruchte so weiterhin den größten Teil der Räumlichkeiten. Als sich abzeichnete, dass im Herbst wieder die ersten Alumen nach Regensburg kommen würden, wandte sich Regens Hiltl Anfang August 1945 an das Kloster Mallersdorf und bat darum, Sr. Helmtrauda auch künftig im Seminar einsetzen zu dürfen. Dabei teilte er mit, dass aufgrund der Beanspruchung der

---

42 BZAR, Priesterseminar Regensburg 295; Priesterseminar Regensburg 310, Josef Hiltl, Die Tage vor dem Kriegsende, masch., S. 9–12 (Zitate). Eine Liste mit Namen, Familienstand und Wohnort der 17 Todesopfer findet sich in: ebd., S. 11 f. sowie in Priesterseminar Regensburg 362: Kriegschronik 1939–1950.

43 BZAR, Priesterseminar Regensburg 310, Josef Hiltl, Die Tage vor dem Kriegsende, masch., S. 12 f.
44 BZAR, Priesterseminar Regensburg 362: Kriegschronik 1939–1950.
45 BZAR, Priesterseminar Regensburg 310, Josef Hiltl, Die Tage vor dem Kriegsende, masch., S. 6, 14 f.

Weihejahrgang während des Krieges zusammen mit Erzbischof Dr. Michael Buchberger, ohne Jahresangabe (BZAR, Priesterseminar Regensburg 403)

Räume durch das Krankenhaus die meisten Seminaristen in der Stadt Quartier nehmen müssten.[46] An dieser Situation änderte sich auch nichts, als die Regensburger Philosophisch-theologische Hochschule als eine der ersten Hochschulen in Deutschland am 15. November 1945 ihren Betrieb wieder aufnehmen durfte.[47] So sah es der Amtsarzt Dr. Sticht vom Staatlichen Gesundheitsamt Regensburg als seine

46 BZAR, Priesterseminar Regensburg 363: Anlagen zur Kriegschronik, Regens Hiltl an das Kloster Mallersdorf, 6. August 1945.

47 Vgl. Karl Hausberger, Lyzeum – Philosophisch-Theologische Hochschule – Klerikalseminar. Ein Streifzug durch die Geschichte der Priesterausbildungsstätten in Regensburg, in: BGBR 37 (2003) S. 55–79, hier S. 69.

Pflicht an, dem Regens am Ende des Jahres 1945 dafür zu danken, dass das Klerikalseminar weiterhin als Hilfskrankenhaus zur Verfügung stehe.[48]

Die Sorge, den aus dem Krieg heimkehrenden Seminaristen nicht genügend Unterkünfte zur Verfügung stellen zu können, trieb den Regens weiterhin um. Nachdem es sowohl bei der Rückgabe der Räume als auch dem versprochenen Rückbau des Krankenhauses in den ursprünglichen Zustand nur schleppend voranging, wandte er sich am 26. Februar 1946 hilfesuchend an die Bischöfliche Administration und bat diese um Unterstützung.[49] Es sollte jedoch noch bis zum 14. Oktober 1946 dauern, bis alle Räume des Klerikalseminars wieder ihrer eigentlichen Bestimmung übergeben werden konnten. Dass der Bedarf gegeben war, zeigte sich unmittelbar, da das Haus sofort von einer großen Anzahl von Priesteramtskandidaten, darunter auch viele Theologiestudenten aus den ehemals deutschen Ostgebieten, bezogen wurde.[50]

Eine Woche später bedankte sich der Regensburger Oberbürgermeister Alfons Heiß bei Regens Hiltl noch einmal ausführlich für die fast sieben Jahre, in denen das städtische Hilfskrankenhaus im Klerikalseminar untergebracht war und dort »Gastfreundschaft genoss«. Nahezu 14.000 Patienten seien dort aufgenommen worden, was ungefähr 280.000 Verpflegungstage gleichkomme, und in Spitzenzeiten seien 280 Betten belegt gewesen. Explizit nennt er Hiltls »umsichtige, kluge und menschenfreundliche Leitung«, unter der sich »im harmonischen Zusammenspiel aller Kräfte, in einer Atmosphäre echter christlicher Nächstenliebe ein Krankenhausbetrieb entwickelt [habe], der keinen Vergleich mit einer anderen gut geführten Krankenanstalt zu scheuen« brauche. Heiß schloss mit folgenden Worten: »Wenn wir noch feststellen können, dass in Ihrem Hause kein Unterschied gemacht wurde, ob die Patienten Deutsche oder Ausländer waren, dieser oder jener Rasse oder Religion angehörten, dass vielmehr alle Kranken mit gleicher Liebe und Sorgfalt gepflegt wurden, dann reiht sich diese Tatsache würdig dem günstigen Gesamtbild ein, das in unserer Erinnerung haften bleiben wird. (…) Die Geschichte unserer Stadt, vor allem die Chronik über die Zeit des Zweiten Weltkriegs, wird das segensreiche Wirken Ihres Seminars während 7 Jahre schwerster Not in gebührender Weise vermerken und für spätere Zeiten festhalten.[51]

---

48 BZAR, Priesterseminar Regensburg 363: Anlagen zur Kriegschronik, Dr. Sticht an Regens Hiltl, 13. Dezember 1945.
49 Vgl. Schäfer, Schottenseminar (wie Anm. 4) S. 90.
50 BZAR, Priesterseminar Regensburg 363: Anlagen zur Kriegschronik; M., Das Bischöfliche Klerikalseminar, in: Mittelbayerische Zeitung. Regensburger Umschau vom 22. Oktober 1946, S. 3.
51 BZAR, Priesterseminar Regensburg 362: Kriegschronik 1939–1950, Oberbürgermeister Heiß an Regens Hiltl, 21. Oktober 1946.

Corona und Lockdown:
Von Fledermäusen und Essen to go
Subregens Christoph Leuchtner, Subregens im Priesterseminar seit 2018

Zugegeben, ich kannte sie nicht, jene chinesische Millionenmetropole Wuhan. Schon gar nicht waren mir die dortigen Essgewohnheiten bewusst. Wer käme bei uns schon auf die Idee, Fledermäuse zu essen? Rüdiger Nehberg vielleicht, aber der lebt ja mittlerweile auch nicht mehr. Doch Ende 2019 wurde man schon hellhörig, als es hieß, ein neuartiges Virus sei in eben dieser Großstadt bei Menschen nachgewiesen worden. Diese hätten sich wohl infiziert, als sie nicht durchgebratenes Fledermausfleisch gegessen hatten. Aber selbst als die Behörden vor Ort versuchten, die ganze Stadt abzuriegeln, war wohl nur den wenigsten bewusst, dass wir auf dem Weg in eine weltweite Pandemie waren. Welche Ausmaße das annehmen würde, war noch nicht einmal im und nach dem ersten Lockdown im März 2020 abzusehen. Vielleicht kann das auch folgende kleine Episode aus dem Haus untermalen, die sich im Juli darauf abspielte:

Es war ein heißer Sommertag, im Haus war es extrem ruhig. Einige Studenten waren schon in die Sommerferien verschwunden, andere hatten sich zum Lernen irgendwohin zurückgezogen, wo es etwas kühler war. Abends wurden dann die Fenster im Seminar weit aufgerissen, um für etwas Durchzug zu sorgen. Plötzlich nach Sonnenuntergang ein aufgeregter Anruf bei mir: »Herr Subregens, kommen Sie schnell! Bei uns im Gang ist eine Fledermaus. Was sollen wir tun?« Wie gesagt, hätte ich geahnt, dass uns Corona noch länger beschäftigen würde, hätte ich damals nicht geantwortet mit »Auf jeden Fall gut durchbraten!« Keine Angst, wir sahen von einem Verzehr ab, und das verirrte Tier wurde sicher in die Freiheit entlassen.

COVID-19

Die Nachrichten über COVID-19 (oder ganz genau: Coronavirus SARS-CoV-2) hatten sich Anfang 2020 so schnell verbreitet wie erst einige Zeit später das Virus selbst. Noch im Februar war eine Gruppe Seminaristen mit Regens Priller und Spiritual Effhauser auf Studienfahrt in Äthiopien. Bei ihrer Rückkunft berichteten sie von keinerlei Kontrollen am Flughafen (was das Virus betrifft, Gepäck und sie selbst wurden natürlich schon kontrolliert …).

Einen Monat später waren wir im ersten Lockdown. Es begann die Zeit der Mund-Nase-Bedeckungen (im Folgenden: »Masken«), Hygienemaßnahmen, ständig neuer Anordnungen sowohl staatlicher- als auch kirchlicherseits und des social distancing, also der Minimierung sozialer Kontakte nach außen, aber auch im Haus.

Corona und Lockdown

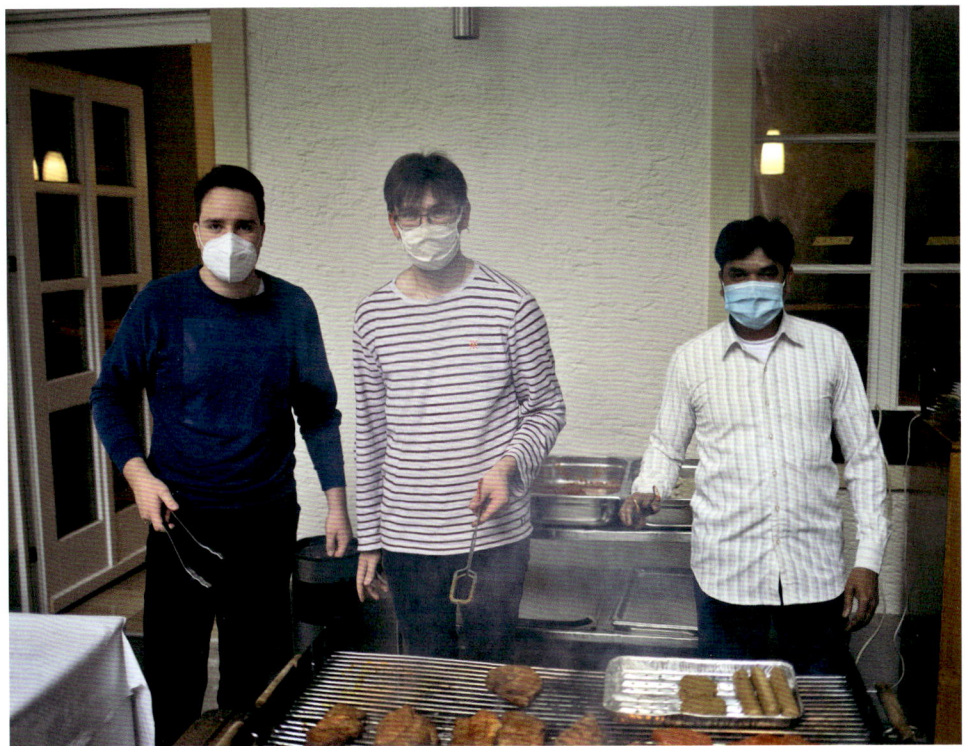

Drei Studenten beim Grillen unter Corona-Bedingungen

St. Jakob und die Hauskapelle wurden vermessen und feste Sitzplätze mit anderthalb Meter Abstand eingerichtet. Im Speisesaal wurden die Tische umgestellt, auch hier hieß es: Alles auf Abstand! Gemütliches Beisammensein, z. B. beim Kaffee nach dem Mittagessen war auch nicht mehr möglich: Die Zahl derer, die sich gleichzeitig in der Cafeteria aufhalten durften, wurde beschränkt und auf der Terrasse im Freien sorgte der Herr Präfekt mit einer Poolnudel als Abstandshalter für Ordnung und Disziplin. Dazu kam die Pflicht, im gesamten Haus Masken zu tragen. Zunächst waren dazu einfache Stoffmasken ausreichend, was durchaus auch zu kreativen Experimenten führte. Bei den medizinischen und den FFP2-Masken war es dann mit der Kreativität vorbei, blau bzw. weiß und schwarz waren sodann die bestimmenden Farben.

Anfangs noch ungewohnt – wie oft hörte man den Ruf »Maske bitte aufsetzen!« durch das Seminar hallen? – hatten die Masken zumindest für ausgesprochene Morgenmuffel einen gewissen Vorteil: Man konnte in der Messe am Morgen nämlich ausgiebig gähnen, ohne dass es gleich alle mitbekamen.

Es wurde zum regelmäßigen Händewaschen animiert und Desinfektionsständer aufgestellt (A-H-A-Regel). Alle Maßnahmen zielten darauf ab, uns selbst, aber besonders auch das Seminar als Ganzes gesehen mit allen Mitarbeitern, Seminaristen und Vorständen, aber auch den ganzen Bauarbeitern, die ja auch täglich im Haus aus- und eingingen, zu schützen. Denn was würde geschehen, wenn auch nur eine oder einer erkranken würde? Müssten wir dann allesamt in Quarantäne? Würden unsere Angestellten eine Übernachtungsmöglichkeit z. B. im gerade frei gewordenen Schwesterntrakt bekommen? Diese Überlegungen waren nicht abwegig.

Die Zahlen von Betroffenen in Deutschland stiegen im April an. Wir erkannten, dass es umso wichtiger für uns im Haus wurde, Kontakte zu anderen auf ein Minimum zu verringern. Ostern durften alle daheim verbringen, wer im Haus bleiben wollte, sollte sich entscheiden. Dieselbe Regelung führten wir dann für das kommende Semester ein: Wer von zu Hause aus studieren konnte und wollte, durfte dies tun. Wer ins Seminar kommen wollte, durfte kommen, musste dann aber auch die Zeit über hierbleiben. Pendeln war nicht erwünscht, um die Gefahr eines Vireneintrags von außen zu vermeiden. Die meisten blieben daheim.

Digitales Studium

Damit begann nicht nur die Zeit des digitalen Studiums, sondern auch der digitalen Wochenkonferenz mit den Studenten, des digitalen geistlichen Abends, der digitalen Ausbildung in Sprecherziehung, Stimmbildung und Gesang usw. Die ersten Tage und Wochen noch etwas befremdlich und ungewohnt, gab es durchaus auch Vorteile durch dieses neue Format. Man arbeitet konzentrierter und effektiver. Die Ablenkungsmöglichkeiten sind weniger. Nur eine gemeinsame digitale – bzw. hybride, da einige ja vor Ort waren – Feier der Hl. Messe oder des Stundengebets war trotz intensivster Bemühungen des Herrn Präfekten lediglich eingeschränkt möglich. Dass es heute wichtig ist, sich mit den Möglichkeiten der Technik auseinanderzusetzen, wurde allen jedenfalls klar. Ab diesem Zeitpunkt wurde die Entwicklung von digitaler Kompetenz bei den Seminaristen deshalb in das Portfolio der Priesterausbildung in Regensburg aufgenommen.

Leben im Seminar unter Corona Bedingungen

Zurück zum Alltag im Haus: Priesterausbildung lebt eigentlich stark davon, dass sie in einer Gemeinschaft geschieht, in einem Miteinander von Gleichgesinnten, mit denen man sich zusammen auf einen Weg gemacht hat. Diese Gemeinschaft war so erst einmal nicht mehr vorhanden. Man traf sich im Haus zwar zur täglichen Messe, lebte dann mehr oder weniger aber eher nebeneinander her und begegnete sich lediglich digital. Ja selbst die Mahlzeiten wurden irgendwann nicht mehr gemeinsam eingenommen, sondern es gab jetzt alles »to go«:

Frühstück to go, Mittagessen to go, Abendessen to go. Moment, Abendessen wurde auch vor Corona schon in Kühlschränken vorbereitet, wo man sich dann bedienen konnte und essen, wo man wollte. Aber dasselbe Prozedere auch morgens und mittags, das war neu. Mittags wurde weiterhin warm gekocht, man holte sich seine Portion am »Ausgabeschalter«, bekam sogar noch eine der extra angeschafften Warmhaltehauben darübergestülpt und verschwand auf dem Zimmer. Es fehlte natürlich der kommunikative Austausch mit den anderen, aber diese Form hatte dennoch auch seine Vorzüge: Man konnte morgens z. B. in aller Ruhe beim Frühstücken Zeitung lesen, und keinen hat's gestört! Ja, daran konnte man sich schnell gewöhnen.

Als nach und nach klar wurde, dass nach der ersten und zweiten Welle noch weitere auf uns zukommen würden, sahen wir es für nötig an, eine andere Präventionsstrategie im Haus zu entwickeln, um wieder mehr gemeinschaftliches Leben zu ermöglichen. Zumindest sollten alle Seminaristen zurück ins Seminar kommen und wenigstens bei den Liturgien und den Mahlzeiten beieinander sein zu können. Dafür wurden für alle Gemeinschaftsräume anhand ihrer m^2-Größen auch maximal erlaubte Personenzahlen berechnet und vorgegeben.

Wer also ins Seminar zurückkehren wollte, musste sich vorher testen lassen. Wir setzten die neuesten Anweisungen der bayerischen Regierung um und führten Schnelltests für alle zweimal pro Woche ein, die seitdem Mitarbeiter einer Apotheke bei uns durchführen.

Der regelmäßige Coronatest zog in unseren Alltag übrigens mindestens so schnell ein wie die tägliche Routine, nach den neuesten Anweisungen Ausschau zu halten: Was gibt die Regierung in Berlin vor? Was setzt Bayern um? Was gilt für Schulen und Kirchen? Was ordnet das Ordinariat in Regensburg an? Was das in Passau (da gab es tatsächlich immer wieder mal Unterschiede!)? Was wurde an Regelungen wieder geändert aktuell? Woher hast du diese Information? Ist das sicher so? Blickt noch irgendjemand durch, was gerade gilt?

Überraschender Besuch

Und dann? Ja, dann bekamen wir plötzlich überraschend Besuch. Keine 24 Stunden vor seiner Ankunft erfuhren wir, dass Papst Benedikt XVI. zu uns nach Regensburg kommen möchte, um seinen todkranken Bruder Georg noch einmal zu besuchen. Also am Morgen schnell alle zusammengetrommelt in der Aula. Seminaristen wie auch Angestellte hielten es erst wohl für einen verspäteten Aprilscherz, aber es stimmte wirklich: Am frühen Nachmittag traf der Papst mit seinen Begleitern und viel Polizei und Medienvertretern bei uns ein. »Was bekam der Papst heute als Mittagessen?« Das war wohl die Frage, die uns die Journalisten am häufigsten gestellt haben. Dabei hätte mich persönlich etwas anderes viel mehr interessiert, nämlich: Wie haben es unsere Angestellten eigentlich geschafft, den fünftägigen Besuch des Papstes so spontan, reibungslos und perfekt abzuwickeln? Bei all dem, was sie in dieser Zeit sowieso zusätzlich zu leisten hatten! Als Beispiel diene hier die Tatsache, dass eine der Reinigungsdamen damit beschäftigt war, zweimal am Tag jede Türklinke im Haus zu desinfizieren. Und wir haben wirklich sehr viele Türen!

Ich denke, wir konnten dem Heiligen Vater den Aufenthalt so angenehm wie möglich gestalten. Dazu haben wirklich alle im Haus beigetragen, auch die Seminaristen, die sich brav in den Hintergrund zurückzogen und kein spontanes Papst-Viewing unternahmen. Und schließlich wurden wir von ihm entlohnt mit ein paar Worten, die er an uns alle richtete, und seinem Segen.

»Nichts ausfallen, sondern sich lieber etwas einfallen lassen«

»Nichts ausfallen, sondern lieber etwas einfallen lassen«, das war der Leitspruch von Bischof Rudolf in dieser Zeit. Vieles haben wir uns einfallen lassen, manches musste aber leider auch ausfallen: Gartenfeste mit den Eltern, Sommerfeste, Abschlussfahrten des Pastoralkurses und ein paar wenige Dinge mehr.

Bei anderen Veranstaltungen mussten wir Abstriche machen oder eben kreativ werden. So wurde der traditionelle Nikolausabend nach draußen an die frische Luft verlegt. Der Nikolaus wurde über Lautsprecher eingespielt und durch die Kälte im Dezember musste jeder auch gleich ein wenig für die begangenen Schandtaten büßen. Die Weihen fanden natürlich statt – wenn auch im kleineren Rahmen. Und natürlich gab es auch die Beauftragungsfeiern zum Lektorat und Akolythat und die Feiern zum Neupriesterabschied. Wie gesagt: Alles in abgespeckter Form und mit viel Abstand. Zum Abschied der Neupriester gehört übrigens der schöne Brauch dazu, dass eben jene dem Seminar bzw. ihren studentischen Kollegen ein kleines Abschiedsgeschenk hinterlassen. Das war schon mal ein gemauerter Grill für den Seminargarten oder eine elektronische Dartscheibe fürs Bierstüberl. Nun war der Weihekurs 2020 besonders »kreativ«: Es gab ein gerahmtes Bild der heiligen Corona (mit unübersehbarem Vermerk der Spender), das jetzt in der Studentenküche sein Dasein fristen muss und zusätzlich für alle eine Flasche Corona-Bier. Das hat die heilige Corona nicht verdient, dass sie sich jetzt Abend für Abend die Essensgerüche der Seminaristen um die Nase wehen lassen muss. Oder sollten die Studenten gar hin und wieder die Novene zu ihren Ehren beten und sie um ein Ende der Pandemie bitten?

Momentaufnahme

Momentan, Ende Februar 2022, herrscht bei uns in Deutschland die Omikron-Welle. Es gibt so viele Infizierte wie nie zuvor, auch wenn die Verläufe meist harmlos sind. Die allermeisten von uns im Seminar haben ihre dritte Schutzimpfung mittlerweile erhalten. Trotzdem bin ich selbst seit ein paar Tagen mit Symptomen in Quarantäne. Oder ist es doch nur eine normale Erkältung? Der letzte Schnelltest jedenfalls ist negativ. Was ich eigentlich sagen will: Auch im dritten Jahr der Pandemie hat sich noch keine Normalität eingestellt. Wir tragen Maske, testen uns regelmäßig und halten Abstand, so gut es geht. Oder ist das jetzt einfach die neue Normalität? Der Plan fürs neue Semester wird gerade erstellt. Ob es dieses Mal ein Sommerfest geben kann? Mit Gästen von außen und unserem gesamten Personal? Wir planen es mal ein, absagen können wir es schneller wieder als umgekehrt. Normalität hat sich sicher noch nicht eingestellt, aber eine gewisse Gewöhnung. Es gibt jetzt sogar schon wieder gemeinsame Ausflüge übers Wochenende (gerade geht's nach Burghausen und St. Radegund auf den Spuren des Seligen Franz Jägerstätter). Mittlerweile kennt jeder seinen aktuellen Impfstatus, man weiß, welche Voraussetzungen man erfüllen muss, um dieses oder jenes zu tun bzw. hier und dort hineinzukommen. Masken und Desinfektionsmittel sind immer dabei. Die A-H-A-Regel gilt natürlich weiterhin, d. h. wir halten weiterhin Abstand, aber gemeinsam – bei den gemeinsamen Mahlzeiten, bei Formatio-Einheiten, bei Studien- und geistlichen Einheiten. Und irgendwie fühlt es sich schon wieder mehr nach echter Communio an, selbst wenn hin und wieder jemand von uns in Quarantäne ist. Für diese Fälle haben sich digitale Formate bewährt. Warum soll man sie nicht weiterhin nutzen?

Während der Lockdowns haben wir erkannt, welche Möglichkeiten die digitalen Medien uns bieten. Unser Medienteam, also eine Gruppe von Seminaristen, gestaltet immer wieder Impulse für Instagram und Facebook und informiert über den Alltag im Priesterseminar. Selbst der Infotag 2020 für Interessierte am Priesterberuf wurde rein digital durchgeführt, den Interessenten konnte so ein guter Eindruck vom Haus gegeben werden. Alles sehr kreativ gestaltet mit vorher gemachten filmischen Einspielern und dem digitalen Treffen der Kandidaten via Zoom. Leider sind wir am Versuch gescheitert, den Duft des Weihrauchs beim Gottesdienst und die Aromen aus dem Suppentopf vorm Mittagessen den Interessenten zu vermitteln.

Was würde ich also Bischof Rudolf antworten? Ja, Herr Bischof, wir mussten leider das ein oder andere ausfallen lassen wegen Corona. Aber wir haben uns auch viel einfallen lassen. Manches davon war sicherlich nur eine Notlösung für die Zeit des Lockdowns, vieles aber werden wir behalten und auch in der Zeit nach Corona nutzen! Es ist die Gemeinschaft, die ein solches Seminar prägt und trägt. Dazu braucht es persönlichen Austausch ohne Bildschirm dazwischen. Dazu braucht es ein gutes Miteinander aller Hausbewohner. Möge uns die Hl. Corona eine treue Fürsprecherin bei Gott sein!

Es gibt kein Zurück!
Der Aufbruch in die digitale Welt

Präfekt Gerhard Pöpperl, Präfekt im Priesterseminar seit 2012

Shutdown

Shutdown. Seit dem Frühjahr 2020 weiß jeder, was dieser Begriff bedeutet: Herunterfahren. Das öffentliche und auch das private Leben musste pandemiebedingt massiv eingeschränkt werden. Shutdown. Alles steht still; gespenstische Ruhe; auch im Priesterseminar. Noch fällt es in den weitläufigen Gängen, dem großen Speisesaal und der großzügig geschnittenen Hauskapelle nicht so auf, denn es sind Semesterferien. In diesen Wochen jenseits von Vorlesungsbetrieb und Prüfungsstress ist das Haus ohnehin ziemlich leer. Aber Tage und Wochen vergehen schnell. Doch eines bleibt: der Shutdown; auch über Ostern hinaus und damit bis in die Vorlesungszeit. Und die Fragen werden immer drängender: Wie können wir weitermachen? Können wir überhaupt weitermachen? Oder kommt auch die Priesterausbildung, das Seminarleben zum Erliegen?

Der erste Shutdown im Frühjahr 2020 wird zu einer historischen Zäsur und markiert das Ende einer Zeit, die Corona nicht kannte; ein Endpunkt. Zugleich aber bahnte sich ein Weg an, wie es doch weitergehen könnte … nämlich digital.

»Shutdown« war vor 2020 vor allem Computer-Sprache. Der Begriff bezeichnete das Herunterfahren, also den Prozess des Abschaltens eines Computers. Der Shutdown der Gesellschaft war der Aufbruch in die digitale Welt. Gerade diejenigen, die sich dieser Welt bisher verschlossen hatten, waren gezwungen, dieses für sie neue Terrain zu betreten. Die Zeiten hatten sich unwiderruflich geändert. Es gab und gibt hinter diesen Punkt kein Zurück. Digitaler Reboot. Neustart.

Neustart

Der Impuls für diesen Neustart kam von außen. Passenderweise zu Ostern. Es war ein Osterfest, bei dem sich die Menschen nicht zum Gottesdienst versammeln durften. Öffentliche Messen waren nicht erlaubt. Doch nicht alle wollten sich damit abfinden. Der AKM (ArbeitsKreis Ministranten), dessen Geistlicher Begleiter auch Präfekt im Priesterseminar war, beschloss, sich in der Karwoche und an Ostern digital zu treffen über eine Plattform, die damals noch nicht sehr verbreitet war: Zoom. Treffen und geistliche Impulse über Videochat. Was zu Beginn abenteuerlich klang, funktionierte erstaunlich gut. Natürlich war es anders und kein Ersatz für die feierliche Liturgie. Aber es machte Treffen überhaupt möglich. Man konnte gemeinsam so feiern, dass Ostern nicht dem Alltagsgrau des Shutdowns geopfert wurde. Wohl auch wegen der Sehnsucht nach mehr, trafen die digitalen geistlichen Impulse tief ins Herz. So brachte Ostern für den Alltag eine neue Perspektive. Neustart. Digital. Schnell war die Idee geboren, die Seminaristen auf dem gleichen digitalen Weg zusammenzuholen, wenn wir sie schon nicht ins Haus holen durften. Priesterseminar ist mehr als ein Gebäude. Priesterseminar besteht, wie Kirche es immer tut, aus lebendigen Steinen. Widerstand von Seiten der Beteiligten für diesen Weg gab es keinen. Mails mit Einladungen und Anleitungen ergingen an alle und so war der erste Schritt in die digitale Welt getan. Neustart.

Booten

Wer einen älteren PC auf seinem Schreibtisch stehen hat, der weiß, dass das Booten, also der Startprozess eines Computers, spannend sein kann. Je nach Tagesform kann es entweder Anlaufschwierigkeiten geben oder man freut sich über ein reibungsloses und schnelles Hochfahren des Gerätes. Vieles funktionierte erstaunlich schnell und gut. Denn das Internet war für uns ja grundsätzlich kein Neuland. Denn wir alle hatten seit Angela Merkels Twitter-Kommentar von 2013 durchaus genug Zeit, es kennenzulernen ;-). Wochenkonferenzen mit der ganzen Hausgemeinschaft im Videochat verliefen teilweise sogar effektiver als die realen Treffen in der Aula. Auch die geistlichen Abende in den kleineren Wohngruppen ließen sich digital gut bestreiten. Das Medium barg neue Möglichkeiten der Gestaltung: eingespielte Videoclips, Musikstücke, Schreibgespräche

… es war schön zu erleben, wie diese neuen Möglichkeiten ausgelotet wurden. Aber nicht alle Ideen ließen sich anfangs auch umsetzen, teils aus Mangel an Erfah-

Der Aufbruch in die digitale Welt

Das neue Studio für digitale Kompetenz im Priesterseminar St. Wolfgang

rung, teils wegen fehlender Ausstattung. Dreimal scheiterte der Live-Stream einer Vesper für die Hausgemeinschaft aus der Hauskapelle. Mal lag es an der Vorberei- tung des Streams, mal am falschen Link und schließlich an der Tonabnahme der Orgel. Das Projekt wurde eingestellt. Auch die großartige Idee einer digitalen Hausführung für Interessenten beim digitalen Informationstag, bei der die Seminaristen quasi als lebende Avatare für die Besucher bereitstanden, um sich mit dem Handy durch das Haus lotsen zu lassen, scheiterte an der nicht flächendeckenden Netzabdeckung im Gebäude. Das Booten braucht eben manchmal seine Zeit. Und manchmal braucht es für den reibungslosen Betrieb der Programme eben auch eine Nachrüstung der Hardware.

Neue Hardware

Es kam der Herbst 2020. Wie einzelne Studenten in der Zeit des ersten Shutdowns erkennen mussten, dass ihre Geräte der Nachrüstung bedurften, musste auch die Leitung des Priesterseminars feststellen: die bisherige Ausstattung und Infrastruktur sind den neuen Anforderungen und Belastungen längerfristig nicht gewachsen. So wurde in der Herbstklausur der Vorstandschaft beschlossen:

Ein digitales Studio sollte eingerichtet werden; zunächst vorläufig. Der Raum sollte so ausgestattet werden, dass er die Moderation stabiler Videokonferenzen in guter Qualität ermöglichen konnte, über das Equipment für die Aufzeichnung oder den Stream von Videos verfügte und als Unterrichtsraum für digitale Kompetenz zur Verfügung stand.

Der nächste wichtige Schritt war, die Verwaltung und Pflege der digitalen Infrastruktur zu professionalisieren: neue Server und Rechner, verlässliche Netzwerke, korrekte Datensicherung und eine entsprechende Leistungsfähigkeit des Systems. Noch im letzten Quartal 2020 wurde mit der Umsetzung begonnen.

Neue Software

Noch entscheidender als die technischen Verbesserungen der Ausstattung war die Anpassung der Ausbildungsinhalte. Für alle Beteiligten war klar: Der Priester von heute und erst recht der von morgen muss auch im digitalen Bereich grundlegende Kenntnisse besitzen, um den Herausforderungen der Zeit gewachsen zu sein. Die Vorkenntnisse der einzelnen Alumnen waren dabei sehr unterschiedlich. So wurde im Herbst 2020 das für alle verpflichtende Unterrichtsfach »digitale Kompetenz« eingeführt, um Grundkenntnisse in digitaler Personal- und Datenverwaltung, Kalenderführung, Nutzung von Social Media und anderen digitalen Bereichen zu sichern. Technisches Rüstzeug für den Alltag zu bekommen war dabei sicher ein wichtiger Aspekt. Noch mehr ging es aber darum, sicher zu stellen, dass die angehenden Priester auf eine Welt vorbereitet sind, in der Reales und Digitales stark ineinander verwoben sind. Und die Pandemie hat gezeigt: das ist nicht die Welt von morgen, sondern von heute. Gerade der Bereich der Sozialen Medien ist für eine Generation Z keine gesonderte Welt, neben der Realen, sondern integraler Bestandteil der einen Welt. Wer also als Priester in die Welt hineingehen möchte, um die Frohe Botschaft allen Geschöpfen zu verkünden, so wie es Auftrag des Herrn ist, kommt um das Digitale in der Welt nicht herum.

Fazit: Abwärtskompatibel, aber kein Zurück

In einer Pfarrgemeinderatssitzung einer niederbayerischen Stadtpfarrei im Jahre 1999 wurde einmal beschlossen: »Die Pfarrei braucht keine E-Mail-Adresse. Das ist nur etwas für junge Leute.« Heute lachen wir über einen solchen Beschluss. Denn hinter die Erfindung der E-Mail gab es schon damals kein Zurück. Wer in zwanzig Jahren diesen Bericht liest, wird sich schmunzelnd fragen: »War für die Erkenntnis, dass Priester auch digitales Handwerkszeug brauchen, wirklich eine Pandemie notwendig?«

Vielleicht war es das tatsächlich, insofern sie die kollektive Erfahrung mit sich brachte, dass digitale Möglichkeiten das Leben nicht ersetzen, aber bereichern und ergänzen. So soll es auch mit den digitalen Fähigkeiten eines Priesters sein: Der gute Instagram-Auftritt ersetzt nicht ein gutes, reales Seelsorgegespräch, aber für junge Menschen ist er womöglich ein notwendiger Wegbereiter dorthin. Die Priester einer neuen Generation sind sozusagen »abwärtskompatibel«. Seine theologischen und pastoralen Fähigkeiten kann der Priester einsetzen, unabhängig davon, ob er sich im Digitalen oder Analogen bewegt. So zumindest war das angestrebte Ideal des Reboots von 2020. Vielleicht wird auch noch so manch anderer Neustart notwendig sein. Aber klar ist: es gibt kein Zurück.

GEMEINSCHAFT FEIERN

Hauskapelle des Priesterseminars St. Wolfgang

Die Gemeinschaft spielt in einem Priesterseminar eine bedeutsame Rolle.

In besonderer Weise trifft das dann zu,
wenn miteinander Gottesdienst gefeiert wird.

Das Seminar am Bismarckplatz verfügt über unterschiedliche liturgische Räume,
die Orte »regelmäßigen geistlichen Tuns« sind.

Sie werden hier vorgestellt.

Die Priesterseminarkapelle erfährt dabei eine besondere Würdigung.

Liturgische Räume im Priesterseminar St. Wolfgang: Orte »regelmäßigen geistlichen Tuns«

Spiritual Matthias Effhauser, Spiritual im Priesterseminar seit 2015

Dass die Feier der Liturgie in einem Priesterseminar eine herausragende Bedeutung hat, muss nicht besonders betont werden. Und doch lohnt sich ein kurzer Streifzug durch amtliche Dokumente, um überblicksweise zusammenzutragen, was den Stellenwert der Liturgie in der Priesterausbildung ausmacht.

Das Zweite Vatikanische Konzil hebt in seinem »Dekret über die Ausbildung der Priester« (1965) die Bedeutung des Priesterseminars und seiner Aufgabe als Ausbildungsbetrieb hervor.

Das Seminar als Ort der Formatio hat eine dreifache Aufgabe: Es soll vorbereiten zum Dienst am Wort, zum Dienst des Kultes und zum Hirtendienst:

»Die Priesterseminare sind zur priesterlichen Ausbildung notwendig. In ihnen muss die gesamte Ausbildung der Alumnen dahin zielen, dass sie nach dem Vorbild unseres Herrn Jesus Christus, des Lehrers, Priesters und Hirten, zu wahren Seelenhirten geformt werden; sie müssen also zum Dienst am Wort vorbereitet werden, dass sie das geoffenbarte Gotteswort immer besser verstehen, durch Meditation mit ihm vertraut werden und es in Wort und Leben darstellen; zum Dienst des Kultes und der Heiligung, dass sie in Gebet und im Vollzug der heiligen Liturgie das Heilswerk durch das eucharistische Opfer und die Sakramente vollziehen; zum Dienst des Hirten, dass sie den Menschen Christus darstellen können, der ›nicht kam, um sich bedienen zu lassen, sondern um zu dienen und sein Leben als Lösegeld für viele hinzugeben‹ (Mk 10,45; vgl. Joh 13,12–17), und dass sie Diener aller werden und so viele gewinnen« (vgl. 1 Kor 9,19).[1]

Die Kandidaten sollen geistliche Menschen werden, um aus dem Geist Jesu Christi heraus zu leben und so ihr zukünftiges priesterliches Wirken zu gestalten. Ein anspruchsvoller Ansatz.

Das Seminar als Ausbildungs-, aber auch als Liturgiegemeinschaft nimmt Papst Johannes Paul II. in seinem Apostolischen Schreiben »Pastores dabo vobis« (1992) in den Blick:

»Bereits unter einem menschlichen Gesichtspunkt muss das Priesterseminar bestrebt sein, ›eine Kommunität zu werden, die aus einer tiefen Freundschaft und Liebe lebt, so dass sie wahrhaft als Familie angesehen werden kann, in der die Freude

---

1 Zweites Vatikanisches Konzil, Das Dekret über die Ausbildung der Priester »Optatam totius«, Nr. 4.

vorherrscht. Unter dem christlichen Gesichtspunkt muss das Seminar – so die Synodenväter weiter – als ›kirchliche Gemeinschaft‹, als ›Gemeinschaft der Jünger des Herrn, in der die Liturgie gefeiert wird (was das Leben mit dem Geist des Gebets durchdringt), Gestalt annehmen, jeden Tag geformt durch die Lesung und Betrachtung des Gotteswortes und durch das Sakrament der Eucharistie und in der Übung der brüderlichen Liebe und Gerechtigkeit, eine Kommunität, in der im Fortschritt des Gemeinschaftslebens und im Leben jedes einzelnen Mitgliedes der Geist Christi und die Liebe zur Kirche erstrahlen‹.«[2]

Dass es dabei vor allem um ein »regelmäßiges geistliches Tun im Alltag« geht, formuliert die 2003 erschienene »Rahmenordnung für die Priesterbildung«. In der Grundlegung des »Geistlichen Alltags« werden u. a. die folgenden Quellen des geistlichen Lebens benannt:

»Die vom Priester geforderte Nachfolge Christi lebt vom regelmäßigen geistlichen Tun im Alltag. Quellen seines geistlichen Lebens sind: ... die Feier der Eucharistie, ›denn sie enthält ja das Heilsgut der Kirche in seiner ganzen Fülle, Christus selbst, unser Osterlamm und das lebendige Brot‹ (Presbyterorum ordinis, Nr. 5); das Bußsakrament, ... das Stundengebet ... Tragende Kräfte im Leben des Priesters sind das gemeinsame und persönliche Gebet, auch in der Form der eucharistischen Anbetung, sowie die Meditation.«[3] All das dient der pastoralen Befähigung der zukünftigen Seelsorger:

»Der Dienst des Priesters besteht in der Auferbauung des Leibes Christi durch die Verkündigung des Wortes Gottes, die Feier der Liturgie, den Dienst am Nächsten.«[4]

Bereits auf dem Weg der Berufungsklärung müssen christliche Grundhaltungen eingeübt werden, dazu gehören:

»... gefestigte Frömmigkeit, die täglich in Liturgie, Gebet und Meditation Gott und Jesus Christus zu begegnen sucht ...«[5]

In besonderer Weise gilt das für die Feier der Eucharistie. Die »Ratio Fundamentalis Institutionis Sacerdotalis« (2016) bringt es auf den Punkt:

»So sind der Dienst und das Leben des Priesters wesentlich in der Eucharistie verwurzelt.«[6]

Ein Priesterseminar versteht sich als Ausbildungsbetrieb, der Kandidaten auf ihren zukünftigen Dienst als Liturgen vorbereiten, befähigen und formen soll. Dafür spielen die liturgischen Orte für »regelmäßiges geistliches Tun« eine nicht unwesentliche Rolle.

Sie sollen hier im Folgenden aus unterschiedlichen Blickwinkeln heraus vorgestellt werden:

Die Seminarkirche St. Jakob, die sogenannte »Schottenkirche«, die Hauskapelle, die an dieser Stelle nur kurz berücksichtigt wird, da ihr ein eigener Beitrag gewidmet ist, und das »Schottenarchiv«.

---

2 Papst Johannes Paul II., Nachsynodales Apostolisches Schreiben »Pastores dabo vobis«, Nr. 60.
3 Die deutschen Bischöfe, Rahmenordnung für die Priesterbildung, Geistlicher Alltag, Nr. 13.
4 Rahmenordnung, Pastorale Befähigung, Nr. 16.
5 Rahmenordnung, Christliche Grundhaltungen, Nr. 70.

6 Kongregation für den Klerus, Das Geschenk der Berufung zum Priestertum »Ratio Fundamentalis Institutionis Sacerdotalis«, Nr. 36.
7 Romano Guardini, Von heiligen Zeichen, 9. Auflage, Kevelaer 2016, S. 14.

Liturgische Räume im Priesterseminar St. Wolfgang

Die Seminarkirche St. Jakob (»Schottenkirche«)

Die Seminarkirche St. Jakob – ein Ort »liturgischer Durchlässigkeit«

Romano Guardini schreibt in seinem Buch »Von heiligen Zeichen«: *»Der Weg zu liturgischem Leben führt nicht durch bloße Belehrung, sondern entscheidenderweise durch Schauen und Tun.«*[7]

Ein besonderer Ort liturgischen Tuns, den jeder Seminarist in seiner Ausbildungszeit dabei kennenlernt, ist die Seminarkirche St. Jakob.

Oft wird der Institution Priesterseminar der Vorwurf gemacht, sie sei eine Sonderwelt, die abgeschottet von der Welt draußen existiert und sich genügt. Ganz ist das nicht von der Hand zu weisen. Liturgisch gesehen muss das jedoch nicht stimmen. Und gerade unsere altehrwürdige Schottenkirche zeigt, dass die Seminarfamilie keinerlei »liturgische Berührungsängste« kennt. Dieser romanische Kirchenbau steht für »liturgische Durchlässigkeit«. Die Seminargemeinschaft schottet sich eben nicht ab, igelt sich nicht ein und feiert nur für sich. Das Priesterseminar St. Wolfgang öffnet sich, sei es an den Werktagen oder den Sonn- und Festtagen, aber auch zu herausgehobenen, besonderen Ereignissen. Jeder ist eingeladen mitzufeiern, liturgisches Tun zu erleben. Neben den Räumen, die der Seminarfamilie vorbehalten sind, gibt es also diesen liturgischen Raum, der für Offenheit nach außen steht. Man könnte sagen, die Seminarkirche St. Jakob ist die »liturgische Kontaktstelle« nach draußen.

Das Zweite Vaticanum hat in seiner Liturgiekonstitution betont, »*dass die liturgischen Handlungen Feiern der Kirche, d. h. des ganzen mystischen Leibes sind (SC 26) … Das bedeutet …, dass es in der Liturgie um eine ganzheitliche-ganzmenschliche Ausdruckshandlung geht, deren Subjekt nicht nur der einzelne als solcher, sondern die Gemeinschaft der zum Gottesdienst Versammelten ist …*«[8]

Die Schottenkirche, die aus allen Ecken und Enden Geschichte atmet, ist sozusagen der von außen her einsehbare Erfahrungsraum der Seminaristen, in dem sie sich »ausprobieren« dürfen. Für viele, die hier im Priesterseminar ihre Ausbildung erfahren haben, ist sie damit ein Ort der Erinnerung an die ersten liturgischen Schritte ganz im Sinne der Liturgiekonstitution: »*Bei den liturgischen Feiern soll jeder, sei er Liturge oder Gläubiger, in der Ausübung seiner Aufgabe nur das und all das tun, was ihm aus der Natur der Sache und gemäß den liturgischen Regeln zukommt.*«[9]

In St. Jakob finden für unsere Seminaristen die Feiern zu den Beauftragungen (Lektorat, Akolythat) statt, hier dürfen die Kandidaten u. a. lernen, biblische Lesungen vorzutragen, d. h. Schritt für Schritt vom Vorlesen zum Verkünden zu kommen, die Psalmen zu singen, kleine Andachtsformen zu gestalten, das Allerheiligste für die Verehrung auszusetzen. St. Jakob wird gerne als Gebetsraum aufgesucht, sei es für Anbetungsstunden oder um im kleineren oder größeren Kreis das Stundengebet zu feiern oder das Taizégebet als moderne liturgische Gebetsform zu pflegen.

Vor den Weihen legen junge Männer hier ihre »Professio fidei« ab, vollziehen ihren Dienst als Diakon, assistieren beim Gottesdienst, predigen und kehren schließlich als Neupriester nach der Weihe noch einmal zurück, um am Abend der Neupriesterverabschiedung mit der Seminargemeinschaft Eucharistie zu feiern. Diese Kirche begleitet jeden Seminaristen, vom Anfang seiner Ausbildungszeit bis zum Ende und manche sogar darüber hinaus, wenn sie als Verantwortliche in der Priesterausbildung in dieses Haus wieder zurückkehren.

Der Liturgiewissenschaftler Johannes H. Emminghaus schreibt über die Angemessenheit eines Raumes für die Liturgiefeier: »*Grundsätzlich kann der Mensch überall und an jedem Ort beten, d. h. seine auf Gott bezogene Existenz in Anbetung, Erhebung des Geistes, Wort, Gebärde und Symbol aktuieren … Auch der heutige Mensch erfährt noch spezifische Impulse*

---

[8] Gottesdienst der Kirche, Handbuch der Liturgiewissenschaft, Band 3, Gestalt des Gottesdienstes. Sprachliche und nichtsprachliche Ausdrucksformen, hrsg. von Rupert Berger, Karl-Heinrich Bieritz, Johannes H. Emminghaus u. a., Regensburg 1987, S. 17.

[9] Zweites Vatikanisches Konzil, Die Konstitution über die heilige Liturgie »Sacrosanctum Concilium«, Nr. 28.

an unterschiedlichen Plätzen oder in differenzierten Räumen mit verschiedenartiger Zweckbestimmung, Erlebniswertigkeit und Atmosphäre ... der über den Nutzwert hinausgehende künstlerische und symbolische Mehrwert der Räume haben für die Feier und ihren Verlauf eminente Bedeutung.«[10]

Dieser Raum strahlt wirklich »Erlebniswertigkeit und Atmosphäre« aus. Wer einmal einen Rorate Gottesdienst zu früher Morgenstunde und Eiseskälte bei Kerzenschein miterlebt hat, wird dies bestätigen. Wer die Schottenkirche in besonderes Licht getaucht wahrnimmt, erfährt, wie die Augen durch den Raum zu wandern beginnen, um darin bislang Ungeschautes zu entdecken. Man wird mit dem Schauen nicht fertig.

Und wie wichtig ein vertrauter Feierraum ist, das bestätigt die sich am Sonntag einfindende Gemeinde, die sich immer wieder neu zu den Eucharistiefeiern in St. Jakob zusammenrufen lässt. Man könnte durchaus von einer »treuen Kerngemeinde« sprechen, die für sich diese Kirche als geistige und geistliche Heimat entdeckt hat und sie schätzt. Und die uns auch in und während der Corona Zeit nie verlassen hat!

Vielleicht gerade auch deshalb, weil St. Jakob keine abgeschottete Binnenwelt darstellt, sondern sich hier die Seminar- und Ausbildungsgemeinschaft öffnet und zum Gottesdienst einlädt. An den Wochentagen und Sonntagen, zu den unterschiedlichsten liturgischen Feiern (Eucharistie, Tagzeitenliturgie, Rosenkranz, Maiandachten, Anbetungsstunden …), aber auch im Rahmen von Beauftragungsfeiern und anderen Festivitäten. St. Jakob beweist »liturgische Durchlässigkeit«, denn unsere Seminarfamilie versteht sich nicht als eine sich abschottende, sondern als eine einladende Gemeinschaft.

Geschätzt wird von den Gottesdienstbesuchern, und das bekommen wir immer wieder zu hören, die schlichte, aber stilvolle Liturgie durch die Seminarvorstände, die Verlässlichkeit und Treue zu liturgischen Traditionen unserer Kirche, die guten Predigten, sprich eine Liturgie, die aus den reichen Formen schöpft, sich diesen verbunden und verpflichtet weiß, ohne dabei angestaubt zu wirken.

Noch einmal Romano Guardini: *»Der Weg zu liturgischem Leben ... führt durch Schauen und Tun; das sind die Grundkräfte ... Schauen und Tun muss es sein, ein lebendiges Erfassen, Erfahren, Vollziehen.«*[11]

Die Hauskapelle – bergende Hülle der Seminargemeinschaft

Als man im November 1932 beschloss, das Klerikalseminar am Bismarckplatz zu sanieren und zu erweitern[12], wurde auch das Oratorium, eine kolorierte Zeichnung von Johann Graf von 1890 zeigt, wie der Gottesdienstraum einst ausgesehen hat, in diese Planungen mit einbezogen. So entstand eine neue geräumige Hauskapelle, die nach

---

10 Johannes H. Emminghaus, Der gottesdienstliche Raum und seine Gestaltung, in: Gottesdienst der Kirche, Handbuch der Liturgiewissenschaft, Band 3, Gestalt des Gottesdienstes. Sprachliche und nichtsprachliche Ausdrucksformen, hrsg. von Rupert Berger, Karl-Heinrich Bieritz, Johannes H. Emminghaus u. a., Regensburg 1987, S. 354–355.
11 Romano Guardini, Von heiligen Zeichen, S. 14.
12 Der Münchner Architekt Georg Berlinger war damals mit der Arbeit beauftragt worden.

GEMEINSCHAFT FEIERN

Die Hauskapelle vor der Renovierung

ihrer Fertigstellung 1934 folgendermaßen gewürdigt wurde: »›Die Krönung des ganzen Neubaus‹, so der ›Regensburger Anzeiger‹ anlässlich der Einweihung des Seminars am 19. Januar 1934, ›ist die über dem Speisesaal errichtete neue Hauskapelle, die mit 300 Sitzplätzen und ihrer ganzen Anlage mit Empore und Eingangsvorhalle den Eindruck einer geräumigen Kirche macht‹.«[13]

An diesen Kirchenraum erinnert sich der Autor noch, als er 1985 in das Priesterseminar eingetreten ist. Die Kapelle hatte damals im Zuge der Liturgiereform des Zweiten Vatikanischen Konzils lediglich entsprechende Anpassungen erfahren (freistehender Altar, Ambo), ansonsten war der Raum in seiner Grundstruktur unverändert geblieben.

Eine grundlegende Umgestaltung erfuhr er erst wesentlich später. Im Jahr

---

[13] Karl Hausberger, Das säkularisierte Schottenkloster als Heimstätte des Regensburger Priesterseminars seit 1872, in: Scoti peregrini in Sankt Jakob. 800 Jahre irisch-schottische Kultur in Regensburg (Band 21), Bischöfliches Zentralarchiv und Bischöfliche Zentralbibliothek Regensburg, Kataloge und Schriften, hrsg. von Paul Mai, Regensburg 2005, S. 80.

Das »Schottenarchiv«

2005 war der Künstler Friedrich Koller[14] beauftragt worden, der Hauskapelle des Regensburger Priesterseminars ein neues Gesicht zu geben. Dieser Gottesdienstraum wird in einem gesonderten Beitrag von Herrn Dr. Joachim Werz eine ausführliche Würdigung erfahren.[15]

»Das Schottenarchiv« – ein Kleinod unseres Seminars

Wer die Bibliothek im ersten Stock des Seminars betritt und an den Wandregalen vorbeigeht, stößt nach einigen Metern auf der rechten Seite auf einen Eingang:

---

[14] Friedrich Koller wurde 1939 in Salzburg geboren, studierte an der Akademie der Bildenden Künste in München, wo er auch einige Jahre als freischaffender Künstler lebte. Seit 1971 wohnt Friedrich Koller in Laufen. Er hat über 250 Aufträge für die Gestaltung kirchlicher Räume erhalten und darüber hinaus von Privatpersonen und öffentlichen Institutionen.

[15] Dr. Joachim Werz ist Leiter der Forschungsstelle »Ordensgeschichte seit der Frühen Neuzeit«. Sein Artikel: »Bedenke, was du tust, ahme nach, was du vollziehst, und stelle dein Leben unter das Geheimnis des Kreuzes.« Die Priesterseminarkapelle St. Wolfgang in Regensburg und eine wichtige liturgietheologische Aussage ihrer künstlerischen Gestaltung, ist erschienen in: Das Münster. Zeitschrift für christliche Kunst und Kunstwissenschaft 2/2019, S. 101–107.

»Schottenarchiv«, steht auf dem Türschild zu lesen. Der Name verrät, dass man sich hier in einem altehrwürdigen Teil des Gebäudes befindet, direkt über den Räumen der Sakristei von St. Jakob.

Eine helle Holztüre, eingerahmt in einen schmucklosen, aber massiven Türstock aus Sandstein, größere Zeitgenossen tun gut daran den Kopf etwas zu senken, gewährt Einlass in einen liturgischen Raum, der ein Kleinod des Priesterseminars darstellt.

Durch einen kleinen Vorraum, in dem sich rechts davon, noch einmal unterteilt, eine Sakristei befindet, geht es durch einen weiteren massiven Türstock in das »Schottenarchiv«, das ungefähr 25 m² groß ist; Parkettboden, weiß gestrichene Wände, zwei schlichte Kreuzrippengewölbe, an der Stirnseite ein Fenster, das einzige dort.

Wer es aus früheren Tagen kennt, der Autor ist im Wintersemester 1985/86 in das Priesterseminar eingetreten, der merkt sofort, wie sich nicht nur die Gestaltung verändert, sondern der gesamte Raum gewonnen hat.

In früheren Zeiten nutzten ihn v. a. Professoren[16], die während ihrer Vorlesungstage an der Universität im Seminar übernachteten und dort frühmorgens zelebrierten. An Kursabenden wurde das »Schottenarchiv« für die Feier des Stundengebetes und die Gruppengottesdienste aufgesucht und diente darüber hinaus immer wieder für Andachten im kleinen Kreis oder auch zum persönlichen Gebet, zur Betrachtung oder Meditation.

Im Grunde führte dieser Raum, der nur von der Bibliothek her zugänglich ist, aber ein Schattendasein, nicht nur deswegen, weil er dem Besucher immer etwas düster vorkam, sondern auch, weil die Ausstattung (Altar, Sitzgelegenheiten, Beleuchtung) insgesamt karg und schlicht gehalten war, auf das Nötigste beschränkt, »funktional« würde man heute sagen. Für Finessen und Details hatte man eben in früheren Zeiten – zumindest was diesen liturgischen Raum anging, kein großes Interesse. Er wurde genutzt, ohne wirklich einladend zu sein. Das ist heute anders.

Wer ihn jetzt betritt, wird positiv überrascht sein. Er präsentiert sich inzwischen als einladendes und freundliches Kleinod unseres Hauses. Ja, man kann sagen, das »Schottenarchiv« wurde als liturgischer Raum wiederentdeckt und hat ein ansprechendes Äußeres bekommen.

Bei der Sanierung des Seminars wurde er im Jahr 2006 neu in den Blick genommen. Das einzige Fenster[17] in diesem Raum, das schmucklos und einfach gehalten war, wurde von der Künstlerin Claudia Krämer-Marloh[18], die heute in Neustadt am Main lebt, als ein romanisches Fenster mit Bleiverglasung konzipiert und lässt das »Schottenarchiv« jetzt in einem anderen Licht erscheinen.

---

16 Prof. Dr. Georg Schmuttermayr und Prof. Dr. Kurt Krenn, der spätere Bischof von St. Pölten.
17 Das Glasfenster ist 1,55 m hoch und 0,80 m breit. Es verfügt über zwei kleine Flügel, die geöffnet werden können.
18 »Claudia Krämer-Marloh ist eine Künstlerin, die sowohl sakralen Räumen als auch Räumen im öffentlichen Bereich mit dem Spiel von Farbe und Licht einen einzigartigen Charakter verleiht. Sie arbeitet architekturbezogen und setzt ihre Entwürfe in das Material Glas um. In Zusammenarbeit mit ausgesuchten Glaswerkstätten entstehen so Orte, die den Betrachter einerseits durch ihre reduzierte Symbolik und andererseits durch eine starke Expressivität emotional in den Bann ziehen. Ihre Werke finden sich in Deutschland und im europäischen Ausland« (vgl. dazu www.ck-glasgestaltung.de).

Bei ihrer Arbeit hatte sie freie Hand.[19] Durch den damaligen Regens Gottfried Dachauer wurden ihr keinerlei Vorgaben gemacht. Auftrag war es nur, dem intimen, privaten Gottesdienstraum eine persönliche Note zu geben. Die Umsetzung ist gelungen. Claudia Krämer-Marloh hat sich bei ihrer Arbeit auf das für sie Wesentliche konzentriert. Nämlich auf die Innengewandtheit, wie sie betont. Vergleichbar einem Mandala, das den Betrachter auf das Innere hinlenkt, hat sie durch Form und Farbgebung dem Fenster im »Schottenarchiv« Aussagekraft verliehen: Der rote Kreis symbolisiert das Göttliche, die Liebe. Er ist eingebettet in einen blau-violetten Hintergrund, der für das Himmlische, aber auch die Nacht steht. Das Göttliche durchbricht die Finsternis. Die Leuchtkraft der Farben beeindruckt, besonders dann, wenn der Gottesdienstraum von innen erleuchtet ist und man von einem anderen Gebäudeteil aus von außen auf das romanische Fenster schaut. Das Glasfenster ist insgesamt schlicht gehalten und passt genau deshalb wunderbar zu diesem klar strukturierten Raum, verleiht ihm Wärme, Atmosphäre und Würde.

Im Jahr 2017 entstand im Kollegium des Priesterseminars der Wunsch, den Liturgieraum »Schottenarchiv« noch ansprechender zu gestalten, sprich die Ausstattung und die Beleuchtung zu überdenken, um ihn vor allem für Eucharistiefeiern im kleinen Kreis attraktiv zu machen.[20] Vorrangig

Glasfenster im »Schottenarchiv«

ging es darum, dem Raum ein stimmiges Gesamtbild zu geben. Nach intensiver Beratung über das zukünftige Inventar fand sich Präfekt Gerhard Pöpperl, der Direktor der Berufungspastoral unserer Diözese Regensburg, bereit, in Eigenleistung einen Ambo und einen Altar zu schreinern. Die Rahmung und das Material für Altar und Ambo wurden dabei an die im Schottenarchiv vorhandenen Stühle[21] angeglichen.

---

19 Der Autor führte mit der Künstlerin am 13. Dezember 2021 ein Telefonat, in dem Frau Krämer-Marloh kurz über ihre Arbeit berichtete.
20 Geschuldet waren diese Überlegungen dem Umstand, dass eine immer kleiner werdende Seminaristenzahl auch andere liturgische Räume erfordert.

21 Die Stühle stammen aus dem Bestand des Seminars und standen ursprünglich im sog. »Oratorium«. Dieser ehemalige Gottesdienstraum im Erdgeschoss wurde später in einen Raum für die »Kapläneforbildung« umgestaltet und beherbergt inzwischen unser »Digitales Studio«.

Die Platte für die Mensa[22] des Altars und die Steinplatte für die Ablage des Ambos wurden entsprechend dem Material und der Farbe des Steins am Türstock des Schottenarchivs gewählt, so dass ein in sich harmonisches Gesamtbild entstanden ist und die Materialien im Raum aufeinander abgestimmt sind. Weil auf Details sehr geachtet wurde, auch der Teppich, auf dem die Hocker stehen, wurde entsprechend ausgesucht, wirkt alles harmonisch und aus einem Guss.

Die Beleuchtung[23] tut ihr Übriges. Dimmbare Wandleuchten mit nach oben offenen Schirmen an beiden Seiten setzen mit indirektem Licht das Schottenarchiv gekonnt in Szene.

Über dem Altar hängt ein eindrucksvolles, massives goldenes Kreuz[24], das ein zusätzlicher Blickfang des Raumes ist und gesondert durch einen Lichtspot optisch herausgehoben werden kann.

So präsentiert sich das »Schottenarchiv« heute: Als ein kleiner, sehr feiner liturgischer Raum, der wie seit jeher gerne aufgesucht wird für Eucharistiefeiern und unterschiedliche Andachtsformen im kleinen Kreis[25], zur Tagzeitenliturgie oder als Rückzugsort für Zeiten der Stille.

Ein einladender, atmosphärisch wohltuender Feierort, ein Kleinod unserer Seminargemeinschaft, das sich in jeder Hinsicht sehen lassen kann und – da leider nicht öffentlich zugänglich – zu den verborgenen Schätzen unseres Hauses gehört.

Das Priesterseminar St. Wolfgang verfügt über drei unterschiedliche liturgische Räume, die Orte »regelmäßigen geistlichen Tuns« sind und die hier vorgestellt wurden. Orte liturgischen Lebens durch »Schauen und Tun«. Orte voller »Erlebniswert und Atmosphäre«.

Das Seminar als Ausbildungsort weiß sich dem Geist des Konzils verpflichtet: »*In der Liturgie, besonders im heiligen Opfer der Eucharistie, ›vollzieht sich‹ ›das Werk unserer Erlösung‹ ... Dabei baut die Liturgie täglich die, welche drinnen sind, zum heiligen Tempel im Herrn auf, zur Wohnung Gottes im Geist bis zum Maße des Vollalters Christi. Zugleich stärkt sie wunderbar deren Kräfte, dass sie Christus verkünden.*«[26]

▷ Kreuz im »Schottenarchiv«

---

22 Die Mensa des Altars ist 0,94 breit und 0,68 m tief. Es handelt sich dabei um einen alten grünen Sandstein, der aus dem Raum Kelheim stammt, dort aber so nicht mehr abgebaut wird. Die Beschaffenheit des Steins nimmt die Struktur und Musterung der Sitzflächen der Hocker im Schottenarchiv auf.
23 Die Lichtinstallation wurde von der Firma Blochberger&Weiß aus Regensburg durchgeführt.
24 Das Kreuz hing ursprünglich im Gang des Studium Rudolphinum.
25 Bei den Weiheexerzitien für den Ständigen Diakonat, die im Priesterseminar stattfinden, wird der Raum u. a. für die Eucharistiefeiern genutzt.
26 Die Konstitution über die heilige Liturgie »Sacrosanctum Concilium«, Nr. 2.

»Bedenke, was du tust, ahme nach, was du vollziehst, und stelle dein Leben unter das Geheimnis des Kreuzes.«

Die Priesterseminarkapelle St. Wolfgang in Regensburg und eine wichtige liturgietheologische Aussage ihrer künstlerischen Gestaltung[1]

Dr. Joachim Werz, Kirchenhistoriker und Schriftleiter der Zeitschrift für christliche Kunst und Kunstwissenschaft »das münster«

Liturgie ist Feier des Paschamysteriums, also Vergegenwärtigung von Leiden, Tod und Auferstehung Jesu Christi. Dies hat die Liturgiekonstitution Sacrosanctum Concilium (SC) des Zweiten Vatikanischen Konzils (1962–1965) nachdrücklich betont.[2] »In diesem Mysterium ›hat er durch sein Sterben unseren Tod vernichtet und durch sein Auferstehen das Leben neugeschaffen‹« (SC 5), wie das Konzil mit Verweis auf die Osterpräfation im Missale Romanum erklärt. Das Paschamysterium ist aber nicht nur das liturgietheologische Fundament des christlichen Gottesdienstes, an dem die Gläubigen bewusst und tätig teilnehmen sollen, sondern Mitte des ganzen christlichen Lebens. Auch den Neugeweihten wird deshalb bei der Priesterweihe zur Überreichung von Brot und Wein gesagt:

»Empfange die Gaben des Volkes für die Feier des Opfers. Bedenke, was du tust, ahme nach, was du vollziehst, und stelle dein Leben unter das Geheimnis des Kreuzes.«[3]

Wie für den Dienst des Priesters gilt für jede christliche Existenz der Anspruch, aus dem Paschamysterium zu leben und dies immer mehr im eigenen Leben sichtbar zu machen, was allen Gläubigen mit der Taufe zugesagt wurde: Dass sie hineingenommen sind in das neue Leben mit Christus, der sein Leben für die anderen eingesetzt und so das Heil erworben hat. Auf diesem christlichen Weg kennt jedes Leben auch Kreuze, die in diesem Horizont leichter zu tragen sind. Sie sollen aber weder gesucht noch einfach anderen aufgebürdet werden, denn:

»Wie Christus selbst den Preis für das Leben bezahlt hat, so dürfen Menschen, die mit ihm im Paschamysterium verbunden sein wollen, nicht von anderen den Preis für das eigene Wohl und Heil verlangen.

---

1 Dieser Beitrag erschien erstmals in »das münster« 2 (2019), S. 101–107.
2 Zum Paschamysterium als Materialprinzip der Liturgieerneuerung des Zweiten Vatikanischen Konzils vgl. vor allem S. Schrott, Pascha-Mysterium. Zum liturgietheologischen Leitbegriff des Zweiten Vatikanischen Konzils (Theologie der Liturgie 6), Regensburg 2014.
3 Pontifikale Romanum I, Die Weihe des Bischofs, der Priester und der Diakone, Die Feier der Priesterweihe, Nr. 38, Trier 1994, S. 94.

Die Ohnmacht des Kreuzes ist nicht nur ein Kennzeichen des irdischen Jesus, sondern bleibt eine Herausforderung, ja eine Zumutung für die Kirche und alle Getauften.«[4]

Vor diesem Hintergrund sind auch die Begleitworte sachgerecht zu verstehen, die der Bischof bei der Priesterweihe spricht, während er dem Neugeweihten die Schale mit Hostien und den Kelch mit Wein überreicht. Denn die Priester sind in besonders existenzieller Weise gerufen, sich in die Kreuzesnachfolge zu begeben, um so »das eigene Leben zu verbinden mit dem Leben und Leiden, dem Scheitern und Sterben Christi in der Hoffnung, dass Christus und durch ihn der Vater auch das Leben seines Priesters hinüberführt in das ewige und vollendete Leben.«[5]

»Bedenke, was du tust, ahme nach, was du vollziehst, und stelle dein Leben unter das Geheimnis des Kreuzes.«[6] Diese Worte aus der Weiheliturgie, die den Kern priesterlicher und christlicher Existenz insgesamt bezeichnen, sind auch eine passende Überschrift über die theologische Aussage der Kapelle des Priesterseminars zum Hl. Wolfgang in Regensburg, die in ihrer künstlerischen Gestaltung durch Friedrich Koller zum Ausdruck kommt.[7] Sie dokumentiert überdies exemplarisch den fruchtbaren Dialog zwischen Kunst und Kirche im 21. Jahrhundert.

Zur Geschichte des Regensburger Priesterseminars

Aufgrund politischer und kirchlicher Widerstände wurde erst im Jahr 1653 unter dem Regensburger Bischof Franz Wilhelm Kardinal von Wartenberg (1593–1661) das »Seminar zum Hl. Wolfgang« in der Dompräbende St. Peter eröffnet.[8] Bereits 1679 zog das Seminar in den Augsburger Hof um, wo es bis zum Jahr 1787 blieb, bevor es in das aufgrund der Auflösung des Jesuitenordens (1773) freigewordene Kollegsgebäude St. Paul bei Obermünster umsiedelte. In der Säkularisation blieb das Regensburger Seminar – im Unterschied zu den anderen altbayerischen Priesterseminaren – bestehen. Zu Beginn des fünften Koalitionskrieges, also des österreichisch-französischen Krieges, geriet das Seminargebäude während der Schlacht vom 19. bis 23. April 1809 durch französischen Beschuss in Brand. Über 70 Jahre wurden die Seminaristen in unterschiedlichen Gebäuden einquartiert. Bischof Ignatius von Senestrey (1818–1906) sah das nur noch von wenigen Mönchen bewohnte Regensburger Schottenkloster St. Jakob als geeignete Ausbildungsstätte seines Diözesanklerus an und konnte aufgrund seiner guten Beziehungen zum Papst die Aufhebung des Klosters erreichen. Nach Umbauarbeiten

---

4 Haunerland, Winfried, »Und stelle dein Leben unter das Geheimnis des Kreuzes.« Das Pascha-Mysterium als Mitte priesterlicher Existenz, in: Klerusblatt 2013, S. 108–111, hier: S. 110.
5 Haunerland, »Und stelle dein Leben unter das Geheimnis des Kreuzes.« (s. Anm. 4), hier: S. 110.
6 Pontifikale Romanum I, Die Weihe des Bischofs, (s. Anm. 3).
7 Vgl. Kopp, Stefan / Werz, Joachim (Hg.), »Zeichen und Symbol überirdischer Wirklichkeiten«. Liturgische Orte und ihre künstlerische Gestaltung [FS Friedrich Koller], Regensburg 2019.
8 Zur Geschichte des Regensburger Priesterseminars vgl. Hausberger, Karl, Das säkularisierte Regensburger Schottenkloster St. Jakob als Heimstätte des Priesterseminars seit 1872, in: Beiträge zur Geschichte des Bistums Regensburg, Bd. 40 (2006), S. 261–284. Vgl. hierzu zudem ausführlicher die Beiträge in dieser Festschrift.

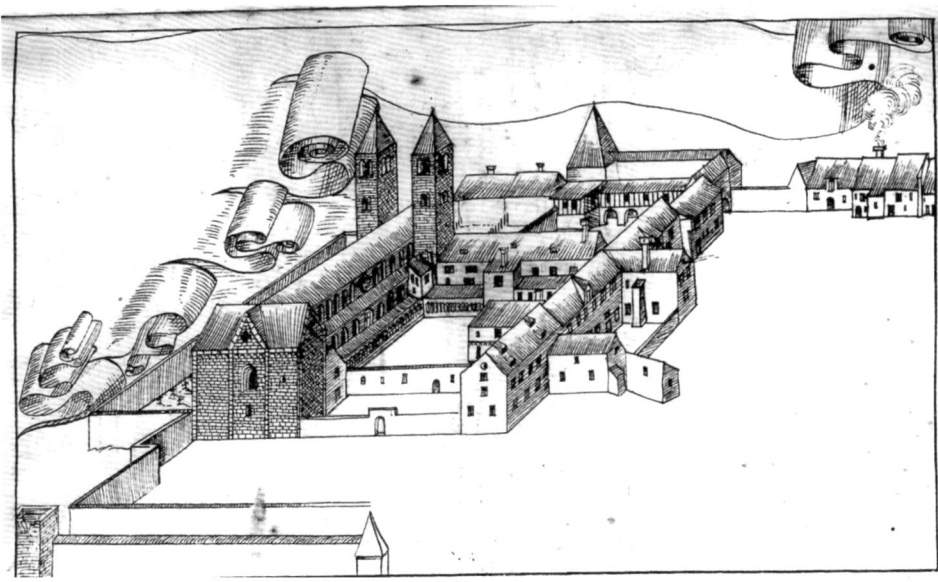

Historische Ansicht von 1640 auf die Schottenkirche St. Jakob mit den Konventgebäuden, in denen heute das Priesterseminar der Diözese Regensburg untergebracht ist

zogen die Seminaristen im Juni 1872 in die ehemaligen Konventgebäude ein. Bis heute beherbergt das ehemalige Schottenkloster das Regensburger Priesterseminar, zu dem nun auch die ehemalige Klosterkirche St. Jakob gehört, mit deren Bau in der zweiten Hälfte des 12. Jahrhunderts begonnen wurde und das zu den bedeutenden Werken der hochromanischen Kirchenarchitektur in Süddeutschland zählt.

Die Seminarkapelle im Wandel der Zeit (1930–2005)

Im Jahr 1930 errichtete der Münchener Architekt Georg Berlinger (1910–1992) im Obergeschoss des mittleren Gebäudeflügels die südlich ausgerichtete Seminarkapelle St. Wolfgang. Mit 30 Metern Länge, 13 Metern Breite, sieben Fensterachsen und einem Tonnengewölbe, das mit seinem flachen Quadraturschmuck an die Jesuitenkirche St. Michael in München erinnert, wurde ein Sakralraum für über 200 Seminaristen errichtet. Im Zuge der Liturgiereform nach dem Zweiten Vatikanischen Konzil wurde in den später 1970er Jahren ein freistehender Altar aus Bronze mit passendem Ambo eingebaut. Der ursprüngliche Hochaltar wurde als Ort der Aufbewahrung des Allerheiligsten im Tabernakel genutzt und die 1938 vom Regensburger Bildhauer Guido Martini (1881–1964) geschaffene lebensgroße Kreuzigungsgruppe – bestehend aus Christus am Kreuz, Maria und Johannes – blieb in der Apsis der Seminarkapelle erhalten.[9]

Die seit der zweiten Hälfte des 20. Jahrhunderts zurückgehende Anzahl an Pries-

---

9 Zu den Werken Guido Martinis vgl. https://guidomartini.jimdo.com (abgerufen am 19. März 2019).

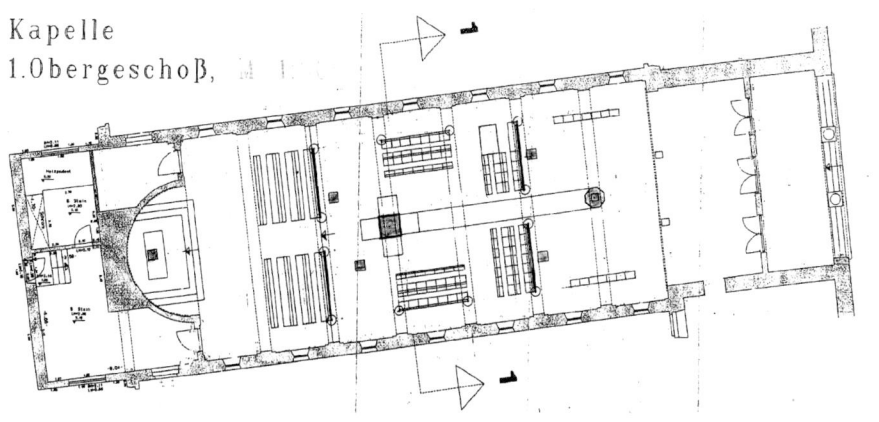

Die Seminarkapelle St. Wolfgang nach den Plänen von Georg Berlinger aus dem Jahr 1930

teramtskandidaten führte dazu, dass die Kapelle für eine kleinere Hausgemeinschaft zu groß wurde und somit für die verschiedenen Bedürfnisse der Kommunität – Eucharistiefeier, Tagzeitenliturgie, persönliches Gebet – ungeeignet war. Daher wurde 2003 im Kontext der umfangreichen Sanierungsarbeiten der gesamten Anlage ein Künstlerwettbewerb für die Neugestaltung der Seminarkapelle ausgeschrieben. Ziel dabei war es, im denkmalgeschützten Sakralraum der 1930er Jahre eine qualitativ hochwertige, reversible und der Anzahl an Priesteramtskandidaten angepasste Neugestaltung zu schaffen.[10] Nach einem Kolloquium unter Vorsitz des damaligen Regensburger Diözesanbischofs Gerhard Ludwig Müller mit sieben eingeladenen Künstlern und Bildhauern am 21. Oktober 2003 und nach der Einsendung ihrer Entwürfe im März 2004 wurde der Auftrag an den 1939 geborenen Bildhauer Friedrich Koller aus dem oberbayerischen Laufen erteilt.

Friedrich Koller unterteilte den vorhandenen Sakralraum in drei Bereiche, denen unterschiedliche Bedeutung und Funktion zukommen, wodurch er in einem Raum mehrere Orte des liturgischen Feierns und privaten Betens schuf. Die künstlerische Umsetzung Kollers geht auf die Anforderungen der Ausschreibung zurück, die eine hohe sakralraumtheologische Reflexion und künstlerische Dif-

---

[10] Stadt Regensburg, Amt für Archiv und Denkmalpflege, Gemeinsame Stellungnahme des Bayerischen Landesamtes für Denkmalpflege und der Unteren Denkmalschutzbehörde vom 15. September 2003, aus dem Privatarchiv von Friedrich Koller, Laufen (eingesehen am 21. März 2019).

ferenzierung einforderte: Die Neugestaltung sollte für die Feier der Eucharistie und Tagzeitenliturgie geeignet sein, über einen Raum für die eucharistische Anbetung verfügen sowie einen Ort für die Feier des Bußsakraments und einen Ort für das Taufgedächtnis berücksichtigen.[11] In Kollers Umsetzung gehen zugunsten einer hohen Qualität künstlerische Konzeption und theologische Aussage Hand in Hand: Durch das Einziehen eines Holzbodens über dem nur noch teilweise sichtbaren ursprünglichen zweifarbigen Fließenfußboden, durch die segelartigen und den Raum teilenden hohen Leinwände in dünnen Edelstahlrahmen sowie durch die zwölf hohen Leuchter, die wie Masten gestaltet sind, wirkt der gesamte Sakralraum wie ein Schiff – seit Jahrhunderten ein Symbol für die Kirche auf ihrer irdischen Pilgerschaft durch die Zeiten –, in dem sich die Kommunität des Seminars gemeinsam auf dem Weg befindet. Für Koller war es wichtig, dass diese Vorstellung nicht nur sicht-, sondern auch hörbar wird, weshalb der neue Holzboden nicht massiv ist, sondern durch den Hohlraum eine Art hölzernen Klangkörper ergibt.[12]

In der gesamten künstlerischen Gestaltung ist das omnipräsente, jedoch auf unaufdringliche Weise verarbeitete Gestaltungselement das Kreuz. Die Fokussierung auf das Zeichen der Erlösung und deren künstlerische Umsetzung erfährt vor allem im Kontext der Priesterausbildung eine theologische Qualität, da – wie anfangs ausgeführt – in den ausdeutenden Riten der Priesterweihe der Bischof dem neugeweihten Priester die liturgischen Gefäße der Hostienschale und des Zelebrationskelches mit dem Auftrag zur Kreuzesnachfolge überreicht. Berücksichtigt man diesen zentralen und in der liturgischen Feier erteilten Auftrag priesterlichen Lebens und Handelns für die Kirche, so kann die Neugestaltung der Regensburger Seminarkapelle durch Friedrich Koller wie eine tägliche Vergegenwärtigung und ständige Visualisierung der Worte bei der Priesterweihe verstanden werden, auf die sich die Männer im Seminar über mehrere Jahre hinweg vorbereiten. Im Folgenden sollen die im Jahr 2005 von Friedrich Koller im Sakralraum geschaffenen Orte vorgestellt und hinsichtlich ihrer künstlerischen Qualität und theologischen Aussage analysiert werden.

Der Ort des Eintritts

Im Kontext der Neugestaltung sah es Friedrich Koller als eine Notwendigkeit an, nicht nur innerhalb der Seminarkapelle künstlerisch zu wirken, sondern bereits im Vorraum. Die traditionelle Bauweise des Atriums, also einem dem Portal vorgelagerten Arkadenhof, wurde aufgegriffen und der Zugang zur Kapelle

---

11 Offizielle Informationen nach Einladung zum Künstlerwettbewerb für die Neugestaltung der bestehenden Hauskapelle im Priesterseminar Regensburg durch die Bischöfliche Administration Regensburg, Anlage III.1, aus dem Privatarchiv von Friedrich Koller, Laufen (eingesehen am 21. März 2019).

12 Mündliche Aussage von Künstler Friedrich Koller während des gemeinsamen Telefonats (mündliche Aussage vom 19. März 2019).

grundlegend verändert: Der linke und rechte Zugang zur Kapelle wurde zugemauert und das Mittelportal verbreitert; die breite Treppenanlage, die vom Korridor des ersten Obergeschosses auf das Portal zuläuft, wurde links und rechts mit einer Mauer zugezogen, sodass eine Zentrierung auf das Portal erfolgte. Dieser massive Eingriff in die bisherige Architektur vor der Seminarkapelle sollte zugunsten der Worte aus Psalm 24 erfolgen: »Wer darf hinaufziehen zum Berg des Herrn? […] Ihr Tore, hebt eure Häupter, hebt euch, ihr uralten Pforten, denn es kommt der König der Herrlichkeit!«

Bereits im Zugehen auf die Kapelle wird die Kreuzessymbolik sichtbar, da Koller das doppeltürige Portal aus Holz, Edelstahl und Glas so gestaltete, dass sich zwischen den beiden Türflügeln ein Kreuz ergibt, das bereits von außen den Blick entlang der Längsachse auf zentrale Elemente des Kapellenraums – Taufbrunnen, Altar, Sakramentshaus und Kreuz – ermöglicht. Der Künstler wollte zudem dadurch zum Ausdruck bringen, dass die Seminaristen »unter jenem Erlösungszeichen hindurchgehen, in dessen Namen sie sich ganz stellen wollen«[13]. Auch die beiden Türen an der Südseite der Kapelle – Zugang zur Sakristei und zum Ort des Bußsakraments, der dezidiert in der Ausschreibung als wichtiger Bestandteil des Auftrags benannt wurde – tragen feine Doppelkreuzrahmen.

Der Ort des Taufgedächtnisses

Zentral an diesem ersten Ort steht ein achteckiger und aus rötlichem Untersberger Marmor geschaffener Taufbrunnen, aus dem kontinuierlich Wasser sprudelt. Ganz bewusst hat Koller diesen Erinnerungsort der Taufe auf den ursprünglichen zweifarbigen Fließenfußboden gestellt und zugleich direkt an die hölzerne Schwelle des neueingezogenen Holzbodens gesetzt: Auf diese Weise visualisiert Koller, dass die Taufe der Übergang bzw. das Hinübertreten zu einem neuen Leben in Christus und auch das Eintreten in die christliche Gemeinschaft ist, die durch das Schiff der Kirche symbolisiert wird. Die Taufe bedeutet für den Menschen eine Neuorientierung im Leben, was durch die Wasserinstallation auf dem Taufbrunnen angedeutet wird: Aus der mittleren Kugel, die Christus symbolisiert, fließen in ein Quadrat – Symbol für die Welt – »Ströme lebendigen Wassers« (Joh 7,37), die sich von dort aus in vier Rinnen zu kleineren Kugeln erstrecken, welche die vier Himmelsrichtungen anzeigen.[14] Nicht nur durch dieses sich aus den fünf Edelstahlkugeln und Wasserläufen ergebende Kreuz im Taufbrunnen, sondern auch durch die längsachsige Ausrichtung auf das Kreuz am Hochaltar wird an die Worte des Apostels Paulus in Röm 6,1–8 erinnert.

Das im Holzboden eingelassene und in Edelstahl gefasste Kreuz, das gleichsam aus dem Taufbrunnen entspringt und in

---

13 Mündliche Aussage von Künstler Friedrich Koller während des gemeinsamen Telefonats (mündliche Aussage vom 19. März 2019).
14 Zur theologischen Bedeutung und historischen Entwicklung des Taufortes vgl. Wahle, Stephan, Ein Ort der Freiheit. Zur Gestalt und Symbolik des Taufbrunnens, in: Kopp, Stefan / Werz, Joachim (Hg.), »Zeichen und Symbol überirdischer Wirklichkeiten«. Liturgische Orte und ihre künstlerische Gestaltung [FS Friedrich Koller], Regensburg 2019, S. 55–67.

GEMEINSCHAFT FEIERN

Blick in die neugestaltete Seminarkapelle

dessen Kreuzung der »Tisch des Herrenleibes« (SC 48) kulminiert, symbolisiert den Weg des Getauften hin zur eucharistischen Mahlgemeinschaft der Kirche. Die künstlerische Idee, dass aus der Taufe bzw. dem Taufbrunnen das Kreuz entspringt, versinnbildlichte Koller, in dem er für Taufbrunnen und Kreuz das gleiche Material, nämlich rötlichen Untersberger Marmor, verwendete. Eine erste Umsetzung einer solchen künstlerischen Gestaltung nahm er 1984 in der Pfarrkirche Christus unser Leben in Thalfingen vor, wo aus dem Taufbrunnen ein großes Steinkreuz emporsteigt, in dessen Kreuzesstamm die Osterkerze steht.[15]

Wenngleich der Ort des Taufgedächtnisses aufgrund der sich gegenüberstehenden Stuhlreihen, die an die traditionelle Anordnung eines Chorgestühls erinnern, von den Seminaristen für die Feier der Tagzeitenliturgie genutzt wird, so war die Intention des Künstlers keine statische, sondern eine dynamische, die ganz bewusst in das künstlerische und theologische Zentrum des Sakralraums, nämlich an den Ort der eucharistischen Mahlgemeinschaft, führen sollte.[16] Flankiert wird dieser Weg linker Hand von einer thronenden Marienfigur, deren Kind die Arme wie am Kreuz ausstreckt, und rechter Hand von dem Wort Gottes, das auf dem Evangelienthron seinen Platz hat, auf dem das Lamm mit den sieben Siegeln abgebildet ist (Offb 6,1–8). Im Unterschied zu den restlichen Behängen aus Leinen ist die Seite zum Ort des Taufgedächtnisses hin blau gestaltet – Farbe des Göttlichen im Judentum – und stellt eine Wertschätzung für das Alte Testament und eine Vergewisserung der jüdisch-christlichen Geschwisterlichkeit dar.[17]

Der Ort der gemeinschaftlichen Eucharistie

Nach der dogmatischen Konstitution über die Kirche Lumen gentium (LG) des Zweiten Vatikanischen Konzils ist die Eucharistie Quelle und Höhepunkt des ganzen christlichen Lebens (LG 11,1). Nicht nur von der räumlichen Aufteilung, sondern auch von der theologischen Bedeutung bildet dieser Ort nicht nur das Zentrum und die Mitte des neugestalteten Sakralraums, sondern des gesamten Seminars, denn hier kommt die Kommunität des Seminars einheitlich zur Feier der Eucharistie und zur Begegnung mit Christus in Wort und Sakrament zusammen. Wünschenswert wäre aus liturgietheologischer Sicht, wenn sich die Kommunität an diesem zentralen Ort auch zur Feier der Tagzeitenliturgie um den Altar versammeln würde, denn – mit Bezug auf SC 83,2 – dankt die Kirche ohne Unterlass für das Heilswerk Gottes nicht nur in der

---

15 Vgl. Kopp, Stefan / Werz, Joachim, Werke von Friedrich Koller im liturgischen Raum, in: Dies. (Hg.), »Zeichen und Symbol überirdischer Wirklichkeiten«. Liturgische Orte und ihre künstlerische Gestaltung [FS Friedrich Koller], Regensburg 2019, S. 113–187, zur Pfarrkirche Christus unser Leben in Thalfingen: S. 130–131.
16 Die dynamische Intention des ersten Raumes, der vor allem als Ort der Tauferinnerung und Statio gedacht ist, betonte Friedrich Koller in einem Gespräch am 19. März 2019. Die nicht der künstlerischen Intention entsprechende Interpretation der sich gegenüber angeordneten Stuhlreihen als Chorgestühl findet sich auch bei Morsbach, Peter, Regensburg. Hauskapelle des Priesterseminars St. Wolfgang, in: LIGA-Bank (Hg.), Kunstkalender 2019.
17 Mündliche Aussage von Künstler Friedrich Koller während des gemeinsamen Telefonats (mündliche Aussage vom 19. März 2019).

Feier der Eucharistie, sondern auch besonders im Vollzug des Stundengebets.[18]

Durch die hufeisenförmige Anordnung der Bestuhlung wird der Altar besonders ins Zentrum gerückt, sodass dieser, wie Josef Andreas Jungmann in der ersten Hälfte des 20. Jahrhunderts anhand der alten römischen Kirchen analysierte, in der »Lücke im Ring«[19] steht. Dadurch wird nicht nur ein intensiveres gemeinschaftliches Feiern ermöglicht, sondern auch das vom Maria Laacher Benediktiner Odo Casel formulierte »Ideal der Circumstantes«[20], also der den Altar Umstehenden, verwirklicht. Durch die künstlerische Gestaltung dieses zentralen Ortes schuf Koller einen dauerhaften Abendmahlssaal, da Christus – symbolisiert durch den Altar – stets von seinen zwölf Jüngern umgeben ist, die von Koller auf den kupfergoldenen Leinwänden durch Shadow-Painting in abstrahierten Silhouetten dargestellt wurden. Vergegenwärtigt man sich die Symbolik dieses Sakralraumes als Schiff, so erinnert diese Darstellung zudem an den Sturm auf dem See aus Mk 4,35–41.

Neben der »Entängstigung«, die gerade auch für die Kirche und ihre Akteure im 21. Jahrhundert eine zentrale Gewissheit und Aufgabe werden muss, da häufig eine enorme Angst vor Veränderungen die kirchlichen Verantwortlichen beherrscht, vermittelt dieser Ort zudem das Hineingenommen-Sein in die Gemeinschaft der Kirche, welche die Versammlung sowohl der Heiligen als auch der Sünder ist. Koller schuf somit künstlerisch ein theologisches Spannungsfeld, da sich während der Feier der Eucharistie die Priesteramtskandidaten zwischen Christus und seinen künstlerisch dargestellten Jüngern – im wahrsten Sinne des Wortes – einreihen.

Der Altar mit seinem schmalen Stipes, in dem Reliquien des hl. Wolfgang verwahrt sind, und seiner schalen- bzw. bootsartigen Mensa steht in der Kreuzung von Längs- und Querachse des im Boden eingelassenen Kreuzes und bildet nicht nur aufgrund der gleichen Materialwahl eine künstlerische und zugleich auch theologische Einheit.[21] Die zartgliedrigen vier Altarleuchter sowie das Vortragskreuz aus geschabtem Tombak-Metall sind typisch für das künstlerische Schaffen Kollers. Der Ambo ist schmal und einfach gestaltet. Nach der Verkündigung kann das Lektionar bzw. Evangeliar offen zur Gemeinde präsentiert werden, sodass sozusagen das Wort Gottes in der Kommunität weiterwirken kann.[22] Dabei erinnert die

◁ Blick vom Ort der Anbetung in den Ort der eucharistischen Mahlgemeinschaft

---

18 Anm. d. Hg.: Dies wird, zumindest im feierlich gestalteten gemeinsamen Vollzug von Anfang an so praktiziert.
19 Jungmann, Andreas, Missarum Sollemnia. Eine genetische Erklärung der römischen Messe. Bd. II, Freiburg / Basel / Wien ⁴1958, S. 208.
20 Vgl. Schwebel, Horst, Art. Kirchenbau V Moderner Kirchenbau (ab 1919), in: TRE, Bd. 18, Berlin / New York 1989, S. 514–528, hier: S. 517.
21 Zur theologischen Bedeutung und historischen Entwicklung des Altars in der christlichen Kirche vgl. Werz, Joachim, Der »Tisch des Herrenleibes« (SC 48). Zu Geschichte und Bedeutung des christlichen Altares, in: Kopp, Stefan / Werz, Joachim (Hg.), »Zeichen und Symbol überirdischer Wirklichkeiten«. Liturgische Orte und ihre künstlerische Gestaltung [FS Friedrich Koller], Regensburg 2019, S. 13–23. Besonders sei hier auf die jüngst erschienene historische Studie zum christlichen Altar verwiesen von Heid, Stefan, Altar und Kirche. Prinzipien christlicher Liturgie, Regensburg 2019.
22 Vgl. Benini, Marco, Der Ambo. »Tisch des Gotteswortes« (SC 51), in: Kopp, Stefan / Werz, Joachim (Hg.), »Zeichen und Symbol überirdischer Wirklichkeiten«. Liturgische Orte und ihre künstlerische Gestaltung [FS Friedrich Koller], Regensburg 2019, S. 25–33, hier: S. 33.

Form und das Material an die von Koller am Ort des Taufgedächtnisses geschaffene Marienfigur, die als Sitz der Weisheit das fleischgewordene Evangelium präsentiert. Im Sinne des Zweiten Vatikanischen Konzils wäre es zu begrüßen gewesen, wenn auch der »Tisch des Herrenwortes« (SC 51), der nun leicht nach außen gerückt hinter dem Altar angebracht wurde, weniger eine dem Altar beigeordnete Position hätte, sondern ebenfalls auf der Längsachse des Kreuzes installiert worden wäre, um so die Einheit von Taufe, Wort- und Mahlfeier darzustellen. Auf diese Überlegungen Kollers reagierte bereits im einberufenen Kolloquium zur Neugestaltung der Seminarkapelle am 21. Oktober 2003 der damalige Regensburger Diözesanbischof und betonte, dass er keine Bipolarität von Ambo und Altar wünsche, da seiner Auffassung nach Altar und Ambo, bzw. Sakrament und Wort untrennbar zusammengehören.[23] Ein herausragendes Beispiel im umfangreichen Œvre Friedrich Kollers für diese gegenseitige Bezogenheit und liturgietheologische Verbindung von Altar und Ambo ist seine Neugestaltung der Pfarrkirche St. Anton in Passau im Jahr 1999, in der auf der Hauptachse von Ost nach West Vorstehersitz, Altar, Ambo und Taufbecken installiert wurden.[24]

Den liturgischen Ort des Vorstehersitzes platzierte Koller vor der hinteren Leinwand. Um dessen theologische Bedeutung im Unterschied zu der restlichen Bestuhlung hervorzuheben, bilden Stuhlbein, -lehne und Sitzfläche ebenfalls ein Kreuz, das durch eingearbeiteten Edelstahl deutlich sichtbar wird.[25] Für die neugebaute Vleugels Orgel (Hardheim) entwarf Koller den Prospekt, sodass ein stimmiges und hochwertiges künstlerisches Gesamtbild des Sakralraums resultierte.

Der Ort der Anbetung und Kontemplation

Der südlichste Teil der neugestalteten Seminarkapelle ist der Ort für das persönliche Gebet und die Kontemplation des Einzelnen. Auf dem ursprünglichen Altar, auf dem das von Guido Martini geschaffene Kruzifix fußt, installierte Friedrich Koller einen neugeschaffenen Tabernakel aus demselben Material wie das Vortragskreuz.[26] In der künstlerischen Gestaltung griff er ebenfalls die Kreuzsymbolik in dreidimensionaler Weise auf. Flankiert werden der Tabernakel und das Kreuz, die durch die Kreuzsymbolik eine künstlerische und theologische Einheit bilden sollen, von

---

23 Schriftliche Notiz von Künstler Friedrich Koller während des Kolloquiums am 21. Oktober 2003, aus dem Privatarchiv von Friedrich Koller, Laufen (eingesehen am 21. März 2019).
24 Vgl. Kopp / Werz, Werke von Friedrich Koller im liturgischen Raum, (s. Anm. 15), hier: S. 160–161.
25 Zur theologischen Bedeutung und historischen Entwicklung des Vorstehersitzes vgl. Keplinger, Josef, »Gott ruft sein Volk zusammen…« Zur (oft verkannten) symboltheologischen Zeichenstruktur des Vorstehersitzes, in: Kopp, Stefan / Werz, Joachim (Hg.), »Zeichen und Symbol überirdischer Wirklichkeiten«. Liturgische Orte und ihre künstlerische Gestaltung [FS Friedrich Koller], Regensburg 2019, S. 35–43.
26 Zur theologischen Bedeutung und historischen Entwicklung des Tabernakels vgl. Miserre, Jonas, Der Tabernakel als Ort der Aufbewahrung und Verehrung der Eucharistie, in: Kopp, Stefan / Werz, Joachim (Hg.), »Zeichen und Symbol überirdischer Wirklichkeiten«. Liturgische Orte und ihre künstlerische Gestaltung [FS Friedrich Koller], Regensburg 2019, S. 45–53.

zwei filigranen Leuchtern. Aufgrund der fragwürdigen Qualität der Marien- und Johannesfigur aus der Werkstatt Guido Martinis beschlossen die Verantwortlichen, lediglich das aussagekräftige Kreuz beizubehalten.[27] Unterhalb der Stufen des Tabernakels schuf Koller ebenfalls eine neue Bestuhlung, die jedoch in der traditionellen Reihung zugunsten der Ausrichtung in Gebet und Kontemplation auf Tabernakel und Kreuz installiert wurde.

Eine Einladung, das eigene Leben »unter das Geheimnis des Kreuzes« zu stellen

Die Neugestaltung der Priesterseminarkapelle St. Wolfgang in Regensburg durch Friedrich Koller ist als Gesamtkunstwerk ein aussagekräftiges und hochwertiges Beispiel dafür, wie an einem zentralen und zukunftsträchtigen Ort einer Diözese ein Raum heute gestaltet sein kann, der in seiner »liturgischen Funktion Vorbild für die Ausbildung der Priester sein und die Seminaristen in einem adäquaten Rahmen für die künftige Arbeit in der Kirchengemeinde vorbereiten«[28] soll. Zudem dokumentiert die Kapelle, wie im 21. Jahrhundert der Dialog von Kunst, Theologie und Kirche fruchtbar realisiert werden kann, sodass sich Menschen im 21. Jahrhundert in der Erinnerung an die Christwerdung, im persönlichen Gebet und vor allem in der Feier der Liturgie selbst darauf vorbereiten können, ihr Leben im Dienst an den Menschen in einer besonderen Form der Nachfolge unter das Geheimnis des Kreuzes zu stellen.

Angaben zur künstlerischen Ausstattung

STANDORT:
Priesterseminar St. Wolfgang, Bismarckplatz 2, 93047 Regensburg

JAHR: 2005

OBJEKTE:
Portal, Vorraum, Brunnen, Bodenkreuz, Altar, Ambo, Tabernakel, Ewiglichtleuchten, Altarleuchter, Osterleuchter, Marienfigur, Evangelienthron, Gestühl, Leuchter, Behänge, Vortragkreuz, Orgelprospekt.

MATERIALIEN:
Untersberger Marmor rötlich, Tombak-Metall geschabt, Edelstahl, Leinen metallisiert

LITERATUR:
Morsbach, Peter, Regensburg. Hauskapelle des Priesterseminars St. Wolfgang, in: LIGA-Bank (Hg.), Kunstkalender 2019; Kopp, Stefan / Werz, Joachim, Werke von Friedrich Koller im liturgischen Raum, in: Dies. (Hg.), »Zeichen und Symbol überirdischer Wirklichkeiten«. Liturgische Orte und ihre künstlerische Gestaltung [FS Friedrich Koller], Regensburg 2019, S. 113–187, zur Seminarkapelle: S. 170–171.

---

27 Mündliche Aussage von Künstler Friedrich Koller während des gemeinsamen Telefonats (mündliche Aussage vom 20. März 2019).
28 Bischöfliches Baureferat, Protokoll zum Colloquium zur Neugestaltung der bestehenden Hauskapelle im Priesterseminar Regensburg, Antworten auf die schriftlich eingegangenen Fragen vom 3. Dezember 2003, S. 4, aus dem Privatarchiv von Friedrich Koller, Laufen (eingesehen am 21. März 2019).

BEGEGNUNG IN BILDERN

Säulen in der Schottenkirche St. Jakob

Die Begegnung mit Bildern prägt.
Im Regensburger Priesterseminar eröffnet sich dazu ein weiter Bogen –
von den romanischen Steinsäulen über bewegte Barockgemälde bis zu den
Leihgaben zeitgenössischer Arbeiten.

Begegnung in Bildern – Pastoraler Dialog auf Augenhöhe

Dr. Maria Baumann, Leiterin der Abteilung Kunst und Denkmalpflege, Museumsleiterin und Diözesankonservatorin

»Kunst ist Seelsorge«. Mit starkem Pinselstrich hat der documenta-Künstler Anatol (1931–2019) in roter Farbe seine Botschaft auf ein rostiges Metallschild gemalt. Festgeschraubt an der von Spinnweben umsponnenen Bretterwand des Bildhauerateliers im Freilicht-Kunstmuseum Insel Hombroich bei Neuss ergänzt es sich mit einem gezimmerten Vogelhäuschen zu einem Stillleben. Anatol Herzfeld war Meisterschüler von Joseph Beuys, streitbar, provokant. Ein wuchtiges Werk von ihm steht in Marktredwitz, das Marktredwitz-Tor. Für den Besinnungsweg Fellbach schuf er seinen »Gottsucher«, in einen mächtigen Findling aus Granit gehauen. In der Krypta der St. Agnes-Kirche in Köln, die er als Ort der Erinnerung an KAB-Widerstandskämpfer gegen die Nationalsozialisten gestaltete, erzählt der »Triptychon« eindringlich von Jesu' Passion, gefesselt steht er da, eingerahmt von seinen Anklägern Pilatus und Kaiphas.

Anatol bekannte sich als überzeugter Christ. Er schuf Werke, die zu Orten der Begegnung von Mensch zu Mensch und zu Stationen für Menschen auf dem tastenden Weg zu Gott wurden. »Kunst ist Seelsorge«: Der starke Satz bleibt als Vermächtnis des renommierten Bildhauers herausfordernd, für Künstler und umso mehr für alle berufenen Seelsorger. Sie stehen nicht in Konkurrenz, wenngleich Museen immer wieder als die »Kathedralen der Moderne« apostrophiert werden. Die große Chance liegt im Miteinander, im offenen Zueinander. Ihr gemeinsames Thema ist der Mensch. Die Kirche kann hier auf eine jahrhundertealte Tradition bauen, die im 21. Jahrhundert neue expressive und intensive Bilder findet.

»Braucht die Kunst die Kirche?«

Papst Johannes Paul II. war überzeugt, dass sich eine Welt ohne Kunst schwerlich dem Glauben öffnen könne. »Jede echte Form von Kunst ist, jeweils auf ihre Art, ein Zugang zur tiefsten Wirklichkeit des Menschen und der Welt. Als solcher stellt sie eine sehr wertvolle Annäherung an den Glaubenshorizont dar, wo das menschliche Dasein und seine Geschichte ihre vollendete Deutung finden.« In seinem Brief an die Künstler vom Ostersonntag 1999[1] schaute er auf den Weg des Gemeinsamen in der Geschichte, setzte sich

---

[1] Brief von Papst Johannes Paul II. an die Künstler, 4. April 1999, 6. Ein fruchtbares Bündnis zwischen Evangelium und Kunst, https://www.vatican.va/content/john-paul-ii/de/letters/1999/documents/hf_jp-ii_let_23041999_artists.html, abgerufen am 26.02.2022.

mit der gegenseitigen Abkehr von Kunst und Kirche seit 1800 auseinander, um eindringlich eine entscheidende Fragen zu stellen und zu ihr Stellung zu nehmen: »Die Kirche braucht die Kunst. Braucht die Kunst die Kirche?«

Er scheute nicht den mutigen Blick auf das Misstrauen der Institution gegen den modernen Geist. »Dieser Geist galt als glaubens- und kirchenfeindlich, als offenbarungs- und religionskritisch. Die Haltung der Kirche war Abwehr, Distanzierung und Widerspruch im Namen des christlichen Glaubens.«[2]

In der Pastoralkonstitution «Gaudium et spes» des Zweiten Vatikanischen Konzils sah Papst Johannes Paul II., wie er bereits in seiner Ansprache an Publizisten und Künstler bei seinem Pastoralbesuch 1980 im Münchner Herkulessaal betonte, die Voraussetzung, »dass die Kirche in ein neues Verhältnis zur Kultur und zur Kunst eintritt, in ein Verhältnis der Partnerschaft, der Freiheit und des Dialogs.« Es war die Anerkennung der autonomen Kunst in der Zuwendung zum Heute, dem »Aggiornamento«.

42 Jahre nach dieser Rede, im Heute des 21. Jahrhunderts, ist diese Brücke zwischen zeitgenössischer Kunst und Kirche immer noch fragil. Auf Seiten der Kirche wurde zwar die kirchliche Kunst als Mittel der (Neu)Evangelisierung wieder entdeckt[3], doch bleibt vielfach der Argwohn, zumindest eine gewisse Scheu davor, die oft schwer deutbare Gegenwartskunst in den Kirchenraum zu holen. Er scheint oft einem Rückzug in die Sicherheit der Werke maximal des 19. Jahrhunderts gleichzukommen. Auf Seiten der Kunst steht nicht nur die Entfremdung in einer säkularisierten Gesellschaft. Stärker wiegt der Vorbehalt gegen den über Jahrhunderte gefestigten Anspruch der Kirche auf eine dienende Kunst, die religiöse Inhalte figural und »schön« ins Bild setzt.

Es geht um die Existenz

Bei allem zögerlichen Gegenüber bleibt Religion in der Kunst ein existentielles Thema. Skulpturen, Plastiken, Zeichnungen, Graphiken, Gemälde, Performances und Videokunst sind Ausdruck von Lebens- und Weltdeutung, von Gefühlen und Erfahrungen, die Menschen bewegen, von oft verborgenen Ängsten und Sehnsüchten, umso mehr in einer Zeit, in der Gewissheiten immer wieder verloren gehen und Werte in einer globalisierten Welt neu verhandelt werden. Antworten auf Sinnfragen – Menschen suchen sie auch in der Kunst. Klaus Biesenbach, Kurator der 2004 im Hygienemuseum Dresden durchgeführten Ausstellung »Die Zehn Gebote«, stellte fest: »Kunst hat parallel zu dem Bedeutungsverlust von Religion in vielen Bevölkerungsgruppen eine Rolle übernommen, der das Erha-

---

2 Ansprache von Papst Johannes Paul II. an die Publizisten und an die Künstler, München, 19. November 1980, https://www.vatican.va/content/john-paul-ii/de/speeches/1980/november/documents/hf_jp_ii_spe_19801119_artisti-giornalisti.html, abgerufen am 26.02.2022.

3 Ausführlich dazu Ralf van Bühren, Künstler- und Kunstpastoral als Neuevangelisierung der Kunst und durch Kunst (1993–2007), in: Kunst und Kirche im 20. Jahrhundert. Die Rezeption des Zweiten Vatikanischen Konzils, Paderborn 2008 (Konziliengeschichte, Reihe B: Untersuchungen), S. 542–601.

bene, Sublime, Wahre und Schöne, das Erhellende und Transzendente zugewiesen wird.«[4]

Diese Stärke der Kunst eröffnet der Kirche einen Möglichkeitsraum. Es geht nicht um eine Nutzbarmachung kultureller Ressourcen, sondern um eine Neuentdeckung, um ein neu ins Gespräch kommen mit Künstlerinnen und Künstlern, mit ihren Werken, ihren Motiven und Motivationen. Kunst kann Inspiration und Inhalt eines intensiven pastoralen Dialogs auf Augenhöhe mit der Gemeinde sein und darüber hinaus mit Zweifelnden und Fernstehenden, die Kirche nicht mehr als den Ansprechpartner für ihre Lebensfragen sehen. Es ist eine Herausforderung der Zukunft auch und besonders für Priester, mit der Kunst an einer einladenden Brücke zu Begegnung und Auseinandersetzung im christlichen Glauben, zu neuen Zugängen und offenen Fragestellungen, zwischen Ethik und Ästhetik, zwischen kulturellem Erbe aus einer reichen Vergangenheit und zeitgenössischen Positionen zu bauen.

Im Wandel des Glaubens- und Kirchenbildes

Wir sind visuelle Menschen, nehmen fast 80 Prozent über das Auge wahr. Verkündigung über Bilder ist heute nicht nur genauso wichtig wie in Zeiten, als die Menschen noch nicht lesen konnten, sondern braucht aufgrund veränderter Sehgewohnheiten andere Ansätze. Je mehr Kunst wir anschauen, desto mehr finden wir unseren eigenen Zugang, erkennen Qualität in den Werken, die uns berühren, packen, staunen lassen, ja auch aufregen oder ärgern. Kunst war immer zeitgenössisch und verlangte ein Einlassen auf das Neue, ob im Mittelalter, als der französische Stil, später Gotik genannt, die massiven Wände der Kirchenburgen mit lichtvollen Fenstermalereien aufbrach und in ungekannte Höhen wachsen ließ, ob im Barock, der sich mit überbordender Formfülle im Sinne der Gegenreformation radikal von den geraden Proportionen der Renaissance unterschied, oder in der Romantik mit ihren allegorisch aufgeladenen Bildensembles, die im 19. Jahrhundert die klassizistische Klarheit in Linie und Material verdrängte.

Epochen wurden aber auch dadurch geprägt, dass Menschen vergangene Kunstrichtungen wiederentdeckten. War es im 15. Jahrhundert die Antike, wurde das 19. Jahrhundert zur Zeit der Neo-Stile. Der Historismus bediente sich in einem neu erwachenden Nationalbewusstsein interpretierend und umdeutend in der Vergangenheit. Mit der Idee der »reinen Form« wurden Kirchen umgestaltet. Die vehemente Ablehnung aller barocken Theatralik lässt sich in zwei zentralen Regensburger Kirchen ablesen. Im 17./18. Jahrhundert war der Dom im Stil des Barocks prächtig ausgestattet worden. Der Silberaltar ist eines der wenigen Zeugnisse aus dieser Zeit. Denn bei seinem zweiten Besuch in Regensburg 1835 ordnete Ludwig I. die Purifizierung der Kathedrale an: Alles

---

4 Klaus Biesenbach (Hg.), Die Zehn Gebote, Dresden 2004. Zit. n. Dorothee Messmer, Gott sehen. Die Kunst und das Überirdische, in: Gott sehen. Das Überirdische als Thema in der zeitgenössischen Kunst, Sulgen 2005, online https://kunstmuseum.tg.ch/de/sammlung/texte/text.html/7916/text/10, abgerufen am 26.02.2022.

Ungotische, später Hinzugekommene, sollte entfernt werden.

Auch St. Jakob, die ehemalige Benediktinerklosterkirche der Iro-Schotten, erzählt Geschichte mehrerer Jahrhunderte.[5] Die romanische dreischiffige Basilika des 12. Jahrhunderts mit drei Chorapsiden, zwei Osttürmen, westlichem Querhaus und skulptiertem Nordportal wurde 1647 und 1689 neu ausgestattet. Von 1871–1873, der Zeit des Einzugs des Klerikalseminars St. Wolfgang in das aufgehobene Kloster, wurde das Gotteshaus durchgreifend restauriert und reromanisiert. Der barocke Schmuck wurde auch dort fast vollständig entfernt, die Steinoberflächen wurden freigelegt. Die Studienkirche erhielt eine figürliche Wandmalerei im Chor von Franz Xaver Kolb aus Ellwangen, Schüler des Historienmalers Wilhelm von Kaulbach. Die Glasfenster wurden nach Entwürfen von Johann Klein aus Wien gestaltet sowie Hochaltar und Nebenaltäre in der neuromanischen Formensprache nach den Zeichnungen des Domvikars Georg Dengler.

Gotteshäuser sind Monumente eines Glaubens- und Kirchenbildes, das in stetem Wandel begriffen ist. Die Priesteramtskandidaten wissen noch nicht, in welchem Kirchenbau sie ihrer Gemeinde begegnen werden. Jeder Raum verkündet in Architektur und Ausstattung die eine und doch seine eigene Botschaft, der romanische Kirchenraum so ganz anders als die markanten Betonkathedralen des Brutalismus der 1960er-Jahre. Priester zelebrieren die Messen inmitten von Zeugnissen der Kunstgeschichte, die in hohem Maß auch Kirchengeschichte ist. Eine gotische Madonna erzählt ebenso wie ein nazarenischer Herz-Jesu-Christus von Umbrüchen in Frömmigkeit und Gottesbegegnung, von (kirchen)politischen Ereignissen und Glaubenshoffnungen in den Alltagserfahrungen von Leid und Liebe, Trauer und Tod. All diese Aspekte machen die Auseinandersetzung mit Kunst in Geschichte und Gegenwart zu einem wertvollen und notwendigen Lehrstoff der Priesterausbildung.

Die Begegnung mit Bildern prägt. Im Regensburger Priesterseminar eröffnet sich dazu ein weiter Bogen – von den romanischen Steinsäulen über bewegte Barockgemälde bis zu den Leihgaben zeitgenössischer Arbeiten aus der Sammlung von Pfarrer Josef Roßmaier. Im Lesesaal der Bibliothek trifft der Betrachter auf die eindringliche Bildserie »Golfkrieg 1–3« von Ruth Lynen (geb. 1945), wie Anatol Meisterschülerin von Joseph Beuys. Auf sandigem Grund bringt sie die Schrecken des Krieges nah. In reduzierten Formen berührt das Leid der Menschen. Hand- und Fußabdrücke, die sich leicht vor der erdig-orangenen Leinwand abheben, im Mittelbild schwere schwarze, bedrohliche Formen: Krieg, von Machthabern entfacht, ist keine abstrakte Gefahr. Er macht Men-

---

5 Mona Stocker, Die Baugeschichte der Regensburger Schottenkirche St. Jakob und ihres Kreuzgangs, in: Scoti Peregrini in St. Jakob. 800 Jahre irisch-schottische Kultur in Regensburg (= Bischöfliches Zentralarchiv und Bischöfliche Zentralbibliothek Regensburg, Kataloge und Schriften, Bd. 21), Regensburg 2005, S. 36–46.

▷ Robert M. Weber, Der Auferstandene, 2005, Deckfarbe auf Holz, Metall

schen ohnmächtig. Die Frage nach Gott wird drängend, wo Gewalt und Wehrlosigkeit kaum auszuhalten sind. Als Bilder der Stille werden Ruth Lynens Werke zur Aufforderung, sich mit den eigenen, allzu menschlichen Beweggründen für Hass und Willkür, für Frieden und Gerechtigkeit auseinander zu setzen.

Im Letzten konfrontieren uns auch Kreuzigungsdarstellungen mit genau diesen existentiellen Fragen. Gott ist Mensch geworden, Jesus wurde von Menschen verurteilt und hingerichtet. Das Gemälde von Robert M. Weber (geb. 1958) aus Grafing im Refektorium ist mit der Zeichnung von Christus am Kreuz vor der lichtvollen Weite auf weißem und gelbem Grund Ausdruck der zentralen christlichen Auferstehungshoffnung. Rote Farbschlieren sprechen von der Passion und erfahrenen Schmerzen. Die vier Bildtafeln formen im Dazwischen das Kreuz. In der Fastenzeit wird das Bild gewendet, die monochrom violett bemalten Rückseiten lassen innehalten, die Sehnsucht nach der vertrauten Ikone neu spüren. Die Farbe von Buße, Übergang und Verwandlung leitet zur Besinnung, zur eigenen Verortung zwischen irdischem Dasein und dem Glauben, der darüber hinausführt. Die kirchliche Tradition des Bilderfastens führt vor Augen, wie notwendig wir kraftvolle, bewegende Bilder in den Beziehungen des Lebens brauchen. Sie stellen Selbstverständlichkeiten in Frage, berühren und lassen neu sehen. Kunst ist Seelsorge.

◁ Rückseite, Robert M. Weber, Der Auferstandene, 2005, Deckfarbe auf Holz, Metall

EIN STREIFZUG DURCH DAS SEMINAR IN BILDERN

Bilder wollen ein Stück der Geschichte dieses Hauses erzählen.
Sie gewähren Einblicke in die Sanierung
und den Umbau des Seminars, zeigen Gäste, die sich immer wieder am Bismarckplatz
einfinden, halten Feierstimmung(en) fest,
öffnen Seminar Räume, bilden Gemeinschaft ab und verschaffen nicht nur den einen oder
anderen Ausblick, sondern bieten einen Blickfang auf das, was
man eher selten sieht.

Einblicke und Ausblicke

Außenansicht während des Umbaus

Haupteingang des Priesterseminars, Bismarckplatz 2

Vor der Sanierung:
Der Innenhof,
Blick vom Südflügel

Einblick in den
Terrassenhof,
vom Südflügel

Der ne
gestaltet
Terrassenho
ebenfalls vor
Südflügel au
gesehe

Einblick in den sanierten Küchenhof, vom Südflügel

Der Küchenhof während des Umbaus

Der alte
Kreuzgarten

Kreuzgarten im
Umbruch

Einblicke und Ausblicke

Brunnen im Kreuzgarten

Der neue Kreuzgarten

Seite 228/229:
Ausblick und Einblick, Kreuzgarten

Garten, Blick auf die Westfassade des Priesterseminars

Baustelle Seminargarten

Gartenidylle

Garten, Blick auf die Westfassade von St. Jakob

Die große Aula heute

Die ehemalige große Aula

EIN STREIFZUG DURCH DAS SEMINAR IN BILDERN

Das Brunnenhaus während der Umbauphase

Brunnenhaus – Rekonstruktion der Nordwand

Seite 236/237:
Das Brunnenhaus heute

EIN STREIFZUG DURCH DAS SEMINAR IN BILDERN

Der Quellstein im Brunnenhaus

Ausblick vom Brunnenhaus in den Kreuzgarten

Einblicke und Ausblicke

Die Cafeteria (ehemals Schuhkammer)

Die ehemalige Schuhkammer

Pforte und Pförtner
Eduard Brandl

Der Pfortenbereich vor der Sanierung

Einblicke und Ausblicke

Die neue Rezeption 2005

Speisesaal nach dem Neubau, Mitte der 1930er Jahre (BZAR, Priesterseminar Regensburg 403)

Einblicke in den Speisesaal vor der Renovierung

Einblicke und Ausblicke

Seite 246/247:
Der neue Speisesaal

Das ehemalige Bierstüberl

Der heutige Pastoralkursraum (im ehemaligen Bierstüberl)

Gangatmosphäre vergangener Tage

Einblicke und Ausblicke

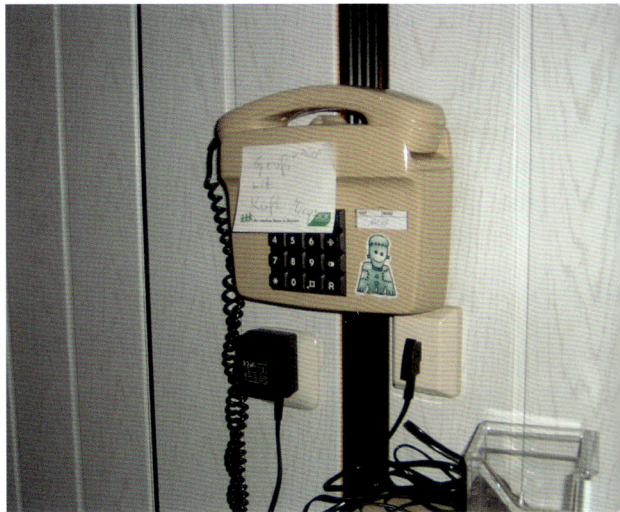

»Gangtelefon«

Frühere »zweckmäßige« Zimmerausstattung

Moderne Zimmer heute

Neues Ambiente

EIN STREIFZUG DURCH DAS SEMINAR IN BILDERN

Einblicke in den Kreuzgang vor und während der Renovierung

Einblicke und Ausblicke

Seite 256/257 und 258/259:
Der Kreuzgang heute

Alter Mizi (Missionszirkel) Laden im 1. Stock, ehemals beliebter Treffpunkt der Studenten

Die neue Cafeteria

Hauskapelle nach dem Neubau, Mitte der 1930er Jahre (BZAR, Priesterseminar Regensburg 403)

Einblicke und Ausblicke

Die Hauskapelle vor der Umgestaltung

Seite 264/265:
Die neue Hauskapelle nach der Umgestaltung durch Friedrich Koller

Seite 266/267:
Das ehemalige Oratorium

Bischof Dr. Rudolf Voderholzer, Bischof von Regensburg

Gern gesehene Gäste

Bischof Dr. Stefan Oster SDB, Bischof von Passau

Gern gesehene Gäste

Kardinal Gerhard Ludwig Müller, ehemaliger Bischof von Regensburg

Kardinal Berhaneyesus Demerew Souraphiel, Addis Abeba (Äthiopien)

Feierstimmung(en)

Rorate Gottesdienst in St. Jakob

Seite 272/273: Taizégebet in St. Jakob

Nikolaus-
feier in
der Aula
Magna

Haussegnung am Fest Erscheinung des Herrn

Kerzenweihe am Fest Darstellung des Herrn

Beauftragungsfeier (Lektorat) in der Hauskapelle

Fronleichnam in St. Jakob
(während der Corona Zeit)

EIN STREIFZUG DURCH DAS SEMINAR IN BILDERN

Am Abend der Priesterweihe

Neupriesterverabschiedung, Gottesdienst in St. Jakob

Tag der Priesterweihe, Festmahl im Speisesaal

Seminar-Räume

Die Schottenkirche St. Jakob

Die Hauskapelle St. Wolfgang

Der Kreuzgang

Die Seminarbibliothek

Die neue Cafeteria

Der Speisesaal (Refektorium) beim weihnachtlichen Festmahl

Hausgemeinschaft

Das Kollegium

Mallersdorfer Schwestern und Mitarbeiterinnen

Studenten

Die Schola

Blickfang

Der Mönch Rydan – Beschließer von St. Jakob

Seite 284: Uhrwerk im Kirchturm von St. Jakob
Seite 285: Die Orgelrenovierung in St. Jakob

EIN STREIFZUG DURCH DAS SEMINAR IN BILDERN

Blick aus dem Seminar auf die Schottenkirche St. Jakob und die Domtürme

Schmetterlingsreliquiar, Schottenkirche St. Jakob

Das Schottenportal

Schmiedeeiserne
Türe zum Altarraum
in St. Jakob

Brunnen im
Kreuzgarten

St. Jakob in
einem anderen Licht

Festtafel

Blumenschmuck zur Festtafel

STUDIUM UND AUSBILDUNG

Heute studieren die meisten Priesteramtskandidaten an der Katholisch-Theologischen Fakultät der Universität Regensburg.

Vorher war der Weg der Studenten zur Theologischen Hochschule ein kurzer, nur über die Straße.

Im Priesterseminar am Bismarckplatz sind heute zwei Einrichtungen für Lehre und Forschung untergebracht.

Das Collegium/Studium Rudolphinum für die Studentinnen und Studenten des dritten Bildungsweges und das Institut Papst Benedikt XVI., ein Ort der Wissenschaft und der Begegnung im ehemaligen Schottenkloster.

Theologie in Regensburg an Lyzeum, Philosophisch-Theologischer Hochschule und Universität

Prof. Dr. Klaus Unterburger, Professor am Lehrstuhl für Kirchengeschichte des Mittelalters und der Neuzeit an der Ludwig-Maximilians-Universität München

Die Universität Regensburg mit ihrer Fakultät für katholische Theologie nahm im Wintersemester 1967/68 ihren Betrieb auf. Allerdings gibt es eine viel weiter zurückreichende Vorgeschichte in akademischen Vorgängerinstitutionen, die eine der Wurzeln der neuen Universität wurde. Eine trennscharfe Scheidung zwischen Universität und Nicht-Universität führt historisch gesehen ohnehin in die Irre. Einerseits blieben Idee und Verfassung der Universität über die Jahrhunderte Maßstab und Zielpunkt wissenschaftlicher Bildung. Andererseits gab es von Beginn an universitätsähnliche Einrichtungen, die als Teil- oder Semiuniversitäten bezeichnet werden könnten. Häufig bereiteten sie auf ein Universitätsstudium vor und Absolventen von dort bekamen an diesen eine Anstellung. Nicht selten gingen aus solchen akademischen Institutionen mit der Zeit Universitäten hervor; andererseits gab es auch innerhalb der universitären Rechtsform Lehranstalten, die nur Teilelemente der großen Universitäten ausgebildet hatten oder ihren Universitätsstatus wieder verloren. In der Frühen Neuzeit waren v. a. die Gymnasien als Akademische Gymnasien solche Übergangsinstitutionen, die auf ein Universitätsstudium vorbereiteten oder faktisch ersetzten und aus denen aber mitunter auch selbst Universitäten hervorgingen.[1] Umgekehrt absorbierten die Universitäten seit dem 19. Jahrhundert in ihren philosophischen Fakultäten Disziplinen, die vorher an den Akademischen Gymnasien gelehrt wurden.

Theologie an Universitäten war im Mittelalter und der frühen Neuzeit ohnehin zwar auch berufsqualifizierend, aber nicht für den Seelsorgsklerus. Um diesem ein über die sprachlich-grammatikalischen Kenntnisse, die für die korrekte Verwendung der lateinischen liturgischen Bücher

---

[1] Vgl. für Straßburg: Anton SCHINDLING, Humanistische Hochschule und freie Reichsstadt. Gymnasium und Akademie in Straßburg 1538–1621 (VIEG 77), Wiesbaden 1977; für Nürnberg: Wolfgang MÄHRLE, Academia norica. Wissenschaft und Bildung an der Hohen Schule in Altdorf (1575–1623) (Contubernium 54), Stuttgart 2000; zu Hamburg: Johann Anselm STEIGER (Hg.), Das Akademische Gymnasium zu Hamburg (gegr. 1613) im Kontext frühneuzeitlicher Bildungs- und Wissenschaftsgeschichte (Frühe Neuzeit 207), Berlin-Boston 2017.

notwendig waren, hinausgehendes akademisches Wissen zu vermitteln, waren weitere Institutionen von Nöten. Dies waren die akademischen Gymnasien, wobei an diesen neben den im eigentlichen Sinn gymnasialen, philologischen Disziplinen eben auch Elemente der Theologie gelehrt wurden, besonders solche, die für die Seelsorge qualifizierten. Während im protestantischen Bereich das Universitätsstudium für die Pfarrer zumindest seit dem Ende des 16. Jahrhunderts immer gebräuchlicher wurde[2], blieb es bei den Katholiken mehrheitlich bei den semiuniversitären Institutionen, freilich orientiert an den Standards und Methoden der Universität und nicht gegen diese gerichtet. Zum Verständnis der Situation der theologischen Studien im frühneuzeitlichen Regensburg ist dies grundlegend.

1. Das Jesuitenlyzeum als Ort der Priesterausbildung

Die Welle von Universitätsgründungen in der zweiten Hälfte des 15. Jahrhunderts war eingebettet in die Strömung des Humanismus, der immer mehr zu einer ausgreifenden Bildungsbewegung wurde. In diese Zeit, als die Schuldenlast die längst nicht mehr prosperierende Reichsstadt Regensburg dazu veranlasst hat, sich dem Herzogtum Bayern zu unterwerfen, fällt auch der erste Versuch, dort eine Universität zu errichten. Herzog Albrecht IV. erreichte zwar 1487 die päpstliche Privilegierung, nicht jedoch die Zustimmung des Papstes zu seinem Vorhaben, das Schottenkloster St. Jakob hierfür zu säkularisieren und den Besitz zur Fundierung der Hochschule zu verwenden.[3] Ohnehin war das bayerische Zwischenspiel dann 1492 aufgrund des Drucks des Kaisers wieder beendet.[4] Kurz darauf kam es zur Errichtung eines städtischen Ratsgymnasiums im Jahr 1505.[5] Den Anstoß hierzu hatte eine Supplik des Humanisten und Celtis-Schüler Joseph Grünbeck (ca.1473–ca.1532) gegeben, der die Leitung übernehmen wollte, nach kurzer Lehrtätigkeit jedoch weiterzog. Die Schule entwickelte sich zur öffentlichen Ratsschule und bezog nach mehreren Stationen 1537/38 das Gebäude an der heutigen Gesandtenstraße, wo sie 1728 einen Neubau erhielt und schließlich bis zum Jahr 1875 verblieb.[6] In dieser Zeit fiel 1542 die offizielle Einführung des Protestantismus in Regensburg; das Ratsgymnasium wurde als Lateinschule ausgebaut, geordnet und professionalisiert. Seither und bis zum Jahr 1591 wurden die ursprünglich drei Klassen zur gymnasialen Vollform mit allen sechs Jahrgängen ausgebaut (*Rudimenta, Gram-*

---

2 Luise SCHORN-SCHÜTTE, Evangelische Geistlichkeit in der Frühneuzeit. Deren Anteil an der Entfaltung frühmoderner Staatlichkeit und Gesellschaft. Dargestellt am Beispiel des Fürstentums Braunschweig-Wolfenbüttel, der Landgrafschaft Hessen-Kassel und der Stadt Braunschweig (QFRG 62), Gütersloh 1996, v. a. 395–410.
3 Alois WEISSTHANNER, Die Gesandtschaft Herzog Albrechts IV. von Bayern an die Römische Kurie 1487. Stiftungsprivileg für eine Universität in Regensburg, in: Archivalische Zeitschrift. NF 47 (1951), S. 189–200.

4 Alois SCHMID, »Besser ein Herzog als ein Kaiser!« Albrecht IV. von Oberbayern und die Reichsstadt Regensburg 1486–1492, in: Regensburger Almanach 20 (1987), S. 36–47.
5 Alois SCHMID, Das Gymnasium poeticum zu Regensburg im Zeitalter des Humanismus, in: Albertus-Magnus-Gymnasium Regensburg. Festschrift zum Schuljubiläum 1988, Regensburg 1988, S. 25–57.
6 Ebd., S. 30 f.

matica, Syntax minor et maior, Humaniora und Rhetorica).[7] Das Gymnasium sollte den Weg zum Studium an einer Universität bereiten und wurde im 16. Jahrhundert mitunter auch von Katholiken besucht.[8] Zwischen Schule und Kirchendienst, aber auch zu den Universitäten, bestand eine enge Wechselwirkung. Immerhin ein Rektor wechselte auf eine Universitätsprofessur und wurde sogar Rektor in Jena.[9] Von Beginn an wurden neben den Sprachen auch gewisse Disziplinen der *artes* und auch theologische Gegenstände gelehrt. Matthias Flacius Illyricus wollte während seiner Zeit in Regensburg (1562–1566) dort eine »Akademie« gründen, um Theologen vor allem für den habsburgischen Südosten bzw. die Südslawen auszubilden.[10] Auch wenn dies scheiterte, wurde das Gymnasium semiuniversitär ausgebaut und 1615 zum *Gymnasium illustre*, also zu einem akademischen Gymnasium, das mithin auch selbst für akademische Berufe qualifizierte.[11] Andernorts entwickelten sich aus solche Einrichtungen Volluniversitäten, anders als in Regensburg, wo während des Dreißigjährigen Kriegs Bernhard von Weimar noch einmal diesen Plan verfolgte.[12]

Es dürfte kaum ein Zufall sein, dass im selben Jahr wie das protestantische Gymnasium auch das Jesuitengymnasium als katholisches Pendant ebenso zum »Lyzeum«, ausgebaut wurde. Dieses Jesuitenkolleg in Regensburg war die Frucht der bayerischen Konfessionspolitik unter Wilhelm V. 1579 gelang es ihm, seinen dreijährigen Sohn Philipp Wilhelm (1576–1598) zum Bischof postulieren zu lassen. Bis zur Volljährigkeit sollte die weltliche Verwaltung beim Herzog, die geistliche bei projesuitisch und an der tridentinischen Reform orientierten Geistlichen liegen. Ab 1587 übte diese der Germaniker Dr. Jakob Miller (1550–1597) aus.[13] Herzog Wilhelm hatte mit dem Jesuitengeneral 1586 die Entsendung von zwei Jesuiten nach Regensburg vereinbart, was zu konfessionellen Spannungen führte. Gegen das Domkapitel war Miller, der schon vorher in scharfen Gegensatz gegen Bischof und hohen Klerus in seiner Heimatdiözese Konstanz geraten war, die treibende Kraft für eine Ansiedlung der Jesuiten. Dabei war ihm – wie vielen Reformern – die vergleichsweise freie Lebensweise der adeligen Damenstifte, bei denen nur die Äbtissin lebenslängliche Gelübde ablegen musste, ein Dorn im Auge.

---

7 Christian Heinrich KLEINSTÄUBER, Ausführliche Geschichte der Studien-Anstalten in Regensburg 1538–1880. I/1 und I/2: Geschichte des evangelischen reichsstädtischen Gymnasii poetici, in: VHVRO 35 (1880), S. 1–153; 36 (1882), S. 1–142; II: Geschichte des katholischen Gymnasium St. Paul und des sich daraus entwickelnden Lyzeums, in: Ebd. 37 (1883), S. 75–160; III: Geschichte des vereinigten paritätischen Gymnasiums, in: Ebd. 38 (1884), S. 1–120, hier I/1, S. 11 f., auch S. 22–28.
8 SCHMID, Gymnasium poeticum (wie Anm. 5), S. 42 f.
9 Ebd., S. 38 f.
10 Daniel GEHRT, Matthias Flacius as Professor of Theology in Jena and his Educational Enterprise in Regensburg, in: Irene DINGEL/Johannes HUND/Luka ILIĆ (Hgg.): Matthias Flacius Illyricus – Biographische Kontexte, theologische Wirkungen, historische Rezeption (VIEG Beih. 125), Göttingen 2019, S. 35–66.
11 SCHMID, Gymnasium poeticum (wie Anm. 5), S. 35.
12 Elisabeth HÖLLER/Hans Jürgen HÖLLER, Vom langgehegten Wunsch zum Ziel. Gründung, Struktur und Außenwirkung der Universität, in: Peter SCHMID (Hg.), Geschichte der Stadt Regensburg. Bd. 1, Regensburg 2000, S. 533–571, hier S. 536.
13 Karl HAUSBERGER, Geschichte des Bistums Regensburg. I: Mittelalter und frühe Neuzeit, Regensburg 1989, S. 324–329.

Es gelang ihm, die Säkularisation des Kanonissenstifts St. Paul beim Papst zu erreichen und dessen Gebäude und Besitz den Jesuiten überschreiben zu lassen. 1589 eröffneten Kolleg und Schule; die Umbauarbeiten waren bis 1596 abgeschlossen.[14] Bis zu dieser Zeit hatten man das Gymnasium, analog dem städtischen protestantischen Gymnasium, bereits voll mit allen sechs Klassen ausgebaut.[15] 1615/16 folgte nun der Ausbau zum Lyzeum. Ein Plan im Orden, Gymnasium und Lyzeum zu einer Akademie auszubauen, wurde zwar nicht verwirklicht. Dennoch erfüllte das Lyzeum die Funktion des wichtigsten Studienorts für den Regensburger Klerus. Der Jesuitenorden hatte hierfür ein zweigliedriges Bildungssystem entwickelt. Die spekulative Theologie der Universitäten war für die Begabteren; die einfachere Ausbildungsform war die *theologia positiva*, bei der die wichtigsten Kenntnisse bezüglich Glaubenslehre und Kasuistik (für den Beichtstuhl) vermittelt wurden; mitunter kamen kirchenrechtliche und kontroverstheologische Vorlesungen dazu.[16] Der katholische Klerus war die gesamte Frühe Neuzeit viel zahlreicher als der protestantische; durch die vielen Stiftungen und Benefizien gab es eine sehr viel breitere unterpfarrliche Schicht. So war bis in die Spätaufklärung hinein für die Mehrzahl der Seelsorgsgeistlichen ein Universitätsstudium nicht erforderlich. Die Ausbildung an den Lyzeen vermittelte aber die mit *theologia positiva* bezeichneten Kenntnisse. Mit der Lyzeumsgründung in Regensburg 1615 wurde eine Professur für Logik und eine für Kasuistik errichtet; 1669 kam eine dritte für Kontroverstheologie, 1716 eine vierte für Kirchenrecht und 1726 eine zweite philosophische Professur hinzu.[17] Man konnte dort also einerseits dialektisch-logische Kenntnisse als Voraussetzung für andere Fächer oder eben auch eine vereinfachte Form von Theologie studieren und im Jahr 1757 gab es immerhin 330 Gymnasiasten und 220 Lyzeisten.[18] In dieser Zeit wurden auch vorsichtig naturwissenschaftliche Fächer, Deutsch und Geschichte in den gymnasialen Lehrplan integriert.[19]

1773 wurde der Orden aufgehoben und aus dem Lyzeum wurde eine bischöfliche Einrichtung. Nach dem Willen von Fürstbischof Anton Ignaz Graf von Fugger (1769–1787) sollten die Patres als Weltpriester weiterlehren; auch unter Dalberg existierte das »Erzbischöfliche Lyzeum und Gymnasium zum Hl. Paul« trotz kontinuierlich sinkender Schülerzahlen fort. Im Lehrplan machten sich die Tendenzen der Zeit bemerkbar: die naturwissenschaftlichen, berufspraktischen Disziplinen und Deutsch als Unterrichtssprache erhielten mehr Raum.[20] Der Beschuss Regensburgs am 23. April 1809 ließ schließlich den Komplex von Lyzeum, Gymnasium und Priesterseminar in Flammen aufgehen. Dalberg wies dem »Schulinstitut St. Paul« die Gebäude des leerstehenden ehemaligen Dominikanerklosters St. Blasius nun als neue Heimstätte an. 1810 ging

---

14 Ebd., S. 347–350.
15 Josef KLOSE, Das Gymnasium und Lyzeum St. Paul zu Regensburg, in: Albertus-Magnus-Gymnasium Regensburg (wie Anm. 5), S. 221–243, hier S. 223.
16 Ulrich LEINSLE, Einführung in die scholastische Theologie, Paderborn u.a. 1995, S. 270–272.

17 KLOSE, Gymnasium (wie Anm. 15), S. 230.
18 Ebd., S. 229 f.
19 Ebd., S. 231 f.
20 Ebd., S. 232–234.

Regensburg aber an Bayern über. Die neue Regierung vereinigte das katholische Gymnasium nun mit dem protestantischen.[21] In die Gebäude des letzteren zog ab 1811 so das neue »paritätische« Gymnasium ein, das bis 1880 das einzige in der Stadt war. Im ehemaligen Dominikanerkloster blieb hingegen das *Lyceum Albertinum*, wie es nun nach dem einstmals hier lehrenden großen Dominikaner Albertus Magnus (ca. 1200–1280) genannt wurde.

2. Die Zeit des *Lyceum Albertinum*

Die bayerischen Lyzeen des 19. Jahrhunderts sind aus den Jesuitengymnasien hervorgegangen und hatten aus dieser Tradition einen semiuniversitären Charakter. In der Umbruchsphase zwischen 1773 und 1814 wurden zahlreiche dieser Einrichtungen geschlossen, im altbayerischen Raum überdauerten nur München und Amberg.[22] Hinzu kamen mit Bamberg und Dillingen nun neuerworbene Universitätsstandorte, die man zu Lyzeen degradierte, da man Universitäten in München, Würzburg und Erlangen für ausreichend hielt. Andere Lyzeen in neuen Gebieten, die zu wenig universitär erschienen, wurden aufgelöst, so Freising, Augsburg, Eichstätt und Passau. Nur die beiden aus Dalbergs Großherzogtum übernommenen in Aschaffenburg (nur Philosophie, die Theologie wurde im Priesterseminar ergänzt) und Regensburg wurden weitergeführt.[23] Damit befanden sich jedoch in fünf der acht bayerischen Diözesen keine Einrichtungen für die Theologenausbildung mehr, was in Spannung stand zum 1817 geschlossenen Konkordat, das in Artikel 5 vorsah, dass in jeder Diözese ein Seminar erhalten bzw. dotiert werde.[24]

Der Staat verstand darunter nur den Alumnatskurs im Seminar, während das Studium an einer staatlichen Einrichtung stattzufinden hatte. Deshalb war es naheliegend, die Lyzeallandschaft den Diözesanstrukturen anzupassen. Die Ausgestaltung der Lyzeen und ihre Stellung zwischen Gymnasium und Universität war bis 1833 Gegenstand intensiver Diskussionen. Diese betrafen v. a. den allgemeinbildenden-philosophischen Teil, der an den Lyzeen in verschulter Form beibehalten wurde, während die Universitäten mehr Freiheiten in der Studienabfolge gewährten. Folge war der Rückgang der Frequenz an den Lyzeen.[25] Mit der konservativen Wende der bayerischen Politik Anfang der 1830er Jahre kam es zur endgültigen Ausgestaltung der Lyzeen durch das Organische Statut vom 30. November 1833 und die Instruktion mit Ausführungsbestimmungen drei Monate später.[26] Die Zweiteilung in philosophisch-allgemeinbildende und in theologische Studien wurde beibehalten; die Lyzeen wurden als philosophisch-theologische Spezialschulen

---

21 Ebd., S. 234–236.
22 Rainer A. MÜLLER, Akademische Ausbildung zwischen Staat und Kirche. Das Bayerische Lyzealwesen 1773–1849 (Quellen und Forschungen aus dem Gebiet der Geschichte. NF 7), Paderborn u.a. 1986.
23 Ebd., S. 257–332.
24 Erich GARHAMMER, Seminaridee und Klerusbildung bei Karl August Graf von Reisach. Eine pastoralgeschichtliche Studie zum Ultramontanismus des 19. Jahrhunderts (MKHS 5), Stuttgart-Berlin-Köln 1990, S. 26–57.
25 MÜLLER, Akademische Ausbildung (wie Anm. 22), S. 91–164.
26 Ebd., S. 199–212.

konzipiert, die auf die wissenschaftliche Ausbildung der Priesteramtskandidaten in jeder Diözese zielten, in ihrem philosophischen Teil aber auch anderen Studenten zur Vorbereitung ihrer Fachstudien offenstanden.[27] Bezüglich der Lehrgegenstände sollten sie in Theologie und Philosophie den Universitäten gleichgestellt und klar vom Gymnasium abgegrenzt werden. Methodisch blieb das Studium verschult; die Lyzeen erhielten auch kein Promotions- und Selbstergänzungsrecht. 1833 wurde in Passau das Lyzeum neu errichtet, 1834 das Münchener Lyzeum nach Freising verlegt. Die Bischöfe forderten Mitbestimmung bei der Anstellung der Professoren. 1843 setzte Bischof Reisach in Eichstätt ein rein kirchliches Lyzeum durch.[28] Nach 1850 kam es zum Kompromiss dahingehend, dass die bayerischen Bischöfe Einspruch jeweils erheben konnten und somit die Berufung eines Professors genehmigen mussten.[29]

Das Regensburger Lyzeum begann entsprechend der gesamtbayerischen Vorgaben im Studienjahr 1810/11 mit zwei philosophischen und zwei theologischen Kursen; im folgenden Jahr zählte man drei Theologiejahrgänge, da der letzte Kurs (im Seminar) nun auch in den Jahresberichten verzeichnet wurde.[30] In diesen Jahrzehnten gab es auch vereinzelt protestantische Studenten in den philosophischen Studien.[31] In diesen Anfangsjahren wurden als philosophische Fächer Philosophie, Mathematik, Geschichte, Philologie und Landwirtschaftslehre unterrichtet; in der Theologie Dogmatik, Moral, Kirchenrecht, Kirchengeschichte und Pastoral, während Exegese bis 1821 nur im Seminar gegeben wurde, da Regens Georg Michael Wittmann (1760–1833) die Exegese dort unterrichtete.[32] Immer wieder lehrten anerkannte Gelehrte am Lyzeum, etwa von 1811 an der Historiker Andreas Buchner (1776–1854), Verfasser einer zehnbändigen »Geschichte von Baiern«[33], der 1826 an die nach München verlegte Universität und ein Jahr vorher in die dortige Akademie der Wissenschaften berufen wurde.[34] Der ehemalige Benediktiner von St. Emmeram, Placidus Heinrich (1758–1825) lehrte von 1812–1821 Physik und war ein bedeutender

---

27 Ebd. Freilich waren die Lyzeen bei den Nichttheologen im Nachteil, da an den Universitäten der philosophische Kurs ein Jahr und nicht zwei Jahre ging. Zudem musste man dort weniger Fächer belegen und es bestanden mehr Wahlfreiheiten. Zwischen 1838 und 1847 versuchte die bayerische Regierung zwar, auch an den Universitäten das *Biennium philosophicum* zu restaurieren, was die bayerischen Universitäten innerdeutsch benachteiligte. 1849, zwei Jahre nach den Universitäten, wurde auch bei den Lyzeen das Philosophiestudium auf ein Jahr verkürzt und mehr Wahlfreiheit gewährt. Die Priesteramtskandidaten hatten freilich aufgrund der kirchlichen Bestimmungen weiterhin ihr verschultes und umfassendes Programm zu absolvieren; de facto wurden die Lyzeen so immer mehr zu Priesterausbildungsstätten.
28 GARHAMMER, Seminaridee (wie Anm. 24), S. 75–114. – In Augsburg an St. Stephan und in Speyer entstanden nur unvollständige (rein philosophisch-allgemeinbildende) Lyzeen wie in Aschaffenburg. Letzteres wurde 1873 und das in Amberg 1863 aufgehoben. MÜLLER, Akademische Ausbildung (wie Anm. 22), S. 200 f.
29 Anton SCHARNAGL, Die staatlichen Philosophisch-Theologischen Hochschulen in Bayern, in: Das akademische Deutschland. I: Die deutschen Hochschulen in ihrer Geschichte, Berlin 1930, S. 683–706, hier S. 692 f. – 1891/92 sollten die Lyzeen den Universitäten weiter angeglichen werden, da es nun auch dort Ordinarien geben sollte.
30 Wilhelm SCHENZ, Das erste Jahrhundert des Lyzeum Albertinum Regensburg als Kgl. Bayer. Hochschule (1810–1910), Regensburg 1910, S. 3 f.
31 Ebd., S. 8.
32 Ebd., S. 12.
33 Andreas BUCHNER, Geschichte von Baiern. Aus den Quellen bearbeitet. I-X, München 1820–1855.
34 Karl Theodor HEIGL, Buchner, Andreas, in: ADB 3 (1876), S. 485.

Metereologe, der vor allem die Natur des Lichts erforschte.[35] Ein anderer Mitbruder aus derselben Abtei, Emmeram Salomon (1773–1845), lehrte bis 1835 Dogmatik und verfasste vor allem religionsphilosophisch-apologetische Werke.[36] Seit 1817 unterrichtete Johann Baptist Weigl (1783–1852) am Lyzeum Kirchenrecht und Kirchengeschichte, der 1850 in die Bayerische Akademie der Wissenschaften aufgenommen wurde und auch auf dem Gebiet der Mathematik und der Musik publizierte.[37] Einige Lyzealprofessoren wurden an die Universität München berufen, so Franz Xaver Dirnberger (1809–1875)[38], der 1834–1842 Moraltheologie lehrte und danach an der Universität München das Fach Pastoraltheologie als Direktor des Georgianums, oder Wilhelm Karl Reischl (1818–1873), der 1851–1867 in Regensburg Kirchenrecht und Kirchengeschichte und danach in München Moraltheologie unterrichtete.[39] Anton Riettler (1808–1866) lehrte in Regensburg 1842–1852 Moraltheologie und Kirchengeschichte, ab 1852 an der Münchener Universität Moral. Daraus wird deutlich, dass die Lyzeen einerseits eng mit den Universitäten verbunden waren; dort waren die Professoren promoviert und habilitiert worden und manche kehrten dorthin zurück. Forschung und Lehre (nach Lehrbüchern, die für die Universitäten verfasst waren) fanden in der Regel auf Universitätsniveau statt. Andererseits wurden gerade in der philosophischen Sektion viele Professoren auch aus den Gymnasien heraus ernannt[40]; zudem bedeutete die Berufung an eine Universität einen klaren Aufstieg, der nur einer Minderheit gelang. Andere wechselten nach einiger Zeit auf außerakademische Stellen, etwa auf Pfarreien.

Die Ausbildung der Mehrzahl der bayerischen Priester an den Lyzeen bewirkte eine relativ breite naturwissenschaftliche Ausbildung (Mathematik, Physik, Biologie, Chemie, Landwirtschaftslehre). Naturwissenschaftliche Instrumente wurden nahezu jedes Jahr angeschafft. Diese Eigenheit war eng mit der Entstehungsgeschichte der Lyzeen verbunden, die lange Zeit als Fortsetzung und Ergänzung der philologisch orientierten Gymnasien verstanden wurden und eine breite Allgemeinbildung nicht nur für Theologen vermitteln sollten. Zudem spiegelt sich darin noch ein wenig die Tatsache, dass viele Priester im 19. Jahrhundert entweder selbst eine Pfründe zu bewirtschaften hatten oder doch zumindest in einem umfassenden Verständnis Lehrer der Landbevölkerung waren, aus der sie oft selbst entstammten. Zugleich setzte aber in den Naturwissenschaften an

---

35 Ludwig HARTMANN, Der Physiker und Astronom Pater Placidus Heinrich von St. Emmeram in Regensburg (1758–1825), in: SMBO 16 (1929), S. 157–182, S. 316–351.
36 Emmeram SALOMON, Leitfaden für die Vorlesungen in dem Religions-Kollegium, Regensburg 1833; Hans Schlemmer, Proßebuch der Benediktinerabtei St. Emmeram in Regensburg unter Fürstabt Cölestin Steiglehner (1791–1812, † 1819), in: VHVO 111 (1971), S. 173–182, hier S. 178.
37 Wilhelm BÄUMKER, Weigl, Johann Baptist, in: ADB 41 (1896), S. 476–478; SCHENZ, Jahrhundert (wie Anm. 30), S. 312–314.
38 https://www.kaththeol.uni-muenchen.de/lehrstuehle/moral_theol/gesch_lehrst/dirnberger.pdf.
39 https://www.kaththeol.uni-muenchen.de/ueber_die_fak/gesch_fakultaet/profs_1826_2013/reischl/index.html.
40 »Zwischen Lyzeum und Gymnasium herrschte damals und noch lange Zeit ein gewisser Austausch der Lehrkräfte«. SCHENZ, Jahrhundert (wie Anm. 30), S. 31. Vgl. auch ebd., S. 36.

den Universitäten im Lauf des 19. Jahrhunderts ein gewaltiger Aufschwung und eine weitgehende Spezialisierung ein, so dass die Lyzeen in diesen Disziplinen nicht mehr mithalten konnten.[41] Gerade nach 1849, als der philosophische Kurs bayernweit auf ein Jahr reduziert wurde, wurde ein verschulter Unterricht dominant: Forschungsbezogene Apparate wurden kaum noch angeschafft, sondern solche, die zu Unterrichtszwecken nützlich waren. Lediglich in der Metereologie konnte man eine eigenständige, empirische Forschungstradition fortführen. So kam es zu einer Verschiebung hin zu populärwissenschaftlichen Darstellungen, zu Fragen, die für den Glauben Relevanz hatten und zur Naturgeschichte.[42] 1920 wurde die Professur für Chemie in eine solche für Pädagogik dann umgewandelt.

Waren die Lyzeen staatliche Einrichtungen, die immer ausschließlicher der Priesterausbildung dienten und faktisch so einen quasikirchlichen Charakter bekamen, so waren unter einem Bischof wie Ignatius von Senestrey (1858–1906) mit seinem gegen die deutsche Theologie gerichteten Programm Konflikte vorprogrammiert. Diese entzündeten sich an der Berufung des Philosophen Lorenz Kastner (1833–1919).[43] Kastner war vorher Lehrer für Latein am Realgymnasium in Regensburg gewesen, philosophisch aber Schüler des Münchener Philosophen Martin Deutinger (1815–1864), dessen geistiger Nachlassverwalter er war, so dass er dessen posthume Schriften publizierte und eine Darstellung seiner Philosophie veröffentlichte. Als Kastner 1868 auf die vakant gewordene Professur vom Ministerium berufen wurde, protestierte das bischöfliche Ordinariat massiv: Da die Professur der Theologenausbildung diene, sollte sie mit einem Theologen besetzt werden; zudem sei Kastner nicht umfassend genug gebildet.[44] Als im Jahr 1873 Kastner aber die Jahresprogrammschrift des Lyzeums verfasste und die philosophischen Systeme Anton Günthers (1783–1863), dessen Schriften 1857 indiziert wurden, und Deutingers darstellte, würdigte und verglich[45], beschwerte sich der gesamte Vorstand des Priesterseminars gegen Kastner beim Bischof. Kastner bekenne sich einseitig zu Deutinger, der schwer verständlich und für die Theologenausbildung unbrauchbar sei, dessen trichotomische Anthropologie (der Mensch als Vernunft, Seele und Körper) aber gegen die Lehrentscheidung des Konzils von Vienne 1311/12 verstoße, die die thomistische *anima unica forma corporis*-Lehre definiert habe. Hinzu komme, dass Kastner die Scholastik und die Neuscholastik kritisiere.[46] Auf Bitten des Bischofs berichtete Subregens Franz

---

[41] Christoph MEINEL, Kontinuität und Wandel: Die Naturwissenschaften am Lyzeum, in: Gelehrtes Regensburg, Stadt der Wissenschaft. Stätten der Forschung im Wandel der Zeit. Hg. von der Universität Regensburg, Regensburg 1995, S. 191 f.
[42] Ebd.
[43] Karl HAUSBERGER, Im Namen Martin Deutingers gegen die Neuscholastik. Zur Demission des Regensburger Lyzealprofessors Lorenz Kastner (1833–1919), in: BGBR 39 (2005), S. 487–494. Vgl. auch: SCHENZ, Jahrhundert (wie Anm. 30), S. 205–207.
[44] Ebd., S. 488 f.
[45] Lorenz Kastner, Die philosophischen Systeme Anton Günther's und Martin Deutinger's, in: Jahres-Bericht über das königliche Lyzeum 1872/73, Stadtamhof 1873, S. 1–24.
[46] Vorstand des Klerikalseminars an den Bischof, 22. Juli 1874, BZAR, OA 20.

Ludwigs (1841–1917), Kastners Trichotomie sei nicht nur dem Dogma widersprechend: Indem er zu selbständigem Denken anleiten wollte, fördere er einen liberalisierenden Geist, der die kirchliche Autorität im Seminar untergrabe und zu Parteiungen führe.[47] Obwohl der Rektor der Hochschule den Bischof beruhigen wollte, stellte dieser 1875 die Seminaristen vom Besuch der Vorlesungen Kastners frei und ließ im Priesterseminar neuscholastische Alternativvorlesungen abhalten, so dass Kastners Vorlesungen nahezu ohne Hörer blieben.[48] Der Regierungspräsident der Oberpfalz war über das Agieren des Bischofs so erzürnt, dass er für die Aufhebung des Lyzeums votierte, da die Erziehung im Seminar nunmehr in einem staatsfeindlichen Sinn erfolge.[49] Nachdem Kastner sich mehrmals hatte beurlauben lassen, wurde er schließlich 1882 in den Ruhestand versetzt. Sein Nachfolger, Alois Rittler (1839–1890), war Germaniker und Gesinnungsgenosse Senestreys, dazu Vorkämpfer eines radikalen politischen Katholizismus und seit 1875 Landtagsabgeordneter. Als solcher hatte er selbst mit durchgesetzt, dass Kastner entbunden und er selbst an dessen Stelle treten werde. Sein Lebenswandel freilich bereits zeitgenössisch (wie derjenige des Bischofs selbst) von negativen Gerüchten begleitet war.[50]

Auch wenn die Lyzeen vielerorts als Horte des konservativen Klerikalismus und des politischen Katholizismus in Bayern galten – ein anderer prominenter Zentrumsführer, Balthasar Daller (1835–1911) war 1862 Professor am Freisinger Lyzeum geworden –, lehrten doch auch in der Prinzregentenzeit beachtliche Gelehrte an diesen. Der konservative Grundzug und der verschulte Charakter der Anstalten bedingte, dass theologische Neuansätze und innovative Kreativität kaum zu erwarten waren. Dennoch gab es bedeutende Forschungsleistungen, gerade auf dem Gebiet der theologischen Mediävistik und der kirchlichen Regionalgeschichte. So hat Ferdinand Janner (1836–1895) als Kirchengeschichtsprofessor am Lyzeum (1867–1888) das Standardwerk zu den mittelalterlichen Bischöfen Regensburg verfasst[51], Joseph Anton Endres (1863–1924) lehrte seit 1890 als Professor für Philosophie und schrieb nicht nur eine Philosophiegeschichte des Mittelalters, sondern auch zahlreiche Beiträge zum mittelalterlichen Regensburg und seiner Kunst, so dass er 1918–1923 sogar Vorsitzender des Historischen Vereins wurde.[52] 1915 wurde Franz Xaver Heidingsfelder (1882–1942) Professor für Kirchengeschichte, der vor allem die Urkunden der Bischöfe von Eichstätt, Bamberg und Würzburg im

---

47 Subregens Ludwigs an den Bischof, 30. August 1874, BZAR, OA 20. – Zu ihm: Karl GEISENFELDER, Wann wird der Zankapfel endlich zur verbotenen Frucht erklärt? Das Regensburger Domkapitel unter Bischof Antonius von Henle, in: BGBR 55 (2021), S. 253–298, hier S. 275–278.
48 HAUSBERGER, Im Namen (wie Anm. 43), S. 492 f.
49 Ebd., S. 493 f.
50 Vgl. Karl MÖCKL, Die Prinzregentenzeit. Gesellschaft und Politik während der Ära des Prinzregenten Luitpold in Bayern, Wien 1972, S. 57 f., S. 68–72; SCHENZ. Jahrhundert (wie Anm. 30), S. 207 und S. 281–283.
51 Karl HAUSBERGER, Ferdinand Janner (1836–1895): Lyzealprofessor für Kirchen- und Kunstgeschichte in Regensburg, in: BGRB 23/24 (1989) S. 785–791.
52 Hermann NESTLER, Joseph Anton Endres, der Historiker und edle Mensch, in: VHVO 74 (1924), S. 2–11.

Mittelalter erforschte. Hinzu kam immer mehr sein Interesse am mittelalterlichen Regensburg und seiner Kunst.[53] Auch der 1917 berufene Kirchenrechtler Julius Krieg (1882–1941) veröffentliche zahlreiche Beiträge zur Geschichte seiner unterfränkischen Heimat im Mittelalter und in der Reformationszeit.[54]

3. Die Philosophisch-Theologische Hochschule 1923–1967

Die Revolution am Ende des verlorenen Krieges führte zu einer Neuordnung des Staat-Kirche-Verhältnisses im Deutschen Reich. Dabei war die Weimarer Reichsverfassung von 1919 Ausdruck eines Kompromisses, der zwar die grundsätzliche Trennung von Staat und Kirche vorsah, aber auch deren Zusammenarbeit. Teil dieses Kompromisses war auch der Fortbestand der staatlichen theologischen Hochschulfakultäten[55], was für die Kirchen nicht nur finanziell vorteilhaft war, garantierte dies doch die wissenschaftlichen Standards der Theologien im Austausch mit den anderen Wissenschaften, das akademische Ansehen der Theologie, der Kirche und v. a. des Klerus und auch eine Einflussmöglichkeit auf die Studentenschaft. Dabei war der entsprechende Passus so formuliert, dass nicht nur die Universitätsfakultäten, sondern auch die staatlichen philosophisch-theologischen Hochschulen inbegriffen waren.

In Bayern kam es nun zu einer Namensänderung, die in der Konsequenz der bisherigen Entwicklung lag. Am 9. Dezember 1923 wurde der *Albertina* und den übrigen Lyzeen die Bezeichnung einer »Philosophisch-Theologische Hochschule« verliehen. Bereits hierdurch sollte die Annäherung an die Universität konsolidiert und die im Namen »Lyzeum« noch immer mitschwingende Nähe zum Gymnasium eliminiert werden. Letztlich kam hier die Entwicklung des 19. Jahrhunderts zu einem gewissen Abschluss, auch wenn weiterhin damit kein Promotions- oder Habilitationsrecht verbunden war. Bereits 1920 wurde der Professorenstatus den Universitätsprofessoren noch weiter angeglichen.[56] In § 3 des Bayerischen Konkordats von 1924 wurde nun zudem explizit ein bischöfliches *Nihil obstat* bei Professorenberufungen und ein bischöfliches Beanstandungsrecht festgeschrieben.[57] Auch die Studenten der PTHs bekamen 1922 das Recht, eine Studentenschaft zu bilden und Teil der 1919 gegründeten (überwiegend nationalistisch orientierten) Deutschen Studentenschaft zu werden, was freilich die Priesterseminaristen in eine eher schwierige Lage brachte, da eine Einforderung von Mitbestimmungsrechten kirchlich nicht gewünscht war.[58]

Die Professorenschaft in Regensburg

---

53 Andreas Bigelmair, Nachruf: Franz Heidingsfelder, in: ZBLG 13 (1941/42), S. 414–416; Franz Xaver Heidingsfelder, Kirchliche Kunst in der Diözese Regensburg, in: Michael Buchberger (Hg.), Zwölfhundert Jahre Bistum Regensburg. Festschrift, Regensburg 1939, S. 85–144.
54 So August Hagen in der »Kanonistischen Chronik«, in: ZRG. Kan. 31 (1942), S. 372.
55 V: »Die theologischen Fakultäten an den Hochschulen bleiben erhalten.« WRV, Art. 149, Abs. 3.
56 Ingo Schröder, Die staatlichen philosophisch-theologischen Hochschulen in Bayern 1923–1978, Diss. München 2004, https://edoc.ub.uni-muenchen.de/2415/1/Schroeder_Ingo.pdf, S. 23–25.
57 Vgl. ebd., S. 25 f.
58 Ebd., S. 28–49.

kann als vergleichsweise homogen und als wissenschaftlich durchaus produktiv bezeichnet werden; viele wurden dann von Bischof Michael Buchberger, dem Herausgeber, als verantwortliche Fachgebietsleiter für das »Lexikon für Theologie und Kirche« berufen.[59] Vom Lyzeum der Vorkriegszeit lehrten noch der Kirchenrechtler Krieg und der Kirchenhistoriker Heidingsfelder; hinzu kam der 1914 aus Passau berufene Alttestamentler Joseph Lippl (1876–1935), der auf die alttestamentliche Prophetie spezialisiert war und 1921 auch eine Darstellung des Islam verfasst hat.[60] Unter den Professoren der philosophischen Abteilung waren Sebastian Killermann (1870–1956), ein promovierter Biologe und Regensburger Priester, der 1901 auf die Professur für Biologie berufen wurde und der zu den weltweit führenden Mykologen zählte.[61] 1923 wurde als Philosoph der bislang in Dillingen lehrende Schell-Schüler Joseph Engert (1882–1964) berufen, der sich mit Naturalismus und Metaphysikkritik, aber auch mit Karl Barth auseinandersetzte.[62] Der Historiker Hans Dachs (1886–1966) hatte vor seiner Berufung 1926 am Alten Gymnasium gelehrt und forschte vor allem zur mittelalterlichen Geschichte der Oberpfalz.[63] Auch die theologische Sektion sah einige bedeutende Neuberufungen, so den Moraltheologen und späteren Domdekan Michael Waldmann (1874–1953), der 1923 aus Dillingen berufen wurde, dann für Dogmatik und Apologetik seit 1929 Albert Lang (1890–1973), ein damals führender Fundamentaltheologe, der 1935 nach München und nach Aufhebung der dortigen theologischen Fakultät durch den NS-Staat 1939 nach Bonn berufen wurde.[64] Der Neutestamentler Karl Theodor Schäfer (1900–1974) wurde 1932 ernannt; auch er lehrte später (seit 1946) in Bonn, nachdem er 1937 erst einen Ruf nach Braunsberg angenommen hatte.[65]

Im nationalsozialistischen Staat galten die bayerischen PTH.s als Horte des Zentrumskatholizismus. Vielleicht deshalb schlossen sich ausgerechnet die Hochschulen in Dillingen, Eichstätt, Passau und Regensburg geschlossen mit allen Professoren dem »Bekenntnis der Professoren an den deutschen Universitäten und Hochschulen zu Adolf Hitler und dem nationalsozialistischen Staat« vom 12. November 1933 an.[66] Im Kontext des Austritts vom Völkerbund bekannte man sich zu einem unter Hitler geeinten Deutschland, dessen Streben nach »Freiheit, Ehre, Recht und Frieden« derselbe Respekt gebühre,

---

59 Karl Hausberger, Die Philosophisch-Theologische Hochschule Regensburg, in: Dominik Burkard/Wolfgang Weiss (Hg.), Katholische Theologie im Nationalsozialismus. I/1: Institutionen und Strukturen, Würzburg 2007, S. 467–490, hier S. 484 f.
60 Joseph Lippl, Der Islam nach Entstehung, Entwicklung und Lehre, Kempten 1921.
61 Georg Necker, Sebastian Killermann (1870–1956). Professor an der Phil.-Theol. Hochschule Regensburg, in: BGBR 23/24 (1989), S. 955–958.
62 Josef Engert, Der naturalistische Monismus Haeckels auf seine wissenschaftliche Haltbarkeit geprüft, Wien 1907; ders., Hermann Samuel Reimarus als Metaphysiker, Paderborn 1908; Benjamin Dahlke, Die katholische Rezeption Karl Barths. Theologische Erneuerung im Vorfeld des Zweiten Vatikanischen Konzils (BHTh 152), Tübingen 2010, S. 13–18.
63 Willi Kessel, In memoriam Hans Dachs, in: VHVO 106 (1966), S. 7–22.
64 https://www.kaththeol.uni-muenchen.de/ueber_die_fak/gesch_fakultaet/profs_1826_2013/lang/index.html.
65 Heinrich Zimmermann, Karl Theodor Schäfer +, in: BZ 19 (1975), S. 159 f.
66 Vgl. das Bekenntnis, Dresden 1933, S. 135.

den man im Ausland für das eigene Volk bejahte. Trotz dieser Anbiederung wurde im Sommer 1935 angeordnet, dass alle Lehrstühle in den philosophischen Abteilungen mit Ausnahme des fachphilosophischen aus Einspargründen gestrichen werden sollten; für die Theologie seien die übrigen Fächer nicht wichtig, zumal man eine hinreichende Allgemeinbildung bereits auf den Gymnasien erworben habe.[67] Verhandlungen der Bischöfe erreichten, dass 1936 nur die beiden naturwissenschaftlichen Professuren aufgehoben wurden. Doch die nun eintretenden Vakanzen führten nicht mehr zu Neuberufungen; vielmehr wurden die freiwerdenden Professuren für Dogmatik und Apologetik, für Pädagogik, für Altes und für Neues Testament nur noch vertretungsweise und durch Lehraufträge abgedeckt. Auch die Moraltheologie wurde 1939 nicht mehr besetzt, da mit Kriegsbeginn die PTH.s ganz geschlossen wurden (mit Ausnahme von Eichstätt).[68] Die Hochschule in Regensburg galt wie diejenigen in Passau und Bamberg als Hort der konfessionell-parteipolitischen Opposition gegen den Nationalsozialismus.[69] Rektor war in dieser Zeit durchgehend Heidingsfelder.

Auf Bitten der Bischöfe wurden die PTH.s noch im Herbst 1945 wieder eröffnet.[70] Da die bayerischen Universitäten schwer vom Krieg geschädigt und überfüllt waren, wurden sie überdies 1946 mit dem Unterricht für die Erstsemester der Universitäten zur Entlastung derselben beauftragt. Die Idee des allgemeinbildenden philosophischen Kurses auf ein Jahr wurde auf diese Weise restituiert.[71] Bamberg bot nun überdies Jura- und Regensburg Medizinvorlesungen an.[72] In Regensburg hatte Engert 1945 noch einmal das Rektorat übernommen. Er stellte einen Lehrkörper vor allem aus geflüchteten Prager Professoren zusammen, der so freilich zahlreiche belastete Nationalsozialisten mit umfasste.[73] Engert entwickelte nunmehr den Plan, Regensburg zu einer Hochschule für Geisteswissenschaften auszubauen. Sein Vorschlag wurde schließlich ebenso abgelehnt wie die Konzeption des Kultusministeriums 1948, eine Universität mit zwei Standorten, Regensburg und Bamberg, zu errichten.[74] Engert und auch das bayerische Kultusministerium zielten auf ein christlich-humanistischen Idealen ausgerichtetes geistiges Bollwerk gegen die modernen Ideologien und Totalitarismen. Auch nach Heinz Fleckenstein (1907–1995), Nachfolger Engerts als Rektor, sollte diese vierte bayerische Landesuniversität ein »Hort christlich-humanistischer Kultur in einer der historisch und kulturell reichsten Städte des deutschen Südens« sein, die einen »besonderen Beitrag zur Rettung der abendländischen Kultur gerade im Grenzland gen Osten« leisten sollte.[75] Unterstützt wurde dieser Plan vom 1948

---

67 HAUSBERGER, Philosophisch-theologische Hochschule (wie Anm. 59), S. 470–474.
68 Ebd. S. 474–484.
69 Ebd. S. 482; Schröder, Hochschulen (wie Anm. 56), S. 53–56.
70 Schröder, Hochschulen (wie Anm. 56), S. 85–88.
71 Ebd. S. 99–101.
72 Ebd. S. 114 f.
73 Ebd. S. 122.
74 August LAUMER, Heinz Fleckenstein (1907–1995). Pastoral- und Moraltheologe in Regensburg und Würzburg. Leben und Werk (STPS 59), Würzburg 2005, S. 117–120.
75 Die Vierte Bayerische Landesuniversität 1949. Eine Stellungnahme des Universitätsvereins und der Hochschule in Regensburg, S. 13.

gegründeten »Verein der Freunde der Universität Regensburg«, dessen zweiter Vorsitzender Fleckenstein als Rektor war.[76] Zu den Gegnern dieser Entwürfe, in denen auch der Gedanke der Strukturförderung des ostbayerischen Raums eine wichtige Rolle spielte, zählten die drei bisherigen Universitäten und die Akademie der Wissenschaften, die die Errichtung einer besseren Volkshochschule an die Wand malten, aber auch Kreise, die eine zu konservativ-katholische Ausrichtung befürchteten.[77] Schließlich scheiterten die Pläne und auch der Notbetrieb für die Universitäten wurde an den PTH.s 1954/55 wieder eingestellt.

Engert selbst hatte inzwischen im Lehrkörper der Hochschule nur noch wenig Rückhalt, so dass er 1947 zur Emeritierung gezwungen war. Trotz seiner anderslautenden Angaben im Entnazifizierungsverfahren und obwohl er nie Parteimitglied war, hatte sein Denken zahlreiche Affinitäten zum Nationalsozialismus aufgewiesen: Außer ein extremer Nationalismus, der ihn etwa den Anschluss Österreichs frenetisch feiern ließ, ist hier eine weitgehende Bejahung von Eugenik und Rassenpsychologie, zudem ein gegen Juden und Slawen gerichteter Rassismus und ein ausgeprägter Antiliberalismus zu nennen. So war er nach dem Tod Heidingsfelders von den Machthabern 1942 zum Rektor eingesetzt worden, der die Sache der aufgehobenen Hochschule zu verwalten hatte. Nach 1947 verstand er es, den Universitätsplan für Regensburg als seine spezifische Schöpfung zu propagieren, so dass er als ideeller Gründungsvater der Universität lange Zeit galt. Dabei ersetzte die Idee des christlichen Abendlands nun diejenige des dritten deutschen Reichs.[78]

4. Die theologische Universitätsfakultät ab 1967

1959 hatte Engert erneut eine Denkschrift für die Gründung einer vierten bayerischen Universität in Regensburg verfasst. Wichtiger wurde, dass auch der kurz vorher gegründete Wissenschaftsrat ein Jahr später den Ausbau der Universitätslandschaft in Deutschland empfahl und die Errichtung einer Entlastungsuniversität für München anmahnte.[79] Nunmehr sollte der Plan der Universitätsgründung in Regensburg von einem breiteren politischen Bündnis getragen werden. Trotz Bedenken des Finanzministeriums nahm der Bayerische Landtag am 10. Juli 1962 den Antrag zur Gründung einer Universität in Regensburg an. Die Ausgestaltung wurde dann von einem Kuratorium, das einen Gründungsrektor bestimmte und von einem wissenschaftlichen Strukturbeirat geleitet.[80]

---

[76] LAUMER, Fleckenstein (wie Anm. 74), S. 121–123.
[77] HÖLLER, Wunsch (wie Anm. 12), S. 538.
[78] Vgl. hierzu: Karl HAUSBERGER, Der Regensburger Hochschulprofessor DDr. Joseph Engert (1882–1964). Eine Skizze seines Lebens und Wirkens mit besonderer Berücksichtigung des Engagements für das NS-Regime, in: BGBR 53 (2019), S. 115–161.
[79] SCHRÖDER, Hochschulen (wie Anm. 56), S. 179–182; Johannes BÖHM/Andreas BECKER, Start- und Gründungsphase. Die Etappen zur Errichtung der neuen Universität von den ersten lokalen Initiativen nach 1945 bis zur festlichen Eröffnungsfeier von 1967, in: Andreas BECKER/Bernhard LÖFFLER/Sebastian PÖSSNICKER (Hg.), Reform mit Grenzen. Die Geschichte der Universität Regensburg in ihren Gründungsjahren bis 1975 (Schriftenreihe des Universitätsarchivs Regensburg 2), Regensburg 2018, S. 21–52, hier S. 24 f.
[80] HÖLLER, Wunsch (wie Anm. 12), S. 538 f.

Unstrittig war, dass die neue Universität auch eine katholisch-theologische Fakultät (anstelle der alten PTH) haben sollte. Dennoch war der Übergang von der Philosophisch-Theologischen Hochschule zur Universitätsfakultät trotz einer durchaus großzügigen Ausstattung derselben ein schmerzhafter Prozess, da nur ein Teil der bisherigen Professoren berufen wurde, ein Ausleseverfahren, das die übrigen mitunter als Kränkung empfanden.[81] Der Philosoph und Rektor (seit 1959) Jakob Hommes (1898–1966) war zwar Mitglied im Organisationsausschuss und im Kuratorium, drang aber vielfach nicht durch. Dem Strukturbeirat gehörte als einziger Professor der Hochschule Fleckenstein an. So konnte die Katholisch-Theologische Fakultät mit Beginn des Wintersemesters am 6. November 1967 auch nicht ihren vollen Lehrbetrieb aufnehmen; ihre Hörer studierten noch als Gasthörer der PTH. Schließlich wurden nur rund 2/3 der bisherigen Professoren an die Universität berufen. Dies geschah eher zögerlich und emeritierte Mitglieder der bisherigen Hochschule verloren alle Rechte und fanden sich in keinem Professorenkatalog der neuen Universität wieder. Von Seiten der Universität wollte man eher den Bruch als eine Kontinuität zur alten *Albertina* betonen.[82]

Unter den ersten Regensburger Professoren befanden sich bedeutende Namen: Für mittlere und neue Kirchengeschichte wurde aus Trier Raymund Kottje (1926–2013) berufen, ein Spezialist für die Christentumsgeschichte des Frühmittelalters, der dann Gründungsdekan wurde, sich dann aber 1973 laisieren ließ und in der Folge als Professor für mittelalterliche Geschichte in Augsburg und Bonn lehrte.[83] Bislang hatte das Fach Kirchengeschichte an der Hochschule Josef Staber (1912–1981) vertreten, der 1968 an die Universität berufen wurde für die Professur »Kirchengeschichte des Donauraums«.[84] Auch von Trier nach Regensburg führte der Weg von Franz Mußner (1916–2016), der bereits 1965 an die PTH für das Fach neutestamentliche Exegese wechselte, das er dann an der Universität bis zu seiner Emeritierung 1981 lehrte. In dieser Zeit verfasste er nicht nur einen bedeutenden Kommentar zum Galaterbrief[85], sondern war auch ein Pionier der exegetischen Neubestimmung des Verhältnisses der Kirche zum Judentum.[86] Schließlich wurde auch der Alttestamentler Heinrich Groß (1916–2008) 1968 von Trier nach Regensburg berufen.[87] Der Moraltheologe Ignaz Weilner (1912–1970) kam von der Philosophisch-Theologischen Hochschule

---

81 Wolfgang Nastainczyk, Theologiestudium in Regensburg bis und nach 1967, in: Regensburger Almanach 1990, Regensburg 1989, S. 184–195, hier S. 192. Ähnlich hat der Verfasser, der dies miterlebt hat, mir gegenüber in verschiedenen Gesprächen immer wieder betont.
82 Ebd.
83 Hubert Mordek, Vorwort, in: Ders. (Hg.), Aus Archiven und Bibliotheken. FS Raymund Kottje zum 65. Geburtstag (Freiburger Beiträge zur mittelalterlichen Geschichte 3). Frankfurt a. M. u. a. 1992, S. IX–XI.
84 Wilhelm Gegenfurtner, Joseph Staber in memoriam, in: VHVO 121 (1981), S. 503–508.

85 Franz Mussner, Der Galaterbrief (HThK. NT 9), Freiburg i. Br. 1974, seither viele Auflagen.
86 Michael Theobald, Die Entdeckung des Juden Jesus von Nazareth und die Christologie. Die Herausforderung im Werk von Franz Mußner, in: Franz Mussner, Jesus von Nazareth im Umfeld Israels und der Urkirche. Gesammelte Aufsätze (Wissenschaftliche Untersuchungen zum Neuen Testament 111). Hg. von Michael Theobald, Tübingen 1999, S. 1–10.
87 In memoriam Prälat Prof. Dr. theol. Lic. bibl. Johannes Heinrich Groß, em. Ordinarius für Exegese des Alten Testaments in: Regensburger Universitätszeitung 33 (Ausgabe 3/2008), S. 19f.

und stand für die Rezeption der Tradition der Mystik in die Moraltheologie.[88] Von der philosophischen Abteilung der Hochschule wurde der Religionspädagoge Wolfgang Nastainczyk (1932–2019) auf den Lehrstuhl für Religionspädagogik berufen. Er trat für eine zeitgemäße Erneuerung der Katechetik ein; bekannt waren seine Kinderpredigten in St. Wolfgang und seine Seminare an der Universität, bei denen es ihm um Lernen aus der Praxis ging. Auch die Kirchengeschichte und bauliche Monumente suchte er religionspädagogisch zu erschließen.[89] Eine zeitgemäße Erneuerung der Seelsorge unter Einbeziehung der Kenntnisse der Tiefenpsychologie C.G. Jungs suchte der Pastoraltheologe Josef Goldbrunner (1910–2003) ab 1968 in Regensburg (Emeritierung 1977) zu entwickeln.[90] Der Philosoph Josef Schmucker (1910–1997), der von der PTH berufen wurde, war ein Kenner Kants, der die traditionelle katholische Frontstellung gegen den Königsberger Philosophen durch Rekurs auf dessen vorkritisches Werk überwinden wollte.[91] Ein gebürtiger Regensburger Priester, Johann Auer (1910–1989)[92], war seit 1950 Ordinarius für Dogmatik in Bonn, folgte aber 1968 einem Ruf an die neugegründete Universitätsfakultät seiner Heimatstadt. Er war Kenner der mittelalterlichen Theologie und schrieb in seiner Regensburger Zeit die mehrbändige »Kleine Katholische Dogmatik«, deren letzter Band zur Eschatologie von seinem Regensburger Dogmatikkollegen Joseph Ratzinger verfasst wurde[93], der ein Jahr später von Tübingen nach Regensburg wechselte.[94] Als Ratzinger 1977 Erzbischof von München und Freising wurde, wurde Christian Schütz sein Nachfolger, bis man ihn 1982 zum Abt seines Heimatklosters Schweiklberg wählte (bis 2007).[95] Auers Nachfolger wurde im selben Jahr Wolfgang Beinert (geb. 1933), der vorher das Fach als Professor in Bochum vertreten hatte (Emeritierung 1998). Aus Bochum kam auch der Kirchenrechtler Matthäus Kaiser (1924–2011) 1968, der bis 1989 aktiv lehrte und in dieser Zeit auch eine wichtige Rolle bei der Gründung der Universität Passau spielte.[96] Mit Bruno Kleinheyer (1923–2003) wurde 1968 auch ein angesehener Liturgiewissenschaftler nach Regensburg geholt, ein Spezialist vor allem für die Ordinationsriten.[97] Der erste Laie als

---

88 Ignaz WEILNER, Johann Taulers Bekehrungsweg. Die Erfahrungsgrundlagen seiner Mystik (Studien zur Geschichte der katholischen Moraltheologie 10), Regensburg 1961.
89 https://www.uni-regensburg.de/assets/theologie/religionspaedagogik-didaktik/projekte-und-forschung/fakultaet-nachruf-wolfgang_nastainczyk_2019-12-13.pdf.
90 Karl H. SCHMID, Nachruf für Dr. Josef Goldbrunner, in: Bund Neudeutschland. Rundbrief der Regionen Dachau und München 52 (2003), S. 20 f.
91 Josef SCHMUCKER, Die Ontotheologie des vorkritischen Kant (Kant-Studien, Erg. Hefte 112), Berlin u.a. 1980; ders., Die Ursprünge der Ethik Kants in seinen vorkritischen Schriften und Reflektionen (Monographien zur philosophischen Forschung 23), Meisenheim am Glan 1961.

92 Ulrich LEHNER. Auer, Johann, in: BBKL 20 (2002), S. 74–79.
93 Johann AUER/Joseph RATZINGER, Kleine katholische Dogmatik. I-IX, Regensburg 1970–1988.
94 Christian SCHALLER, »So war bald wieder das rechte universitäre Fluidum gefunden.«: Prof. Dr. Joseph Ratzinger in Regensburg, in: BGBR 47 (2013), S. 221–228.
95 https://www.schweiklberg.de/index.php/en/home/kloster/mitbrueder/aebte-unserer-abtei/241-5-abt-christian-schuetz-1982-2007.
96 Winfried SCHULZ (Hg.), Recht als Heilsdienst: Matthäus Kaiser zum 65. Geburtstag gewidmet von seinen Freunden, Kollegen und Schülern, Paderborn 1989.
97 Kurt KÜPPERS, Bibliographie Bruno Kleinheyer (1923–2003), in: ALw 46 (2004), S. 106–130.

Professor war Norbert Brox (1935–2006), der das Fach »Alte Kirchengeschichte und Patrologie« zwar schon seit 1968 lehrte, doch wegen seines Laienstatus eine sechsjährige Wartefrist absolvieren musste, ehe er 1973 den entsprechenden Lehrstuhl erhielt. Er war vor allem ein Spezialist für die Kirchengeschichte des zweiten Jahrhunderts, besonders auch zum ersten Petrusbrief, und wurde in die Bayerische Akademie der Wissenschaften berufen.[98]

Im Anfangssemester 1967/68 hatte die Fakultät 137 männliche Hörer und eine Hörerin. Die Zahl wuchs bis zu Beginn der 1980er Jahre ständig, auch weil die Lehrerausbildung und damit die Pädagogische Hochschule zum 1. August 1972 in die Universität integriert wurde (1978 wurden die einzelnen Professuren in die Fakultäten eingebaut).[99] Im Wintersemester 1982/83 hatte die Fakultät – ein Höhepunkt – 1171 Hörerinnen und Hörer, davon 251 »Volltheologen«.[100] Bis 1971 wurden die Vorlesungen noch in den Gebäuden der ehemaligen *Albertina* »am Ölberg« abgehalten, dann am Campus, wohin man 1973 endgültig übersiedeln konnte.[101] Im Sommersemester 2022 waren es nach Ausweis der »Studentenstatistik« immerhin noch 797 »Studienfälle«.[102]

Eine Würdigung der gegenwärtigen Fakultät verbietet sich für den Verfasser schon aus dem Umstand, dass er ihr viele Jahre als Mitglied angehört hat. Die Einsparwelle in den 2000er Jahren führte nicht nur zu einer Verschlechterung der Literaturversorgung, sondern auch zu einer massiven Reduktion der Professuren auf 13, auch wenn Regensburg damit dem Schicksal der Fakultäten in Bamberg und Passau entging, die das Zusatzprotokoll zum Bayerischen Konkordat vom 19. Januar 2007 zunächst für 15 Jahre für ruhend erklärte.[103] Unter dem Pontifikat von Bischof Gerhard Ludwig Müller (2002–2012) waren überdies vorher eher latent vorhandene Spannungen zum bischöflichen Ordinariat eskaliert. So wurde dem Liturgiewissenschaftler August Jilek im Oktober 2004 die kirchliche Lehrerlaubnis mit der offiziellen Begründung entzogen, dass dieser einen Kirchenaustritt brieflich für sich erwogen habe.[104] Sabine Demel, Burkard Porzelt und Heinz-Günther Schöttler wurden 2009 mit derselben Maßnahme bedroht, da sie die Petition »Vaticanum 2«[105] unterzeichnet hätten, die einen Gegensatz zwischen der Politik des gegenwärtigen Papstes und dem Konzil unterstelle.[106] Immerhin kritisiert aber inzwischen auch Kardinal Müller, v. a. nach seiner Entbindung vom Amt des Präfekten der Glaubenskongregation im Jahr 2017, den Papst und proklamiert dabei für sich ein Recht, das jeder Katholik besitze.

---

98 Manfred WEITLAUFF, Norbert Brox, in: Akademie Aktuell. Zeitschrift der Bayerischen Akademie der Wissenschaften, Ausgabe 01/2007, S. 54 f.
99 HÖLLER, Wunsch (wie Anm. 12), S. 540.
100 NASTAINCZYK, Theologiestudium (wie Anm. 81), S. 193.
101 Ebd., S. 194.
102 https://portal.uni-regensburg.de/1747/.
103 https://www.gesetze-bayern.de/Content/Document/BayKonk-ANL_2.
104 https://www.spiegel.de/lebenundlernen/uni/kirchen-krach-regensburger-bischof-entlaesst-kritischen-professor-a-321619.html.
105 http://archiv.wir-sind-kirche.de/petition-vatikanum2.org/pageID_7298971.html.
106 https://www.sueddeutsche.de/politik/katholische-kirche-professoren-sollen-sich-beim-papst-entschuldigen-1.469496.

Freilich sind solche Spannungen für die gegenwärtige Kirche nichts Ungewöhnliches, die zwischen den berechtigten Polen der Ursprungstreue und der Gegenwartsrelevanz ihren Weg finden muss. Auch Bischof Rudolf Voderholzer, seit 2012 Nachfolger seines theologischen Lehrers Müller als Bischof, weiß um die nicht nur symbolische Bedeutung der Präsenz der Theologie an den Universitäten, wo die künftige Generation an Akademikern ausgebildet wird. Die theologische Fakultät der Universität Regensburg hat sich gerade in den letzten Jahren als ausgesprochen forschungsstark und gut integriert in die Gesamtuniversität erwiesen. Wenn der Spagat gelingt, die wissenschaftlichen und kirchlichen Anforderungen zu einem Ausgleich zu bringen, dann sind die theologischen Universitätsfakultäten der Gegenwart nicht nur Erbe einer mehr als achthundertjährigen großen universitären Tradition, sondern auch ein Beweis, dass eine Glaubensgemeinschaft keine wissenschaftliche Anfrage und Methode fürchten muss, ebenso wenig wie die akademische Wissensgemeinschaft die Sorge umtreiben muss, dass hierdurch vernunftfremde autoritäre Ansprüche in die Universität eindringen, die sich vor der Vernunft nicht rechtfertigen lassen.

50 Jahre Bischöfliches Collegium/Studium Rudolphinum – der kleine Bruder

Prof. Dr. Christoph Binninger, Direktor des Bischöflichen Studium Rudolphinum

Als die Diözese Regensburg zur Erweiterung der Priesterausbildung auf Initiative von Bischof Dr. Rudolf Graber 1972 als Frucht des Vaticanum II das Collegium Rudolphinum »gebar«, war sein großer Bruder, das Priesterseminar »St. Wolfgang« schon stattliche 100 Jahre alt.

Nun – 2022 – feiert das »Rudolphinum«, das einst mit Bischof Rudolf (Dr. Graber) begann, voll Dankbarkeit erneut mit einem Bischof Rudolf (Dr. Voderholzer) sein 50-jähriges Bestehen.

Die Geschichte

Es war ein Herzensanliegen von Bischof Dr. Graber, auch jungen Männern des Dritten Bildungsweges sowie Spätberufenen den Weg zum Priestertum zu eröffnen – so wie einst der Herr selbst einfache Fischer berufen hat. Er sah in ihrer Berufs- und Lebenserfahrung eine Bereicherung für das priesterliche Leben und eine Chance für das pastorale Wirken in den Pfarreien. Daher gründete er im Oktober 1972 im Einvernehmen mit dem Bischof Dr. Paul Rusch an der damaligen philosophisch-theologischen Lehranstalt der Franziskaner in Schwaz/Tirol ein überdiözesanes »Studienhaus«. Im Oktober 1975 wurde dieses nach Heiligenkreuz bei Wien verlegt. Das »Studienhaus« erhielt nun seinen offiziellen Namen »Rudolphinum – Collegium Interdioecesanum Operis Summi Sacerdotis« (kurz: »Collegium Rudolphinum«).

In diesem Namen spiegeln sich die Verdienste sowohl Bischof Grabers als auch der kanonisch errichteten Priestervereinigung »Opus Summi Sacerdotis e. V.« wider, die sich die Förderung der Priesterberufe, insbesondere des Dritten Bildungsweges und der Spätberufenen zur Aufgabe gemacht hat. Ohne die Initiative Bischof Grabers und die große finanzielle und geistliche Unterstützung dieser Priestervereinigung wäre es nicht zur damaligen Gründung gekommen und der Erhalt dieses Bildungsweges nicht möglich gewesen.

Im Laufe der folgenden Jahrzehnte des »Collegium Rudolphinum« lebten hier neben Regensburger Seminaristen auch Priesteramtskandidaten aus allen anderen bayerischen Diözesen, aber auch aus vielen anderen deutschen Bistümern wie z. B. Freiburg, Mainz, Berlin, Paderborn usw.

Immer wieder kamen ausländische Studenten (z. B. aus der Schweiz, Italien, den Niederlanden und Schweden). Viele Orden wie die Benediktiner, Franziskaner, Kapuziner, Passionisten, Maristen, Herz-Jesu-Missionare und andere sandten ebenfalls Studenten in das »Collegium Rudolphinum«.

Prof. Dr. Christoph Binninger mit Studenten

Unter den langjährigen Rektoren Otto Hermans und P. Michael Hösl CP bereiteten sie sich auf das Priestertum vor und studierten an der heutigen Päpstlichen Hochschule Benedikt XVI./Heiligenkreuz der Zisterzienser. Eine große Schar an Priestern ging aus dem »Collegium Rudolphinum« hervor.

Im Oktober 2007 wurde das »Collegium Rudolphinum« auf Initiative des Regensburger Bischofs und heutigen Kardinals Dr. Gerhard Ludwig Müller nach Regensburg verlegt. Damit erfüllte sich auch ein lang gehegter Wunsch von Bischof Dr. R. Graber. Von der Diözese Regensburg ging die Gründung des Rudolphinum aus – nun kehrte es in seine eigentliche Heimat zurück.

Zu den Gründen schrieb Kardinal Müller damals: »Ich halte es für notwendig, dass der Zusammenhalt des Presbyteriums gestärkt wird. Um diesen Zusammenhalt

… von Anfang an zu stärken, möchte ich, dass die Seminaristen der Diözese nicht in zwei getrennten Gruppen in Regensburg und in Heiligenkreuz studieren und leben. Sie sollen sich vielmehr gemeinsam auf ihren priesterlichen Dienst vorbereiten, und sich untereinander kennenlernen, so dass sie sich aufeinander verlassen können. Ich sehe es als eine persönliche Bereicherung an, wenn Priesterseminaristen – Abiturienten, Spätberufene oder Männer, die schon in vielfältigem Berufsleben gestanden haben – mit ihren verschiedenen Berufungswegen miteinander leben und den gemeinsamen Alltag gestalten.«

2007 wurde daher das »Bischöfliche Studium Rudolphinum« als eigenständiges Institut in den Räumen des Priesterseminars »St. Wolfgang« errichtet und trat in reformierter Weise das traditionsreiche Erbe des »Collegium Rudolphinum« an. Es ist kein Priesterseminar mehr, sondern ein phil.-theol. Institut, das jungen Männern des Dritten Bildungsweges und Spätberufenen das notwendige Studium ermöglicht, um Priester zu werden. Es untersteht unmittelbar dem Bischof von Regensburg.

Schon 2007 begannen die ersten Kandidaten ihr Studium. 2013 wurde der 1. Jahrgang von Studenten zu Priestern geweiht. Von 2013 bis heute gingen aus der Studentenschaft des »Bischöflichen Studium Rudolphinum« 38 Priester hervor. Dies zeigt trotz der schwierigen gesellschaftlichen und innerkirchlichen Situation die Fruchtbarkeit und Bedeutung dieses Weges für die Kirche auch für die Zukunft.

Gegenwärtig studieren hier 24 Studenten, darunter Seminaristen der Diözese Regensburg und Passau und – ganz in der Tradition des alten »Collegium Rudolphinum« – ausländische Studenten (z. B. aus Indien, Nigeria, Uganda) sowie Angehörige zahlreicher Ordensgemeinschaften z. B. der Oratorianer, Benediktiner, Salesianer, Passionisten, Augustiner Chorherren und Mariannhiller Missionare. Dazu kommen noch interessierte Gasthörer.

Kollegium und pädagogisches Konzept

Das »Bischöfliche Studium Rudolphinum« ist sowohl von der Röm. Bildungskongregation als auch vom Bayr. Staat anerkannt. Das Institut ist ausgerichtet an der »Rahmenordnung für die Priesterbildung der Deutschen Bischofskonferenz« vom 12.03.2003 (in Kraft seit 01.01.2004).

Der Studiengang setzt sich wie an der Universität aus 10 Fachsemestern zusammen, denen ein einjähriges propädeutisches Jahr zur Vorbereitung auf ein wissenschaftliches Studium vorgeschaltet ist. Die Fächer sind deckungsgleich mit dem universitären Kanon.

Das Institut hat jedoch etwas mehr Semesterwochenstunden (SWS). 90% der Dozenten sind habilitiert und als Lehrende an Hochschulen tätig, so dass die Wissenschaftlichkeit des Studienganges gesichert ist. Es ist ein Herzensanliegen der Dozenten, den ihnen anvertrauten Studierenden die katholische Lehre näherzubringen und sie ihnen wissenschaftlich darzulegen, zu begründen und zum Reflektieren anzuregen.

Das spezielle pädagogische Konzept für Spätberufene und Kandidaten des Dritten Bildungswegs mit ihren besonderen Lebensgeschichten umschrieb Kardinal

Müller bei der Gründung folgendermaßen:

»In kleineren Lerngruppen unter der Leitung erfahrener Dozenten ist eine gezielte pädagogische Förderung des Einzelnen besser möglich als dies ein großer Universitätsbetrieb zu leisten vermag. Gerade in einem stärkeren persönlichen Kontakt zwischen Studierenden und Lehrenden können Lerninhalte durch diese dialogische Struktur leichter vertieft und verständlicher dargelegt werden, so dass der Priesteramtskandidat am Ende seines Studiums über eine gute und ausgewiesene philosophisch-theologische Kenntnis verfügt.« Das »Rudolphinum« versucht, in einer »familiären« Atmosphäre den Studierenden wissenschaftliches Denken und Arbeiten zu vermitteln.

Schlusswort

2022! – Die Corona-Pandemie hat viele Menschen gezeichnet. In der Ukraine beginnt ein Krieg im Herzen Europas, dessen Folgen noch nicht absehbar sind. Die Gesellschaft polarisiert sich zunehmend, das religiöse Desinteresse in weiten Kreisen nimmt zu, die Säkularisierung gewinnt stark an Boden, innerkirchliche Auseinandersetzungen in Deutschland erschüttern die Kirche vor Ort, drohen sie zu zerreißen.

Es zeichnet sich eine Zeitenwende ab. Wohin wird sie uns führen? Was wird Neues entstehen? Resignation auch innerhalb der Kirche macht sich breit. Dazu aber besteht keinerlei Grund, denn wir sollten in all dem Gelärm und Gezeter jene Stimme nicht überhören, die zu uns spricht: »Ich bin bei euch alle Tage!« (Mt 28,20b). Das ist unsere Hoffnung und unsere Kraft! Es ist ebenfalls jene Stimme, die auch heute noch Menschen ruft: »Folge mir nach!«

Die Kirche braucht heute mehr denn je in diesem Land Priester, die sich mit ihrem ganzen Leben als gute Hirten für die verängstigte, oft orientierungslos gewordene Herde des Herrn einsetzen, um sie zu einen und zu Christus zu führen.

Das »Studium Rudolphinum« möchte als philosophisch-theologisches Institut zusammen mit dem Priesterseminar St. Wolfgang mithelfen, dass priesterliche Berufungen wachsen und gedeihen können. Daher danken wir Bischof Dr. Rudolf Voderholzer, dass er unser Institut mit großem Engagement unterstützt, fördert und für uns eintritt.

Und für diesen gemeinsamen Dienst an den priesterlichen Berufungen ruft der kleine Bruder »Rudolf« (»Rudolphinum«) dem großen Bruder »Wolfgang« (Priesterseminar St. Wolfgang) zu: AD MULTOS ANNOS!

Das *Institut Papst Benedikt XVI.* Ein Ort der Wissenschaft und der Begegnung im ehemaligen Schottenkloster

Dr. Christian Schaller, stellvertretender Leiter des *Institut Papst Benedikt XVI.*

Das Werk: in der Gegenwart für die Zukunft erschließen

Seit der offiziellen Eröffnung des *Institut Papst Benedikt XVI.* am 30. Oktober 2008[1] ist die wissenschaftliche Einrichtung zu einem Zentrum der Beschäftigung mit der Theologie von Joseph Ratzinger/Benedikt XVI. geworden. Die historische Verantwortung liegt in der systematischen Erschließung des theologischen Gesamtwerkes des Priesters, Professors, Bischofs und Kardinals, das in einer 16 Bände umfassenden Edition für die weitere Diskussion zur Verfügung gestellt werden soll.[2] Die umfangreichen editorischen Arbeiten können auf einen Bibliotheksbestand zurückgreifen, der, neben den vollständig erfassten Quellen, auch die Sekundärliteratur mit dem Wunsch nach Internationalität sammelt und zur Recherche zur Verfügung stellt.

Entscheidend für die inhaltliche Auseinandersetzung mit den Primärtexten von Joseph Ratzinger ist auch die Sammlung und Bereitstellung der von ihm verwendeten Literatur, die sich in den Zitaten oder weiterführenden Hinweisen in seinen eigenen Publikationen erfassen lässt. Sie dienen der Erschließung des wissenschaftlichen und zeitgenössischen Kontextes, der für die Einordnung innerhalb des theologischen Disputes in der jeweiligen Zeit sorgt. Zugleich dienen sie dem Forscher als weiterführende Beschäftigung mit Blick auf einen speziellen inhaltlichen Schwerpunkt. Mit den beiden Bibliotheken wird einer der wichtigsten Aufgabenbereiche des Instituts realisiert: Es wird durch das mehrsprachige Literaturangebot zu einem spezifischen Ort der Auseinandersetzung mit der Theologie des emeritierten Papstes und somit zu einem internationalen Forum akademischer Forschung.

Der wissenschaftliche Austausch mit Doktoranden, Habilitanden, Studenten und Interessierten ist dabei gekennzeichnet von der wechselseitigen Bereicherung aus dem jeweiligen nationalen Kontext. In der thematischen Befassung mit den Schwerpunkten und Zugängen zu den verschiedenen von Joseph Ratzinger behandelten Feldern der Theologie und ihrer Geschichte, die in anderen Ländern

---

1 Die Satzung wurde unterzeichnet vom Regensburger Bischof Gerhard Ludwig Müller (2002 bis 2012) und ist datiert auf den 19. April 2008.

2 Seit dem Erscheinen des ersten Bandes der »Joseph Ratzinger Gesammelte Schriften« (JRGS) im Jahr 2008 sind 14 Bände – oftmals mit bis zu drei Teilbänden – der insgesamt 16 Bände umfassenden Edition in 23 Büchern erschienen. Es stehen noch Band 15 mit den (auto-)biographischen Schriften sowie Band 16 mit den umfangreichen Registern aus.

Rezeption: in Schrift und Begegnung

zu beobachten sind, eröffnen sich für den je eigenen sprachlichen, kulturellen und theologischen Hintergrund Horizonte einer neuen und ergänzenden sowie weiterführenden Durchdringung der Einzelaspekte seines Denkens im geschichtlich ausgreifenden Zusammenhang der letzten 70 Jahre, der neben der Intensivierung der Forschung an den Ratzinger-Texten zugleich eine Vertiefung des gesamten historischen Kontextes ermöglicht.

Flankierend zur Edition der »Joseph Ratzinger Gesammelte Schriften« begründete das Institut die Reihe der »Ratzinger-Studien«[3], in denen Tagungsakten, Monographien, Sammelbände und Dissertationen

---

[3] Die Reihe der »Ratzinger-Studien« (RaSt) umfasst zum aktuellen Stand des Erscheinens der vorliegenden Veröffentlichung 20 Einzeltitel, die im Auftrag des Instituts im Regensburger Verlag Pustet herausgegeben werden.

publiziert werden. Ihre inhaltliche Ausrichtung dient zum einen der wissenschaftlichen Begleitung der »Joseph Ratzinger Gesammelte Schriften«, aber auch dem konstruktiven theologischen Diskurs, der mit der Theologie Joseph Ratzingers und darauf aufbauend das innertheologische und kirchliche Gespräch fördern und anregen will. Diesem Zweck dienen auch die regelmäßigen Veranstaltungen, die entweder vom Institut oder in Verbindung mit anderen Initiativen und Institutionen organisiert werden.

Internationale Forschung: wechselseitige Bereicherung

Kooperation und Austausch sind wesentlicher Bestandteil der Arbeit des Instituts. Mit der »Fondazione Vaticana Joseph Ratzinger/Benedetto XVI«, dem Ratzinger Zentrum in Bydgoszcz (Polen), der »Escola Joseph Ratzinger« (Brasilien) und verschiedenen Universitäten (LUMSA, Rom, Universidad de Navarra, Steubenville, USA) sind bereits zahlreiche Projekte umgesetzt worden. Mit der Römischen Sektion der Görres-Gesellschaft mit Sitz am Collegio Campo Santo Teutonico im Vatikan wurde ein Stipendienprogramm eingerichtet, das jungen Akademikern einen Studienaufenthalt im Institut ermöglichen kann, um ihre Graduierungsarbeiten vorzubereiten und ihre Studien zu vervollständigen.

Große Aufmerksamkeit wird auch auf die fremdsprachigen Texte gelegt. Der deutschen Edition der »Joseph Ratzinger Gesammelte Schriften« z. B. folgen die fremdsprachigen Ausgaben in italienischer, polnischer, spanischer, englischer und französischer Sprache, die wiederum einen engen Kontakt mit den jeweiligen Redaktionen und Verlagen vor Ort begründen.

Über die Arbeit des Instituts gibt zusätzlich ein Jahrbuch Auskunft, das unter dem Titel »Mitteilungen. Institut Papst Benedikt XVI.« (MIPB) erscheint. Neben der Chronik in Wort und Bild werden auch Primärquellen zum Teil in Form von Erstveröffentlichungen und als Vorankündigung für den folgenden Band der Gesamtausgabe zur Verfügung gestellt, denen sich ein Forum der Diskussion und der ausführlichen Rezeption anschließt. Ein Überblick über Neuerscheinungen in Rezensionen und Buchanzeigen sowie eine Zeitschriftenschau ermöglichen Einblicke in die gegenwärtigen Diskussionsschwerpunkte.

Dem Erhalt verpflichtet: die archivarische Betreuung

Dem Institut ist satzungsgemäß aufgetragen, ein Archiv aufzubauen. Zum Bestand gehören z. B. Tonmitschnitte von Predigten, Vorträgen und Rundfunkbeiträgen, die in Kooperation mit der Medienstelle der Universität Regensburg digital gesichert und für die Auswertung aufbereitet wurden.

Das Archiv ist zugleich Ort der Erfassung auch des biographischen Hintergrundes von Joseph Ratzinger. Schriftstücke aus sechs Jahrzehnten, Autographe, Manuskripte und Archivalien aus dem Vorlass werden für die Nachwelt und die weitere Rezeption der Person Joseph Ratzingers und seines Denkens nach archivrechtlichen Vorgaben aufbereitet. Auf besonders eindrückliche Weise werden in

Das Institut Papst Benedikt XVI.

Papst em. Benedikt XVI. mit Bischof Dr. Rudolf Voderholzer und Dr. Christian Schaller in den Räumen des Instituts

den Archivbeständen die familiären Lebensumstände, die privaten Verknüpfungen, das intensive akademische Wirken und Denken, der umfangreiche Verkündigungsdienst, aber auch die Außenwahrnehmung seitens Kollegen, Freunden und der breiten (medialen) Öffentlichkeit dokumentiert. Mit der Zusammenschau aller Aspekte erst wird für die biographische Erschließung der Person Joseph Ratzinger/Benedikt XVI. ein gangbarer und ehrlicher Weg eröffnet.

Aus der Sicht der Kunst: Facetten einer Person

Im Institut entsteht eine Sammlung verschiedener Portraits des Namensgebers sowie anderer mit Joseph Ratzinger/Papst Benedikt XVI. in Zusammenhang stehender Kunstwerke. Erstaunlich sind die Vielfalt der Darstellungsweisen und die Bereitschaft von Künstlern unterschiedlicher Nationalität, sich mit der Person des emeritierten Papstes zu beschäftigen. Hier ein umfangreiches Angebot den Besuchern bieten zu können und damit auch dem kulturellen Auftrag der Kirche gerecht werden zu können, ist ein weiteres Anliegen des Instituts.[4]

Wissenschaftliches Kuratorium: Beratung und Unterstützung

Ein wissenschaftliches Kuratorium steht den Mitarbeiterinnen und Mitarbeitern des Instituts zur Seite, das sich aus Personen zusammensetzt, die mit dem Werk Joseph Ratzingers vertraut sind. Es trifft sich in regelmäßigen Abständen, um die Arbeit des Instituts zu unterstützen. So kann die Fachkompetenz zahlreicher Wissenschaftler unmittelbar in das Engagement des Instituts einbezogen werden. Zugleich ist das Kuratorium aufgrund seiner internationalen Zusammensetzung ein zentraler Punkt in der Kooperation und im Austausch mit anderen Institutionen, die sich, mit einem jeweils eigenständigen Profil, mit dem Werk Joseph Ratzingers beschäftigen. Die Mitglieder kommen aus verschiedenen Ländern, so z. B. Italien, Österreich und Deutschland.

Mit der Gründung des Instituts im Jahre 2008 wurde von der Diözese Regensburg eine wissenschaftliche Institution eingerichtet, die sich der historischen Verantwortung stellt, das Werk eines herausragenden Theologen und Gelehrten zu erfassen, zu sortieren, zu systematisieren und in einer neuen Ausgabe der wissenschaftlichen Diskussion zu übergeben.[5] Mit der Wahl des Ortes im ehemaligen Schottenkloster am Bismarckplatz konnten auch Synergieeffekte genutzt werden, so z. B. mit der Bibliothek des Priesterseminars.

Der Besuch des emeritierten Papstes Benedikt XVI. im Juni 2020 im Institut[6] ist für die Einrichtung eine Ehre und eine zusätzliche Motivation für die Arbeit, die auch in Zukunft sich in den Dienst seines theologischen Werkes stellen wird.

---

4   Vgl. z. B. die Interpretationen, die Isabel Velandia und Reinhild Stötzel zu ihren eigenen Werken verfasst haben in: MIPB 9 (2016) 131–132; Porträtbild 150 und MIPB 14 (2021) 118–120; Porträtbild 183.
5   Vgl. Christian Schaller, Descortinar no presente, conservar para o futuro: a obra completa de Joseph Ratzinger – Um relatório da edição, in: Gilcemar Hohemberger / Rudy Albino Assunção (Hg.), O Primado do Amor e da Verdade. O patrimônio espiritual de Joseph Ratzinger – Bento XVI, São Paulo 2017, 295–306.
6   Impressionen des Besuches von Papa em. Benedikt XVI. am 19. Juni 2020 finden sich in MIPB 13 (2020) 213–215.

DIE KOOPERATION IN DER PRIESTERBILDUNG ZWISCHEN DEN DIÖZESEN REGENSBURG UND PASSAU

Studenten aus den Diözesen Regensburg und Passau

Seit dem Jahr 2007 gibt eine Kooperation in der Priesterausbildung zwischen den Diözesen Regensburg und Passau.
Wie kam es dazu? Und welche Anfangsschwierigkeiten galt es zu überwinden?
Ein Mann der ersten Stunde dieser Kooperation erzählt über seine persönlichen Erinnerungen und Erfahrungen.

Die Kooperation in der Priesterbildung zwischen den Diözesen Regensburg und Passau. Persönliche Erinnerungen und Erfahrungen

Domkapitular Dr. Anton Spreitzer, Subregens im Priesterseminar von 2007–2015

Aschermittwoch 2007

Für mich begann die Kooperation meiner Heimatdiözese Passau mit der Nachbardiözese Regensburg am Aschermittwoch 2007. Ich war gerade mit den Vorbereitungen für den Abendgottesdienst fertig geworden, als das Telefon klingelte. Am anderen Ende war zunächst eine Mitarbeiterin des Bischöflichen Sekretariats, und kurz drauf Bischof Wilhelm Schraml selbst. Wie er es häufig tat, begann er das Telefonat mit der Frage »Wie geht's?«. Nach einer kurzen Erwiderung meinerseits meinte er, er habe etwas mit mir zu besprechen und ich möge doch bitte zu ihm in die Residenz kommen; am besten jetzt gleich.

Ich machte mich also auf den Weg auf den Domberg und saß eine halbe Stunde später im Empfangszimmer des Bischofs. Der Bischof kam, wir reichten uns die Hand und setzten uns. Es folge noch einmal die Frage, wie es mir gehe. Es war klar, dass er mich nicht zu sich bestellt hatte, um diese Frage eingehender mit mir zu besprechen; er hatte offenbar ein wichtiges Anliegen, das er persönlich mit mir besprechen wollte. An der Art, wie mir Bischof Wilhelm gegenübersaß, konnte ich feststellen, dass er gut gelaunt war, und dass er sich überhaupt keine Mühe gab, seine gute Laune zu verbergen. Das war schon mal eine gute Voraussetzung, dachte ich; es konnte nichts allzu Schlimmes kommen; das hätte ich wohl gleich von Anfang an bemerkt. Und so schlossen sich an meine erneute Antwort auf die Frage nach meinem Befinden, begleitet von einem Gesichtsausdruck Bischof Wilhelms, den man nicht anders denn als spitzbübisch bezeichnen kann (sofern man das von einem bischöflichen Gesichtsausdruck sagen darf), in der – ebenfalls bei ihm gewohnten – apodiktischen Art die Sätze an: »Sie kommen im Herbst von Ihrer bisherigen Stelle weg. Sie kommen nach Regensburg und werden dort der neue Subregens.«

Mein offenbar verdutzter Gesichtsausdruck ermunterte Bischof Wilhelm dazu, ohne meine Antwort abzuwarten, die Sätze hinterherzuschicken: »Da schauen's, gell!?« – Ja, da schaute ich in der Tat. Denn zu dieser Zeit war ich gerade im ersten Jahr meiner zweiten Kaplansstelle im Pfarrverband St. Anton in Passau und insofern auf alles eingestellt, aber sicher nicht darauf, bereits im folgenden Herbst erneut umzuziehen. Und noch weniger war ich darauf vorbereitet, im Rahmen der ab dem kommenden Herbst neu eingerichteten Kooperation in der Priesterbildung zwischen den Diözesen Passau und Regensburg Subregens sozusagen im neuen Zuschnitt dieser Aufgabe zu werden.

Kooperation mit der Diözese Regensburg

Bischof Wilhelm indes machte in dem sich anschließenden lockeren Gespräch keinen Hehl daraus, wie sehr er sich freute, dass als Kooperationspartner für die Diözese Passau aus den Sondierungsgesprächen schließlich seine Heimatdiözese Regensburg den Zuschlag bekam. Dass er selbst diese Entscheidung persönlich favorisierte, wird wohl kaum überraschen. Und er hat auch in den folgenden Jahren der Kooperation immer ein großes Interesse für den Gang der Dinge bekundet und dabei auch mein persönliches Befinden im Auge gehabt. Beinahe ausgelassen plauderte nun also Bischof Wilhelm sozusagen aus dem Nähkästchen und gab einige Anekdoten aus seiner eigenen Zeit im Priesterseminar Regensburg zum Besten. Dabei scheute er sich nicht, seinerzeit hoch angesehene Regensburger Persönlichkeiten aus dem Klerus rund um den Dom sogar zu parodieren. Ich staunte nicht schlecht, sah ich doch hier vor mir im respektablen Setting der Prunkräume der Residenz meinen Bischof zum Seminaristen Wilhelm Schraml werden, der, wie es Seminaristen gerne zu tun pflegen, mit sichtlicher Belustigung in studentischem »Slang« ein schillerndes Porträt früherer Erfahrungen zeichnete. Wer Bischof Wilhelm näher kannte, wusste, dass er erstaunlich gesellig werden konnte und mit einer »kessen Lippe« sprechen konnte, die man ihm so, wie man ihm für gewöhnlich begegnete, überhaupt nicht zugetraut hätte. Ich habe Bischof Wilhelm später immer wieder – wenn es die Umstände erlaubten – so erlebt: in einer menschlichen Nahbarkeit, die neben seiner häufig nach außen dargestellten Strenge auch zu ihm gehörten. (Manch einer hätte wohl ein anderes Bild von Wilhelm Schraml, wenn er oder sie ihn auch einmal von dieser Seite kennenlernen hätte können.)

Da saß ich also: dem ausgelassen erzählenden Bischof gegenüber, beschäftigt mit meinen Gedanken. Was ein Subregens ist, wusste ich aus meiner eigenen Zeit als Seminarist am Bischöflichen Priesterseminar St. Stephan in Passau: In der Regel ein jüngerer Priester, der nach der Kaplanszeit für einige Jahre ins Priesterseminar zurückkehrt, dort dem Regens als Leiter des Priesterseminars als Teil des sog. »forum externum« zur Seite gestellt wird und in enger Zusammenarbeit mit dem Spiritual, der das »forum internum« vertritt, an der Bildung zukünftiger Priester mitarbeitet. So weit, so gut. Was aber neu war, war, dass ich für die Übernahme dieser Aufgabe meine Diözese verlassen musste; es ging nach Regensburg.

Von Passau nach Regensburg

Von den kirchlichen Verantwortlichen dort kannte ich niemanden. Der einzige, mit dem ich zuvor etwas intensiver zu tun hatte, war der Regensburger Bischof Dr. Gerhard Ludwig Müller. Er war nämlich zu der Zeit, als ich meine »externitas« an der Katholisch-theologischen Fakultät der Ludwig-Maximilians-Universität München verbrachte (2000–2001), dort Professor für Dogmatik (und der heutige Regensburger Bischof Dr. Rudolf Voderholzer sein

Der Regensburger Bischof Dr. Gerhard Ludwig Müller zusammen mit dem Passauer Bischof Wilhelm Schraml und Regens Martin Priller

Assistent). Aber mehr als einen externitas-Studenten mit einem Dogmatikprofessor sonst auch verband mich mit Bischof Müller nicht. Freilich stand der Regensburger Bischof in einem bestimmten Ruf und ich kannte das Bild, das von ihm in der Öffentlichkeit vertreten wurde – das aber nur bedingt zu meinen eigenen persönlichen Erfahrungen aus dem Münchner Jahr passte, wo ich in Prof. Müller einen Hochschullehrer erlebt hatte, der es mühelos fertig brachte, eineinhalb Stunden in freier Rede über Ekklesiologie zu dozieren, dabei zwar nicht immer das volle Maß an Aufmerksamkeit seiner Zuhörerinnen und Zuhörer hatte, jedoch alles andere als ein abgehobener Professor war, im Gegenteil. Prof. Müller war unter denen, bei denen ich Vorlesungen hörte, derjenige, der mit am meisten daran interessiert war, mit uns Studentinnen und Studenten in Kontakt zu kommen, und dabei u. a. die Vorlesungspausen zu kurzen Gesprächen nutzte. Zudem wusste ich, dass Prof. Müller leidenschaftlich eine Theologie der Befreiung vertrat und persönliche Kontakte zu Lateinamerika pflegte, wo er regelmäßig auch Dozenturen übernahm. (Mir ist noch in Erinnerung, dass ich einmal ein Foto in Händen hatte, das Bischof Müller in Badehose zusammen mit lateinamerikanischen Jugendlichen in einem größeren Planschbecken zeigte …) Insofern konnte ich den vielfachen Vorbehalten und kritischen Ablehnungen von Bischof Müller in der Öffentlichkeit nur bedingt zustimmen.

Wie gesagt, neben meinem früheren Dogmatikprofessor, der jetzt auf dem Bischofsstuhl saß, war für mich die höhere kirchliche Hierarchie in der Diözese Regensburg ebenso ein unbeschriebenes Blatt wie auch meine zukünftigen Kollegen in der Priesterbildung – Regens, Spiritual und Präfekt. Nicht einmal das Gebäude des Priesterseminars St. Wolfgang kannte ich. Und von der Diözese selbst wusste ich fast nichts. Die Stadt Regensburg freilich kannte ich etwas besser, hatten doch viele meiner Freunde aus der Gymnasialzeit dort ihre Zelte für das Studium aufgeschlagen. Zumindest war also klar, dass ich von einer wunderschönen Stadt in eine andere wunderschöne Stadt kommen würde, gut hundert Kilometer die Donau hinauf. Alles andere aber, was mich dort erwartete, insbesondere das spezielle kirchliche »Feeling«, die Atmosphäre, die in jeder Diözese ja immer etwas anders ist als andernorts, war ein weißer Fleck in meinem kirchlichen Background.

Ambivalente Stimmung

Dinge wie diese gingen mir im Gespräch mit Bischof Wilhelm, das sich an seine Eröffnung meiner künftigen Aufgabe anschloss, durch den Kopf. Wie es oft so ist, war meine Stimmung durchaus ambivalent. Da war einerseits, wie gesagt, die Tatsache, dass ich ja erst in St. Anton meinen Dienst angetreten hatte und nur ein Jahr bleiben durfte, was mir sehr leid tat, da ich mich sehr schnell dort eingelebt hatte und in meinem Pfarrer, Joseph Bader, einen hervorragenden Priester als Verantwortlichen und Mitbruder hatte, bei dem ich viel lernen konnte, und mich bei den Gläubigen in den Pfarreien St. Anton und St. Peter sehr wohlfühlte. Und da war auf der anderen Seite natürlich die Ehre, die ich empfand, dass Bischof Wilhelm es mir offensichtlich zutraute, das Passauer Gesicht in der neu gebildeten Vorstandschaft am Regensburger Priesterseminar zu sein und somit für den »Passauer Stallgeruch« zu sorgen, wie sich Bischof Wilhelm gerne ausdrückte. Bischof Wilhelm hatte nie einen Hehl daraus gemacht, wie tief verbunden er sich mit seiner Heimatdiözese Regensburg wusste, auch nach seinem Wechsel als Bischof nach Passau. Deshalb war mir klar, dass er es sich wohl gut überlegt hatte, wen der von den Passauer Priestern als Subregens nach Regensburg schickte. Es hat mich ehrlich gefreut, dass Bischof Wilhelm offenbar nicht ganz unzufrieden mit meinem Dienst war, und dass er meinte, es könnte mit mir als Subregens hinhauen.

Aber natürlich war auf der anderen Seite auch die Unsicherheit, wie das sein würde, meine Heimatdiözese zu verlassen – und damit nicht nur vertraute Orte, die Nähe zu Passau, wo ich die meisten meiner Studienjahre verbracht hatte, wo der wunderbare Dom St. Stephan stand, meine Weihekirche, wo viele Freunde von mir lebten und wo nicht zuletzt auch meine Familie war. Das alles würde mit meinem Wechsel nach Regensburg – auch wenn es von Passau aus gesehen nicht aus der Welt lag – doch in größere Ferne rücken. Außerdem war mein Ziel von Anfang meiner Ausbildungszeit gewesen, Pfarrer zu werden, Seelsorger in einem Pfarrverband in der Diözese Passau. Auch das verschob sich nun erst einmal weiter in die Zukunft hinein. Anderseits reizte mich an der Aufgabe aber dann doch wieder, dass ich so die Möglichkeit haben würde, meine theologischen Interessen intensiver zu pflegen; womöglich könnte ich sogar eine Promotion in Erwägung ziehen. Und das Leben im Priesterseminar mit den Seminaristen würde sicherlich viele Gelegenheiten bieten, sich über theologische Fragen, über geistliche Themen und pastorale Überlegungen auszutauschen – und daran hatte ich schon im Studium sehr große Freude.

Es war also durchaus eine ambivalente Stimmung, mit der ich aus dem Gespräch mit Bischof Wilhelm dann wieder in meine Kaplanswohnung zurückkehrte. Und in dieser Stimmung rief ich dann einige Tage darauf meinen zukünftigen »Chef«, Martin Priller, den Regens des Regensburger Priesterseminars an. Er hatte erst ein Jahr zuvor diese Stelle übernommen. Es war schon ein eigenartiges Gefühl, mit jemandem Kontakt aufzunehmen, von dem man überhaupt nichts wusste, mit dem man aber sehr eng zusammenarbeiten würde. Bei einem kurzen, guten Gespräch vereinbarten wir einen ersten Kennenlernbesuch vor Ort in Regensburg, an den ich mich ebenfalls noch gut erinnere. Nachdem ich mich zunächst ziemlich verfahren hatte und das Priesterseminar noch nicht gleich gefunden hatte, saß ich zunächst mit Regens Priller zusammen und wir tasteten uns erst einmal gegenseitig ab. Gottlob zeigte sich schnell, dass die Chemie zwischen uns stimmte. Und dann kam der Augenblick, wo wir dann zum Speisesaal aufbrachen und die Seminaristen zum ersten Mal den neuen Subregens – und dazu einen aus Passau! – zu Gesicht bekommen sollten. Wer von allen Beteiligten am meisten aufgeregt war, weiß ich nicht; ich jedenfalls war extrem angespannt. Ich sehe noch heute, wie der Regens die Tür öffnete und sich alle Augen im Speisesaal gleichzeitig auf mich richteten; ich kann versichern, dass es angenehmere Situationen gibt. Aber schließlich ist auch das gut gelaufen, wie auch das erste Zusammentreffen mit den übrigen Mitgliedern der Vorstandschaft des Regensburger Priesterseminars: dem Spiritual Dr. Josef Graf und dem damaligen Präfekten Markus Lettner. So fuhr ich mit einem wirklich guten Gefühl und mit großer Zuversicht zurück nach Passau: das wird schon werden. Die Monate gingen dahin, und zum September 2007 war es dann soweit: Die Kooperation in der Priesterbildung zwischen den Diözesen Regensburg und Passau sollte Wirklichkeit werden und eine in vielerlei Hinsicht ganz neue Zeit in meinem Leben beginnen.

Dass Diözesen zusammenarbeiten, dürfte niemand überraschen, der etwas vom Selbstverständnis katholischer Kirchlichkeit versteht. Kirche ist in den verschiedenen Teilkirchen in einer Art und Weise präsent, dass sich keine Diözese, keine Abtei oder sonst eine Art von Teilkirche als völlig losgelöste kirchliche Splittergruppe fühlt, sondern einer großen, weltumspannenden Gemeinschaft zugehörig, die als »universale Kirche« im Papst sichtbaren Ausdruck findet. Gleichwohl bedeutet das keine Uniformität in der jeweiligen Ausprägung des Katholischen vor Ort, im Gegenteil. Es macht sicher einen wichtigen Teil katholischer Identität aus, dass sie aus der Spannung von Teil und Ganzem, von Lokal und Universal lebt – in der bleibenden Spannung, die sich daraus ergibt, beide Seiten in einem fruchtbaren Zueinander zu halten. Deshalb lebt die Kirche in ihrer Einheit zugleich in der Vielgestaltigkeit ihrer lokalen Wirklichkeiten, die sich nicht nur über die Zeiten hinweg ständig wandeln, sondern auch innerhalb derselben Gleichzeitigkeit in – zum Teil nicht unerheblichen – Ungleichzeitigkeiten bestehen.

Eine spannende Anfangszeit

Insofern war meine Anspannung, was konkret mich in der Diözese Regensburg erwartete, nicht unbegründet. Sicherlich bestand der Vorteil in der Wahl Regensburgs als Partnerdiözese in der Priesterbildung nicht zuletzt darin, dass beide größtenteils einen ähnlichen Kulturraum umfassen, die Gläubigen einem in vielerlei Hinsicht ähnlichem Menschenschlag zugehören und daher »Verständigungsschwierigkeiten« relativ gering ausfallen sollten. Das war ohne Zweifel auch einer der wichtigsten Gesichtspunkte, die für die Wahl Regensburgs für die Kooperation sprachen. Dennoch: Es wäre ein Wunder gewesen, wenn in Regensburg einfach alles so wie in Passau gewesen wäre. Darum war von Anfang an für alle Beteiligten – auch für die Regensburger – eine große Frage, wie sich Passau und Regensburg in so enger Zusammenarbeit vertragen würden, wo sich Schnittmengen abzeichneten (und wo nicht), wo unterschiedliche Traditionen aufeinanderstießen (und wo nicht), wo ähnliche Vorstellungen in grundlegenden kirchlichen Dingen bestanden (und wo nicht) usw. Schließlich bedeutete die Kooperation ja nicht nur für die Diözese Passau einen gewaltigen Einschnitt. Auch die Diözese Regensburg sah sich mit der Präsenz eines Partners in einem so wesentlichen Bereich wie der Priesterbildung notgedrungen vor die Aufgabe gestellt, sich auf einen neuen »Player« einzulassen, und wusste – ebenso wenig wie »wir Passauer«, welche Auswirkungen das konkret haben würde.

So war gerade die Anfangszeit für alle Beteiligten eine spannende Zeit. Uns in der neu zusammengewürfelten Vorstandschaft war bewusst, dass wir nicht nur die Aufgabe hatten, zwei größere Gruppen – den Alumnat der Diözese Regensburg und den der Diözese Passau – zusammenzuführen und zu einer wirklichen Lebensgemeinschaft im Priesterseminar zu formen, sondern auch uns selbst als Gruppe zu finden, uns kennenzulernen und in das für unsere Aufgabe unverzichtbare gegenseitige Vertrauen zu finden. Von der Aufgabenverteilung her war klar, dass ich als Subregens in Regens Martin Priller die für mich wichtigste Person in der Vorstandschaft des Priesterseminars hatte. Wie schon die Bezeichnung »Sub-Regens« zeigt, bestand meine Aufgabe vor allem darin, mit dem Regens möglichst eng zusammenzuarbeiten, ihn zu unterstützen, von bestimmten Aufgaben zu entlasten und ihm in der Leitung des Priesterseminars zur Seite zu stehen. Die angenehme Seite des Subregens ist es freilich, dass am Ende der Regens die Entscheidungen fällt und nach außen hin vertreten muss; der Subregens kann sich dann dezent in die zweite Reihe zurückziehen (was ihn freilich nicht davon entbindet, sich ungeteilt hinter die Entscheidung zu stellen). Daraus ergibt sich, dass ich als Subregens in den Augen der Seminaristen buchstäblich weit weniger »entscheidend« war als der Regens und deshalb in mancher Hinsicht einen persönlicheren Umgang mit ihnen pflegen konnte als das dem Regens möglich gewesen wäre – auch wenn klar war, dass ich als Mitglied des »forum externum« kein Kumpel oder netter Onkel war, sondern in Entscheidungsprozesse, die die Seminaristen betrafen, wesentlich mit eingebunden war. Für mich war diese Situation äußerst lehrreich, sah ich mich dabei doch häufig mit Fragen konfrontiert, wie ich das Verhältnis von Nähe und Distanz als Priester anderen gegenüber konkret austarieren sollte. Aus meiner Ausbildungszeit war mir diese Dimension priesterlicher Existenz zwar vertraut, und in meiner Kaplanszeit hatte ich erste Erfahrungen damit gemacht, wie wichtig es war, hier auf das rechte Verhältnis zu achten. Dennoch entpuppte sich der ständige Blick auf die gewährte Nähe bzw. die aufrechtzuerhaltende Distanz den Seminaristen gegenüber als für mich selbst nachhaltig formierend. Als ich Jahre später die Aufgabe als Pfarrer im Pfarrverband Ortenburg übernahm, halfen mir viele Erfahrungen aus der Zeit als Subregens, im Umgang mit den Gläubigen in Sachen Nähe und Distanz behutsam und überlegt zu sein, und bewahrte mich insbesondere davor, eine allzu große (aber unbotmäßige) Nähe mit Nahbarkeit und Zugewandtheit, wie sie sich für einen guten Seelsorger und Priester gehören, zu verwechseln.

Dass es sich in dieser Frage des Austarierens des angemessenen Verhältnisses von Nähe und Distanz nicht nur um eine Dimension priesterlicher Lebensform handelt, sondern ein zentrales Moment in der Verrichtung des Dienstes als Priester darstellt, an dem sich Wesentliches im Hinblick auf geistliche Fruchtbarkeit im Sinne der Nachfolge Jesu entscheidet, wurde mir – und uns allen im Priesterseminar, Vorständen wie Seminaristen – schneller (und schmerzhafter) bewusst als uns lieb war. In den Monaten vor meinem Dienstantritt in Regensburg erregte der »Fall Riekofen« die Gemüter, in dessen Mittelpunkt der dortige Pfarrer stand, dem Vergehen im Bereich des sexuellen Missbrauchs an Minderjährigen nachgewiesen wurde. Wir alle wussten damals noch nicht, wie sehr uns dieses Thema noch beschäftigen sollte. Es lag auch wie ein bleiernes Gewicht auf meinem Antrittsbesuch bei meinem neuen bischöflichen Hirten in Regensburg, Bischof Dr. Gerhard Ludwig Müller. Ich erinnere mich noch sehr gut an dieses Gespräch, abends um 17.00 Uhr, der letzte Programmpunkt für Bischof Müller an jenem Tag. Mir saß dieser großgewachsene Mann gegenüber, der in dem eineinhalbstündigen Gespräch sichtlich damit rang, die Katastrophe der Missbrauchsthematik irgendwie einzuordnen. Wer Bischof Müller kennt, der weiß, wie sehr er sich – seiner Herkunft als Dogmatikprofessor verpflichtet – mit dem bischöflichen Amt identifizierte und die theologische Verquickung dieses Amtes mit Sein und Wesen der Kirche existentiell einzuholen versuchte. Was in Riekofen geschah, betraf ohne Zweifel nicht nur einen einzelnen Priester, sondern die Kirche – und damit auch den Bischof. Ich merkte deutlich, wie sehr sich Bischof Müller auch persönlich getroffen fühlte, und das nicht nur in seiner Rolle als Oberhaupt und damit Letztverantwortlichen für die Mitarbeiterinnen und Mitarbeiter seiner

Bischof Dr. Rudolf Voderholzer und Bischof Dr. Stefan Oster SDB in der Großen Aula des Priesterseminars St. Wolfgang im Gespräch mit der Hausgemeinschaft

Diözese, sondern als zeichenhaft-sakramentale Ausdrucksgestalt für das, wofür »Kirche steht«. (Nicht selten zitierte Bischof Müller in Predigten den Satz des nordafrikanischen Bischofs Cyprian von Karthago aus dem 3. Jahrhundert: »Wo der Bischof ist, da ist die Kirche.«) Es war unverkennbar, wie persönliche nahe es Bischof Müller ging, was durch den Missbrauchstäter geschehen war. Ich bin von diesem Gespräch sehr bewegt wieder weggegangen – mit einem Bild von Dr. Gerhard Ludwig Müller, das neben dem, der poltern und öffentlich anecken kann, auch einen verletzlichen und tief mit der Kirche fühlenden Menschen zeigt. Gerade auch seine menschlich-sympathische Seite habe ich in den Jahren in Regensburg bei vielen Gelegenheiten kennenlernen dürfen. Auch wenn es mir, ehrlich gesagt, nicht immer gelingt, ist für mich Bischof Müller doch immer wieder Grund, vorsichtig dabei zu sein, Menschen vorschnell in Schubladen zu stecken – gerade dann, wenn ich dabei auf die Meinung dritter angewiesen und darum in Versuchung bin, ein fertiges Bild ungeprüft von anderen zu übernehmen, die vorgeben zu wissen, wie die Dinge in Wirklichkeit sind, insbesondere, wenn solche mit einem besonders intensiven Gestus der Unbezweifelbarkeit »ihrer« Tatsachen auftreten. Die Wahrheit hat immer mindestens auch eine zweite Seite …

Lernerfahrungen

In gewissem Sinn lässt sich von diesem letzten Punkt aus ein ganzes Netz an Lernerfahrungen ausziehen, das ich mit meiner Zeit als Subregens in Regensburg verbinde. Meine Situation war kirchlich gesehen interessant, zugleich menschlich herausfordernd. Als Priester der einen Diözese in einer wichtigen Aufgabe in einer anderen, unbekannten Diözese zu sein, war aufregend: Von den Geschichten und Geschichtchen, die man mit bestimmten Personen einer Diözese verbindet – etwa von Mitbrüdern und ihren Marotten –, war ich unbeleckt. In welchen Schubladen der oder die in der Diözese Regensburg steckte, wusste ich nichts. Das ermöglichte es mir, in vielen unvoreingenommenen Begegnungen – ich denke v. a. an die Praktikumsbesuche in den Pfarreien – mir mein eigenes Bild von meinem Gegenüber zu machen. Zu den aufregendsten Erfahrungen in diesem Zusammenhang gehörte für mich immer, wenn ich zum ersten Mal in eine Pfarrei fuhr, in der ich noch nie gewesen war und die ich ebenso wenig kannte wie ihren Pfarrer bzw. die dortigen pastoralen Mitarbeiterinnen und Mitarbeiter. Nicht nur die Erfahrung, dass ein Gegenüber die Chance hat, mir gegenüber so zu sein, wie er ist, und nicht in das Schema hineinpassen muss, mit dem ich ihm oder ihr begegne, auch die Atmosphäre, der »Geist«, den ich wahrnahm, wenn ich zum ersten Mal ein Pfarrhaus und/oder Pfarrbüro betrat, war spannend: Fühlt man sich willkommen, findet man sich zurecht, hat man gleich beim Hineinkommen einen persönlichen Ansprechpartner, oder hat man das Gefühl, die Ruhe zu stören, oder gilt es erst, viele Hürden – Gegensprechanlagen, Türen, Wege etc. – hinter sich zu bringen, bevor man dort ist, wo man hin möchte? Als ich nach meiner Regensburger Zeit selbst in einem Pfarrhof wohnte und für Pfarrbüros verantwortlich war, habe ich mehr als ein Mal an diese vielen Erfahrungen zurückgedacht und mich zumindest darum bemüht, eine Art »Willkommenskultur« auch und gerade für Pfarrhof und Pfarrbüro zu pflegen – wie nimmt jemand, der mit Pfarrhöfen und Pfarrbüros nie etwas zu tun hat und vielleicht sogar mit Kirche so gut wie keine Berührungspunkte hat, das alles wahr: als ein Büro wie jedes andere Büro auch – kühl, distanziert, seelenlos-professionell …; oder als seelsorglichen Ort, gastfreundlich, einladend, offen …? Die Erfahrung, als »Fremder« in einen kirchlich-behördlichen Ort zu kommen, hat mir einen Sinn dafür eröffnet, auf solche auf den ersten Blick nur äußere Dinge besser zu achten, sie ernst zu nehmen und bewusst zu gestalten; auch darin zeigt sich Kirche – welche Mühe man sich gibt in dem scheinbar Unbedeutenden, Nebensächlichen. Und nicht selten gehen solche Seiteneindrücke bei Menschen, die »zu uns« kommen, tiefer als man glaubt …

Insofern also war meine Regensburger Zeit »kirchlich interessant«, lehrreich und menschlich bereichernd. Für mein Pfarrersein habe ich viele Erfahrungen zurück nach Passau mitnehmen können; bis heute zehre ich davon. Besonders dankbar blicke ich zurück auf die freundliche Offenheit, mit der man mir begegnete – auch und ganz besonders von Seiten derjenigen mit höherer Verantwortung im kirchlichen Bereich, mit denen ich zu tun hatte – angefangen von Bischof Müller und meinen Mitbrüdern in der Vorstandschaft, aber nicht minder Weihbischof Reinhard Pappenberger, Generalvikar Michael Fuchs und die Mitglieder des Regensburger Domkapitels bis hin zu den Mitarbeiterinnen und Mitarbeiter des Bischöflichen Ordinariats. Besonders enge Zusammenarbeit ergab sich etwa mit Diakon Peter Nickl, dem Bischöflichen Zeremoniar, der mich v. a. in der Vorbereitung der Diakonenweihen (für die ich als Subregens von Seiten des Priesterseminars zuständig war) mit viel Tatkraft und Zeit unterstützt und mit seinem profunden liturgischen Wissen und Sachverstand wesentlich dazu beigetragen hat, dass die Diakonenweihen immer ein wirklicher Höhepunkt im Jahr waren. Sein Esprit und gute Laune waren ansteckend und es war immer eine Freude, mit ihm zusammenzuarbeiten. Dass mir als »Passauer« die Diözese Regensburg in einem oder einer ihrer Vertreter je mit irgendeinem Dünkel begegnet wäre, kann ich mitnichten behaupten; im Gegenteil. Ich fühlte mich stets an- und ernstgenommen. Das Vertrauen, das mir Regens Martin Priller entgegenbrachte, war von Anfang an bestärkend; und der Austausch mit ihm – ob über Weltliches, Geistliches oder Theologisches –, der sich beim Frühstück oder zu anderen Gelegenheiten ergab, gehört zu den schönsten Erinnerungen an die Regensburger Zeit und zu den Kostbarkeiten, die das Zusammenleben mit Mitbrüdern im Priesterseminar mit ausmachen. Auch habe ich noch gut in Erinnerung, wie mir Generalvikar Michael Fuchs schon beim ersten persönlichen Zusammentreffen in sehr freundlicher Weise seine Unterstützung zugesagt und seiner Hoffnung in nach meinem Dafürhalten authentischer Art Ausdruck gegeben hat, es möge mir in Regensburg gut gehen.

Und schließlich und endlich waren da die Regensburger Seminaristen, die ja auch damit leben lernen mussten, dass ihnen aus der kleinen Nachbardiözese Passau ein junger Priester vor die Nase gesetzt wurde, der (ihnen) nun auch noch etwas zu sagen hatte! Ich kann mich nicht daran erinnern, dass die Seminaristen mich meine Herkunft aus der »kleinen Nachbarin« je irgendwie negativ hätten spüren lassen. Freilich war es den Seminaristen unmöglich, mich nicht bei jeder sich bietenden Gelegenheit daran zu erinnern, dass Regensburg die größere und in ihren Augen bedeutendere Diözese sei. Solche liebevollen Sticheleien habe ich aber immer als Ausdruck von Wertschätzung und Verbundenheit verstanden. Es gehört – das wusste ich aus eigener Erfahrung – zu den ganz normalen Verhaltensweisen von Seminaristen, die in relativ großer Nähe zusammenwohnen und einen großen Teil ihrer Zeit miteinander verbringen, dass sie den sich daraus ergebenden Reibungen durch spitze Bemerkungen und den ein oder anderen Seitenhieb Luft machen. Auf diese Weise werden größere »Explosionen« von vornherein unmöglich gemacht. Die gab es freilich auch. Auch für ein Priesterseminar gilt: den dort Lebenden ist »(fast) nichts Menschliches fremd«; sie sind »Kinder ihrer Zeit« – Ausbilder nicht minder als Seminaristen. Und es gehört ja zu den wesentlichen Aufgaben der Verantwortlichen in der Priesterbildung, sich nicht zuletzt auch durch den gemeinsam geteilten Alltag ein möglichst authentisches Bild von den einzelnen Seminaristen zu machen, um dadurch den Regens dabei zu unterstützen, dem Bischof gegenüber eine Empfehlung für die Zulassung als Kandidaten für die heiligen Weihen auszusprechen – oder eben nicht. Da es dabei für die jungen Männer um Lebensentscheidendes geht und – im Falle einer Ablehnung eines Kandidaten bis hin zur Entlassung – viel auf dem Spiel steht (und mitunter, gerade bei menschlich nicht einfachen Entscheidungen, die Sichtweise des betroffenen Seminaristen mit der der Vorstandschaft nicht immer deckungsgleich ausfällt), kann es durchaus zu schwierigen Situationen und nicht unerheblichen Spannungen kommen. Die hatten wir selbstredend auch. Diesen nicht auszuweichen, sondern sie auszuhalten, nötigenfalls auch folgenreiche Entscheidungen zu treffen, gehörte für uns Vorstände sozusagen zum »Alltagsgeschäft« – wahrlich keine einfache Sache. Dabei galt es nicht nur, dem jeweils einzelnen Seminaristen gerecht zu werden, sondern bei allen Entscheidungen, die wir zu treffen hatten, auch die Auswirkungen auf den gesamten Alumnat mit im Auge zu haben – und last not least das Wohl des Einzelnen ebenso im Blick zu haben wie das der Gläubigen, zu denen sie als Seelsorger geschickt werden sollten. (Das Thema des sexuellen Missbrauchs durch kirchliche Mitarbeiterinnen und Mitarbeiter, insbesondere Priester, das uns während meiner gesamten Regensburger Zeit begleitet hat, mahnte uns unaufhörlich an den tiefen Ernst und die hohe Verantwortung, die uns als Vorstände unsere Bischöfe übertragen hatten.) Man kann sich wohl leicht vorstellen, wie sehr es einen prägt, in dieser Weise in die Pflicht genommen zu sein und sich unaufhörlich der Spannung auszusetzen, einen gangbaren Weg für jeden einzelnen Seminaristen zu finden und dabei ihm nicht minder gerecht werden zu wollen als den Anforderungen, die der priesterliche Dienst geistlich, theologisch, praktisch, v. a. aber menschlich stellt. Dass ich als Passauer dabei immer auch die Rolle des in gewisser Weise Externen spielte, machte das alles für mich nur noch delikater. Die Nähe, die ein angemessener Blick auf die Seminaristen im Hinblick auf ihre Weiheempfehlung notwendig macht, mit der gebotenen Distanz, die davor bewahrt, Wesentliches zu übersehen, zu verbinden, gehört sicher zu den nachhaltigsten Prägungen für mich und mein Selbstverständnis als Priester und Seelsorger.

Sehnsucht nach Passau

In dieser und anderen Hinsichten waren es – ich deutete es bereits an – nicht immer nur spannend, in Regensburg »der aus Passau« zu sein, sondern mitunter auch belastend. Auch wenn keine riesige Entfernung zwischen Passau und Regensburg liegt, spielte sich mein Leben doch fast ausschließlich in Regensburg ab. Anfangs, als noch alles neu und aufregend war, merkte ich das noch nicht, doch im Laufe der Zeit machte es sich immer mehr bemerkbar. Ich stellte eine gewisse Vereinsamung fest, meine Passauer Heimat fehlte mir, und gerade in den letzten beiden Jahren wurde mir zunehmend bewusst, wie sehr ich als Subregens im Priesterseminar in einen »speziellen« kirchlichen Lebensraum eingebunden war, der in vielerlei Hinsicht gegenüber dem »Lebensraum Pfarrei« defizitär ist – und für den ich mich eigentlich berufen fühlte. Dass es mir »die Regensburger«, sowohl in der Diözese wie speziell auch im Priesterseminar, menschlich möglichst einfach machten, habe ich oben zum Ausdruck gebracht. Das konnte jedoch auf die Dauer der Sehnsucht, nach Passau zurückzukehren und v. a. die Verantwortung in der Leitung eines Pfarrverbands zu übernehmen, nicht stillen. Für mich überraschend war in dieser Distanzerfahrung zur Heimat noch ein anderer Punkt: der Kontakt zu meiner Familie. Es dürfte die Erfahrung vieler sein, die sich nach dem Abitur hinaus in die Welt aufmachen, zunächst einmal die Ungebundenheit und neue Freiheit zu genießen, neue Lebensorte kennenzulernen und das in vielerlei Hinsicht unernste Studentendasein einfach zu genießen. Zumindest war es bei mir so. Hatte ich mich in den zurückliegenden Studien- und Kaplansjahren darum also nicht sonderlich bemüßigt gefühlt, einen extrem engen Kontakt zu meiner Familie zu halten, kam doch immer mehr der Wunsch auf, mit meinen Eltern und Geschwistern und deren Familien wieder mehr Zeit zu verbringen. Auch das sehe ich als für mich wesentliche Lernerfahrung aus meiner Regensburger Zeit: In der Distanz erst wurde mir die Wichtigkeit intimer familiärer und geistlicher Bindungen bewusst, die vorher offenbar eher wie selbstverständlich »mitliefen«. Das ist für mich eine wichtige Erkenntnis im tieferen Hineinfinden in die zölibatäre Lebensform. Denn ich erlebte es hautnah bzw. unter die Haut gehend, dass zu einem gelingenden zölibatären Leben persönliche Freundschaften und Beziehungen gehören, allen voran natürlich die zu Jesus Christus, aber daneben und damit verbunden solche zu wichtigen Menschen, aus deren »Mitgehen durch das Leben« ich ebenfalls Lebenskraft schöpfe. Den Seminaristen habe ich das in den Semestergesprächen regelmäßig deutlich zu machen versucht; wie wichtig es ist, habe ich erst im Laufe der Jahre selbst an mir erfahren.

Einsichten

Soweit ein – zugegeben sehr persönlich gefärbter – Rückblick darauf, wie ich die Kooperation in der Priesterbildung zwischen den Diözesen Regensburg und Passau erlebt habe, gerade den Anfang. Ich hoffe, an den willkürlich gewählten Punkten ein ungefähres Bild zeichnen zu können, was ich persönlich mit der Entscheidung meiner Heimatdiözese Passau, in Sachen Priesterbildung mit einer anderen Diözese zusammenzuarbeiten, verbinde. An den Schluss möchte ich in schlichter Aufzählung einige Einsichten stellen, die sich für mich daraus bleibend ergeben, von denen ich persönlich nach wie vor zehre und für die ich nur dankbar sein kann:

- Katholische Kirche gibt es nicht nur »daheim«, sondern auch anderswo.
- Analog dazu: Auch Jesus wohnt nicht nur in Passau.
- In der Fähigkeit zu Zusammenarbeit zeigt sich die Qualität von Gemeinschaft: cooperatio-communio.
- Sich »Fremd-Erfahrungen« zumuten bewahrt davor, das Eigene und Gewohnte als das Normative oder als das Einzig-Wahre anzusehen.
- Dennoch: Ich muss wissen, wo ich hingehöre, wo ich zu Hause bin.
- Dazu gehört für mich als Priester wesentlich: die Beziehung zu meinem Bischof und den Mitbrüdern im priesterlichen Dienst.
- Auch für den priesterlichen Gehorsam gilt: »Der Mensch denkt – und Gott lenkt«.
- Persönliche Beziehungen sind für das zölibatäre Leben überlebenswichtig.
- Nicht minder wichtig dafür: das richtige Verhältnis von Nähe und Distanz.
- Am Entbehren merkt man existentiell, wonach man sich sehnt.
- Hermann Hesse hat Recht: »Jedem Anfang wohnt ein Zauber inne, der uns beschützt und der uns hilft, zu leben«.
- Und darum: Man lernt nie aus.
- Last not least: Was für ein Geschenk, Priester sein zu dürfen!

VON HAUS AUS IN BEWEGUNG

»Geht hinaus…« (Foto: Simone Stiedl)

Priesterseminare müssen keine Auslaufmodelle sein – im Gegenteil.
Sie müssen allerdings auf die Herausforderungen der jeweiligen Zeit reagieren und Zukunftsmodelle anbieten können.
Mit dem neuen Ausbildungskonzept der Diözesen Regensburg und Passau, das 2021 verabschiedet worden ist, wurde ein solcher Versuch unternommen.
Eine zeitgemäße Antwort, die aus der Geschichte dieses Hauses am Bismarckplatz kommt.

Gegenwart und Zukunft der Priesterausbildung in Regensburg

Von Regens Martin Priller, Regens im Priesterseminar seit 2006

Stabilitas loci

Die benediktinische Tugend der »stabilitas loci«, der Ortsbeständigkeit, war nicht gerade eine charakteristische Eigenschaft des Regensburger Priesterseminars gewesen, als es zehn Jahre nach Aufhebung des Klosters und dem Weggang der Schottenmönche im Jahr 1872 die umgebauten ehemals klösterlichen Räume bezog. Es war nicht wie bei reichen Leuten – oder bei vielen jungen Paaren heutzutage: Erst wird gebaut, dann wird gegründet. Nein, das Regensburger Priesterseminar hatte nie in seiner Geschichte ein eigens für die Institution erbautes Haus. Immer wurden vorhandene Gebäude für die Belange der Priesterausbildung umgewidmet. Das brachte eine wechselhafte Geschichte mit vielen Umzügen[1] hervor. Man kann, zumindest in der erweiterten Perspektive eines historischen Rückblicks, die ersten 222 Jahre des Regensburger Klerikalseminars ab 1650 getrost als »nomadische Phase« bezeichnen, ehe das Seminar mit dem Bezug des Schottenstifts am westlichen Rand der Regensburger Altstadt endlich sesshaft wurde. Seit nunmehr 150 Jahren hat das Priesterseminar eine feste Bleibe im Haus am Bismarckplatz (der 1872 noch »Oberer Jakobshof« hieß[2]), von den Ausnahmesituationen während beider Weltkriege und dem vorübergehenden Exodus während der Generalsanierung 2003–2005 einmal abgesehen.

Aber was bedeutet Sesshaftigkeit für eine Einrichtung, deren Aufgabe darin besteht, Kandidaten für das Priesteramt für ein paar wenige Jahre zur Formung, Prüfung und Bildung aufzunehmen und sie danach in einen jahrzehntelangen Dienst zu entlassen? Ist nicht ein gewisses Nomadentum systemimmanent und stilbildend für jede Ausbildungsstätte? Es geht hier um

---

1 Begonnen hat man nach der Gründung ab 1650 während des ersten Vierteljahrhunderts in der Dompräbende, ehe das Klerikalseminar ab 1679 ein gutes Jahrhundert lang im Augsburger Hof am St.-Kassians-Platz untergebracht war. 1787 zog man in das Jesuitenkolleg St. Paul an der südlichen Stadtmauer nahe dem Petersweg. Ein Brand nach Belagerung und Beschuss der Stadt durch Napoleon 1809 machte das Kolleg unbewohnbar. Darauf folgte zwischen 1809 und 1822 eine Reihe häufiger Ortswechsel: Das ehemalige französische Gesandtschaftsgebäude (später Polizeipräsidium, jetzt Städtische Musikschule) am heutigen Bismarckplatz, das Dalberghaus am Domplatz, das säkularisierte Kloster St. Emmeram wechselten einander als Standorte ab. Schließlich ging es wieder »zurück auf Los«: Dompräbende und Augsburger Hof, ehe man 1822 in das frühere Reichsstift Obermünster zog und dort blieb bis zur Übersiedlung 50 Jahre später in das ehemalige Schottenstift. Vgl. den Beitrag von Klaus Unterburger in diesem Buch.

2 Bauer, Karl, Regensburg. Kunst-, Kultur- und Alltagsgeschichte, Regensburg [6]2014, 414.

ein Weiterkommen, nicht um Stillstand, um Gehen, nicht um Bleiben. Gegenüber Kandidaten, die dem Seminar im positiven wie im negativen Sinn ein zu hohes Gewicht beimessen, relativiere ich hin und wieder die Bedeutung dieser Einrichtung, indem ich sie mit einem »Durchlauferhitzer« vergleiche. Aus der moderneren Atomphysik könnte man auch den Teilchenbeschleuniger heranziehen. Zugegeben kein schönes lyrisches Bild, eher ein technisch-zweckbestimmter Vergleich. Aber er wird verstanden: So bedeutsam und prägend die Jahre im Seminar auch sind (die Geschichten in diesem Band sprechen davon) – ein Priesterseminar ist kein Selbstzweck. Es ist nicht das ganze Leben, nicht einmal das halbe. Bei weitem nicht. Es soll die, für die es da ist, auf den Weg bringen und sie zurüsten und ausstatten für den Weg. Für ein Priesterseminar ist Beweglichkeit maßgeblich, Mobilität, nicht eine Immobilie. Für die Kandidaten geht es um die Bereitschaft zum Aufbruch (und die Befähigung, im Modus des Aufbruchs zu bleiben, ein Leben lang), nicht um Sesshaftigkeit, nicht darum, sich häuslich einzurichten. Ich habe während unserer Studienjahre einen Kurskollegen bewundert, auch wenn wir zugegeben damals über ihn auch gelächelt haben, der in seinem spartanisch vormöblierten Zimmer außer ein paar Büchern und einem altmodischen Wecker keine persönlichen Einrichtungsgegenstände brauchte. Wir anderen hatten Bilder und Poster aufgehängt, uns mit Zimmerpflanzen, eigenen Lampen und zusätzlichen Möbelstücken mehr oder weniger gelungen wohnlich eingerichtet – er nicht. Ein Bild des Menschensohnes, der keinen Ort hat, wo er sein Haupt hinlegen kann[3]. Sein Zeugnis ohne Worte gab mir zu denken. Eine unaufdringliche Erinnerung an die Bereitschaft sich senden zu lassen, die von uns allen gefordert war und ist. Wer so lebt, der kann heute aufbrechen, wenn es gefragt ist, der ist frei.

Genius loci

Aber dennoch: Jedem Aufbruch geht Beheimatung voraus. Wer »*hinaus*gehen« soll in die ganze Welt[4], der muss zuvor »*drin*« sein. In diesem Spannungsfeld zwischen Sammlung und Sendung, zwischen Häuslichkeit und Unbehaustheit spielt sich die Vorbereitung auf den priesterlichen Dienst ab. Mit dem ehemaligen Schottenkloster verfügt das Regensburger Priesterseminar seit 150 Jahren über ein Haus, das mit seiner spannenden Geschichte selbst in diesem Spannungsfeld steht: Die Gründer, irische Mönche des 11. Jahrhunderts, waren vom Ideal der ewigen Pilgerschaft geprägt. »Scoti peregrini« nannte man sie, die Männer aus der Scotia maior, wie das mittelalterliche Irland lateinisch bezeichnet wurde. Sie hatten sich buchstäblich vom Acker gemacht (»per-agre«), über die eigene Scholle hinaus gewagt. Das Fortziehen und das Verharren im Modus der Pilgerschaft waren ihr Lebensideal und ihr Charisma, eine vorgelebte Mahnung, dass wir hier keine bleibende Stadt haben, sondern die künftige suchen[5]. Auch in ihrer

---

3   Mt 8,20.
4   Mk 16,15.

5   Hebr 13,14.

sesshaften Version der Niederlassung in Regensburg und von hier aus in vielen Tochtergründungen auf dem ganzen Kontinent bewahrten sich die irischen Mönche dieses Ideal, indem sie etwa Kaufleute auf ihren Handelsreisen begleiteten und damit selbst unterwegs blieben oder sich »zuhause« im Kloster in besonderer Weise um die Pilger, die Suchenden und Heimatlosen annahmen. Nicht zufällig wählten sie den Pilgerapostel Jakobus zum Patron von Kirche und Kloster. Das benediktinische Ideal der *stabilitas* brachten und lebten ab dem 16. Jahrhundert erst ihre schottischen Nachfolger, auch wenn ihre Ortsgebundenheit sie nicht davon abhielt, zahlreiche Kontakte vor allem in die schottische Heimat zu pflegen und Aufgaben und Ämter an Universitäten und Höfen in und außerhalb Bayerns zu übernehmen. In beinahe acht Jahrhunderten haben unsere »Vorfahren« so ein geistliches Feld aufgespannt, wie man es sich als Ambiente für die Priesterausbildung nicht besser wünschen könnte. Aufbruch, Mission, gelebte Gottsuche, durchbetete Räume, Kunst und Wissenschaft, Zeitgenossenschaft, Gastfreundschaft, Zuwendung zu den Suchenden und Fragenden, internationale Beziehungen, Auseinandersetzung mit den Fragen und dem aktuellen Geschehen der Zeit. Es ist alles da und hallt nach und schafft eine Atmosphäre, die sich künstlich nicht herstellen ließe. Dieses Haus atmet Geschichte und mit ihr atmet man bewusst wie unbewusst die Spannung ein, von der die Rede war, die Priesterausbildung braucht: die Spannung zwischen Sammlung und Sendung, Standfestigkeit und Beweglichkeit, Beheimatung und Aufbruch.

Duale Priesterausbildung

Dieser notwendigen und Bewegung erzeugenden Spannung versucht die Idee der Dualen Priesterausbildung Rechnung zu tragen. Nach einer mehrjährigen Zeit der Planung und Vorbereitung unter Einbeziehung vieler Ansprechpartner, zuletzt auch der römischen Kongregation für den Klerus als dem für die Priesterausbildung zuständigen Dikasterium, konnte das neue Konzept mit Beginn des Studienjahres 2021/2022 realisiert werden.

Die Grundidee entstand in Tischgesprächen über duale Studiengänge, die im ganzen deutschen Sprachraum an vielen Orten angeboten werden und sich bei den Studierenden wie bei den Hochschulen und den beteiligten Konzernen und Betrieben großer Beliebtheit erfreuen. Das Stichwort »dual« provozierte eine nicht ganz ernst gemeinte Behauptung: Das machen wir doch auch. Ist die Grundidee der Errichtung von Priesterseminaren seit dem Konzil von Trient nicht von vornherein ein »duales« Ausbildungskonzept: das Studium der Theologie hier und die auf den Beruf vorbereitende geistliche und pastorale Ausbildung durch das Priesterseminar dort? Priesterseminare gar als Erfinder und Vorreiter dualer Ausbildungskonzepte, »von Haus aus« dual sozusagen? Wie gesagt: ganz ernst gemeint waren solche Gedanken nicht. Die Unterschiede liegen auf der Hand: Ein duales Studium vermittelt in der Regel parallel zum Studienabschluss an einer Hochschule den Abschluss einer Berufsausbildung. Dafür arbeiten die Studierenden während der vorlesungsfreien Zeiten in der Firma oder Einrichtung, mit der sie einen Ausbildungsvertrag haben und die ihr Studium finanzieren. Neben der hohen Effizienz (zwei Abschlüsse

Das Priesterseminar auf Wallfahrt 2009

parallel), der Sicherheit durch ein zweites Standbein und der größeren Bandbreite an beruflichen Möglichkeiten ist das einer der ausschlaggebenden Gründe für den hohen Beliebtheitsgrad dualer Studiengänge. Das alles hat ein Priesterseminar nicht zu bieten. Weil wir das nicht können. Oder könnten wir vielleicht doch? Hätte es nicht erkennbare Vorteile, wenn die auf die spätere Berufsausübung vorbereitenden Ausbildungsinhalte ein eigenes Gewicht und eigene Zeitkontingente im Jahresablauf bekämen, statt wie bisher studienbegleitend und auch studienbelastend während der Vorlesungsmonate auf das Studium »draufgepackt« zu werden? Würde nicht mehr Einblick in die Berufspraxis und das Sammeln von Erfahrungen die Berufungsklärung erleichtern und dem Studium wie den Elementen pastoraler Ausbildung mehr Relevanz verleihen?

Man kann das kritisieren und es wurde auch kritisch hinterfragt: Gerade ein akademisches Studium, zumal in einem geisteswissenschaftlichen Fach, zielt nicht in erster Linie auf die Anwendbarkeit der vermittelten Kompetenzen im Beruf oder im Alltagsleben der Menschen ab. Die akademische Wissenschaft fragt nicht zuerst nach der Nützlichkeit ihres Gegenstandes, sondern nimmt sich die Freiheit und begibt sich in die Verantwortung, mit der Zunahme wissenschaftlicher Erkenntnis neue Fragen in das gelehrte Denken einzubringen, nach neuen rational verantwortbaren Antworten zu suchen und durch das immer neue Betrachten des Gegenstandes das Denken und das Wissen voranzubringen. Dem ist entgegenzuhalten: Das duale Konzept von Priesterausbildung zielt nicht nur auf eine Ausweitung und Vertiefung der berufspraktischen Ausbildung, sondern durch die Entlastung der Studierenden während der Semestermonate dezidiert auch auf eine Vertiefung des Studiums.

Die Beobachtung im Zuge unserer Recherchen, dass ergänzend zu den herkömmlichen dualen Angeboten, die es anfangs vor allem in technischen und sozialen Studiengängen an Fachhochschulen gab, rasch auch für akademische Fächer an den Universitäten duale Studienangebote entstanden, gab den letzten ausschlaggebenden Anstoß, für die Priesterausbildung in Regensburg ein duales Konzept konkret auszuarbeiten und in die Diskussion zu bringen. Dieser Prozess nahm von da an drei Jahre in Anspruch, in deren Verlauf die Konzeption im Schmelzofen zahlreicher Gespräche geläutert und fortentwickelt wurde[6]. Das mag als Einblick in den Entstehungsprozess genügen.

Standards und Standorte

In der »Szene« der Priesterausbildung in Deutschland ist aktuell viel von gemeinsamen und verbindlichen Standards die Rede. Die Veränderung der kirchlichen Strukturen, wie sie in allen Diözesen stattfindet, wenn auch in verschiedener Weise und unterschiedlichem Tempo, stellt die Priester vor neue Herausforderungen – erst recht die nachwachsende Generation, die in erheblich kleinerer Zahl die pastoralen Aufgaben zu bewältigen hat. Die Ansprüche und Anforderungen an den Priesterberuf sind hoch. Nicht zuletzt die Erfahrungen und Erkenntnisse aus der Aufarbeitung der Fälle von sexuellem Missbrauch durch Kleriker oder Einblicke in die Folgen ungesunder Machtverhältnisse lassen Forderungen nach »Qualitätsstandards« für die Ausbildung von Priestern aufkommen, die vom Ständigen Rat der Deutschen Bischofskonferenz nach einem mehrjährigen geistlichen Prozess im Juni 2020 formuliert und in einen Katalog von Kriterien gefasst wurden[7]. Sie sehen als Voraussetzung für Qualität unter anderem »ausreichend große Lerngruppen« vor, weshalb sich die öffentliche Diskussion und die Arbeit an der Umsetzung auf verschiedenen Ebenen sehr stark auf die Frage der (Reduzierung der) Standorte konzentrierte. Einem echten Bemühen um eine wirkliche Reform der Priesterausbildung und einer ehrlichen und offenen Diskussion, worin angesichts der Herausforderungen und Anfragen Qualität besteht, standen diese Debatten mit ihren politischen Implikationen mehr im Weg als dass sie nützlich gewesen wären. So musste zwei Jahre später in einem Zwischenbericht[8] eingeräumt werden, dass die ursprünglich angestrebte Reduzierung

---

[6] Wir danken für die konstruktiven Gespräche wie auch für kritische Rückfragen: den Priesterkandidaten in unserem Haus, den Verantwortlichen in unserem Kooperationsseminar Passau, den beteiligten Bischöfen und Weihbischöfen, der Leitung der Fakultät und des Bischöflichen Studium Rudolphinum, den Gesprächspartnern aus den Abteilungen der Bischöflichen Ordinariate Regensburg und Passau, den Mitarbeiterinnen und Mitarbeitern der religionspädagogischen Seminare in Regensburg wie in Passau, den Mitgliedern des Priesterrats, unseren erfahrenen Praktikumspfarrern und Mentorinnen und Mentoren, den Kollegen in der Regentenkonferenz u.v. a.m.

[7] Nachzulesen unter https://www.dbk.de/presse/aktuelles/meldung/staendiger-rat-der-deutschen-bischofskonferenz-zur-qualitaetssicherung-der-priesterausbildung-in-deuts.

[8] https://www.dbk.de/presse/aktuelles/meldung/entwicklungen-im-prozess-zur-neuordnung-der-priesterausbildung.

von Ausbildungsstandorten zunächst nicht erreicht wird. Außerdem wird die Standortfrage nunmehr als gegenüber der Qualitätssicherung nachrangig eingeordnet. Eine inhaltliche Bestimmung, was »Qualität« in der Priesterausbildung ausmacht, bleibt immer noch seltsam verklausuliert hinter Begriffen wie Professionalisierung, ganzheitliches Wachstum, Einbindung von Männern und Frauen in die Ausbildungsverantwortung, inhaltliche Profilierung etc. verborgen.

Das vom Priesterseminar Regensburg in Kooperation mit dem Priesterseminar Passau unabhängig von diesem Prozess (weil zeitlich früher) auf den Weg gebrachte Konzept der Dualen Priesterausbildung, das mit Beginn des Studienjahres 2021/2022 starten konnte, vermag auf die vorgebrachten Stichworte nach unserer Auffassung inhaltliche Antworten zu geben.

Rückzug und Aufbruch

Zunächst ist eine Differenzierung vorzunehmen: Von den aufeinander folgenden Ausbildungsphasen (Propädeutikum, Studienphase, Pastorale Phase in Pastoralkurs und Berufseinführung) betreffen die Veränderungen durch das duale Konzept ausschließlich die Studienphase, also die in der Regel fünf Jahre des Studiums der Theologie. Alle anderen Phasen bleiben unangetastet, wenn man von späteren Entlastungs- und Verkürzungsmöglichkeiten einmal absieht, die für die Pastorale Ausbildungsphase durch ein Vorziehen von pastoralen Ausbildungsinhalten in die Studienphase zu erwarten sind. Innerhalb der Studienphase bildet das dritte Studienjahr eine Ausnahme, das als Externjahr in bewährter Weise weiterhin ein Studium außerhalb des Priesterseminars an einer anderen Fakultät im In- oder Ausland vorsieht. Die in aller Regel sehr positiven Auswirkungen der »Externitas« auf die Persönlichkeitsentwicklung der Kandidaten sollen durch das duale Konzept nicht beschnitten werden.

Die Duale Priesterausbildung nimmt also in erster Linie die ersten beiden und die letzten beiden Studienjahre in den Blick, jene Kurse und Jahrgänge, aus denen sich seit Jahrzehnten die konkrete Ausbildungsgemeinschaft eines Priesterseminars in Deutschland zusammensetzt. In den Konstellationen verändert sich also wenig, wohl aber in den Abläufen: Während nach dem herkömmlichen Konzept die Monate der Vorlesungszeit deckungsgleich mit den Präsenzzeiten im Priesterseminar und der hier geleisteten geistlichen und pastoralen Ausbildung waren, verteilen sich die Zeiten der Anwesenheit im Priesterseminar und die vermittelten Inhalte im dualen Konzept über das ganze Jahr. Ein Kennzeichen der Dualen Priesterausbildung ist eine deutliche Ausweitung der Praxiseinsätze während der vorlesungsfreien Zeiten auf in der Regel zwei fünfwöchige Einsätze jährlich in zugewiesenen Praktikumspfarreien. Den Praxiseinsätzen jeweils vorgeschaltet sind zehn- bis vierzehntägige Theoriephasen im Priesterseminar mit Unterrichtseinheiten, Studientagen und Werkstattformaten zu unterschiedlichen pastoralen Themen und Bereichen. Im Gegenzug bleiben die Monate der Vorlesungszeit von diesen Formaten und Ausbildungsverpflichtungen frei, womit das duale System nicht nur eine spürbare Ausweitung der pastoralen Ausbildung und der Praxiserfahrungen mit

Abschlussfahrt des Weihekurses 2015 nach Irland – hier mit Martin Popp, Herrn Bernhard Pastötter C.R.V., Adam Karolczak

sich bringt, sondern auch eine Vertiefung und Intensivierung des Studiums der Theologie ermöglicht – und auch erfordert.

Das Zusammenleben im Priesterseminar beschränkt sich während der Vorlesungszeiten im Wesentlichen auf die »vita communis«, das Zusammenleben als geistliche Gemeinschaft mit gemeinsamen Gebetszeiten und Gottesdiensten, mit Austausch und Gemeinschaft, dem Hineinwachsen in eine priesterliche Spiritualität. Das Gemeinschaftsleben bietet die Möglichkeit einander zu stärken und zu stützen, bringt aber automatisch auch Lernsituationen und Möglichkeiten des Wachstums mit sich, Situationen der »correctio fraterna« und die Herausforderung, die Zusammenarbeit in einem gemeinsamen Presbyterium mit und unter dem Bischof wie auch Formen des priesterlichen Zusammenlebens einzuüben. Auch dieser Bereich ist durch die Einführung des dualen Konzepts nicht weniger, sondern intensiver geworden.

Das alte und durchaus bewährte Prinzip der Priesterausbildung durch Konzentration und Rückzug, an dem auch die »Ratio fundamentalis«, die weltweit geltende Grundordnung der Priesterausbildung von 2016 festhält, kommt auf diese Weise zu seinem Recht. Gleichzeitig bekommt der Rückzug ins Seminar mit dem Hinausgehen in die Pastoral im steten Wechsel ein Korrektiv hinzugesellt, das vor Verengungen und Einseitigkeiten sehr effektiv zu bewahren weiß. Die Sonderwelt, die das Leben im Priesterseminar zwangsläufig immer darstellt, man sollte sich da nichts vormachen, wird aufgebrochen und mit den Normalfällen der pastoralen Wirklichkeit und des Lebens der Menschen in Korrelation gebracht. Das verändert Perspektiven bei allen Beteiligten. Bei den Kandidaten ohnehin, die sich nicht unbehelligt für einige Jahre ihres Lebens in eine soziale und spirituelle Nische zurückziehen können, aber auch bei den übrigen Beteiligten in den Pfarreien. Priesterausbildung kommt als Anliegen und Aufgabe der ganzen kirchlichen Gemeinschaft in den Blick, nicht als Metier von ein paar Spezialisten hinter den sprichwörtlich hohen Mauern eines Priesterseminars. An der Priesterausbildung wirken viele mit: Die Seminarvorstände sowieso, die Professorinnen und Professoren der Studieneinrichtungen, die Dozentinnen und Dozenten der unterschiedlichen Fachbereiche im Priesterseminar, aber eben auch und in sehr intensiver Weise die Pfarrer und pastoralen Mitarbeiterinnen und Mitarbeiter in den Praktikumspfarreien, die Mentorinnen und Mentoren im Religionsunterricht, die haupt- und ehrenamtlich Engagierten in den Pfarreien und Institutionen. Diese gemeinsame Verantwortung in der Bildung wie auch der Beurteilung der Kandidaten ist ein großes Potenzial, das in den kommenden Jahren noch weiter ausgebildet und zur Geltung gebracht werden muss.

Praktisches Handeln und Reflexion

Mehrfach hintereinander gereihte Praktikumseinsätze über einen längeren Zeitraum[9] in ein und derselben Pfarrei bieten einen ganz anderen Erfahrungsraum für die Praktikanten und ganz andere Möglichkeiten der Begleitung und Bewertung durch die Verantwortlichen als dies bei einmaligen Einsätzen der Fall wäre. Damit rückt die Wahrnehmung von Entwicklungsprozessen stärker in den Fokus, die in unterschiedlicher Weise qualifiziert begleitet werden können. Praktikumspfarrer und Praktikant reflektieren jede Praktikumsphase gemeinsam nach einem vorgegebenen Fragenkatalog, der eine Differenzierung von Selbst- und Fremdwahrnehmung ermöglicht und über den längeren Zeitraum mittelfristige Entwicklungen nachvollziehbar macht. Auf der Grundlage dieser Rückmeldungen werden auch die regelmäßigen Begleitungsgespräche durch die Seminarverantwortlichen geführt und durch Wahrnehmungen aus dem Gemeinschaftsleben im Priesterseminar ergänzt. Alle Ausbildungselemente werden regelmäßig evaluiert und mit dem Ziel der Qualitätssicherung stets weiterentwickelt. Das Einüben einer qualifizierten Feedbackkultur gehört zu den wesentlichen Anliegen des dualen Konzepts und bezieht möglichst alle Beteiligten ein. In Vorbereitung sind weitere Methoden einer qualifizierten Begleitung wie Formen von Supervision und Anwendungsmodelle aus dem Bereich der Psychologie und der Persönlichkeitsentwicklung. Vorbereitend vorgeschaltet und als stetiger Prozess im Hintergrund eingebettet sind in die Begleitung und Reflexion der praktischen Erfahrungen

---

9   In der Regel verbleibt der Priesterkandidat während der ersten vier Studiensemester in derselben Pfarrei und absolviert in dieser Zeit vier Praktikumsphasen zu jeweils fünf Wochen. Nach der Externitas besteht die Möglichkeit von Praktika in kategorialen Seelsorgebereichen. Spätestens im letzten Studienjahr folgt wieder die Zuweisung zu einer Pfarrei, die dann auch im Pastoralkurs bestehen bleibt.

wie der eigenen persönlichen Entwicklung alle Inhalte und Methoden, die dem Bereich der Prävention zuzuordnen sind.

Freiheit und Verbindlichkeit

Ein nicht unwesentliches und für ihre Attraktivität bedeutsames Merkmal dualer Studiengänge ist deren Finanzierung im Rahmen eines Studien- bzw. Ausbildungsvertrages. Einrichtungen und Konzerne bieten jungen Leuten ein finanziell abgesichertes Studium und gewinnen für sich die Möglichkeit, qualifiziertes Personal heranzubilden und die besten auszuwählen. Die Anstrengungen, die Kirche – auch finanziell – in der Ausbildung und Auswahl geeigneter Kandidaten für den Priesterberuf unternimmt, sind nicht geringer. Im Gegenteil. Die Klärung von Berufung und Eignung erfordert zeitlich und örtlich Räume, in denen das qualifiziert und ergebnisoffen stattfinden kann. Priesterseminare sind daher immer subventionierte Einrichtungen. Insofern stellt die Finanzierung der Priesterausbildung mithilfe von Studienverträgen keinen erheblichen zusätzlichen Kraftakt dar, sondern eher eine Umverteilung der Kosten in einem anderen Gesamtkonzept.

Von größerer Tragweite war in der Ausarbeitung des Konzepts der Dualen Priesterausbildung die Frage, inwieweit sich durch das Abschließen von Studienverträgen für die Priesterkandidaten rechtliche Folgen ergeben, die mit den geltenden kanonischen Bestimmungen möglicherweise nicht in Einklang zu bringen sind. Priesterkandidat wird man durch Aufnahme in das Priesterseminar durch den Bischof und nicht durch die Unterzeichnung eines Vertrages. Die Lösung, die auch die Zustimmung der Kleruskongregation fand, besteht in einer Trennung der Systeme: Das duale Konzept betrifft ohnehin nur einen Teil der Priesterausbildung, nämlich die Studienphase. Die Annahme als Priesterkandidat geschieht bereits mit dem Start ins Propädeutikum und der Status endet mit der Priesterweihe oder ggf. mit dem Austritt oder der Entlassung aus dem Seminar. Der Studienvertrag wird als davon unabhängige Größe auf Vorschlag des Regens zwischen dem einzelnen Kandidaten und dem Bistum, vertreten durch den Generalvikar, abgeschlossen. Insofern sind disziplinarische Fragen der Priesterausbildung und Fragen des kirchlichen Arbeitsrechts strikt voneinander getrennt. Der Verbleib im Status als Priesterkandidat ist nicht einklagbar.

Die Freiheit der Kirche bzw. ihrer Verantwortlichen, sich über die Eignung von Kandidaten für den Priesterberuf ein Urteil zu bilden und über ihre Zulassung zur Weihe eine Entscheidung zu treffen, wird durch Arbeitnehmerrechte der Kandidaten nicht eingeschränkt. Umgekehrt gewinnen auch die Kandidaten selbst eine größere Freiheit, weil sie oder ihre Eltern sich nicht mehr für eine jahrelange Finanzierung der Studienzeit verschulden müssen und unter diesem Aspekt nicht mehr in ihrer persönlichen Freiheitsentscheidung gefühlt oder tatsächlich eingeschränkt sind. Das wiederum befreit auch die Entscheidungsträger im Priesterseminar von moralischen Einschränkungen ihrer Entscheidungsverantwortung.

Verträge schaffen Verbindlichkeit. Verzögerungen im Studienablauf werden stärker als bisher begründungspflichtig, wenn sie den im Studienvertrag gesetzten

Regens Martin Priller bei der Verabschiedung der Neupriester 2021

Rahmen überschreiten. Umgekehrt kann auch der Kandidat sich auf die verbindlich festgelegten Ausbildungsverpflichtungen des Priesterseminars und deren Einhaltung berufen. Es wird deutlich, dass Priesterausbildung in gegenseitiger Verantwortung geschieht und mit dem verbindlichen Erbringen von Leistungen von allen Beteiligten verbunden ist.

Von Haus aus in Bewegung

Mit Einführung des dualen Konzepts ist Priesterausbildung nach allen Seiten hin auf Dynamik und beständige Weiterentwicklung angelegt. Mit dem Durchexerzieren statischer Curricula allein ist es nicht getan. Es gibt sie nach wie vor. Aber das System lebt von Prozessen und ständigen Anpassungen auf allen Ebenen durch alle Beteiligten. Das erfordert ein hohes Maß an Kommunikation und Interaktion und die generelle Bereitschaft, auf sich verändernde Anforderungen immer neue Antworten zu finden. Wer als Priesterkandidat von Anfang an lernt, an Veränderungen und Herausforderungen zu wachsen, sich mit den eigenen Kompetenzen in die Verwirklichung gemeinsamer Ziele einzubringen, um der Sache willen Entwicklungen anzustoßen und selbst entwicklungsfähig zu bleiben, der ist für die unabsehbaren Entwicklungen von Pastoral und Gemeindeleitung bestens aufgestellt.

Für die Institution Priesterseminar ergibt sich aus der prinzipiellen Offenheit auf Dynamik und Entwicklung die Notwendigkeit, über einen Stützpunkt zu verfügen, an dem Kompetenzen und Leitungsverantwortung sich konzentrieren, an dem Verortung und Beheimatung möglich ist, an dem Räume geboten werden, im wörtlichen wie im übertragenen Sinn, in denen Wachstum, qualifizierte Begleitung und Weiterentwicklung möglich gemacht werden. Andererseits ist es zweitrangig, wo genau diese Dinge verortet sind, ob alles an nur einem Ort stattfindet, oder ob Kooperationen über die bestehenden Formen von Zusammenarbeit hinaus in der Zukunft an mehreren und wechselnden Orten zwischen mehr als nur zwei Diözesen etabliert werden können, nur für Priesterkandidaten oder etwa auch für andere pastorale Berufsgruppen. Ein Ende der Dynamik und der möglichen Entwicklungen ist gar nicht absehbar.

Das Haus am Bismarckplatz, das ehemalige Schottenstift mit seiner bewegten kulturellen, geistlichen und missionarischen Geschichte bietet dem Priesterseminar allerbeste Voraussetzungen, als Institution von Haus aus in Bewegung zu bleiben, um Priester auf eine offene Zukunft hin auszubilden, die selbst von Haus aus gelernt haben, agil und beweglich zu bleiben. Aufbruch bleibt die Devise. Von Haus aus.

Streiflichter auf das wahre Leben im Regensburger Priesterseminar in den 20er Jahren des 21. Jahrhunderts

»An uns hat's nicht gelegen.«
(Kommentar der Seminaristen zum Beitrag »Corona: Brauerei kann Priesterseminar nicht mehr finanzieren« auf »BR24« im August 2022.)

»E-Mails bitte lesen!«
(Flehentlicher Appell des Subregens immer vor Beginn der Semesterferien an die Seminaristen, allesamt »digital natives« – möchte man meinen.)

karthäuser-wochenende im priesterseminar

stat crux dum volvitur orbis, liebe mitbrüder!
(Tröstende WhatsApp-Nachricht eines Ordensmanns an die Mitseminaristen nach Defekt der Warmwasserversorgung an einem kalten Samstagabend im November 2021.)

»Bediene deine Fußmaschine! Text ist im Refektorium.«
(Antwort in der WhatsApp-Gruppe der Seminaristen auf die Frage nach den aktuellen Corona-Regelungen. Reaktion darauf: »Und ist der Weg auch noch so weit, er ist nicht für die Ewigkeit.«)

»Weiß der Regens davon?«
(Frage des Bischofs an einen Seminaristen, der ihm von seinem Studienaufenthalt in den USA erzählt hatte. Die Frage wurde zu einem vielseitig anwendbaren geflügelten Wort.)

Streiflichter

»Hallo, ich bin's, der Trockner. Ich helfe euch gerne mit eurer Wäsche, aber so langsam werde ich traurig, weil sich niemand um mich kümmert.«
(WhatsApp-Nachricht von Seminarist zu Seminarist, weil einer mal wieder stunden-, wenn nicht tagelang den Wäschetrockner blockierte.)

»Hat wer aus Versehen meine Hose aus der Waschmaschine genommen?«
(Frage an die Mitseminaristen während der Wochenkonferenz. Sie musste über mehrere Wochen wiederholt werden, ehe die vermisste Hose wieder auftauchte.)

»Paderborn gehört zum Bistum Osnabrück, oder?«
(Unsichere Frage der Dozentin, die gerade ein aus Paderborn stammendes Unterrichtsmodell präsentiert hat.)

(Gesichtsausdruck des kurzzeitig sprachlosen Seniors, der im Erzbistum Paderborn aufgewachsen ist.)

»Ihr dürft sie nicht so verwöhnen!«
(Mahnung von Kard. Marx während der Frühjahrsversammlung der Freisinger Bischofskonferenz im März 2022, als ihm der Regens einen Espresso spendiert und dabei erzählt, dass bei uns der Kaffee nach dem Mittagessen kostenlos ist, weil das die Leute zusammenbringt und die Kommunikation fördert.)

»Man muss dem Leib etwas gönnen, damit die Seele Lust hat, darin zu wohnen«,
zitiert der Regens Winston Churchill, als es gerade um gutes Essen geht.

»Also mein Leib ist ein wahrer Tempel für meine Seele«,
erwidert ein gut gebauter Seminarist – und mit einem mitleidigen Seitenblick auf den Mitbruder, der ein wahres Krischperl ist:

»Deine Seele wohnt ja eher in einer kleinen Kapelle am Wegrand.«

Ortsverzeichnis

erstellt von Dipl.-Theol. Katharina Krips und Mag. Theol. Ferdinand Müller

A
Altötting 56
Amberg 40, 44, 46, 54, 124, 158, 297, 298*
Augsburg 42, 43, 51, 297, 298*, 306
Aschaffenburg 297, 298*

B
Bamberg 54, 297, 304, 308
Barbing 42
Berchtesgaden 42
Bergfried 95
Berlin 81, 179
Bochum 307
Bonn 13, 303, 306, 307
Braunsberg 303
Burghausen 180
Burgweinting 42
Bydgogszcz 316

D
Deggendorf 154
Dillingen 46, 297, 303

E
Eichstätt 55, 163, 164, 297, 298, 303, 304
Ellwangen 216
Erlangen 297

F
Fellbach 213
Fockenfeld 73, 126
Frankfurt am Main 33
Freising 62, 297, 298

G
Gars am Inn 57
Gastein 43
Grafing 219

H
Hamburg 293*
Hardheim 210
Haselbach 68
Heiligenkreuz 73, 310, 312
Hirschau 83

I
Ihrlerstein 81
Ingolstadt 39, 42, 157

J
Jena 295

K
Kelheim 198*
Köln 213
Krummenaab 61, 152

L
Landshut 40, 46, 47
Laufen 195*, 203
Laugna 42
Los Angeles 95

M
Mallersdorf 53
Mainz 43
Marktredwitz 65, 78, 213
Maubeuge 154
Maynooth 121
Mergentheim 56
Metten 50, 72, 78
Mitterlind 158
München 40, 46, 47, 51, 52, 157, 158, 195*, 202, 297, 299, 303, 305

N
Neuburg an der Donau 42
Neuss 213
Neustadt am Main 196
Nürnberg 154, 293*

O
Ortenburg 326

P
Passau 29, 51, 78, 95, 120, 179, 210, 297, 298, 303, 304, 308, 320, 321, 323, 324, 325, 328, 330, 331, 337*
Pentling 144
Pfreimd 46, 54
Prag 91

R
Regenstauf 54, 168
Riekofen 326
Rom 38, 40, 52, 54, 57, 121, 125, 126, 139, 152
Riese 81

S
Sallern 42
Salzburg 195*
Saratow 55
Schirnding 64
Schwäbisch Gmünd 56
Schwaz/Tirol 73, 310
Schweiklberg 95
Sinzing 92, 133
Speyer 51, 298*
St. Radegund 180
Straßburg 293*
Straubing 60, 77, 106, 107, 158*
Sünching 168

T
Thalfingen 207, 207*
Teublitz 66
Trier 306
Tübingen 56, 91, 307

V
Vilsbiburg 158
Vilseck 159

W
Weiden 72, 77, 124
Wien 55, 216
Wiesent an der Donau 62
Wörth an der Donau 78, 168
Winzer 42
Wuhan 176
Würzburg 43, 107, 297

Z
Zaitzkofen 101

Personenverzeichnis

erstellt von Dipl.-Theol. Katharina Krips und Mag. Theol. Ferdinand Müller

A

Adam, August   79
Adenauer, Konrad   78
Aigner, Theodor   81
Albert von Thurn und Taxis   155
Albertus Magnus   69, 80, 297
Albrecht IV., Herzog   294
Alzinger, Anna   169*
Amberger, Joseph   50
Angerstorfer, Andreas   71
Appl, Tobias   152, 162
Asbeck, Tobias   137
Auer, Johann   92, 307

B

Bachl, Albert   86, 87
Bader, Joseph   323
Balthasar, Hans Urs von   20
Bärsch, Matthias   141, 142
Barth, Karl   303
Bauer, Michael   77, 82
Baumann, Maria v213
Beck, Louise   56, 57
Beer, Cäcilie   131
Beinert, Wolfgang   106, 307
Benedikt XVI., Papst
    (siehe auch Joseph Ratzinger)   9, 20-22, 27,
    116, 134, 135, 139, 141-149, 150, 317
Benigni, Umberto   55
Berlinger, Georg   64, 193*, 202, 203
Beuys, Joseph   213, 216
Biesenbach, Klaus   214
Binninger, Christoph   117, 310, 311
Bisson, M. Aloisia   164, 168*
Bortenschlager, Elisabeth   164, 165
Borromäus, Karl   42
Boyhme, Placidus   32
Brandl, Eduard   242
Brändl, M. Sotera (Theres)   164, 165*, 168*
Braun, Adelburga   168*
Braun, Christian   81
Brems, Alois   78
Brox, Norbert   308
Bruckschlegel, Kathrin   148
Brunner, Gerhard   82

Buchberger, Michael   62-64, 64*, 65, 82, 153, 162,
    174, 303
Bucher, Hubert   82
Buchner, Andreas   298

C

Casel, Odo   209
Chigi, Flavio [Nuntius]   50
Chrobak, Werner   71
Chrt, Claus Peter   89
Churchill, Winston   100
Celtis, Conrad   294
Commer, Erns   55
Corona, hl. 180   181
Claudel, Paul   22
Cyprian von Karthago   327

D

Dachauer, Gottfried   72, 116, 129, 141, 197
Dachs, Hans   80, 303
Dalberg, Carl Theodor von   47-49, 296, 297
Daller, Balthasar   301
Dantscher, Anton   165
Daubner, Franz   158
Dechantsreiter, Ingwelda   168*
Deichner, M. Aniana (Katharina)   165
Demel, Sabine   308
Dengler, Georg   33, 216
Denich, Sebastian   39, 41-43
Denzinger, Franz Josef   33
Deutinger, Martin   55, 300
Dirnberger, Franz Xaver   299
Döberl, Anton   63-65, 65*, 66
Dörfler, Heinrich   133, 154, 154*
Domin, Hilde   99
Dohmen, Christoph   16*, 22
Döllinger, Ignaz von   51, 52
Dollinger, Robert   157*
Dürig, Walter   80
Dutschke, Rudi   91, 95

E

Ebner, Martin   13, 15, 21, 29
Effhauser, Matthias   122, 148, 176, 189
Emminghaus, Johannes H.   192
Enders, Bartholomäus   54, 62

Engert, Josef 80, 303-305
Englhardt, Georg 80
Eterović, Nikola [Nuntius] 150

F
Feldkirchner, Hermann 165
Fenk, Johann Baptist 159
Ferdinand von Köln, Kurfürst 42
Fleckenstein, Heinz 80, 304-306
Fischer, Konrad 82
Flacius Illyricus, Matthias 295
Forster, Andreas 46
Friedrich III., Kaiser 294
Frohschammer, Jakob 52
Fuchs, Michael 122, 135, 328, 329
Fugger, Anton Ignaz Graf von 296
Fugger-Glött, Anton Ignaz von 44, 45

G
Gaar, Franz Xaver 80
Gabriele, Paolo 143
Gänswein, Georg 143, 150
Gasbarri, Alberto 142
Gaul, Gerina 168*
Georgii, Theodor 65
Gloßner, Michael 55
Goldbrunner, Josef 92, 307
Gonella, Matteo Eustachio [Nuntius] 51
Götz, Karl 156, 156*
Graber, Rudolf 67-69, 71, 73, 85, 94, 96, 98, 101, 117, 310, 311
Graf, Johann 193
Graf, Josef 9, 73, 115, 125, 324
Graml, Maria 169*
Grant, Alexander 32
Gregor XIII., Papst 38, 39
Grillmeier, Aloys 24
Groß, Heinrich 92, 306
Grünbeck, Joseph 294
Grünwald, Michael 87, 93
Guardini, Romano 89, 191, 193
Günther, Anton 300

H
Haberl, Ferdinand 80, 81, 87
Hausberger, Karl 101
Heidingsfelder, Franz Xaver 301, 303-305
Heinrich, Placidus 298
Heiß, Alfons 175
Helmtrauda [Ordensschwester] 173
Hemmerle, Klaus 128

Henle, Antonius von 62, 63, 152*, 154, 156-158
Hermans, Otto 311
Herzfeld, Anatol 213, 216
Hesse, Hermann 331
Hetzenegger, Xaver 169, 169*
Hiebl, Heinrich 166, 168*, 169
Hieronymus, hl. 17
Hildebrands, Adolf von 65
Hierl, Johann Baptist 62
Hiltl, Josef 65-67, 77-81, 133, 134, 162, 162*, 163-168, 168*, 169-171, 173, 175
Hitler, Adolf 303
Hirmer, Oswald 82
Hirsch, Franz Xaver 67, 89, 126
Hnyda, Stefanie 169*
Hoch, Michael 111
Höcherl, Gundebalda 168*
Höcht, Johann Baptist 61, 62, 64*, 131-133, 152, 152*, 153, 153*, 154-157, 157*, 158, 158*, 159, 161
Hochwart, Laurentius 38
Hofbauer, Klemens Maria 57
Hofmann, Karl 66, 67, 80, 83, 84, 85
Höllerzeder, Karl 79, 84, 86
Hollweck, Josef 156, 156*
Holzer, M. Malberta 137
Holzhauser, Bartholomäus 42, 43
Hommes, Jakob 92, 306
Hösl, Michael 311
Hubensteiner, Benno 101
Huber, Helmut 83
Hummer, M. Angelina 137

I
Igl, Johann 166
Ignatius von Antiochien 15*, 20
Innozenz X., Papst 41
Innozenz XI., Papst 58*
Innozenz XIII., Papst 294

J
Jaeger, Lars 93
Jägerstetter, Franz 180
Jakobus, hl. 85
Janner, Ferdinand 301
Jechtl, M. Valentiniana (Anna) 165, 168*
Jilek, August 308
Johannes Chrysostomos 144
Johannes Paul II., Papst (siehe auch Karol Woijtyla) 93, 101, 108, 189, 213, 214

Jung, Carl Gustav   307
Jung, Reinhard   106
Jungmann, Josef Andreas   209

K

Kaiser, Matthäus   92, 307
Kammermeier, Eduard   80
Kammermeier, Willibald   127
Karolcak, Adam   339
Kastner, Lorenz   55, 300, 301
Kaulbach, Wilhelm von   216
Kröber, Hans Ludwig   27*
Kasparbauer, Josef   78
Katharina von Siena   29
Kennedy, Robert   95
Kessler, Hans   107
Kett, Josef   97
Kiefl, Franz Xaver   62
Kilger, Ottilie   169*
Killermann, Sebastian   303
Klein, Johann   216
Kleinheyer, Bruno   92, 101, 307
Knickenberg, Dieter   81
Köck, Anton   158
Kölderer von Burgstall, David   37, 38, 39
Kolb, Franz Xaver   34, 216
Koller, Friedrich   144, 145, 195, 195*, 203, 204, 204*, 205, 205*, 207, 207*, 209, 210, 211, 263
Konrad, Walter   169*
Korczak, M. Chrysostoma   165
Kottje, Raymund   92, 306
Kratze, Honorina   168*, 169*
Krämer-Marolh, Claudia   196, 196*, 197, 197*
Krenn, Kurt   196*
Krieg, Julius   302
Krug, Alois   168
Kunz, Christian   64
Kugler, Josef   44, 45, 46, 58, 59

L

Lajolo, Giovanni   111, 114
Lang, Albert   303
Langwerth von Simmern, Gottfried   44
Laubmann, Hans   164
Leitner, Franz Xaver   61
Leoninus, Quirinius   40
Lettner, Markus   324
Leuchtner, Christoph   176
Liechtenstein-Kastelkorn, Johann Christoph Graf von   42

Lipp, Joseph   56
Lobinger, Friedrich   82
Luciani, Albino   100
Ludwig I., König   44, 52, 215
Ludwigs, Franz   300, 301
Luther, Martin   11
Lutz, Johann Freiherr von   31
Lynen, Ruth   216, 219

M

Maier, Johann Baptist   165, 171
Margarethe von Thurn und Taxis   155
Maria Josepha Felicitas Freiin von Neuenstein   49
Maria von Agreda   57, 58*
Marini, Piero   117
Marschler, Thomas   26
Mast, Joseph   56, 57, 58
Martini, Guido   202, 210, 211
Marx, Reinhard   94
Maximilian I., Herzog und Kurfürst von Bayern   40, 41, 42
Mayer, M. Kiliana (Gertraud)   164, 165
Mayer, Rudolf   80
Meier, Rudolf   92
Menke, Karl-Heinz   14, 14*
Metz, Johann Baptist   104
Merkel, Angela   184
Miller, Jakob   295
Mittermeier, Ulrich   169
Möhler, Johann Adam   27*, 35
Mokrzycki, Mieczyslaw   143
Morgenschweis, Fritz   101
Moßhammer, Ottilie   78
Müller, Gerhard Ludwig   23, 73, 117, 146, 147, 203, 210, 269, 308, 309, 311, 312, 313, 314*, 321-323, 326, 327, 328
Müller, Konrad   165
Müller, Manfred   97, 114, 125, 126
Mussner, Franz   92, 306

N

Nardini, Paul Josef   138
Napoleon   131, 333
Nastainczyk, Wolfgang   92, 306*, 307
Nehberg, Rüdiger   176
Neuhaus, Johann Wolfgang von   44
Neumann, Bastian   120
Neuner, Peter   26
Newman, John Henry   15
Nickl, Peter   328, 329

Ninguarda, Feliciano 36, 38, 38*, 39
Nostiz-Rieneck, Robert 62

O

Obermeier, M. Zelata (Anna) 164, 165, 168*
Origenes 16
Oster, Stefan 268, 327

P

Pacelli, Eugenio 62
Pamler, Tryphosa 168*
Panzram, Bernhard 80
Pappenberger, Reinhard 328
Pastötter, Bernhard 339
Petrus Canisius 52
Pfeffer, Franz 115
Philipp Wilhelm von Bayern 285
Pius IX., Papst 33, 52
Pius X., Papst 81
Popp, Martin 339
Pöppel, Walburga 169*
Pöpperl, Gerhard 94, 177, 178, 183, 197
Porzelt, Burkard 308
Pracher, Max von 31
Priller, Martin 72, 115, 116, 122, 129, 149, 176, 322, 324, 325, 329, 333, 342
Pürckhauser, Theodor 156, 156*

R

Ratzinger, Georg 139, 142-144, 148, 150, 179
Ratzinger, Joseph (siehe auch Benedikt XVI., Papst) 16*, 17, 17*, 20*, 71, 72, 91-93, 117, 134, 141, 142, 179, 307, 314-318
Ratzinger, Maria 144
Reger, Max 62, 63, 133
Reisach, Karl August von 35, 36, 50, 56, 57, 298
Reischl, Wilhelm Karl 299
Reiser, Marius 15
Reisner, Eustochium 168*
Reuss, Joseph 80
Riedel, Valentin 49
Rieder, M. Zentina (Kreszens) 165*, 168*
Riedl, Wolfgang 95
Riettler, Anton 301
Ring, Johann Nepomuk 47
Rittler, Alois 301
Robertson, Anselm 32
Röhrl, Sacerda 168*
Roßmaier, Josef 216
Rottmayer, Michael 43
Rusch, Paul 310

Ruster, Thomas 25
Rydan [Mönch] 283

S

Sachs, Joseph 157, 157*
Sachsenhammer, M. Veneranda (Therese) 165
Sailer, Johann Michael 44, 49, 57, 69, 71, 131
Salomon, Emmeram 299
Salzberger, Diogna 168*
Seiberl, Martin 73
Seidl, Christoph 106
Schaller, Wolfgang 153*
Schäfer, Karl Theodor 303
Schaller, Christian 314, 317
Scharf, Ludwig 67-69, 85, 89, 94, 96-98, 129, 134
Scharff, Pius 164, 170
Schechinger, Walburga 169*
Scheben von Cronsfeld, Oskar 155, 155*, 156
Scheglmann, Alfons Maria 61, 62, 133
Scherr, Gregor von 51, 52
Schießl, Etelrika 168*
Schiffers, Norbert 92
Schirok, Heribert 81, 87, 93
Schlosser, Marianne 29
Schmeller, Aventina 168*
Schmid, Alois 62
Schmid, Bertigrana 168*
Schmid, Josef 158*
Schmidramsl, Hans 78
Schmöger, Carl Erhard 56, 57
Schmucker, Josef 80, 92, 307
Schmuttermayr, Georg 107, 196
Schobacher, Alfred 158, 158*, 159
Schober, Johann 72, 129
Schottenheim, Otto 66, 164
Schönborn, Johann Philipp von 43
Schöttler, Heinz-Günther 308
Schraml, Wilhelm 302, 321-324
Schrems, Karl 80
Schroffenberg, Johann Konrad von 46
Schrüfer, Werner 99
Schütz, Christian 307
Schwäbl, Franz Xaver 49, 58
Schwaiger, Georg 71
Schwarzfischer, M. Giormaria (Anna) 165
Schwienhorst-Schönberger, Ludger 16*, 22
Seidl, Franziska 169*
Seitz, Anton 54
Senestrey, Ignatius von 30-34, 50-62, 131, 201, 300, 301

Sitt, Matthias von der   79
Sodano, Angelo   146
Solnik, Hersch   171
Souraphiel, Berhaneyesus Demerew   269
Spreitzer, Anton   117, 320
Staber, Josef   306
Stachak, M. Reginalda   165
Steiger, Georg   165
Sticht [Dr., Amtsarzt]   174
Stiegler, Anton   79
Stier, Peter   12, 13
Stock, Klaus   90
Stötzel, Reinhild   318*
Strätz, Matthias   120
Strauß, Ambrosius   40

T
Theiner, Augustin   35, 50
Thomas von Kempen   58, 75
Thum, Williama   168*
Törring-Jettenbach, Max Prokop von   46
Törring-Stein, Albert (IV.) von   39, 41
Trenz, Evidia   169*

U
Unterburger, Klaus   9, 31, 293, 333
Urlberger, Paul   81

V
Velandia, Isabel   318*
Voderholzer, Rudolf   9, 10, 12, 13, 117, 137, 148, 149, 151, 180, 181, 268, 309, 310, 313, 317, 321, 327

W
Waldmann, Michael   303
Wandl, M. Leopoldine   137
Wartenberg, Franz Wilhelm von   41, 42, 43, 201
Weber, Johannes Chrysostomus   62
Weber, Peter   153*
Weber, Robert   143, 219
Weichenberger, Spes   168*
Weigl, Johann Baptist   299
Weikl, Ludwig   79, 96, 168*
Weilner, Ignaz   80, 92, 306
Weimar, Bernhard von   295
Weiß, Eduard   153*
Woityla Karol (siehe auch Johannes Paul II.)   100
Weißenrieder, Johannes   43
Werz, Joachim   195, 195*, 200
Westerholt, Alexander Graf von   49
Wild, Lazarina   168*
Wilhelm, Anton   72, 106, 126, 129
Wilhelm V., Herzog von Bayern   39, 40, 295
Windischmann, Friedrich   56
Wittmann, Georg Michael   44, 46, 47, 47*, 48, 49, 54, 59, 69, 298
Wittmann, Hans   129
Wolfgang, hl.   60, 69, 115, 117, 209
Wurm, Leontia   168*

Z
Zacharias, Walter   109
Zenetti, Lothar   103
Zilch [Dr., Internist]   164
Zimmermann, Peter   159
Zitzmann, Gregor   82
Zollner, Hans   104

Bildnachweis (sofern nicht eigens in der Bildunterschrift angegeben)

Gottfried Dachauer, Mallersdorf: 194 | 220 | 221 | 222 | 223 | 224 | 225 | 226 |230 u.li. | 232/233 | 233 u. | 234 | 235 | 239 | 240 | 241 | 242 | 243 | 244 u. | 244/245 | 248 | 249 | 250/251 | 251 | 252 | 253 | 254 | 255 | 260 | 263 | 266/267
Matthias Effhauser, Regensburg: 160 u. | 161 | 195 | 197 | 199
Institut Papst Benedikt XVI., Regensburg: 315 | 317
Uwe Moosburger, Regensburg (altrofoto.de): 12 | 184/185 | 286 m. | 286 u.
Bildarchiv Priesterseminar Regensburg: 139 | 140 | 146 | 147 | 149 | 151 | 177 | 268 | 269 | 270 | 271 | 274/275 | 276 | 277 | 282 | 283 o. | 322 | 327 | 336
Martin Priller, Regensburg: 228/229 | 283 u. | 339 | Titelbild
Verlagsarchiv Schnell & Steiner (Gerald Richter, Regensburg): 206
Leonard Skorczyk, Regensburg: 4 u. | 123 | 125 | 130 | 136 | 145 | 182 | 188 | 191 | 261 | 272/273 | 281 | 284 | 285 | 286 o. | 286/287 | 288 | 290 | 292 | 319 | 342
Simone Stiedl, Regensburg (studioh8): 2 | 32 | 33 | 160 o. | 208 | 212 | 227 | 230/231 | 230 u.re. | 231 u. | 236/237 | 238 | 246/247 | 256/257 | 258/259 | 264/265 | 278 | 279 | 280 | 289 | 332 | 346
Studium Rudolphinum, Regensburg: 311
Fotohaus Zacharias, Regensburg: 217 | 218
Bischöfliches Zentralarchiv Regensburg (BZAR), Priesterseminar Regensburg 403: 4 o.

Bibliografische Information der Deutschen Nationalbibliothek:
Die Deutsche Nationalbibliothek verzeichnet diese Publikation
in der Deutschen Nationalbibliografie; detaillierte bibliografische Daten
sind im Internet über www.dnb.de abrufbar.

1. Auflage 2022
© 2022 Verlag Schnell & Steiner GmbH, Leibnizstr. 13, D-93055 Regensburg
Layout- und Satzherstellung: Falk Flach, typgerecht berlin
Druck: Gutenberg Beuys Feindruckerei GmbH, Langenhagen

ISBN 978-3-7954-3744-2

Alle Rechte vorbehalten. Ohne ausdrückliche Genehmigung des Verlages ist es nicht gestattet,
dieses Buch oder Teile daraus auf fotomechanischem oder elektronischem Weg zu vervielfältigen.

Weitere Informationen zum Verlagsprogramm erhalten Sie unter:
www.schnell-und-steiner.de